W9-AAW-177

Dictionnaire des expressions imagées

Images in Words Dictionary

Gilberte Dubé et Eugénie Fortin

Dictionnaire des expressions imagées

Images in Words Dictionary

Stanké

Données de catalogage avant publication (Canada)

Dubé, Gilberte

Dictionnaire des expressions imagées = Images in Words Dictionary

Texte en français et en anglais.

ISBN 2-7604-0599-0

1. Français (Langue) - Mots et locutions. 2. Anglais (Langue) - Mots et locutions. 3. Français (Langue) - Idiotismes - Dictionnaires anglais. 4. Anglais (Langue) - Idiotismes - Dictionnaires français. 5. Français (Langue) - Dictionnaires anglais. 8. Anglais (Langue) - Dictionnaires français. I. Fortin, Eugénie. II. Titre. III. Titre: Images in Words Dictionary.

PC2640.D815 1997 443'.21 C97-941230-7F

Canadian Cataloguing in Publication Data

Dubé, Gilberte

Images in Words Dictionary = Dictionnaire des expressions imagées

Text in French and English.

ISBN 2-7604-0599-0

1. French language - Terms and phrases. 2. English language - Terms and phrases. 3. French language - Idioms - Dictionaries - English. 4. English language - Idioms - Dictionaries - French. 5. French language - Dictionaries English. 6. English language - Dictionaries - French. I. Fortin, Eugénie. II. Titre. III. Title: Images in Words Dictionary.

PC2640.D815 1997 443'.21 C97-941230-7F

Graphisme: André Pijet

Infographie: Composition Monika, Québec

Les Éditions internationales Alain Stanké bénéficient du soutien financier du Conseil des Arts du Canada pour leur programme de publication.

© Les Éditions internationales Alain Stanké, 1998

Tous droits de traduction et d'adaptation réservés; toute reproduction d'un extrait quelconque de ce livre par quelque procédé que ce soit, et notamment par photocopie ou microfilm, est strictement interdite sans l'autorisation écrite de l'éditeur.

ISBN 2-7604-0599-0

Dépôt légal: Bibliothèque nationale du Québec, 1997

Les Éditions internationales Alain Stanké
1212, rue Saint-Mathieu
Montréal (Québec) H3H 2H7
Tél.: (514) 935-7452
Téléc.: (514) 931-1627

IMPRIMÉ AU QUÉBEC (CANADA)

Les auteurs

Diplômée de l'Université de Sherbrooke, **Gilberte Dubé** possède plusieurs années d'expérience dans l'enseignement du français, notamment au niveau secondaire et dans le secteur de l'éducation des adultes.

Ses nombreux déplacements aux États-Unis l'ont sensibilisée à l'importance des idiomes et expressions courantes pour communiquer avec spontanéité les sentiments derrière ses pensées ou exprimer plus succinctement ses idées.

Issue de parents canadiens-français, **Eugénie Fortin** est originaire de Westport, Massachusetts, et passe la plus grande partie de sa vie aux États-Unis. Elle étudie à Westport et à Dartmouth, et enseigne par la suite l'anglais pendant plus de vingt-cinq ans.

Au Canada, elle fonde une école privée d'anglais parlé, l'Institut Jayson, qu'elle dirige et où elle enseigne encore.

Elle travaille depuis dix ans à développer et à perfectionner une méthode unique d'enseignement de l'anglais parlé courant à tous les groupes d'âges.

En faisant connaître les expressions courantes contenues dans cet ouvrage, elle estime avoir rapporté des États-Unis une parcelle de son pays d'origine.

Avant-propos

Voici enfin regroupées les expressions idiomatiques les plus courantes du langage quotidien en Amérique du Nord, du français à l'anglais et de l'anglais au français, de façon à vous donner un avant-goût de la beauté, de la couleur et de l'intimité de ces deux langues, ainsi que pour vous en faciliter l'apprentissage.

La nécessité étant la mère de l'invention, c'est ainsi que germa l'idée d'un tel lexique. Mme Fortin avait bien constaté l'ignorance de ses élèves dans le domaine des expressions les plus couramment utilisées, mais n'avait trouvé nulle part de recueil abrégé pouvant servir d'outil de référence.

Puis, un jour, je m'inscrivis à l'un de ses cours dans l'espoir de perfectionner mes connaissances de l'anglais en y ajoutant justement ces expressions colorées qui reproduisent une image instantanée dans l'esprit de tout Nord-Américain.

Il n'en fallait pas plus pour que naisse une amicale complicité qui allait conduire à l'élaboration de ce recueil. Chacune apportait à l'autre la connaissance approfondie de sa langue parlée, tout en connaissant assez bien la langue de l'autre pour pressentir les degrés de subtilité nécessaires à la justesse du jumelage des expressions.

L'étude de ce lexique vous permettra de vous affranchir rapidement de la frustration de ne pas trouver la bonne expression pour exprimer l'intensité des sentiments derrière vos pensées ou le mot usuel qui fait image pour vous exprimer succinctement.

L'anglais et le français étant deux langues vivantes en perpétuelle mutation, nous avons limité le champ de nos recherches à la conversation courante actuelle. Nous ne prétendons pas offrir un outil pour une connaissance approfondie de ces deux langues, mais bien plutôt une possibilité de se faire facilement comprendre dans le langage parlé de tous les jours.

Ce lexique s'adresse aux étudiants de tous les niveaux, tant au niveau secondaire qu'au cégep ou à l'université, où l'on n'enseigne toujours pas ces expressions, pourtant si étroitement liées à la vie quotidienne.

Il est destiné aux professeurs, qui découvriront la richesse de cette banque providentielle que nous mettons à leur portée. Puissent-ils à leur tour en favoriser l'utilisation! Il intéressera également les traducteurs, les rédacteurs de toutes sortes, les journalistes, les touristes, les voyageurs, etc.

Certaines régions peuvent utiliser d'autres expressions qui nous sont étrangères. Nous vous invitons à nous les faire parvenir aux soins de l'éditeur, en spécifiant bien le contexte de leur application.

Nous tenons à remercier tous ceux qui, de près ou de loin, nous ont aidées à finaliser cet ouvrage: M. Alain Stanké, notre éditeur et complice, pour y avoir cru et nous avoir soutenues dès le départ; M. Bruno Couture, terminologue, pour son précieux concours dans l'élaboration des pages liminaires et sa grande compétence à distinguer les québécismes des expressions plus universelles; M. Rémi Maillard, journaliste et écrivain, pour l'apport des expressions typiques à la France, M. Patrick Walter, professeur et linguiste et M. Jean-Louis Morgan, journaliste et traducteur pour son travail de chargé de projet. Leur intérêt et leur enthousiasme face à notre entreprise, ainsi que leur vaste expérience ont représenté pour nous d'inestimables cadeaux.

C'est la première fois qu'un tel ouvrage voit le jour, tant au Canada qu'aux États-Unis ou même en France.

Nous avons jugé important de produire notre travail dans les deux sens afin de faciliter le repérage d'une expression entendue dont on veut retrouver l'équivalent dans notre langue ou encore d'une expression connue à traduire dans la seconde langue.

Il se lit agréablement, de la première page à la dernière, pour le simple plaisir de découvrir comment les expressions qui nous sont les plus chères sont formulées dans l'autre langue. En voici un seul exemple.

Il est haut comme trois pommes / He's knee-high to a grasshopper,

l'expression anglaise signifiant qu'il arrive à peine à la hauteur «du genou d'une sauterelle».

Ainsi, la lecture de ces pages nourrira votre esprit d'images pittoresques qui vous feront souvent sourire, tout en enrichissant votre vocabulaire d'expressions idiomatiques qui élargiront votre capacité à communiquer votre pensée et vos sentiments.

Bonne lecture et amusez-vous bien!

Gilberte Dubé

Introduction

Voici un lexique d'expressions idiomatiques les plus employées dans la conversation quotidienne. Nous les avons incorporées dans des phrases, complètes la plupart du temps, afin que vous puissiez facilement comprendre comment les conjuguer ou les utiliser à votre tour.

La langue étant un organisme vivant et dynamique, ce recueil reproduit une image de notre langage quotidien en un point donné dans le temps, selon la mode actuelle. Le contenu pourrait donc être modifié au fil des ans pour respecter le dynamisme des deux langues que nous touchons.

Nous sommes conscientes du fait que certaines régions peuvent ignorer certaines expressions contenues dans ce livre tout comme elles peuvent en utiliser d'autres qui nous sont inconnues. Nous croyons que le premier cas ne se présentera qu'en de rares occasions.

Pour arriver à établir ce recueil, deux dictionnaires anglais-français furent scrupuleusement épluchés à la recherche d'expressions imagées courantes que nous incorporions ensuite dans des phrases pour en spécifier le sens ou l'usage. Il s'agit du *Dictionnaire de l'américain parlé*, par Adrienne, et du *Grand dictionnaire d'américanismes* par Étienne et Simone Deak [voir Bibliographie].

Un autre dictionnaire d'expressions populaires fut également parcouru en entier pour compléter notre recherche du côté anglais. Il s'agit du *Concise Dictionary of Slang and Unconventional English* par Eric Partridge [voir Bibliographie].

Finalement, pour compléter notre recherche du côté français, la section français-anglais du *Dictionnaire français-anglais / anglais-français* par Le Robert et Collins [voir Bibliographie] fut entièrement lue. De plus, nous avons noté toutes les expressions qui ont été portées à notre attention par notre entourage (voir l'avant-propos).

Le français du Québec est composé dans une très large portion d'expressions ou de mots du français international.

Toutefois, le symbole **{*Qc*}** placé devant un mot ou une expression indiquera qu'il s'agit d'un québécisme, un fait de langue propre au français du Québec. Le symbole **{*Fr*}** indique que l'expression, généralement argotique, est davantage utilisée en France. Le symbole **{*Bel*}** indique, dans de très rares cas toutefois, qu'il s'agit d'un belgicisme. Dans tous les autres cas, il s'agira donc d'expressions universelles.

Nous n'avons pas jugé à propos de faire cette même distinction entre l'anglais international et les américanismes, considérant que les expressions idiomatiques retenues seront comprises partout en Amérique du Nord, de même que dans tout autre pays où l'on parle l'anglais américain.

Comme l'usage parlé courant a été le critère essentiel de sélection, nous avons dû fréquemment ajuster ou modifier la traduction dans les ouvrages consultés afin de satisfaire pleinement ce critère. Dans cet ordre d'idée, chaque cas a été scrupuleusement évalué.

Les expressions trop vulgaires, trop grossières ou trop dégradantes pour la majorité des gens, ont été volontairement omises afin de ne pas en faire, malgré nous, une promotion qui viendrait entacher la beauté de nos langues respectives.

Cependant, nous avons conservé certaines de ces expressions, trop populaires pour être oubliées. Elles sont clairement indiquées au fil des pages par le qualificatif «rude» en anglais, «vulgaire» ou «grossier» en français, mis entre parenthèses, signifiant qu'on les verrait mal dans la bouche d'une femme ou prononcées dans tout discours public qui se respecte. Nous avons également clairement indiqué les expressions réservées plus généralement aux hommes et aux femmes.

Les proverbes mentionnés n'ont pas été distingués comme tels afin de minimiser l'utilisation de symboles typographiques qui atténuent le plaisir de la lecture. D'autres ouvrages les identifient de manière systématique.

Gilberte Dubé
Eugénie Fortin

Guide d'utilisation

Une entrée type se compose de nombreuses caractéristiques parmi les suivantes:

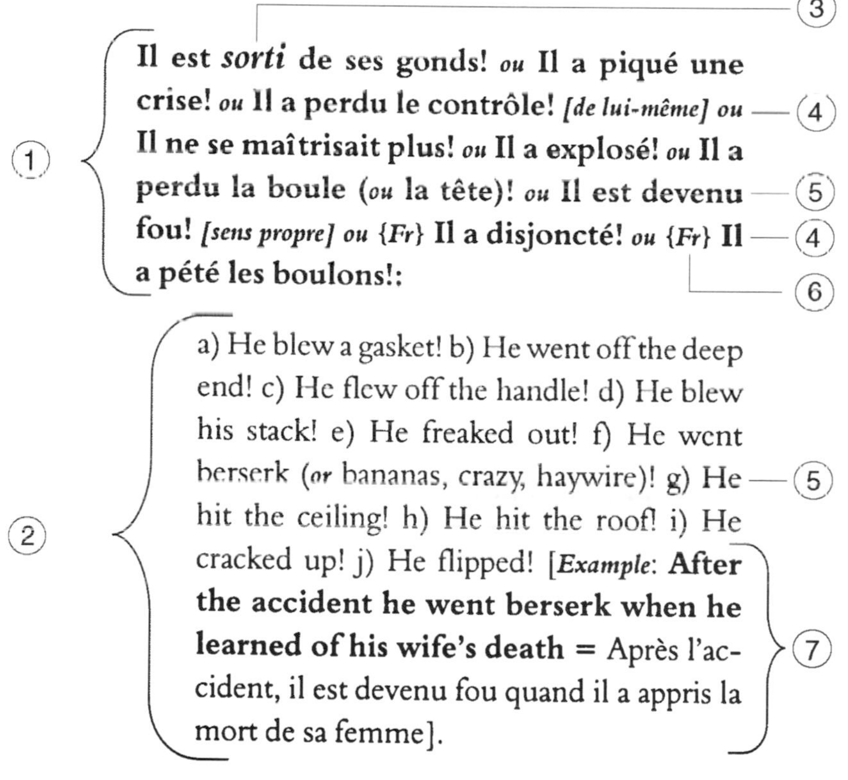

1) une expression de départ suivie ou non d'autres expressions à peu près synonymes séparées par *ou* en français et par *or* en anglais;

2) une ou plusieurs expressions, dans la deuxième langue, identifiée(s) par a), b), c) ...;

3) ***sorti***: le mot en gros caractères italiques est utilisé pour reconnaître l'ordre alphabétique;

4) *[de lui-même]* et *[sens propre]*: indique une clarification au niveau du sens ou une explication particulière en petits caractères italiques encadrés par des crochets;

5) (*ou* **la tête**) et (*or* bananas, crazy, haywire): un ou plusieurs autres choix en ne changeant qu'un ou quelques mots dans une même expression;

6) {*Qc*}, {*Fr*}, {*Bel*}: indique que cette expression est surtout utilisée au Québec {*Qc*}, en France {*Fr*} ou en Belgique {*Bel*};

7) un exemple pour illustrer l'utilisation;

> **Il n'y avait pas une *putain* *(grossier)* de (*ou* sacrée, foutue) pièce défectueuse sur cette voiture:** — (9) (8)
>
> There wasn't a blessed thing wrong with that car

8) un mot ou groupe de mots souligné indique qu'on attire l'attention seulement sur ce mot ou groupe de mots;

9) *(grossier), (vulgaire), (vulg.), (gross.), (rude)*: indique que l'expression donnée est plutôt grossière ou vulgaire (*rude* en anglais);

> **Il s'en *mord* les doigts:**
>
> *[Now]* He could kick himself [*but* **Plus tard, il s'en mordra les doigts** = Later he will live to regret it] — (10)

10) entre [ ]: information supplémentaire reliée à la langue de départ ou d'arrivée;

> **D'une *manière* ou d'une autre!:** — (11)
>
> a) By hook or by crook! b) One way or another! c) Somehow or other!

11) une expression soulignée d'un trait indique qu'il s'agit d'une seule et même expression, bien qu'elle contienne un *ou* ou un *or*;

Il y a quelque chose dans l'*air*!:

There's something in the wind! [*See* **Il y a quelque chose de *louche*!**] — (12)

12) *[See...]*, *[Voir...]*: renvoi à une autre entrée type classée selon le mot en gros caractères pour trouver d'autres expressions à peu près synonymes dans au moins une des deux langues;

La cuisson des *œufs*: the cooking of an egg

{*Qc*} **au plat, au miroir:** sunnyside up
tourné: over
tourné légèrement: over light
tourné bien cuit: over hard
brouillé: scrambled
poché: poached
omelette: omelet
{*Qc*} **à la coque** *[3-4 minutes]*: soft boiled egg
{*Fr*} à la coque *[jaune liquide]*: soft boiled egg
mollet *[jaune crémeux]*: soft boiled egg
{*Qc*} **à la coque** *[jaune dur]*: hard boiled egg
{*Fr*} dur: hard boiled egg

(13)

13) une énumération d'éléments complémentaires utiles

(14)

C'est dans le *besoin* qu'on (re)connaît ses vrais amis:

A fried in need is a friend indeed

14) une partie de mot entre parenthèses indique qu'on peut utiliser ou non cette portion, donc **connaît** ou **reconnaît**;

(15)

C'est *bonnet* blanc (et) blanc bonnet:

What you gain on one hand you lose on the other [*See* **C'est du *pareil* au même**]

15) un mot entre parenthèses indique qu'on peut l'utiliser ou non;

(16)

Mon grille-pain est «*brisé*» *(angl.)*:

My toaster is on the fritz

16) *(angl.)*: indique que cette expression est un anglicisme;

(17)

Il *connaît* la musique *[figuré]* *ou* Il connaît les ficelles *ou* Il est au courant:

a) He knows the ropes b) He knows the score

17) *[figuré]* ou *[figurately]*: indique que la phrase est utilisée au sens figuré.

À noter: L'ordre alphabétique n'est pas très rigoureux afin de faciliter la recherche. Ainsi, les verbes conjugués sont tous classés selon l'ordre alphabétique de l'infinitif. Par exemple, **voyons, voyez, verrions, verriez, vois, voit...** seront tous classés sous **voir** de même que **take, taking, took, takes** sous **take**.

Français-French

Anglais-English

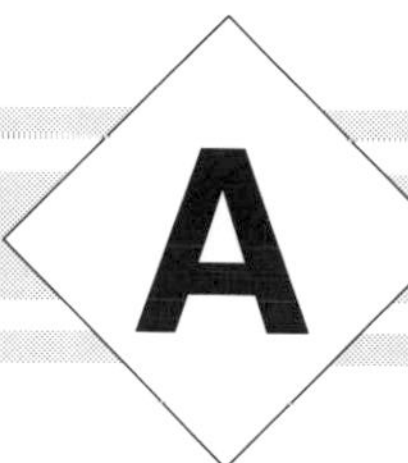

Je ne m'*abaisserais* pas à ça!:

I wouldn't stoop to that!

Je vais tout *abandonner* (*ou* lâcher):

I'll throw in the towel

{Qc} **Il m'a *abandonné* avant la fin *ou* Il m'a laissé en plan *ou* Je me suis retrouvé le bec à l'eau *[à cause de lui]*:**

He left me high and dry

N'*abandonne* pas! *ou* {Qc} Lâche pas! *ou* Ne laisse pas tomber! *ou* Accroche-toi! *ou* Tiens bon! *ou* Tiens le coup!:

a) Don't cop out! **b)** Don't let up! **c)** Don't give up! **d)** Keep the ball rolling!

***Abandonnons* pour le moment *ou* Laissons tomber pour le moment:**

Let' call it quits

Ne te laisse pas *abattre*:

Keep your chin up

Je ne pouvais pas le raisonner, il était trop *abattu*:

I couldn't reason with him, he was too far gone

C'est l'*abc* du métier:

It's first requirement of the job

Il va lui *abîmer* le portrait *ou* Il va lui casser la figure (*ou* la gueule *(grossier)*):

a) He's gonna smash his face in **b)** He's gonna bash his face in

{Fr} ***Aboule* l'oseille!:**

Cough up the money! [*See* ***Crache* l'argent!**]

***Aboutis*! *ou* Évolue! *ou* Reprends-toi!:**

a) Shape up! **b)** Pull your act together!

On n'a *abouti* nulle part! *ou* On n'a abouti à rien!:

We got nowhere fast!

Les *absents* ont toujours tort:

The absentees are always in the wrong

Elle est complètement *absorbée* par son travail!.

She'll wrapped up in her job!

Nous avons fait quelques *abus* hier soir *ou* Nous avons forcé la note hier soir:

We overdid it last night

Si je ne *m'abuse*, ... *ou* Si je ne me trompe, ...:

If I'm not mistaken, ...

Il ne faut pas *abuser* des bonnes choses:

Don't overdo a good thing

Il se laisse *abuser* (*ou* embobiner) par ses belles paroles:

He's misled (*or* He's taken in) by her sweet talk

N'*abuse* pas! *ou* Ne dépasse pas les bornes! *ou* N'en fais pas trop! *ou* {Fr} Fais gaffe!:

a) Don' go too far! **b)** Don't go overboard!

N'*abuse* pas de son (*ou* leur) hospitalité:

Don't wear out your welcome

{Qc} **Il me faisait des *à-croire*:**

He was stringing me along

Accaparer **(*ou* Monopoliser) le marché:**

To corner the market

***Accélère*! *ou* {Qc} Pèse sur le gaz! *ou* {Qc} Pèse dessus! *ou* {Fr} Appuie sur le champignon! *ou* {Fr} À fond la caisse! *ou* {Fr} Pied au plancher!:**

Step on the gas!

***Accepter* à contrecœur:**

To take it and like it

J'*accepte* cette idée:

I go along with this idea

Il a dû *accepter* contre son gré *ou* Il a été forcé d'accepter *[un désagrément]*:

It has been rammed down his throat

***Accepte* les bons comme les mauvais côtés *[de la vie ou d'autre chose]*!:**

Take the bad along with the good!

Je n'ai pas réussi à lui faire *accepter* que... (*ou* accepter telle chose):

I couldn't get to first base with her on...

Une vigoureuse *accolade*:

A big bear hug

Il est *accommodant* *ou* Il a un bon naturel:

He's good-natured

D'*accord*!:

Right! [*but* **Pas question!** *ou* {Qc} **Pas d'*affaires*!** = No soap! (*or* No way!)]

Il faut en venir à un *accord* *ou* Il faut en venir à l'accepter:

You have to come to terms with it

Peux-tu m'*accorder* dix minutes?:

Can you spare me ten minutes?

L'*accotement* de la route:

The shoulder of the road

J'ai assisté à l'*accouchement*:

I was there at the delivery

Elle a *accouché*:

She had her baby

As-tu remarqué son *accoutrement*? *[négatif]*:

Did you notice her outfit? [*See* **As-tu remarqué son *ensemble*?**]

Il s'est lentement *accoutumé* à... *ou* Il s'est lentement fait à l'idée que...:

He gradually got used to...

{Fr} Il est *accro* *ou* C'est un drogué:

He's hooked on drugs

Ça a été sans *accroc* (*ou* sans anicroche):

It came off without a hitch

Il a fait un *accroc* (*ou* une entorse) à la règle:

He bent the rule

S'*accrocher* à quelque chose:

To latch on to something

***Accroche*-toi!:**

Hang in there! [*See* **N'*abandonne* pas!**]

{Qc} Essaye (*ou* N'essaie) pas de m'en faire *accroire* (*ou* de me raconter des histoires *ou* {Fr} de prendre les enfants du Bon Dieu pour des canards sauvages *ou* {Qc} de m'en passer une vite)!:

a) Don't try to pull the wool over my eyes!
b) Don't try to put something over on me!

Tu parles d'un *accueil* (*ou* d'un bonjour)! *[négatif]*:

That's a fine how-do-you-do!

Il a réservé à son ami un *accueil* glacial:

He gave his friend a cold shoulder [*See* **Il a reçu son ami comme un *chien* dans un jeu de quilles**]

{Qc} Arrête d'*achaler* le serveur!:

Stop hassling the waiter! [*See* **Arrête d'*importuner* le serveur!**]

{Qc} Tu es bien *achalant*! *ou* Tu es bien casse-pieds!:

a) You're a pain in the neck! **b)** You're a pain in the ass! *(rude)*

{Qc} *Achale*-moi pas! *ou* Fiche-moi (*ou* Fous-moi) la paix! *ou* Laisse-moi tranquille! *ou* {Fr} Me fais pas chier! *ou* {Fr} Lâche-moi les basquettes! *ou* Va voir là-bas si j'y suis! *ou* Va te faire cuire un œuf! *ou* {Qc} Va jouer dans le trafic! (la circulation)! *ou* Va te faire pendre

(ailleurs)! *ou* **Va te faire voir!** *ou* **Va donc chez le diable!:**

a) Get off my back! **b)** Buzz off! **c)** Lay off! **d)** Get out of here! **e)** Get out of my hair! **f)** Go look around the corner see if I'm there! **g)** Go lay a brass egg! **h)** Go fly a kite! **i)** Get lost! **j)** Go jump in the lake!

{Qc} **Il m'*achale* toujours pour...** *[quelque chose]*:

He's always needling me about...

{Qc} **Il m'*achale* vraiment avec ses problèmes:**

He really bugs me with his problems [*See* **Il m'*emmerde* à la fin avec...**]

***Acheter* en vrac:**

To buy in bulk

{Qc} **Pour *achever* le plat, ...** *ou* **Pour couronner le tout, ...:**

To top it off, ...

C'est mon {Qc} ***acolyte*** **(*ou* mon copain, mon assistant, mon ami, mon partenaire):**

He's my sidekick

Par *acquit* de conscience, je vais...:

a) To set my mind at ease, I'll... **b)** To be quite sure, I'll...

Tu as fait une bonne *action*:

You did a good deed

On s'est lancé dans l'*action* *ou* {Qc} **On a pris le tour de le faire** *[comme les autres]*:

We got into the swing of things

Ce serait une bonne *action* que de lui rendre visite *ou* **Ce serait une charité à faire que...:**

It would be doing him a favor to pay him a visit

Elle n'a jamais su s'*adapter* (*ou* s'intégrer):

She's a misfit

Dire *adieu* à quelque chose:

To kiss something good-bye

C'est un *adjoint* du patron:

He's a straw boss

***Admets*-le!** *ou* **Il faut que tu l'admettes!** *ou* **Avoue-le!** *ou* **Reconnais-le!:**

a) Admit it! **b)** Say it!

Je n'*admettrai* pas ça!:

I won't admit that!

Il *admire* son père:

He looks up to his father

Aimes-tu danser? {Qc} **Ça s'*adonne*! (*ou* Bien sûr!):**

Do you like to dance? I'll say!

***Adorer*... (*ou* Être fou de, Raffoler de):**

To be nuts about...

J'*adore* (*ou* aime) danser:

I get a kick (*or* a bang) out of dancing

On ne s'*adresse* plus la parole *ou* **On ne se parle plus:**

We're not on speaking terms

Il est vraiment *adroit* (*ou* habile):

He's something

***Advienne* que pourra!:**

a) Come what may! **b)** No matter what! **c)** Through thick and thin!

Je n'ai pas mis le nez dehors de toute la semaine; j'ai besoin de m'*aérer*:

I haven't gone out all week; I have cabin fever [*See* **J'ai besoin d'*air***]

{Qc} **Pas d'*affaires*!** *ou* **Pas question!:**

a) No soap! **b)** No way! [*but* **D'*accord*!** = Right!]

{Qc} **Donne-moi l'*affaire* (*ou* le gadget):**

Give me the thingamagig [*See* **Donne-moi le *machin***]

{Qc} *C'est quoi l'****affaire****?*:

What's going on? [*See* **Quoi de *neuf*?**]

Maintenant, j'en fais mon *affaire*:

Now I'll deal with that

Il est à la tête de toute l'*affaire* (*ou* de toute l'entreprise):

He's head of the whole shebang

C'est une sale *affaire* *ou* **C'est une déception:**

It's a bummer

Ce n'est pas une petite *affaire*! *ou* {Qc} Ça, c'est pas un cadeau!:

That's no joke!

Tu t'es laissé embarquer dans une sale *affaire* (*ou* sale histoire):

You got involved in a nasty deal

Ce n'est pas tes *affaires*!:

Mind your own business! [*See* ***Mêle*-toi de tes affaires (*ou* de tes oignons)!**]

Je sais à qui j'ai *affaire*! *[en ce qui vous concerne]*:

I got your number!

Ça va faire l'*affaire*!:

That'll do the trick!

Ça fait mon *affaire*!:

It suits me fine! [*See* **Ça me va comme un *gant!***]

Il est parti avec toutes ses *affaires* (*ou* avec tout son bataclan, avec tout son barda, {Qc} *Uavec toute sa trâlée*):

He left with the whole kit and caboodle (*or* the whole stock and barrel, the whole shebang, the whole shooting match)

S'il y a un problème, tu auras *affaire* à moi:

If there's a problem, you'll have to deal with me

C'est une *affaire* de rien! *ou* C'est simple comme bonjour! *ou* C'est du gâteau! *ou* {Qc} Il n'y a rien là! *ou* C'est du tout cuit! *ou* C'est du nanan! *ou* C'est facile (*ou* {Fr} fastoche)!:

a) It's easy as pie! **b)** It's easy as falling off a log! **c)** It's a cinch! **d)** It's a piece of cake! **e)** It's like taking candy from a baby!

Tu ne devrais pas en faire une *affaire* d'État:

You shouldn't make a federal case out of it [*See* **Tu (ne) devrais pas en faire tout un *plat***]

N'en fais pas une *affaire* d'État!:

Don't make an issue out of it! [*See* **N'en fais pas tout un *plat!***]

Il fait des *affaires* d'or! *ou* Il fait de l'argent à tour de bras (*ou* comme de l'eau)!:

He makes money hand over fist!

J'ai une *affaire* en or entre les mains *ou* Les affaires roulent (*ou* marchent, vont) bien:

I have a good thing going

L'*affaire* est conclue!:

It's in the bag! [*See* **C'est *sûr* et certain!**]

***Affaire* conclue! *[en tendant la main pour sceller une entente]*:**

Put it there!

Propose-moi une *affaire* honnête:

Give me a square deal

C'est une *affaire* louche *ou* Ça me semble une affaire louche:

a) It's a shady deal **b)** It looks like monkey business to me

Je suis *affamé*!:

I'm famished [*See* **J'ai une *faim* de loup!**]

{Fr} *Affranchis*-moi!:

Fill me in *[on what happened]*! [*See* ***Éclaire*-moi *(sur ce qui s'est passé)!***]

J'ai *affronté* Karl:

I butted heads with Karl [*See* **{Qc} Je me suis pris aux *cheveux* avec ...**]

Je ne veux pas t'*agacer* (*ou* {Qc} t'écœurer) avec ça mais...:

I don't want to be a nag but...

Ne m'*agace* pas! *ou* Ne me tombe pas sur le dos!:

Don't pick on me!

Tu n'as pas encore l'*âge* «légal» *ou* Tu es encore mineur:

a) You're still under age **b)** You're still a minor

N'*aggrave* pas ta situation:

Don't jump out of the frying pan into the fire

***Agis* ou bien ferme-la! *ou* Agissez ou bien fermez-la!:**

Put up or shut up!

Quelle *agitation*! *ou* Quel branle-bas!:

What a commotion!

***Aide*-toi, le ciel t'aidera!:**

God helps those who help themselves!

C'est comme chercher une *aiguille* dans une botte de foin:

It's like looking for a needle in a haystack

Elle l'a pris sous son *aile* (*ou* sous sa protection):

She took him under her wing

Excusez-moi! J'étais *ailleurs*!:

Sorry! My mind was miles away! [*See* **Excusez-moi! J'avais la *tête* ailleurs!**]

C'est une fille comme je les *aime* *ou* Elle me plaît beaucoup:

She's a girl after my own heart

J'*aimerais* autant te payer maintenant *ou* Je préférerais te...:

I'd just as soon pay you now

Il l'*aime* comme un fou! *ou* {Qc} Il est en amour par-dessus la tête avec elle!:

He's head over heels in love with her!

J'*aime* (*ou* Je n'aime) vraiment pas cette voiture:

I have no use for that car

et *ainsi* de suite... *ou* etc.:

and so forth...

Il y a quelque chose dans l'*air*!:

There's something in the wind! [*See* **Il y a quelque chose de *louche!***]

Je n'ai pas mis le nez dehors de toute la semaine; j'ai besoin d'*air* (*ou* besoin de m'aérer, besoin de sortir):

a) I haven't gone out all week; I have cabin fever **b)**...; I feel cooped up

Il prend de grands *airs*! *ou* Il pense qu'il est capable de tout faire!:

He thinks he's high and mighty!

Ils ont l'*air* d'avoir des problèmes (*ou* des ennuis):

a) It sounds as if they're having trouble **b)** It looks like they're having trouble

Ça a tout l'*air* d'être une erreur:

It looks as if it's a mistake

Ça a l'*air* louche!:

It looks like funny business!

De quoi j'ai l'*air* maintenant!?! *[dans le sens de «cela me fait perdre la face»]*:

What does that make me look like!?!

{Qc} Il a l'*air* bête! *ou* Il est d'une humeur de chien (*ou* {Fr} de ronce)!:

He has a face like a bulldog!

Avoir l'*air* très chic (*ou* très élégant):

To look like a million

Il est vraiment à l'*aise*:

He's well-off

Mets-toi à ton *aise*! *ou* Où y a de la gêne, y a pas de plaisir! *ou* Fais comme chez toi!:

Make yourself at home!

Il aime prendre ses *aises*!:

Comfort comes first!

Tu dois être en *alerte* (*ou* vigilant)! *ou* Tu dois rester sur tes gardes (*ou* sur le qui-vive)!:

You have to be on your toes!

Il a beaucoup d'*allant*:

He's full of vim and vigor [*See* **Il *pète* le feu**]

{Fr} C'est toujours ça que les *Allemands* (*ou* les Boches, les Russkofs) n'auront pas!:

At least, it's something! [*See* **C'est toujours ça de *pris!***]

Aller

[For ***vais, vas, va, vont****: see the beginning of the letter V]*

Il faut que j'y *aille*!:

I've gotta get going!

***Aller* de mal en pis:**

To go from bad to worse

***Aller* de pair avec...:**

To go hand-in-hand with...

Il faut que tu *ailles* droit devant toi sans t'occuper des autres:

You must go straight ahead regardless of the others

Ça va *aller* mal si tu continues:

If you carry on, there's going to be trouble

{Qc} **Il y *allait* pas mal fort!** *[dans le sens qu'il exagérait]* *ou* **Il y allait un peu fort!:**

He laid it on pretty thick!

Ça n'est jamais aussi bien *allé* pour moi! *ou* **Ça n'a jamais aussi bien été pour moi!:**

I never had it so good!

Je lui ai dit d'*aller* se faire voir:

I told him where to get off

Elle est *allée* trop loin! *ou* **Elle en a trop fait!** *[dans le sens de «je ne veux plus rien savoir d'elle»]*:

She cooked her own goose!

***Allons*-y!** *ou* **Commençons!** *ou* **Faisons-le!:**

a) Let's get going! **b)** Let's get on with it! **c)** Let's get the show on the road! **d)** Let's get cracking!

Je vais t'offrir un *aller* simple pour le cimetière (*ou* {Fr} pour l'enfer):

I'll give you a one-way ticket

{Qc} **Conduire *aller-retour*** *ou* {Fr} **Conduire à l'aller et au retour:**

To drive back and forth

{Qc} **Ça a bien de l'*allure*!** *ou* {Qc} **Ça a bien du bon sens!** *ou* **Ça tombe sous le sens!:**

a) It makes sense! **b)** It stands to reason!

Il fait ça à toute *allure*!:

He does it on the double! [*See* **Il fait ça en quatrième *vitesse!***]

{Qc} **Elle me demande de faire ça puis ça puis ça, voir si ça a de l'allure! (*ou* {Qc} Ça n'a pas d'allure!):**

She wants me to do this and that, of all things! [*See* ... {Qc} **Voir si ça a du bon *sens!***]

{Qc} **Ça n'a pas d'*allure*!** *ou* **Ça n'a pas de sens!:**

It's just a lot of baloney! [*See* **C'est de la *foutaise!***]

Les événements ont pris une drôle d'*allure* (*ou* une drôle de tournure):

The events turned out weird

Il a belle *allure* et il est gentil *ou* **C'est un jeune homme b.c.b.g.** *[bon chic, bon genre]* *ou* {Fr} **C'est un N.A.P. (*ou* A.N.P.)** *[pour Neuilly-Auteuil-Passy]*:

He's clean cut *[expression for men only]* [*but* **Elle est *chic* et élégante** = She's primp and proper]

Et *alors*?:

What the heck! [*See* {Qc} ***Pis*!?!**]

Ayez l'*amabilité* (*ou* la gentillesse) de m'aider:

Be so kind as to help me

N'essaie pas de m'*amadouer*!:

Don't try to butter me up! [*See* **N'essaie pas de m'envoyer des *fleurs!***]

Il est *ambitieux*!:

He sets his sights high! [*See* **Il a les *dents* longues!**]

{Qc} **Tu *ambitionnes*!** *[sur moi ou sur nous dans le travail]*:

You're a slave driver!

Je vendrais mon *âme* au diable pour aller là-bas!:

I'd give my right arm to go there!

Il n'y avait pas *âme* qui vive au bar! *ou* **Il n'y avait pas un chat au bar!:**

The bar was dead as a doornail!

Il faut l'*améliorer*! *ou* **Il faut l'embellir!:**

You have to doctor it up!

Il dit *amen* à tout:

He's a yes man [*See* {Qc} **C'est un *suiveux***]

C'est mon *ami* (*ou* mon copain, mon assistant, mon partenaire):

He's my sidekick

Ils sont *ami-ami*:

They're buddy-buddies [*See* **Ils sont *copain-copain***]

Ce n'est pas ton *ami* intime (*ou* ami de cœur):

He's not your bosom friend!

On devrait s'arranger à l'*amiable* *ou* Nous devrions trouver un arrangement (*ou* une solution):

We should come to a friendly agreement

Fais mes *amitiés* à ta femme *ou* Transmettez mes amitiés à votre femme:

Give my regards to your wife

Je me suis lié d'*amitié* avec... *ou* Je me suis bien entendu avec...:

I hit it off with...

Tu es un *amour*!:

You're as nice as pie! [*See* {*Qc*} **Tu es une vraie *soie!***]

Faire l'*amour*:

a) To make love **b)** To have sex [*See* ***Baiser*** (*vulgaire*)]

En *amour* comme à la guerre, tous les coups sont permis:

All's fair in love and war

C'est seulement un *amour* de jeunesse:

It's only puppy love

Pour l'*amour* du ciel! *ou* Seigneur Dieu! *ou* Bon sang! *ou* Nom de Dieu! *ou* {*Qc*} Ah ben Seigneur! *ou* Dieu du ciel!:

a) For crying out loud! **b)** For God's sake! **c)** For Pete's sake! **d)** I'll be doggoned! **e)** Holy smoke! **f)** Holy Moses! **g)** Holy mackerel! **h)** Good grief!

Qu'ils sont beaux ces *amoureux*! *ou* Quels beaux tourtereaux!:

What lovebirds they are!

Il est follement *amoureux* (*ou* épris) d'elle:

He's nuts about (*or* over) her

On s'*amuse* comme des fous!:

We're having fun like a barrel of monkeys!

On s'est *amusé* comme des fous! *ou* On s'en est donné à cœur joie! *ou* Comme on a eu du bon temps!:

a) We had the time of our life! **b)** We had a whale of a time!

Ça ne m'*amuse* pas de devoir aller à l'hôpital:

I don't enjoy having to go to the hospital

Elle est aux *anges*!:

She's walking on air! [*See* **Elle *nage* dans le bonheur!**]

Il y a *anguille* sous roche!:

I smell a rat! [*See* **Il y a quelque chose de *louche!***]

Ça a été sans *anicroche* (*ou* sans accroc):

It came off without a hitch

Ça s'*annonce* bien!:

It's shaping up! [*See* **Ça commence à prendre *tournure!***]

Ça va s'*apaiser*! *ou* Ça va se calmer!:

a) It will blow over! **b)** It will work out!

Donne-moi un *aperçu* *grosso modo:*

Give me a ball park figure

Arrête de t'*apitoyer* (*ou* de pleurnicher) sur ton sort!:

Stop feeling sorry for yourself!

Les *apparences* sont trompeuses! *ou* L'habit ne fait pas le moine! *ou* On ne juge pas un livre à sa couverture!:

a) Don't judge a book by its cover! **b)** Looks are deceiving! **c)** It's not what it's cracked (*or* drummed) up to be!

Viens à mon *appartement* (*ou* dans ma chambre) *[utilisé surtout chez les jeunes]*:

Come over to my pad

J'ai un *appartement* luxueux:

I have a plush apartment

Il faut *appeler* les choses par leur nom *ou* Il faut appeler un chat un chat *ou* Il ne faut pas avoir peur des mots:

You have to call a spade a spade

Je vais le faire ou je ne m'*appelle* pas .... *[mon nom]*:

I'll do it or my name is mud!

Ça m'a ouvert (*ou* aiguisé) l'*appétit*:

I worked up a good appetite

Elle a un *appétit* d'oiseau:

She eats like a bird

Son *appétit* va me mettre à la rue! *ou* **Il dévalise mon frigidaire!:**

He's eating me out of house and home!

L'*appétit* vient en mangeant:

a) Eating whets the appetite **b)** The more you have, the more you want

Mon travail d'*appoint* est... *ou* **Mon deuxième travail est...:**

My sideline is...

Je vais lui *apprendre* à vivre:

I'll teach him a thing or two

Il a *appris* au travers des coups durs *ou* **Il a été à rude école:**

He went to the school of hard knocks

Il *apprend* en travaillant *ou* **Ils lui donnent une formation sur le tas:**

They give him an on-the-job training

Je l'ai *appris* par la bande!:

I heard it on the grapevine! [*See* **La *rumeur* a couru!**]

On en *apprend* tous les jours *ou* **On apprend à tout âge:**

You live and learn

Appuyer **(*ou* Défendre) une cause (*ou* une personne):**

To stick up for...

Après **vous!** *ou* **Après toi!** *ou* **À vous l'honneur:**

After you!

Il a une araignée au (*ou* dans le) plafond! *[fou]* *ou* **Il est fou!** *[sens propre]*:

a) He has bats in the belfry! **b)** He has a screw loose! **c)** He lost his buttons!

Il possède (*ou* Il a) beaucoup d'*argent*:

a) He has a bundle **b)** He's loaded

Tu en as eu pour ton *argent*!:

a) You got your money's worth! **b)** It was worth every penny!

Il en a eu plus que pour son *argent*!:

He got his money's worth and then some! [*See* **Il en a eu plein la *vue!***]

Je n'en ai pas eu pour mon *argent* *ou* **Je me suis fait avoir (*ou* abuser):**

I got shortchanged

Donne-lui-en pour son *argent*:

Give him a run for his money

Il dépense l'*argent* comme de l'eau *ou* **Il jette l'argent par les fenêtres:**

He's a high-roller! [*See* **Il est très *dépensier***]

{*Qc*} **Arrête d'en parler et mets de l'*argent* dessus:**

a) Put your money where your mouth is **b)** Back it up with money

{*Qc*} **Son *argent* est fait** *ou* **Il vit de ses rentes:**

He lives off the fat of the land

L'*argent* est la source de tous les maux:

Money is the root of all evil

Elle veut faire de l'*argent* facile:

She want's to make a fast buck

C'est de l'*argent* fichu (*ou* foutu) en l'air (*ou* jeté par les fenêtres)!:

That's a waste of money!

Donne-moi *de l'argent* liquide (*ou* de l'argent sonnant, du liquide)!:

Give me some hard (*or* cold) cash!

L'*argent* lui fond dans les mains *ou* **L'argent lui file entre les doigts:**

Money burns a hole in his pocket

L'*argent* ne fait pas le bonheur:

a) Money can't buy happiness **b)** Money isn't everything

L'*argent* ne pousse pas dans les arbres:

Money doesn't grow on trees

L'*argent* ouvre bien des portes!:

Money talks!

C'est l'*argent* qui fait tourner (*ou* qui mène) le monde:

Money makes the world go round

Il a plus d'*argent* qu'il ne peut en dépenser:

a) He's got money to burn **b)** He has more money than Carter has liver pills

Il dépense l'*argent* sans compter *ou* **Il ne regarde pas à la dépense:**

He spends money like it's going out of style

C'est une *arme* à double tranchant:

It's a double-edged sword

Elle arriva avec *armes* et bagages (*ou* avec ses cliques et ses claques):

She came bag and baggage

C'est de l'*arnaque*! *ou* **C'est du vol!:**

It's a rip-off!

Tu m'as *arnaqué* (*ou* escroqué)! *ou* **Tu m'as volé!** *[argent]*:

a) You gypped me! **b)** You ripped me off!

C'est un *arnaqueur* (*ou* un filou, un profiteur):

He's a chiseler

Je m'*arrachais* les cheveux à trouver comment...:

I was tearing my hair out to figure out...

Nous devrions trouver un *arrangement* (*ou* une solution):

We should come to a friendly agreement [*See* **On devrait s'arranger à l'*amiable***]

Tout est *arrangé*! *ou* **On a fait la paix!:**

It's all patched up! *[emotions]*

Je m'*arrange* (*ou* me débrouille) avec cent dollars par semaine:

I manage on $100 a week

Elle essaie d'*arranger* les choses:

She tries to smooth it over [*See* **Elle essaie d'*arrondir* les coins**]

On s'est *arrangés* (*ou* organisés) tout seul:

We got by on our own

On a fait un bref *arrêt*:

We made a pit stop

Il n'y a rien pour l'*arrêter*!:

There's no stopping her!

***Arrête* ça!:**

a) Cut it out! **b)** Cut that out!

***Arrête* de parler de ça!** *ou* **N'en parlons plus!:**

Knock it off!

Veux-tu du café?... *[En le versant]* ***Arrête*-moi quand tu en auras assez!:**

Have some coffee?... Say when! *[to stop pouring]*

***Arrêtons*-nous un moment** *ou* **Faisons une pause:**

Let's take a breather

***Arrête* pendant qu'il en est encore temps:**

Quit while you're ahead

C'est un *arriéré*! *ou* **Il n'est pas très intelligent!** *ou* {*Qc*} **Il n'est pas vite sur ses patins!** *ou* **Il est un peu limité!:**

a) He's a dummy! **b)** He's not too bright!

Je l'ai fait sans *arrière-pensée*:

I did it without meaning to [*See* **Je l'ai fait sans *malice***]

{*Qc*} ***J'arrive* en dessous!:**

I'm in the red [*See* **Je n'ai pas un *sou!***]

Elle essaie d'*arrondir* les coins (*ou* les angles) *ou* **Elle essaie d'arranger les choses** *ou* {*Fr*} **Elle essaie de mettre de l'huile dans les rouages:**

She tries to smooth it over

{*Fr*} **Je vais me faire appeler *Arthur* si je n'arrive pas à temps:**

I'll be in the doghouse if I don't get there in time [*See* **Je vais me le faire *reprocher* si...**]

À l'*article* de la mort, ... *ou* **À la dernière extrémité, ...:**

At death's door, ...

Tu as été l'*artisan* de la victoire:

You made us win

C'est un *as* en mathématiques! *ou* **Il est brillant en maths!** *ou* **C'est** {*Qc*} **une «bole» en maths!** *ou* **Il est** {*Qc*} **«bolé» en maths!:**

He's a whiz in math!

Il devrait être à l'*asile*:

He belongs on a funny farm

J'en ai *assez*! *ou* Je n'en peux plus! *ou* J'en ai ras-le-bol! *ou* J'en ai jusque-là! *[avec un geste de la main au-dessus de la tête]* *ou* J'en ai par-dessus la tête de ça!:

a) I'm fed up! **b)** I'm sick of it! **c)** I've had it! **d)** I have it up to here! **e)** I'm sick and tired of it! **f)** I can't stand (*or* take) it any longer!

Je l'ai fait pour être sûr d'en avoir *assez* (*ou* pour plus de sécurité):

a) I did it to be on the safe side **b)** I did it to play it safe

C'est *assez* bien! C'est (*ou* Ce n'est) pas mal!:

It's pretty good!

OK! C'est *assez*, laisse tomber! *ou* Ça suffit!:

OK! It's all right already!

Être *assis* entre deux chaises:

To be between hell and high water [*See* **Être pris entre deux *feux***]

{Qc} *Assieds*-toi! ou {Qc} Assis-toi!:

Take a load off your feet!

Je ne suis pas dans mon *assiette* *ou* Je file un mauvais coton:

a) I feel rotten **b)** I am under the weather **c)** I feel lousy **d)** I don't feel so hot **e)** I feel out of sorts **f)** I don't feel quite myself

C'est mon *assistant* (*ou* mon copain, mon ami, mon partenaire):

He's my sidekick

Je n'*assisterai* pas *ou* Je n'irai pas *ou* Ne m'inclus pas *[dans une réunion...]*:

Count me out

Ne viens pas *assombrir* (*ou* gâcher) ma journée! *ou* Ne viens pas m'attrister!:

Don't rain on my parade!

Il l'a *assommé* *[physiquement]*:

He knocked him out cold

Son travail n'est pas *assuré*:

He's on shaky grounds at his job [*See* **Son travail n'est pas *stable***]

Je vais *assurer* mes arrières:

I'll make sure I've something to fall back on

Tu as des *atomes* crochus avec lui:

You have things in common with him

Je me sens d'*attaque* pour les rencontrer! *ou* Je me sens à la hauteur pour...!:

I feel up to meeting them!

Tu dois t'*atteler* à la tâche:

You have to put your shoulder to the wheel

Dans les coups durs, *attelle*-toi à la tâche!:

When the chips are down, get on the ball!

Comme on pouvait s'y *attendre*, ... *ou* Comme de raison, ... *ou* Comme prévu, ...:

As one might expect, ...

Tu peux toujours *attendre*! *ou* Ça va arriver la semaine des quatre jeudis! (*ou* à la saint-glinglin!):

Don't hold your breath!

Tu ne sais pas ce qui t'*attend* *ou* {Qc} Tu vas frapper un nœud:

You don't know what you're up against

En *attendant*, ... *ou* Entre-temps, ... *ou* Pendant ce temps-là, ...:

a) In the meantime... **b)** Meanwhile...

Il m'*attendait* au tournant! *ou* {Qc} Il m'attendait dans le détour!:

He waited for the chance to get me!

J'*attends* le bon moment pour... *ou* J'attends mon heure pour...:

I'm biding my time to...

Alors qu'on s'y *attendait* le moins, on a réussi à vendre la maison!:

When least expected, we sold the house!

***Attends* un peu!:**

a) Hang on! **b)** Hold it!

Peux-tu *attendre* un moment (*ou* un instant, une minute)? *ou* *[Au téléphone]* Un moment s'il-vous-plaît!:

a) Hang on a minute! **b)** Can you hang on?

J'espère contre toute *attente* (*ou* en dépit de tout) que...:

I'm hoping against hope that...

Fais *attention*!:
Watch out!

Vous aurez toute mon *attention*:
I'll give you my undivided attention

J'y ai mis toute mon *attention* (*ou* mon énergie)!:
I gave it all I've got!

Fais *attention* à ce que tu dis!:
Watch your mouth!

***Attention* à la marche!:**
a) Mind the step! **b)** Watch the step!

Il est très *attiré* par elle!:
He has a crush on her! [*See* {*Qc*} **Il est *tombé* en amour avec elle!**]

***Attrape*-le si tu peux:**
Nab (*or* Nail) him if you can

Viens (*ou* Ne viens) pas m'*attrister*!:
Don't rain on my parade! [*See* **Viens pas *assombrir* ma journée!**]

Ça demande de l'*audace* (*ou* du front, du cran):
It takes a lot of guts

Il n'a pas eu l'*audace* de...:
He didn't have the guts to... [*See* **Il n'a pas eu le *courage* de...**]

J'ai eu une *augmentation* de salaire:
I got a raise (*or* a pay raise)

Il a *augmenté* la puissance de son moteur:
He souped up his motor

***Aussitôt* dit, aussitôt fait!:**
No sooner said than done!

Son argent est *aussitôt* gagné, aussitôt dépensé:
His money is easy come easy go

C'est de l'*authentique*! *ou* C'est du vrai de vrai!:
It's the real McCoy!

Je suis *autonome*:
I'm on my own [*See* **Je suis à mon *compte***]

Il se prend pour un *autre*!:
He's too big for his breeches! [*See* **Il se prend pour le *nombril* du monde!**]

***Autrefois*, ...:**
In the good old days, ... [*See* **Dans l'ancien *temps*, ...**]

Il est toujours *avachi* devant la télé *ou* Il passe son temps dans son fauteuil:
He's a couch potato

Il a tout *avalé* (*ou* cru):
He fell for it [*See* {*Fr*} **Il a *marché* à fond la caisse**]

Tu *avales* (*ou* gobes) n'importe quoi! *ou* Tu es tellement crédule!:
You're so gullible!

Il a *avalé* son repas tout rond:
He gulped down his food

Je suis toujours en *avance*! *[temps]*:
I'm always ahead of time!

Tu vas avoir une longueur d'*avance*:
You'll be ahead of the game

Arrête pendant que tu as encore de l'*avance* *ou* Arrête pendant qu'il en est encore temps:
Quit while you're ahead

Faire des *avances* très directes à une femme (*ou* à un homme):
To make a pass

Il n'est pas plus *avancé* pour autant:
He has nothing to show for it

L'*avant-dernier*:
The next to the last

Elle est à son *avantage* sur cette photo:
She looks good on this picture

Il a un *avantage* sur elle:
He has an edge on her

Il est *avare*:
He's a penny pincher [*See* **C'est un *grippe-sou***]

L'*avenir* appartient à celui qui se lève tôt!:

The early bird gets the worm!

L'*avenir* le dira! *ou* **Qui vivra verra!:**

Time will tell!

Qui sait ce que l'*avenir* nous réserve! *ou* **Qui sait de quoi demain sera fait:**

a) Who knows what lies ahead! **b)** Who knows what the future will bring! **c)** Who knows what tomorrow might bring!

Une *aventure* d'un soir:

A one-night stand

C'est une *aventurière*:

She's a gold digger

Ne te lance pas à l'*aveuglette* *ou* **Ne t'engage pas les yeux fermés:**

Look before you leap

Nous volions <u>à l'*aveuglette*</u>:

We were flying <u>on a wing and a prayer</u>

Il a fait des *aveux* complets:

He spilled his guts out

À mon *avis*, ...:

As I see it, ... [*See* **<u>D'après *moi*</u>, il...**]

Se faire l'*avocat* du diable:

To be the devil's advocate

Avoir – ai – as – a

Je me suis fais avoir (ou tromper) *ou* **Je n'en ai pas eu pour mon argent:**

I got short-changed

J'en *ai* après elle!:

I have something against her! [*See* **J'ai une *dent* contre elle!**]

{*Fr*} **Tu en *as* après elle à cause de ça** *ou* **Tu lui en veux pour ça:**

You hold that against her

Elle en *a* après tout le monde!:

She bad-mouths everybody! [*See* **Elle *dénigre* tout le monde!**]

Tu ne m'*auras* pas une deuxième fois! *ou* **Tu ne m'y reprendras plus!:**

You won't catch me again!

Il ne m'a pas tout *avoué*:

He didn't come clean with me [*See* **Il n'a pas *vidé* son sac**]

***Avoue*-le!:**

Admit it! [*See* ***Admets*-*le!***]

Il a *avoué* (*ou* **reconnu) son erreur:**

He owned up to his mistake

{*Fr*} **J'en suis resté *baba*!:**

It took my breath away! [*See* **J'en ai eu le *souffle* coupé!**]

Le travail a été *bâclé*! *ou* {*Qc*} C'est une job de trou de cul! *(vulgaire) ou* {*Qc*} Le travail a été fait «à-brouche-te-brouche»! *ou* {*Qc*} Le travail a été «botché»! *ou* C'est un travail cochonné!

a) It's a half-assed job! (*rude*) **b)** The job has been botched up! **c)** It's a sloppy job!

Elle est portée sur la *bagatelle* (*ou* sur la chose) *ou* Elle a le sang chaud *[sensuellement]*:

a) She's got hot pants **b)** She's a hot cookie [*but* **Il (*ou* Elle) a le *sang* chaud** *[de colère]* = He's (*or* She's) hotheaded]

J'ai une vieille *bagnole* (*ou* {*Qc*} un vieux bazou, {*Fr*} une vieille chignole, {*Fr*} une vieille caisse, {*Fr*} une vieille tire, {*Fr*} un traîne-con *(vulg.)*):

I have an old jalopy

Ils vont se *baigner* à poil *ou* Ils vont se baigner tout nus:

They're going skinny-dipping

Tout *baignait* (*ou* baignait dans l'huile)! *ou* Tout allait comme sur des roulettes! *ou* Tout était parfait! *ou* {*Fr*} Tout était nickel!:

a) It was smooth sailing! **b)** It was all peaches and cream! **c)** Everything was hunky-dory! **d)** Everything was looking great! **e)** It went like clockwork!

Ça fait un *bail* que je ne l'ai pas vu:

I didn't see him in a dog's age [*See* **Ça fait une *éternité* que je ne l'ai pas vu**]

***Baiser* *(vulg.) ou* S'envoyer en l'air *ou* Prendre son pied *ou* Faire une partie de jambes en l'air *ou* {*Qc*} Prendre une petite vite *ou* {*Fr*} Tirer sa crampe *ou* Tirer un coup *(grossier) ou* {*Qc*} Jouer aux fesses *ou* Fourrer *(vulg.)*:**

a) To have a quickie **b)** To have a roll in the hay **c)** To do the horizontal mambo **d)** To do a morner *[in the morning]* **e)** To do a nooner *[at noon]* **f)** To fuck *(rude)* **g)** To screw *(rude)* [*but* ***Faire* l'amour** = To make love *or* To have sex *or* To make whoopie]

{*Fr*} **Je me suis fait *baiser* *(grossier)*:**

I got screwed on that deal [*See* **Je me suis fait *rouler***]

Une *baisse* de production:

A cutback on production

Une *baisse* de prix:

A markdown

***Baisse*-toi! *ou* Penche-toi!:**

Stoop down!

{*Qc*} **Partir le *bal* *[figuré]*:**

To start (*or* To get) the ball rolling *[figuratively]* [*See* ***Démarrer* l'affaire**]

On s'en va faire une *balade* *[en voiture]*:

We're going for a spin [*See* **On s'en va faire une *promenade*** *[en voiture]*]

Il l'a envoyée *balader* (*ou* promener, paître):

He gave her her walking papers *[job]* [*See* **Elle l'a *mis* à la porte (*ou* mis dehors)**]

Je me *balade* ici et là avec ma vieille bagnole (*ou* {*Fr*} chignole):

I <u>knock around in</u> my old car

Je m'en *balance*!:

What the heck do I care! [*See* **Je m'en *fiche!***]

Il y a du monde au *balcon*!:

She's very busty! [*See* **Elle a une grosse *poitrine!***]

***Baliverne*! *[exclamation de mépris]*:**

Phooey!

Il faut saisir la *balle* au bond *ou* Il faut (savoir) saisir la chance quand elle se présente:

Opportunity knocks but once

La *balle* est dans ton camp:

The ball is in your court

Nous avons *bamboché*! *ou* Nous avons fait la noce!:

We had a wild time!

{*Fr*} Faisons la *bamboula*!:

Let's make a night of it! [*See* **Faisons la *noce!***]

On a fait *bande* à part:

We stayed to ourselves

C'est une *bande* de minables! (*ou* de ratés, de bons à rien, {*Fr*} de nullos):

It's a useless bunch!

Je me tiens au *bar* *ou* Je traîne au bar:

I hang out at the bar

Il va d'un *bar* à l'autre

He is barhopping

Il m'a fait tout un *baratin*:

He gave me quite a tall story [*See* **Il m'a raconté des *salades***]

Il est parti <u>avec tout son *barda*</u>:

He left with <u>the whole kit and caboodle</u> [*See* **Il est parti <u>avec toutes ses *affaires*</u>**]

Prenons notre *barda* (*ou* Prenons nos cliques et nos claques) et partons!:

Let's pack up and go!

{*Qc*} Il lui manque un *bardeau* *ou* Elle est un peu dérangée *ou* Elle est un peu fêlée *ou* Il lui manque une case *ou* {*Fr*} Elle est folle de la callebasse *ou* {*Fr*} Elle yoyote du ciboulot:

a) She has a screw-loose **b)** She's a little screwy **c)** She's got a few buttons missing

Ça va *barder*!:

All hell's going to break loose!

Obtenir une réduction de prix à force de {*Qc*} *barguiner* (*ou* {*Fr*} barguigner, marchander):

a) To chisel down **b)** To haggle over the price

{*Qc*} Un petit *baril* *[une personne courte et grasse]* *ou* {*Fr*} Un pot à tabac:

A little butterball *[a person]*

{*Fr*} Il mène une vie de *barreau* de chaise depuis la mort de sa femme:

He's been living it up since his wife died [*See* **Il fait les quatre cents *coups* depuis...**]

{*Fr*} *Barre*-toi! *ou* Débarrasse le plancher! *ou* Va-t-en!:

Scram!

***Barrons*-nous!:**

Let's split! [*See* ***Disparaissons!***]

On a commencé au *bas* de l'échelle:

a) We started on the bottom rung **b)** We started at the bottom of the ladder

***Bas* les pattes! *ou* Touche pas à ça!:**

Hands off!

{*Fr*} Lâche-moi les *basquettes*!:

Buzz off! [*See* {*Qc*} ***Achale*-moi pas!**]

Il est parti <u>avec tout son *bataclan*</u>:

He left with <u>the whole stock and barrel</u> [*See* **Il est parti <u>avec toutes ses *affaires*</u>**]

Ces deux-là étaient <u>dans le même *bateau*</u>!:

These two were <u>in the same boat</u>! [*See* **Ces deux-là étaient <u>dans la même *galère!*</u>**]

Il nous met toujours des *bâtons* dans les roues:

He always throws a monkey wrench into our plans

{*Fr*} C'est un *battant*:

He has plenty of drive [*See* **Il *pète* le feu**]

Ils l'ont *battu* à mort!:

They beat him to death!

Je l'ai *battu* à son propre jeu:

I beat him at his own game

Ils se *battent* comme chiens et chats (*ou* {*Fr*} comme des chiffonniers)!:

They fight like cats and dogs!

***Battons* le fer pendant (*ou* tant) qu'il est chaud!:**

a) Let's strike the iron while it's hot! **b)** Let's make hay while the sun shines! **c)** Let's go while the going's good!

Je ne vais pas me *battre* pour ça!:

I won't haggle over it!

Il s'est *battu* pour moi *ou* Il m'a défendu:

He went up to bat for me

Ils *bavardent* *ou* Ils parlent de tout et de rien *ou* {*Fr*} Ils taillent une bavette:

a) They chew the fat (*or* the rag) **b)** They shoot the breeze (*or* the bull)

Vous avez un peu *bavardé* hier *ou* Vous avez fait un brin de causette hier:

You had a little chitchat yesterday

En *baver* *ou* Manger de la vache enragée *ou* {*Fr*} En chier (*vulg.*):

To go through hell or high water

Ils taillent une *bavette*:

They shoot the breeze [*See* **Ils *bavardent***]

{*Qc*} **J'ai un vieux *bazou*:**

I have an old jalopy [*See* **J'ai une vieille *bagnole***]

C'est un jeune homme *b.c.b.g.* [*bon chic, bon genre*]:

He's clean cut [*See* **Il a belle *allure* et il est gentil**]

C'est toujours plus *beau* chez le voisin *ou* L'herbe est toujours plus verte sur le terrain du voisin:

The grass is always greener on the other side of the fence

Il est *beau* comme un dieu *ou* Il est beau comme le jour:

He looks like a picture

C'est le plus *beau* de l'affaire *ou* {*Qc*} C'est la cerise sur le sundae:

That's the icing (*or* the frosting) on the cake

C'est trop *beau* pour être vrai:

It's too good to be true

Beaucoup: Many

des tas de = heaps of
un tas de = a bunch of
énormément de = an awful lot of
beaucoup de = a lot of, a whole lot of
pas mal de = pretty much
pas mal de = quite a lot of
pas mal de = quite a few of
en veux-tu en voilà = barrels of
beaucoup de = loads of
beaucoup de = tons of
de l'argent à profusion = wads of money
énormément de = a great deal of
énormément de = a heck of a lot of
une série [production] de = a batch of
en pagaille = a mess of
en avoir à profusion = plentifully, oodles of
des piles de = piles of, stacks of
beaucoup de, plein de = plenty of
de l'argent en quantité = money to burn
beaucoup, à revendre = enough and to spare
plus qu'assez = more than enough

Il travaille *beaucoup*.

He works like mad [*See* **Il travaille comme un *fou***]

Elle a *beaucoup* d'amis:

a) She has heaps of friends **b)** She has friends galore **c)** She has tons of friends [*See* ***Beaucoup***]

Elle a *beaucoup* d'argent!:

She has money enough and to spare (*or* to burn)! [*See* ***Beaucoup***]

C'est de toute *beauté*! *ou* C'est divin! *ou* C'est merveilleux! *ou* C'est inoui! *ou* C'est extra (*ou* extraordinaire)! *ou* C'est excellent! *ou* C'est superbe! *ou* C'est formidable! *ou* C'est super! *ou* C'est trop! *ou* C'est génial!:

a) It's smashing! **b)** It's out of this world!

Elle se prend pour une *beauté*!:

She thinks she's it!

La *beauté* se trouve dans les yeux de la personne qui la contemple *ou* Il n'y a pas de laides amours

Beauty is in the eye of the beholder

Elle attend un *bébé* *ou* Elle est enceinte:

She's expecting

{Qc} **Donne-moi la *bébelle*:**

Give me the gizmo [*See* **Donne-moi le *machin***]

Il a toujours tout tout cuit (*ou* rôti) dans le *bec* *ou* Il a toujours tout sur un plateau (d'argent):

He gets everything on a silver platter

Je me suis retrouvé le *bec* à l'eau *[à cause de lui]*:

He left me high and dry [*See* **Il m'a *abandonné* avant la fin**]

Il a le *béguin* pour elle:

He has a crush on her [*See* {Qc} **Il est *tombé* en amour avec elle**]

Elle est *belle* à couper le souffle! *ou* Elle est belle à se damner! *ou* Elle fait des ravages *[dans les cœurs]*! *ou* Elle fait tourner les têtes!:

a) She's a real beauty! **b)** She's a heartbreaker!

Elle est *belle* (*ou* jolie) comme un cœur:

She's pretty as a picture

Elle est bien *belle* mais elle n'a rien dans la tête! *ou* Elle a un beau cul mais pas grand chose dans le ciboulot (*ou* la cervelle) *(vulg.)*! *ou* Elle pense avec son cul! *(grossier)*:

She's a dumb but beautiful blonde!

Mets un *bémol*!:

Cool it! [*See* ***Calme*-toi!**]

Elle en a récolté tous les *bénéfices*!:

She got all the gravy!

À la suite de cette loi, j'ai encaissé un *bénéfice* (*ou* une manne) inattendu(e):

With this law, I got a windfall

Elle l'a pris au *berceau*:

She robbed the cradle

Il ne se laisse pas *berner* (*ou* avoir, entourlouper):

He's nobody's fool

Je me suis fait *berner*:

I got screwed on that deal [*See* **Je me suis fait *rouler***]

C'est une famille dans le *besoin* (*ou* famille démunie):

It's a needy family

J'ai (*ou* Je n'ai) absolument pas *besoin* de ça!

I need that like a hole in the head!

Il <u>a grandement</u> (*ou* <u>absolument) *besoin*</u> d'un travail:

He's <u>hard up</u> for a job

Il est <u>dans le *besoin*</u> depuis qu'il a perdu son travail:

He's <u>hard up</u> since he lost his job

C'est dans le *besoin* qu'on (re)connaît ses vrais amis:

A friend in need is a friend indeed

Ce n'est pas *bête*!:

a) That's using your head! **b)** You have something there!

Il n'est pas *bête* *ou* Il ne se laisse pas avoir *ou* Il n'est pas idiot:

a) He's nobody's fool **b)** He's no dumbbell

{Qc} **Il a l'air très *bête*!:**

He has a face like a bulldog!

Comme je suis *bête*! *ou* Comme je m'en veux!:

I could kick myself!

Il est *bête* comme ses pieds (*ou* {Fr} comme une oie)!:

He's obnoxious! [*See* **Il est *odieux!***]

Ma *bête* noire:

My pet peeve

{Qc} **Chercher la *bête* noire (*ou* {Fr} la petite bête):**

To find fault with [*See* **Trouver à *redire***]

Arrête de chercher {*Qc*} **la *bête* noire (*ou* {*Fr*} la petite bête)! *ou* Arrête de couper les cheveux en quatre!:**

Stop your nit-picking!

Il a fait une *bêtise* en ne mentionnant pas son nom:

He slipped up by not mentioning her name [*See* **J'ai fait une erreur**]

***Beurk*! *[dégoût]*:**

Yuck! [*See* {*Qc*} ***Ouach!***]

{*Fr*} **Ce n'est pas de la *bibine*:**

It's no small deal [*See* **Ce n'est pas de la petite *bière***]

{*Fr*} **Son *bide* *ou* Son gros ventre:**

His breadbasket

{*Fr*} **Cette pièce a fait <u>un *bide*</u> (*ou* {*Fr*} un four) *ou* Cette pièce a été <u>un fiasco</u>:**

This play was <u>a flop</u>

Donne-moi le *bidule*:

Give me the do-hickey [*See* **Donne-moi le *machin***]

Comment ça va? Je vais <u>tout à fait *bien*</u>!:

How are you? I'm <u>hunky-dory</u>!

Tout est *bien* qui finit bien:

All is well that ends well

C'est très *bien*! *[acceptation]* *ou* Ça va!:

Fair enough!

Ça vous (*ou* te) fera le plus grand *bien*:

It will do you a world of good

Elle pense le plus grand *bien* de lui:

She thinks the world of him

Grand *bien* lui fasse! *ou* Tant mieux pour lui!:

More power to him!

***Bien* mal acquis ne profite jamais!:**

a) Ill gotten ill spent! **b)** It never pays to cheat!

Aimes-tu danser? <u>*Bien* sûr</u>! (*ou* {*Qc*} <u>Ça s'adonne</u>!):

Do you like to dance? <u>I'll say!</u>

C'est de la petite *bière* (*ou* {*Fr*} de la bibine, {*Fr*} de la gnognotte):

That's small potatoes

Ce n'est pas de la petite *bière* (*ou* {*Fr*} de la bibine, {*Fr*} de la gnognotte):

It's no small deal

Les *bijoux* de famille:

The family jewels [*See* **Les *testicules***]

{*Fr*} **Tu me prends pour une *bille*?:**

I wasn't born yesterday [*See* **Je ne suis pas *né* d'hier**]

Il s'est mis la tête sur le *billot* (*ou* {*Qc*} sur la bûche) pour moi:

He stuck his neck out for me

Tu avais {*Qc*} **<u>la *binette*</u> (*ou* <u>la mine) longue</u> après son appel *ou* Tu avais <u>le visage long</u>... *ou* Tu avais une <u>tête d'enterrement...</u>:**

Your face dropped after his call

Il est *bisexuel* *ou* {*Qc*} Il est aux deux *ou* {*Fr*} Il est à voile et à vapeur:

a) He's AC-DC **b)** He's bisexual

Il est vraiment *bizarre*:

He's a hot potato

Il est *bizarre*! (*ou* étrange, excentrique):

a) He's flakey! **b)** He's a screwball! **c)** He's a crackpot

Ce n'est que du *blabla* (*ou* du vent)! *ou* Ce ne sont que des mots (*ou* des paroles)!

It's just talk!

Conte-moi (*ou* Ne me conte) pas de *blagues*!:

Don't give me that! [*See* **Arrête tes *salades!***]

Ce n'est pas une *blague*! *ou* {*Qc*} C'est ben vrai! *ou* {*Qc*} C'est pas des farces!:

It's no joke!

{*Qc*} **Je te conte des *blagues*! *ou* Je fais des farces, ce n'est pas vrai!:**

I'm kidding you!

Sans *blague*! *ou* Es-tu sérieux?:

a) No kidding! **b)** Are you kidding?

Blague **à part, ...:**

All kidding aside, ...

C'est elle qui a été *blâmée* (*ou* **réprimandée)!** *ou* **C'est elle qui a porté le chapeau!:**

She was left holding the bag!

C'est facile de *blâmer* un autre *ou* **C'est facile de refiler** {*Qc*} **la faute** (*ou* {*Fr*} **le bébé) à un autre** *ou* **C'est facile de mettre ça sur le dos d'un autre** *ou* {*Fr*} **C'est facile de se défausser:**

It's easy to pass the buck to someone

{*Qc*} **J'ai été *blâmé* pour ça!:**

I took the rap for it!

Regarde-moi dans le *blanc* des yeux *ou* **Regarde-moi bien en face:**

Look me straight in the eye

Je lui ai parlé dans le *blanc* des yeux *ou* {*Qc*} **Je lui ai parlé dans le casque:**

I talked to him eyeball to eyeball

Elle est *blanche* {*Qc*} **comme un drap!** (*ou* {*Fr*} **comme un linge!)** *ou* **Elle a l'air d'une vraie morte!:**

She looks like death warmed over!

{*Qc*} **Elle est devenue *blanche* comme un drap:**

She turned as white as a sheet (*or* as a ghost)

Blanchir **de l'argent:**

To launder money

{*Qc*} **J'ai mangé quatre épis de *blé* d'Inde** (*ou* **de maïs):**

I ate four ears of corn

Du *blé* d'Inde (*ou* **du maïs) en épis:**

Corn on the cub

{*Qc*} **J'ai eu mon *bleu*:**

I got my pink slip [*See* **J'ai été *congédié***]

Il était couvert de *bleus*:

He was covered with bruises

Je lui ai tout vendu <u>en *bloc*</u>:

I sold it to him <u>lock, stock and barrel</u>

Nous avons fait *bloc* contre ce projet:

We united against this project

Ses cheveux sont *blond* roux:

She's a strawberry blonde

{*Qc*} **C'est mon ancienne *blonde*!** *ou* **C'est mon ex!:**

She's my old flame!

C'est complètement *bloqué*:

It's all jammed up

Il a recommencé à *boire*!:

He's <u>off the wagon</u>! [*but* {*Qc*} **Il a lâché la *boisson*!** = He's <u>on the wagon</u>!]

Qui a bu *boira*! *ou* **Chassez le naturel, il revient au galop!:**

You can't change the spots on a leopard!

Il *boit* comme un trou:

He drinks like a fish

{*Fr*} **Elle *boit* du petit lait!:**

She feels on top of the world! [*See* **Elle *nage* dans le bonheur!**]

{*Fr*} **Il y a à *boire* et à manger** *[dans ce qu'il dit]***!:**

You have to take some and leave some! [*See* **Il faut en *prendre* et en laisser!**]

Ils sont du même *bois*! *ou* **Qui se ressemble s'assemble!** *ou* {*Fr*} **Ils sont de la même veine!:**

a) The pot calls the kettle black! **b)** Birds of a feather flock together! **c)** They're two of a kind!

{*Qc*} **Je ne suis pas fait en *bois*!** *[dans le sens que ma résistance a des limites]* *ou* **Je ne suis pas de bois:**

I'm not made of steel!

Il va voir <u>de quel *bois* je me chauffe</u>!:

a) I'll show him <u>what's what</u>! **b)** <u>I'll show him a thing or two</u>!

{*Qc*} **Il a lâché la *boisson*!:**

He's <u>on the wagon</u>! [*but* **Il a recommencé à *boire*!** = He's <u>off the wagon</u>!]

{*Qc*} **C'est une «*bolée*»!** *ou* **Elle est première partout!** *ou* **C'est la meilleure!:**

a) She's got A's across the board! **b)** She's got straight A's!

{*Qc*} **C'est une «bole» en maths** *ou* **Il est «*bolé*» en maths:**

He's a whiz in math [*See* **C'est un *as* en mathématiques**]

J'ai été *bombardé* de questions:

I got raked over the coals [*See* **Je me suis fait *réprimander***]

Je le veux pour de *bon* *ou* Je veux le garder:

I want it for keeps

C'est un *bon* à rien!

He's a tramp! [*See* **C'est un *vagabond*!**]

Il est *bon* comme du bon pain! *ou* Il a un cœur d'or!:

He has a heart of gold!

{*Qc*} **Il est *bon* dans ce qu'il fait! *ou* C'est un bon! *ou* Il est bon là-dedans! *ou* C'est un pro!:**

He's good at it!

{*Qc*} **Ben *bon* pour lui!** *[ironie]* *ou* **Tant pis pour lui!:**

a) That'll fix him! **b)** It's just too bad for him!

C'est un *bonasse*:

He's a door mat

{*Fr*} **Les *bonbons*:**

The family jewels [*See* **Les *testicules***]

Ça a fait mon *bonheur*!:

a) That hit the spot! **b)** That's just what I needed

Un petit *bonhomme* (*ou* petit gars, petit garçon):

A little shaver *[familiar]*

{*Qc*} **Ôte-toi de là, *bonhomme*! *ou* {*Fr*} Tire-toi de là, mec!:**

Get out of my way, buster!

C'en est une *bonne*! *ou* C'en est toute une! *[une nouvelle]***:**

That's a good one!

C'est *bonnet* blanc (et) blanc bonnet:

What you gain on one hand you lose on the other [*See* **C'est du *pareil* au même**]

{*Qc*} **Ils nous ont de tous *bords*, tous côtés:**

They get us coming and going [*See* **Ils nous ont de *partout***]

{*Qc*} **C'est sur le *bord* de la folie! *ou* Ça frise la folie! *ou* {*Fr*} C'est n'importe quoi!:**

It's just short of insanity!

{*Fr*} ***Bordel* de Dieu!** *(grossier)* *ou* {*Fr*} **Bordel de merde!** *(vulg.)***:**

Damned it! [*See* ***Gosh!***]

C'est lui le *boss*!:

He calls the shots! [*See* **C'est lui qui *mène* le jeu!**]

{*Qc*} **C'est un grand *boss* *ou* C'est un grand patron:**

He's a big wheel (*ou* a big shot, a big boss)

{*Qc*} **Une *bosse* (*ou* {*Fr*} un chtard, {*Fr*} un gnon)** *[sur une automobile]***:**

A dent

L'auto est toute {*Qc*} *bossée* (*ou* *bosselée*, cabossée)!:

The car is all banged up!

{*Qc*} **Le travail a été «*botché*»!:**

The job has been botched up! [*See* **Le travail a été *bâclé!***]

{*Fr*} **Je l'ai à ma *botte*:**

I have him eating out of the palm of my hand [*See* **Je l'ai dans ma *poche***]

{*Qc*} **Il a les deux pieds dans la même *bottine*!:**

He doesn't know his way out of a paper bag!

Il se sert de moi comme (d'un) *bouc* émissaire *ou* {*Fr*} Je lui sers de fusible:

He uses me as a scapegoat

Arrête ton *boucan*!:

Stop raising Cain!

Je l'ai appris par le *bouche* à oreille!:

I learned it by word of mouth! [*See* **La *rumeur* a couru!**]

J'en étais *bouche* bée!:

You could have knocked me over with a feather! [*See* **J'en étais *stupéfait!***]

J'étais si surpris que j'en suis resté *bouche* bée (*ou* j'en suis resté sans voix):

I was so surprised I was tongue-tied

Elle avait la *bouche* fendue jusqu'aux oreilles! *[grand sourire]*:

She had a grin from ear to ear!

Je peux l'avoir pour une *bouchée* de pain *ou* Je peux l'avoir très bon marché *ou* {Qc} Je peux l'avoir pour une chanson:

I can get it for a song

{Qc} Un *bouchon* de circulation *ou* Un embouteillage:

A traffic jam

As-tu apporté de la *bouffe*?:

Did you bring any grub? [*See* **As-tu apporté ton *lunch*?**]

Il a la *bougeotte*! *ou* Il ne reste pas en place!:

a) He has ants in his pants! **b)** He's got itchy feet!

Ils *bougonnent* (*ou* {Qc} chicanent, ronchonnent, rouspètent, marmonnent, se plaignent) tout le temps:

a) They're always moanin' and groanin' **b)** They're always bellyaching (*or* squawking, kicking, bitching)

C'est de la *bouillie* pour les chats! *ou* Ça n'a ni queue ni tête!:

It doesn't make heads or tails!

Le rapport que tu m'as donné, c'est de la *bouillie* pour les chats! (*ou* ne vaut rien!):

The report you gave me is not worth a darn!

C'est une *boule* (*ou* un paquet) de nerfs:

She's (*or* He's) a nervous wreck

Elle était toute *bouleversée* (*ou* remuée, retournée):

She was all shook-up!

Mets-toi une bonne fois au *boulot*! *ou* Attelle-toi à la tâche!:

Buckle down and get to work!

Retournons au *boulot* (*ou* {Fr} au charbon)!:

Back to the salt mines! [*See* **Retournons au *travail!***]

Organiser {Fr} une *boum* (*ou* {Qc} un party, une fête):

To make (*or* To have, To throw) a party

C'est le *bouquet*! *ou* Il ne manquait plus que ça! *ou* {Fr} C'est la totale! *ou* Ça remporte la palme! *ou* C'est le comble! *ou* Ça dépasse les bornes!:

a) That's all I need! **b)** That tops it all! **c)** That takes the cake! **d)** That does it! **e)** That's going too far!

{Fr} Les *bourgeois*:

The fat cats [*See* **Les *richards***]

Un *bourrage* de crâne *ou* Un endoctrinement *ou* Un lavage (*ou* lessivage) de cerveau:

A brainwashing

C'est un *bourreau* de travail:

a) All work and no play makes Jack a dull boy **b)** He's a workaholic

{Fr} Il est allé se *bourrer* la gueule:

He's on a bender [*See* **{Qc} Il est parti sur la *brosse!***]

Il s'est fait *bourrer* le crâne *ou* Il a subi un lavage (*ou* lessivage) de cerveau:

He's been brainwashed

{Fr} Il me fait tourner en *bourrique*!:

He drives me up the wall! [*See* **Il me fait *sortir* de mes gonds!**]

J'ai *bousillé* (*ou* gâché) le travail!:

a) I screwed up the works! **b)** I gummed up the works!

Tu la rends (*ou* la mets) à *bout*:

You kid the pants off her

{Qc} C'est juste un petit *bout* *[pour son âge]*!:

He's a shrimp! [*See* **Il est *petit* pour son âge!**]

Il a combattu ce projet d'un *bout* à l'autre:

He fought this project every inch of the way

Il a tout expliqué d'un *bout* à l'autre:

He explained everything <u>from start to finish</u> [*See* **Il a tout expliqué <u>du *début*</u> jusqu'à la fin**]

C'est au *bout* du monde! *ou* **C'est au diable vert (*ou* diable Vauvert)** *ou* {*Fr*} **C'est à Pétaouchnoke (*ou* {*Fr*} à Perpète-les-oies)!:**

a) It's a long way off! *[distance]* **b)** It's way out in the boondocks! **c)** It's in the sticks!

Je suis au *bout* du rouleau! *ou* **Je suis à bout de nerfs!** *ou* **Ma patience est à bout (*ou* a des limites)!:**

I'm at the end of my rope!

{*Qc*} **Elle est pas mal «au *boutte*»!** *[positif]*:

She's pretty groovy! [*See* **Elle est *sensass!***]

C'est le *boute*-en-train (*ou* {*Fr*} le rigolo) du party (*ou* de la fête):

He's the life of the party

{*Fr*} **Quel *boxon*!** *ou* **Quel désordre <u>épouvantable</u>!:**

What <u>a hell of</u> a mess!

Je n'arrive pas à me *brancher*

I'm sitting on the fence

Il faut que tu te *branches* *ou* **Il faut que tu te fasses une idée:**

a) You can't have it both ways **b)** You can't eat your cake and have it

C'est *branlant*!:

It's flimsy! [*See* **Ce n'est pas *solide!***]

Quel *branle-bas*! *ou* **Quelle agitation!:**

What a commotion!

{*Qc*} **Il *branle* dans le manche** *ou* **Il hésite:**

a) He's sitting on the fence **b)** His position is shaky

On marchait *bras* dessus, bras dessous:

We were walking arm in arm

Il a le *bras* long!:

He has a lot of clout! [*See* **Il a beaucoup d'*influence!***]

Il a de gros *bras* mais pas de tête:

He has brawn but no brains

{*Qc*} **Qu'est-ce qui se *brasse*?:**

What's cooking? [*See* **Quoi de *neuf*?**]

{*Qc*} **(Ne) *Brasse* pas ma cage!:**

Don't make waves! [*See* **Ne *déplace* pas trop d'air!**]

Elle est toujours sur la *brèche*:

She's always <u>on the go</u> [*See* **Elle est toujours *sortie***]

Il est revenu *bredouille* (*ou* les mains vides):

He came back empty-handed

En *bref*, ...:

To make a long story short, ...

{*Fr*} **C'est de *bric* et de broc!:**

It's flimsy! [*See* **Ce n'est pas *solide!***]

Je vais vendre du *bric-à-brac*:

I'll sell odds and ends

Tu n'es pas trop *brillant*!:

a) You're a meathead! **b)** You're not too bright!

Il est *brillant* en maths:

He's a whiz in math [*See* **C'est un *as* en mathématiques**]

Ma maison *brille* comme un sou neuf *ou* **Ma maison est propre de la cave au grenier:**

My house is spic and span

Lors de cette fête (*ou* soirée), tu *brillais* <u>par ton absence</u>:

At this party, <u>it was obvious that you were missing</u>

Nous avons fait <u>un *brin* de toilette</u> avant de partir:

We refreshed ourselves before leaving

{*Fr*} **Faisons la *bringue*!:**

Let's make a night of it! [*See* **Faisons la *noce!***]

{*Fr*} **On a fait une *bringue* à tout casser!:**

We had a blast! [*See* **On a eu tout un *party!***]

{*Qc*} **Je l'attends avec une *brique* et un fanal:**

I'll get him with both barrels

{Qc} **C'est *brisé*! *ou* Ça a fait défaut!:**

It went kaput!

La tasse s'est *brisée* *ou* {Qc} La tasse est tombée en morceaux:

The cup broke to bits [*but* **C'est une personne brisée par la vie** = This person has fallen apart]

{Qc} **Ma voiture a «*brisé*»! (*angl.*):**

My car has conked out! [*See* **Ma voiture est tombée en *panne!***]

Mon grille-pain est «*brisé*» (*angl.*):

My toaster is on the fritz

Tu devras *broder* sur le sujet:

You will have to elaborate on the subject

Elle *broie* du noir! *ou* Elle se sent très déprimée! *ou* Elle déprime!:

a) She feels down in the dumps! **b)** She feels down and out! **c)** She's down in the dumps! **c)** She feels depressed!

{Qc} **Il est parti sur la *brosse*!** *[ivre]* *ou* {Fr} **Il est allé se cuiter!**

He's on a bender!

{Qc} **Le travail a été fait «à-*brouche*-te-brouche»!:**

It's a sloppy job! [*See* **Le travail a été *bâclé!***]

C'est le *brouillard* total! *ou* Je (ne) comprends rien! *ou* {Fr} J'y pige que dalle!:

It's clear as mud!

Ne viens pas *brouiller* les cartes!:

Don't upset the applecart!

Tu ne dois pas *brouiller* les pistes (*ou* les cartes) dans cette affaire:

You mustn't cloud the issue in this matter

Cette histoire a fait beaucoup de *bruit* pour rien:

This story made much ado for nothing [*but* **Cette personne a fait beaucoup de *bruit* pour rien** = This person made a lot of fuss for nothing]

Il fait plus de *bruit* que de mal *ou* C'est un dur au cœur tendre:

His bark is worse than his bite

Nous *brûlons* d'envie d'aller à ce spectacle:

We're dying to go to this show

***Ne brûle* pas les étapes!:**

Take one thing at a time!

À *brûle-pourpoint*:

It just came out of nowhere

Je ne peux pas te le dire à *brûle-pourpoint* (*ou* juste comme ça):

a) I can't tell you offhand **b)** I can't tell you off the top of my head

Il s'est mis la tête {Qc} sur la *bûche* (*ou* sur le billot) pour moi:

He stuck his neck out for me

Quel est le *but* de tout ça?:

What's the big idea? [*See* **Quel est ton *motif*?**]

C'est à peu près *ça* *ou* C'est dans cet ordre-là:
It's along those lines

***Ça*, c'est bien elle! / Ça, c'est bien lui!:**
That's her for you! / That's him for you!

C'est *ça* ou rien *ou* C'est à prendre ou à laisser:
Take it or leave it

L'auto est toute *cabossée* (*ou* bosselée, {*Qc*} bossée)!:
The car is all banged up!

Elle a *caché* pas mal d'argent:
She stashed away quite a lot of money

Veux-tu jouer {*Qc*} à la *cachette* (*ou* {*Fr*} à cache-cache)?:
Do you want to play hide-and-seek?

Il est si malade qu'on dirait un *cadavre* ambulant:
He's so sick that he's a living corpse

Ça, ce n'est pas un *cadeau*! *ou* Ce n'est pas une petite affaire!:
That's no joke!

C'est un *cadeau* (*ou* un don) du ciel!:
It's a godsend!

Une personne qui reprend ses *cadeaux*:
He (*or* She) is an Indian giver

C'est le *cadet* (*ou* le moindre) de mes soucis!:
That's the least of my worries!

{*Fr*} **C'est un peu fort de *café*!** *[figuré]*:
It's farfetched! [*See* **C'est *exagéré!***]

Il a un *caillou* à la place du cœur *ou* Il a un cœur de pierre:
He has a heart of stone

{*Fr*} **À fond la *caisse*!:**
Step on the gas! [*See* ***Accélère!***]

{*Fr*} **J'ai une vieille *caisse*:**
I have an old jalopy [*See* **J'ai une vieille *bagnole***]

***Caleçon* (*ou* sous-vêtement) long:**
Long johns

{*Qc*} ***Câlisse*!** *(vulg.)*:
Damned it! *(rude)* [*See* ***Gosh!***]

{*Qc*} ***Câlisse* de tabarnack!** *(très vulg.)*:
What the fuck! *(very rude)*

{*Fr*} **Elle est folle de la *callebasse*:**
She's got a few buttons missing [*See* {*Qc*} **Il lui manque un *bardeau***]

Garde ton *calme* (*ou* ton sang-froid):
Don't blow your stack [*See* **Ne perds pas *patience***]

Restez vigilant, c'est le *calme* avant la tempête:
Stay alert, it's the lull before the storm

***Calme*-toi! *ou* Reste calme! *ou* Vas-y mollo! *ou* Doucement! *ou* Ne t'énerve pas!:**
a) Take it easy! **b)** Easy does it! **c)** Keep your shirt on!

Ça va se *calmer*! *ou* Ça va s'apaiser!:
a) It will blow over! **b)** It will work out!

Ne sois pas si excité, *calme*-toi! (*ou* {*Qc*} reviens-en!):

Don't get so excited, simmer down!

C'est de la *camelote*! *ou* {*Fr*} C'est de la roupie de sansonnet!:

It's just junk (*or* just trash)

J'ai acheté de la *camelote*:

I bought a lemon [*See* {*Qc*} **J'ai acheté un «*citron*»**]

***Camoufle* ça! *ou* {*Fr*} Planque ça!:**

Sweep it under the carpet (*or* the rug)!

{*Fr*} La petite *canaille*! *[gentil]*:

The little rascal [*See* {*Qc*} **Le petit *tannant*!**]

{*Fr*} C'est lui le vilain petit *canard*:

a) He's the ugly duckling **b)** He's the black sheep [*See* **C'est lui le *mouton* noir**]

Montre de quoi tu es *capable*!:

Show what you can do!

Je l'en crois tout à fait *capable*:

I wouldn't put it past him

Il pense qu'il est *capable* de tout faire! *ou* Il se donne de grands airs!:

He thinks he's high and mighty!

Il est bien *capable* de tricher:

It's not above him to cheat

Il n'a pas les *capacités* pour être... *[un meneur ou...]* *ou* Il n'a pas les compétences pour... *ou* Il n'est pas fait pour...:

He's not fit to be... *[a leader or...]*

{*Qc*} C'est *capotant*! *ou* C'est excitant!:

What a thrill!

{*Qc*} Je pense qu'il a *capoté*! *ou* Je pense qu'il est devenu fou!:

I think he's flipped!

Un mal de dents *carabiné*:

A raging toothache [*but* **Un mal de tête *carabiné*** = A splitting headache]

{*Bel*} Raconter des *carabistouilles*:

To crack a joke [*See* **Raconter une *farce***]

Tu as un *caractère* de cochon! (*ou* de chien!) *ou* Tu as un sale caractère!:

You're bad-tempered!

J'ai *caressé* l'idée d'aller en Chine:

I've been toying with the idea of going to China

Ils se *caressent* tout le temps *ou* Ils se font des «mamours»:

They are lovey-dovey

***Caresser* un chien:**

a) To pet [**flatter**] **b)** To pat [**Donner de petites tapes amicales**]

***[Pour un homme]* Son *carnet* d'adresses et de numéros de téléphone de conquêtes féminines:**

His little black book

Les *carottes* sont cuites! *ou* Tu es fait! *ou* Ton compte est bon! *ou* Ton heure est venue! *ou* Ton chien est mort!:

a) Your number's up! **b)** It's all over!

Je lui ai dit *carrément*:

I told him flat out

{*Qc*} Ça les a mis sur la *carte* *ou* Ça les a fait connaître:

It put them on the map

Donner *carte* blanche *ou* Avoir pleins pouvoirs:

To give free rein

C'est le *cas* de le dire! *ou* Et comment! *[exclamation]* *ou* À qui le dites-vous!:

a) You'd better believe it! **b)** And how! **c)** You can say that again! **d)** You bet!

Elle est *casanière* *ou* Elle n'aime pas sortir *ou* {*Fr*} Elle mène une vie pépère:

She's a homebody

{*Fr*} Une *casse* *[ferrailleur]* *ou* {*Qc*} Une cour à débarras *ou* {*Qc*} Une cour à «scrap» *(angl.)*:

a) A junk-yard **b)** A scrap-yard

{*Fr*} *Cassons*-nous!:

Let's split! [*See* ***Disparaissons!***]

{*Qc*} Je suis *cassé*! *[sans argent]*:

I'm flat broke! [*See* **Je n'ai pas un *sou*!**]

{*Fr*} **Ma voiture est «*cassée*»** *(Expression fautive. À titre indicatif seulement)* **!:**

My car went on the bum! [*See* **Ma voiture est tombée en *panne!***]

C'est à tout *casser*!:

It's a real blockbuster!

Nous devrions *casser* la croûte (*ou* {*Fr*} la graine) dès maintenant:

We should have a bite right now

Se *casser* la figure *ou* Être démoli *ou* {*Fr*} Se ramasser une bonne gamelle *[figuré]*:

a) To fall apart **b)** To fall to pieces

Il va lui *casser* la figure (*ou* la gueule):

He's gonna smash his face in [*See* **Il va lui *abîmer* le portrait**]

Il me *cassait* les pieds *[= ennuyer] ou [Hommes]* {*Fr*} **Il me cassait les bonbons (*ou* les burnes)** *(vulg.)* *ou* **Il m'ennuyait souverainement:**

He was boring me stiff

Il me *cassait* les pieds *[= agacer]* *ou* **Il me tombait (*ou* portait) sur les nerfs:**

He was getting on my nerves

Arrête de *casser* les pieds du serveur!:

Stop hassling the waiter! [*See* **Arrête d'*importuner* le serveur!**]

{*Fr*} **As-tu apporté ton *casse-dalle*?:**

Did you bring any grub? [*See* **As-tu apporté ton *lunch*?**]

Tu es bien *casse-pieds*!:

You're a pain in the neck! [*See* {*Qc*} **Tu es bien *achalant!***]

{*Qc*} **C'est un *casseux* de party! *ou* C'est un rabat-joie!:**

a) He's a party-pooper! **b)** He's a stick in the mud! **c)** He's a kill-joy!

Fais *castrer* ou stériliser ton animal:

Have your pet spayed or neutered

Il a été *catégorique* *ou* Il a mis les points sur les «i» ({*Qc*} les barres sur les «t»):

He put his foot down

{*Qc*} **Ce n'est pas très *catholique* *ou* C'est un peu croche:**

It's not very kosher

Il ne faut pas être plus *catholique* que le pape!:

We mustn't go overboard!

C'est une *cause* perdue:

It's a lost cause

Vous avez fait un brin de *causette* hier *ou* Vous avez un peu bavardé hier:

You had a little chitchat yesterday

J'ai payé sa *caution* *ou* Je l'ai tiré d'embarras:

I bailed him out

Tu me prends pour un *cave*?:

I wasn't born yesterday! [*See* **Je ne suis pas *né* d'hier**]

Ne *cède* pas d'un pouce!:

Don't budge an inch!

On se serre la *ceinture*:

We tighten our belt

On devra se serrer la *ceinture* pendant un certain temps *ou* Ça va être une période de vaches maigres pour un temps:

It will be pork and beans for a while

Elle est partie sans plus de *cérémonies* (*ou* sans demander son reste):

She left without further ado

{*Qc*} **C'est la *cerise* sur le sundae *ou* C'est le plus beau de l'affaire:**

That's the icing (*or* the frosting) on the cake

Il est difficile à *cerner*! *ou* Il est fermé comme une huître!:

He's a tough nut to crack!

J'essaie de bien *cerner* le problème:

I try to pinpoint the problem [*See* **J'essaie de bien *définir* le problème**]

Ils ont une *cervelle* d'oiseau (*ou* {*Fr*} de moineau, {*Fr*} de piaf):

They're bird-brained

Rendons à *César* ce qui est à César!:

a) We have to pay our dues! **b)** Give to Caesar what belongs to Caesar!

***Chacun* pour soi!:**

To each his own!

C'est le *chaînon* manquant:

That's the missing link

Cet enfant est bien en *chair* (*ou* enrobé, grassouillet) et {*Qc*} bien pris:

This child is chubby and well built

J'en ai eu la *chair* de poule *ou* J'en ai eu des frissons:

a) It gave me the chills **b)** It gave me goose bumps (*or* goose pimples)

C'est la *chair* de ma chair *ou* C'est ma propre progéniture *ou* C'est le sang de mon sang:

He's my own flesh and blood

Avoir {*Qc*} des *chaleurs* (*ou* {*Fr*} des bouffées de chaleur, {*Fr*} des vapeurs) *[ménopause]*:

To have hot flashes

Viens <u>dans ma *chambre*</u> (*ou* <u>à mon appartement</u>) *[utilisé surtout chez les jeunes]*:

Come over <u>to my pad</u>

Quel *chameau*! *ou* Quel mufle!:

a) What a heel! **b)** What a jerk! **c)** What a geek!

<u>À tout bout de *champ*</u>, il fait des heures supplémentaires:

<u>Every now and then</u>, he works overtime

Appuie sur le *champignon*!:

Step on the gas! [*See* ***Accélère!***]

J'ai eu de la *chance*:

I lucked out!

Tu parles d'une *chance*! *[positif ou négatif]*:

Talk about luck!

Je suis dans une période de *chance*:

I have a winning streak [*See* **Je suis en *veine***]

Ne force pas ta *chance*!:

Don't push your luck! [*See* **(Ne) *Pousse* pas!**]

Je n'ai plus aucune *chance*!:

I'm out of luck!

Il a laissé passer sa *chance*!:

He missed the boat! [*See* **Il a *manqué* le bateau!**]

Elles ont mis toutes les *chances* de leur côté:

They took no chances

{*Qc*} Meilleure *chance* la prochaine fois! *ou* {*Fr*} La prochaine fois sera la bonne!:

Better luck next time!

Il faut (savoir) saisir la *chance* quand elle se présente *ou* Il faut saisir la balle au bond:

Opportunity knocks but once

Il y a <u>très peu de *chance*</u> que je t'aide:

I won't help you <u>in a long shot</u>

{*Qc*} Je suis *chanceux*! *ou* J'ai de la chance!:

a) I'm in luck! **b)** I'm lucky!

Nous lui devons une fière *chandelle*:

We're terribly indebted to him

{*Qc*} Je n'ai que du petit *change*:

All I have is chicken feed [*See* **Je n'ai que de la menue *monnaie***]

{*Qc*} <u>*Change* ou fais de l'air</u>!:

<u>Shape up or ship out</u>!

Plus ça *change*, plus c'est pareil:

It's six of one and half a dozen of the other [*See* **C'est du *pareil* au même**]

Il a *changé* pour...:

He switched over to...

Un *changement* radical *[maquillage, coiffure, vêtements]*:

A make-over

C'est toujours la même *chanson* (*ou* histoire, refrain, ritournelle):

It's the same old story

{*Qc*} Je peux l'avoir pour une *chanson*:

I can get it for a song [*See* **Je peux l'avoir pour une *bouchée* de pain**]

J'irai <u>quand ça me *chantera*</u>:

I'll go when I'm good and ready [*See* **J'irai quand j'en aurai *envie***]

Tu *chantes* faux! *ou* {*Qc*} **Tu fausses!:**

You're off key!

Il n'arrive pas à *chanter* juste:

He can't carry a tune

{*Qc*} ***Chante*-lui la pomme!** *[pour une personne] ou* **Parle-lui doucement!** *[personne ou chose]*:

Tell her (*or* him, it) sweet nothings!

Ça ne me *chante* pas vraiment d'aller là-bas ce soir *ou* **Ça ne me tente pas vraiment...** *ou* **Je n'ai pas vraiment envie d'aller...:**

I don't really feel like going there tonight

Si ça vous *chante*, vous pouvez venir avec moi:

If you feel like it, you can come with me [*See* **Si le *cœur* vous en dit**, ...]

***Chapeau*!** *ou* **Chapeau bas!** *ou* **Je te lève mon chapeau!:**

My hat's off to you!

{*Qc*} **Tu parles à travers ton *chapeau*!:**

You're talking through your hat! [*See* **Tu *parles* à tort et à travers**]

C'est elle qui a porté le *chapeau*!:

She was left holding the bag! [*See* **C'est elle qui a été *blâmée***]

{*Qc*} **Passer le *chapeau*** *ou* **Faire la quête:**

To pass the hat

{*Qc*} **Si le *chapeau* te fait, mets-le donc!:**

If the hat (*or* the shoe) fits, wear it!

Arrête ton *char*!:

Don't give me that! [*See* **Arrête tes *salades!***]

Charcuterie *ou* **Viandes froides:**

Cold cuts

Je ne demande pas la *charité*:

I don't want any hand-outs

Ce serait une *charité* à faire que de lui rendre visite *ou* **Ce serait une bonne action que...:**

It would be doing him a favor to pay him a visit

***Charité* bien ordonnée commence par soi-même:**

Charity begins at home

C'est un *charlatan* *ou* **C'est un faux jeton** *ou* **Il ne se montre pas sous son vrai jour:**

He's a phoney

Elle est tombée sous son *charme* *ou* **Elle a succombé à son charme:**

She has fallen under his spell

Il se porte comme un *charme*!:

He's fine and dandy! [*See* **Il a bon *pied* bon œil!**]

Fais-lui du *charme* si tu veux vraiment {*Qc*} **ta fin de semaine (*ou* {*Fr*} ton week-end) de congé** *ou* **Fais-lui les yeux doux si...:**

a) Make eyes at him if you really want your weekend off **b)** Play up to him if...

On ne doit pas mettre la *charrue* devant les bœufs:

Don't put the cart before the horse

Qui va à la *chasse* perd sa place!:

He who leaves his place loses it!

Chassez le naturel, il revient au galop! *ou* **Qui a bu boira!:**

You can't change the spots on a leopard!

J'ai d'autres *chats* à fouetter *ou* **J'ai d'autres soucis en tête:**

I have other fish to fry

Il n'y avait pas un *chat* au bar! *ou* **Il n'y avait pas âme qui vive au bar!:**

The bar was dead as a doornail!

J'ai un *chat* dans la gorge!:

I have a frog in my throat!

{*Qc*} **Il se débattait comme un *chat* dans l'eau bouillante:**

He struggled like a bastard (*vulg.*) [*See* **Il se débattait comme un *diable* dans de l'eau bénite**]

Il n'y avait pas un *chat* (*ou* un rat) dehors:

There wasn't a soul outside

Chat échaudé craint l'eau froide:

You don't want to get burned twice

Il faut appeler un *chat* un chat:

You have to call a spade a spade [*See* **Il faut *appeler* les choses par leur nom**]

Ce ne sont que *châteaux* en Espagne!:

They are only castles in the air!

Ma voiture a dérapé; j'ai eu *chaud* (*ou* j'ai eu très peur)!:

My car skidded, I got a real scare!

Ça ne me fait ni *chaud* ni froid!:

I couldn't care less! [*See* **Je m'en *fiche!***]

Elle l'a laissé tomber comme une vieille *chaussette* (*ou* {Qc} comme une vulgaire patate):

She dropped him like a hot potato

J'ai trouvé *chaussure* à mon pied:

I've found my match *[one who has same strength or a soul-mate]*

C'est de mauvais goût (*ou* tapageur, voyant) *ou* {Qc} Ça a l'air tellement *cheap*! *ou* {Qc} C'est tellement quétaine!:

It's so gaudy!

Il y est allé de son propre *chef* (*ou* de sa propre initiative):

He went there on his own

On s'arrêtera en *chemin* (*ou* en cours de route):

We'll stop along the way

Il va faire son *chemin*!:

He's going to go places! [*See* **Il va *réussir!***]

N'y va pas par quatre *chemins*:

Give it to me straight [*See* ***Dis*-le sans détour**]

Il n'y est pas allé par quatre *chemins* *ou* Il n'a pas mâché ses mots *ou* Il n'y est pas allé avec le dos de la cuillère *ou* Il n'y est pas allé de main morte:

a) He really laid it on the line **b)** He made no bones about it

Vous avez encore du *chemin* à faire:

You've still got a long way to go

J'ai pris le *chemin* le plus long et il a pris le chemin le plus court:

I took the long way around and he went direct

Elle m'a tout de suite remis dans le droit *chemin* *ou* Elle m'a tout de suite corrigé (*ou* repris):

She straightened me right out!

J'ai besoin de ça comme de ma première *chemise*! *ou* J'ai (*ou* Je n'ai) absolument pas besoin de ça!:

I need that like a hole in the head!

Il donnerait jusqu'à sa *chemise*:

He'd give the shirt off his back

Il y a laissé (*ou* perdu) sa *chemise*!:

a) He lost his shirt in that deal! **b)** He got wiped out in that deal!

{Qc} Il m'a donné un *chèque* sans provision (*ou* {Qc} sans fonds) *ou* {Qc} Il m'a donné un chèque qui a rebondi *ou* {Fr} Il m'a donné un chèque en bois:

a) He gave me a rubber check **b)** He gave me a check NSF *[Not sufficient funds]*

Il l'a bien *cherché*!:

He asked for it! [*See* **Il a *couru* après!**]

Tu me *cherches*! *ou* Tu me provoques!:

You get my goat!

J'ai *cherché* dans tous les coins et recoins!:

a) I looked high and low! **b)** I looked in every nook and cranny!

Ils *cherchent* midi à quatorze heures:

They complicate the issue

Si on me *cherche*, on va me trouver! *ou* Quand on me cherche, on me trouve!:

If anyone asks for it, they'll get it!

Ne me *cherche* pas! *ou* Ne me cherche pas querelle (*ou* noises)! *ou* {Qc} Ne cherche pas la chicane!:

Don't pick a quarrel with me!

Ne *cherche* pas de problème où il n'y en a pas!:

If the roof doesn't leak, don't fix it!

Peux-tu le *chercher* pour moi? *[ce qu'on ne trouvera pas facilement]*:

Can you dig it up for me?

Mon *chéri* *ou* **Ma chérie:**

Honey

Ne monte pas sur tes grands *chevaux*!:

Don't get on your high horses!

C'est tiré par les *cheveux*!:

It's a bit much! [*See* **C'est *exagéré!***]

Il a mal aux *cheveux*:

He has a hangover [*See* **Il a la *gueule* de bois**]

{Qc} **Je me suis pris aux *cheveux* avec Karl** *ou* **J'ai affronté (*ou* {Qc} confronté) Karl:**

a) I butted heads with Karl **b)** I locked horns with Karl

On est à un *cheveu* du succès:

We are a heartbeat away from the result

Il est passé (*ou* venu) à un *cheveu* du succès *ou* **Il s'en est fallu d'un cheveu qu'il réussisse** *ou* **Il est passé à deux doigts du succès:**

a) He came within a hair of getting it **b)** He came within an inch of getting it

Tu coupes les *cheveux* en quatre!:

You are splitting hairs!

C'est venu comme un *cheveu* sur la soupe:

It popped up out of nowhere

Ça m'a fait dresser les *cheveux* sur la tête!:

It made my hair stand on end!

Personne ne lui arrivait à la *cheville*!:

a) He was head and shoulders above the others! **b)** No one else could hold a candle to him!

{Fr} **Il a les *chevilles* qui enflent!:**

He thinks the world revolves around him! [*See* **Il se prend pour le *nombril* du monde!**]

{Fr} **Il me fait devenir *chèvre*!:**

He drives me up the wall! [*See* **Il me fait *sortir* de mes gonds!**]

Ménager la *chèvre* et le chou *ou* **Ne pas se mouiller:**

a) To be on the fence **b)** To be sitting on the fence

{Qc} **C'est un vieux *chiâleux*** (*ou* {Qc} **un vieux ciboire** *(vulg.)*, **un vieux grincheux, un vieux schnock, un vieux malcommode)!:**

a) He's an old buzzard **b)** He's an old bag! [*See* **C'est une vieille *chipie!***]

{Qc} **Ne sois pas si *chiâleux*!:**

Don't be such a sourpuss!

{Fr} **Il est *chiant*!** *(vulg.)*:

He's a flat tire! [*See* **Il est *ennuyant!***]

{Fr} **Quelle *chiasse*!** *(vulg.)*:

What a hassle! [*See* **Quelle *corvée!***]

Elle est *chic* et élégante:

She's primp and proper [*but* **C'est un jeune homme *b.c.b.g.*** *[bon chic, bon genre]* = He's clean cut]

Sois *chic*!:

Have a heart! [*See* **Sois *sympa!***]

Ne cherche pas la *chicane*!:

Don't pick a quarrel with me! [*See* **Ne me *cherche* pas!**]

{Qc} **Il m'a *chicané*:**

He bawled me out [*See* {Qc} **Il m'a mené le *diable***]

{Qc} **Ils *chicanent* tout le temps:**

They're always squawking [*See* **Ils *bougonnent* tout le temps**]

C'est *chiche* (*ou* insuffisant):

It's very skimpy

Ce n'est pas fait pour les *chiens*! *[dans le sens de «utilisez-le donc»]*:

It's there to be used!

Les *chiens* aboient, la caravane passe! *ou* {Qc} **Fais ton affaire et laisse dire!:**

Let the world say what it will!

{*Qc*} **Ton *chien* est mort!:**

You're done for! [*See* **Tu es *fichu!***]

Je me sens comme un *chien* dans un jeu de quilles (*ou* comme un éléphant dans un magasin de porcelaine):

I feel out of place

Il a reçu son ami comme un *chien* dans un jeu de quilles *ou* Il a réservé à son ami un accueil glacial:

a) He gave his friend the brush-off **b)** He gave his friend a cold shoulder

Ils sont toujours comme *chien* et chat:

They're always at each other's throat [*See* **Ils sont toujours à *couteaux* tirés**]

Il travaille comme un *chien* (*ou* comme un esclave) pour...:

He works like a dog (*or* a bastard) to...

{*Qc*} **Elle a eu la *chienne*!:**

She was scared stiff! [*See* **Elle a eu une *peur* bleue!**]

{*Qc*} **Il m'a donné la *chienne*!:**

He frightened the living daylights out of me! [*See* **Il m'a flanqué une *peur* bleue!**]

{*Qc*} **Elle est habillée comme la *chienne* à Jacques!:**

a) She's dressed any old way! **b)** She looks dumpy!

{*Fr*} **En *chier* (*vulg.*) *ou* Manger de la vache enragée *ou* En baver:**

To go through hell or high water

{*Fr*} **Ne me fais pas *chier* (*vulg.*)!:**

Buzz off! [*See* {*Qc*} ***Achale*-moi pas!**]

Ça me fait *chier*! (*vulg.*):

That pisses me off! *(rude)* [*See* **Ça me fait *choquer!***]

{*Fr*} **Il me fait *chier* (*vulg.*) avec ses problèmes:**

He really bugs me with his problems [*See* **Il m'*emmerde* (*grossier*) à la fin avec...**]

{*Fr*} **Tu es un *chieur* (*vulg.*)!:**

You're a fussbudget! [*See* **Tu es un *emmerdeur!***]

{*Fr*} **J'ai une vieille *chignole*:**

I have an old jalopy [*See* **J'ai une vieille *bagnole***]

Je n'y comprends rien, c'est du *chinois* (*ou* {*Fr*} du javanais) pour moi!:

I don't understand anything about it, it's all Greek to me!

C'est une vieille *chipie*!:

a) She's an old battle-axe! **b)** She's an old hag (*or* old bag)! [*See also* {*Qc*} **C'est un vieux *chiâleux!***]

J'ai *choisi* *ou* J'ai fait mon choix:

I took my pick

{*Qc*} **Ça me fait *choquer*! *ou* {*Fr*} Ça me fait suer! *ou* Ça me fait chier! (*vulg.*):**

a) That pisses me off! *(rude)* **b)** That gets my goat!

Ça, c'est quelque *chose*!:

It takes some doing! [*See* **Il faut le *faire*!** *[admiratif]*]

Elle est portée sur la *chose*:

She's got hot pants [*See* **Elle est portée sur la *bagatelle***]

Voilà où en sont les *choses*!:

a) That's about the size of it! **b)** That's where it's at!

Vous avez des *choses* à cacher:

You have skeletons in the closet

Toute bonne *chose* a une fin! *ou* Les meilleures choses ont une fin!:

a) All good things have to come to an end! **b)** It was nice while it lasted! **c)** Nothing lasts forever!

Chaque *chose* en son temps *ou* Il y a un temps pour tout:

There's a time and place for everything

***Chose* promise, chose due!:**

Promises are made to be kept!

Ce sont des *choses* qui arrivent! *ou* C'est juste une histoire comme tant d'autres!:

a) It's just one of those things! **b)** These things happen!

Tu es un *chou*!:

You're a peach! [*See* {Qc} **Tu es une vraie *soie!***]

Le *chouchou* du professeur:

The teacher's pet

Il a {Fr} *chouravé* (*ou* piqué, volé, dérobé) de l'argent:

He snitched some money!

{Fr} Il est *chtarbé* (*ou* {Fr} chtarpé):

He's crazy! [*See* **Il est *fou*!** *[sens propre]*]

{Fr} Un *chtard* (*ou* {Qc} une bosse, {Fr} un gnon) *[sur une automobile]*:

A dent

{Qc} Mon grand *chum*:

My buddy [*See* **Mon grand *copain***]

Elle est au septième *ciel*!:

She's on cloud nine! [*See* **Elle *nage* dans le bonheur!**]

On va arriver à destination si le *ciel* est avec nous (*ou* si les dieux sont avec nous):

We'll get there on a wing and a prayer

C'était là, suspendu entre *ciel* et terre:

It was there, suspended in mid-air

C'est le *ciel* qui vous envoie!:

You come from heaven!

Tu es *cinglé*! *[gentil]*:

You're off your rocker! [*See* **Tu es *fou*!** *[gentil]*]

Il est *cinglé*! *[sens propre]*:

He's cuckoo! [*See* **Il est *fou*!** *[sens propre]*]

Ces propos ne sont pas de *circonstance* (*ou* de mise):

Those remarks are out of place

Distribue ces *circulaires* (*ou* ces publicités, ces prospectus):

Hand out these flyers

La *circulation* est dense sur l'autoroute 40:

There's heavy traffic on highway 40

Arrête ton *cirque*!:

Don't give me that! [*See* **Arrête tes *salades!***]

{Qc} J'ai acheté un «*citron*» *ou* J'ai acheté de la cochonnerie (*ou* de la camelote):

I bought a lemon

Je veux être *clair* avec toi *ou* Je veux être honnête avec toi:

a) I want to be on the level with you **b)** I want to level with you

C'est *clair* comme de l'eau de roche!:

It's clear as daylight!

Les étudiants passaient le plus *clair* de leur temps à... (*ou* la majeure partie de...):

The students spent the best part of their time doing...

Il *claquait* des dents!:

His teeth were chattering!

Je dois *clarifier* (*ou* corriger) certaines choses:

I have to iron out a few things

{Fr} Elle est *classe* *ou* Elle est élégante:

She is classy

C'est la grande *classe*!:

It's pretty ritzy!

Lis toutes les *clauses* avant de... *ou* Lis tout ce qui est écrit en tout petit avant de...:

Read the fine print before...

Le voleur a pris la *clé* des champs *ou* Le voleur a pris la fuite:

The thief took off

Vous avez pris la *clé* des champs sans payer le loyer:

You ran away without paying the rent

Je vais le faire en un *clin* d'œil (*ou* en un tournemain, en moins de deux, en deux temps trois mouvements, en un rien de temps, {Fr} en deux coups de cuillère à pot):

I'll do it in two shakes of a lamb's tail (*or* in a jiffy, in short order)

Ça s'est fait en un *clin* d'œil!:

It was quick as a wink!

Elle arriva <u>avec ses *cliques* et ses claques</u> (*ou* <u>avec armes et bagages</u>):

She came <u>bag and baggage</u>

Prenons nos *cliques* et nos claques (*ou* Prenons notre barda) et partons!:

Let's pack up and go!

C'est un *clochard*:

He's a vagrant [*See* **C'est un *vagabond***]

Nous aimerions entendre un <u>autre son de *cloche*</u>:

We'd like to have a <u>second opinion</u>

Il y a quelque chose qui *cloche*! (*ou* qui ne va pas!) *ou* Cela n'a pas de sens!:

It doesn't add up!

Y a toujours quelque chose qui *cloche*:

There's always a fly in the ointment [*See* **Il y a toujours une *ombre* au tableau**]

{*Fr*} Elle gagne des *clopinettes*!:

She earns next to nothing! [*See* **Elle *gagne* trois fois rien!**]

J'ai mis ma montre <u>au *clou*</u> (*ou* <u>en gage</u>) pour acheter une bicyclette:

I put my watch <u>in hock</u> to buy a bike

Je lui ai *cloué* le bec!:

I shut him (*or* her) up!

Un *cobaye*:

A guinea pig

{*Fr*} Il a loupé (*ou* raté) le *coche*!:

He missed the boat! [*See* Il a ***manqué* le bateau!**]

C'est un travail <u>*cochonné*</u> (*ou* de cochon)!:

The job has been <u>botched up</u>! [*See* **Le travail a été <u>*bâclé!*</u>**]

J'ai acheté de la *cochonnerie*:

I bought a lemon [*See* {*Qc*} **J'ai acheté un «*citron*»**]

Elle fait *cocu* son mari:

She cheats on her husband [*See* **Elle *trompe* son mari**]

Quel est ton *code* postal? *[aux États-Unis]*:

What is your zip code?

J'en ai gros sur le *cœur* (*ou* {*Fr*} sur la patate) *[au sens de vengeance]* *ou* {*Qc*} J'ai une crotte sur le cœur:

I have a chip on my shoulder

Ces gens ont bon *cœur* *ou* Ces gens ont le cœur sur la main:

These people are good-hearted (*or* kind-hearted)

Je connais Montréal <u>par *cœur*</u> (*ou* <u>comme ma poche</u>, <u>sur le bout des doigts</u>):

I know Montréal <u>like the back of my hand</u>

Vous allez lui dire ce que vous <u>avez sur le *cœur*</u>:

You're gonna (or You're going to) tell him <u>what's on your mind</u>

Vide-toi le *cœur*!:

Get it off your chest!

Il prend cela à *cœur*

He takes it to heart

{*Fr*} Haut les *cœurs*! *ou* Courage! *ou* Garde le moral!:

a) Keep your chin up! **b)** Cheer up!

Mon *cœur* a cessé de battre *[de peur]* quand...:

My heart skipped a beat when... [*See* **Mon *sang* n'a fait qu'un tour** *[de peur ou d'amour ou de surprise]*]

Tu as du *cœur* au ventre!:

You have guts! [*See* **Tu as du *culot!***]

Je suis de tout *cœur* avec toi (*ou* avec vous):

I do sympathize with you

Il a le *cœur* brisé:

He's heartbroken

Il n'a pas eu le *cœur* de...:

I didn't have the heart to... [*See* **Il n'a pas eu le *courage* de...**]

Il a un *cœur* de pierre *ou* Il a un caillou à la place du cœur:

He has a heart of stone

Il a un *cœur* d'or! *ou* Il est bon comme du bon pain!:

He has a heart of gold!

{Qc} **Il a le *cœur* grand comme un autobus:**

He has a heart from here to Cleveland

On s'en est donné à *cœur* joie!:

We had the time of our life! [*See* **On s'est *amusés* comme des fous!**]

Je veux en avoir le *cœur* net:

I want to clear my conscience

On a eu une conversation à *cœur* ouvert:

We had a heart-to-heart talk

Ces gens ont le *cœur* sur la main *ou* Ces gens ont bon cœur

These people are good-hearted (*or* kind-hearted)

Elle a le *cœur* tendre:

She's soft-hearted

Si le *cœur* vous en dit, vous pouvez venir avec moi *ou* Si ça vous dit (*ou* vous chante)...:

If you feel like it, you can come with me

C'est à se *cogner* (*ou* taper) la tête contre les murs! *[figuré]*:

It's enough to drive you up the wall!

Je me suis *cogné* le bout du coude:

I hit my crazy bone

Ma *coiffure* *[façon de me coiffer]*:

My hairdo

Je dois aller au petit *coin*:

I must go to the bathroom [*See* **Je dois aller aux *toilettes* (*ou* {Qc} à la toilette)**]

C'était dans un *coin* (*ou* un trou) perdu:

a) It was way out in God's country **b)** It was next to nowhere **c)** It was a far-out place

{Qc} **On va faire les *coins* ronds:**

We'll give it a quick going over

Il t'a *coincé*!:

He's got you cornered! [*See* **Il te tient à sa *merci!***]

Nous sommes vraiment *coincé*! *[dans le temps]*:

What a tight squeeze!

Avec cette maison, elle est vraiment *coincée* (*ou* occupée):

With this house, she's completely tied down

Je ne veux pas être *coincé* entre les deux *ou* Je ne veux pas me faire prendre entre les deux:

I don't want to be caught in the middle

{Fr} **Il est bourré comme un *coing*:**

He's dead drunk [*See* **Il est *ivre* mort**]

Un *col* bleu:

A blue collar worker

Il était fou de *colère* (*ou* fou de rage):

He was stark raving mad

Je suis très en *colère*!:

I am burned (*or* burnt) up! [*See* **Je suis *furieux!***]

Il s'est mis dans une *colère* noire!:

He blew his top!

Veux-tu jouer {Fr} à *cache-cache* (*ou* {Qc} à la cachette)?:

Do you want to play hide-and-seek?

C'était bien *collant*:

It was very sticky

C'est le *comble*!:

That does it! [*See* **C'est le *bouquet!***]

Pour *comble* de malheur...:

To make matters worse...

C'est lui qui est aux *commandes*!:

What he says goes! [*See* **C'est lui qui *mène* le jeu!**]

Une *commande* retardée (*ou* Une commande en rupture de stocks):

A back order

Qui est-ce qui *commande* ici? *ou* Qui est le patron ici?:

a) Who has the say-so around here?
b) Who's the boss?

Un *commanditaire* ou Un bailleur de fonds ou {Qc} Un partenaire silencieux:

A silent partner

***Comme* ça! ou Sans raison! ou Juste pour rire! ou Juste pour le «fun»!:**

For the heck of it!

C'est *comme* ça!:

That's the way it goes! [*See* **C'est la *vie!***]

{Qc} Il est épais (ou {Qc} niaiseux) <u>*comme* ça se peut pas</u>!:

a) He's <u>as</u> dumb <u>as they come</u>! **b)** He's <u>too</u> stupid <u>for words</u>!:

Je me sens <u>*comme* ci comme ça</u> (ou <u>couci-couça</u>):

a) I feel <u>fair to middling</u> **b)** I feel <u>so so</u>

C'est *comme* ci comme ça!:

It's so so!

Il conduit son auto <u>*comme* pas un</u> (ou <u>comme un as</u>, <u>les yeux fermés</u>)!:

He drives his car <u>like nobody's business</u>!

***Comme* tel ou En soi:**

Per se

***Commençons*! ou Faisons-le!:**

Let's get cracking! [*See* ***Allons*-y!**]

Je *commence* à me faire à l'anglais:

The English is sinking in

***Commencer* à zéro:**

To start from scratch

Je *commence* seulement à comprendre (ou à saisir):

I'm just beginning to catch on

Il y a un *commencement* à tout!:

Everything has a beginning!

Et *comment*! *[exclamation]*:

You'd better believe it! [*See* **C'est le *cas* de le dire!**]

***Comment* ça se déroule *[dans tel projet]*? ou Comment ça va *[dans tel projet]*?:**

How is it coming along?

***Comment* ça s'est passé?:**

How did it go?

***Comment* ça va? ou Ça va?:**

a) How goes it? **b)** How are you? **c)** How's the world treating you? **d)** How's tricks? [*See* **Je vais tout à fait *bien*!** = I'm hunky-dory!]

Et *comment* donc! ou Tu as parfaitement raison!:

a) You're darn right **b)** You're darn tooting!

C'est une vraie *commère* (ou vraie pie) ou {Fr} C'est une vraie concierge:

She's a real gossip

Je vais seulement faire quelques *commissions* (ou courses):

I'll only run a few errands

{Qc} *Commission* scolaire:

Board of Education

C'est bien *commode*! ou C'est bien pratique!:

It's handy!

Il est peu *communicatif*:

He's pretty cagey

Sa *compagne* ou Sa tendre moitié ou Sa partenaire ou Sa conjointe ou Sa femme:

His better half

***Comparons* les prix *[d'un magasin à un autre]*:**

Let's shop around [*but* **Faisons du *lèche-vitrines*** = Let's do some window-shopping]

Tu as le *compas* dans l'œil:

It's right on

Il n'a pas les *compétences* pour être... *[un meneur ou...]*:

He's not fit to be... *[a leader or...]* [*See* **Il n'a pas les *capacités* pour...**]

Nous affichons *complet*!:

We have a full house!

Ça va *compléter* *[ce qui manque]*:

That will fill the bill

Elle se *complique* la vie:

She does everything the hard way

Sois *compréhensif*!:

Be a sport! [*See* **Sois *sympa!***]

Je *comprends*! *ou* Je vois!:

I see!

Je viens de *comprendre*! *ou* Je vois où tu veux en venir!:

I see the light!

J'espère que je me suis bien fait *comprendre*:

I hope I've made myself quite clear

Je te *comprends*! *ou* J'ai saisi! *ou* J'ai pigé!:

a) Got you! **b)** Gotcha!

***Comprends*-tu? *ou* Comprenez-vous? *ou* Tu me suis?:**

a) Get the picture? **b)** Do you get the message? **c)** Do you get the drift? **d)** Do you kapitch?

D'après ce que je crois *comprendre*, ... *ou* Si j'ai bien compris, ...:

From what I gather, ...

As-tu *compris* (*ou* saisi) ça?:

Did you catch on?

Il n'a pas *compris*!:

He didn't see the light!

Je n'ai pas *compris* (*ou* saisi, pigé) ce que tu as dit:

a) I didn't get what you said **b)** I missed the point **c)** I didn't get the drift

Tu as tout *compris* de travers *ou* Il y a un malentendu quelque part:

You got your wires crossed somewhere

Tu *comprends* l'idée? *ou* As-tu saisi l'astuce?:

You get the idea?

***Comprenez*-moi (*ou* Comprends-moi) bien!:**

Don't get me wrong!

***Comprends*-moi bien! Si tu ne fais pas ça, ... *ou* Dis-toi bien ça! Si tu ne...:**

Get this straight, if you don't do this...

On ne se *comprend* pas *ou* On n'est pas sur la même longueur d'onde:

We're on a different wavelength

Je ne *comprends* (*ou* saisis) pas l'affaire!:

I don't get it!

Je ne *comprends* rien!:

It's clear as mud! [*See* **C'est le *brouillard* total!**]

Je n'y *comprends* rien!:

It's beyond me! [*See* **Ça me *dépasse!***]

Il ne *comprend* rien à rien! *ou* {Qc} Il ne comprend rien, ni du cul ni de la tête! *(vulg.)*:

a) He doesn't know his ass from his elbow! *(rude)* **b)** He doesn't understand a thing! **c)** He doesn't know from a hole in the ground! **d)** He just doesn't get it!

***Comprends*-tu comment on fait ça? *ou* Piges-tu comment on fait ça?:**

Do you get the hang of it?

Au bout du *compte*, ... *ou* Finalement, ... *ou* En définitive, ...:

When it comes right down to it, ...

Mets-le sur mon *compte* *ou* Fais-moi crédit:

Put it on the cuff

Ne *compte* pas sur moi:

Count me out

Je suis à mon *compte* *ou* Je vole de mes propres ailes *ou* Je suis autonome:

I'm on my own

Je vais lui régler son *compte*:

I'll settle the score with him

J'ai un *compte* (*ou* un problème) à régler avec toi:

a) I have a bone to pick with you **b)** I have an axe to grind

Ton *compte* est bon!:

Your number's up! [*See* **Les *carottes* sont cuites!**]

Tout *compte* fait, je ne crois pas que j'irai *ou* Tout bien considéré (*ou* réfléchi), je... *ou* Réflexion faite, je ne...:

All things considered, I don't think that I'm going to go

On remet les *compteurs* à zéro!:

Let's clean the slate and start over! [*See* **Sans *rancune!***]

{*Fr*} **Quel travail à la *con* (*vulg.*)! *ou* Quel travail stupide!:**

What a lousy job!

Il est *con* (*vulg.*) {*Fr*} comme la lune (*ou* {*Fr*} comme un manche)!:

He's obnoxious! [*See* **Il est *odieux!***]

En ce qui me *concerne*, il peut bien disparaître (*ou* Quant à moi, {*Qc*} Tant qu'à moi, Pour ma part,):

a) For all I care, he could drop dead **b)** As far as I'm concerned, he could...

En ce qui *concerne* ta (*ou* votre) lettre, ...:

In regard to your letter, ...

***Concertez*-vous!:**

Put your heads together!

Si tu veux arriver à tes fins, tu devras faire des *concessions* (*ou* tu devras mettre de l'eau dans ton vin):

If you want to gain anything, you have to come down a peg or two (*or* you have to give and take)

{*Fr*} **C'est une vraie *concierge*:**

She's a real gossip [*See* **C'est une vraie *commère***]

N'en tire pas de *conclusions*! *ou* Ne saute pas aux conclusions!:

a) Don't jump the gun! **b)** Don't jump to conclusions!

Je vais le faire sans *conditions* (*ou* sans rien demander en retour):

I'll do it with no strings attached

Je le ferai à mes propres *conditions*:

I'll do it on my own terms

Remplir les *conditions* *ou* Satisfaire aux exigences:

To make the grades

Mes *condoléances*!:

My sympathies!

C'est un bon *conférencier* (*ou* bon orateur):

He's a good speaker

Il ne m'a pas tout *confessé*:

He didn't come clean with me [*See* **Il n'a pas *vidé* son sac**]

On lui donnerait le bon Dieu sans *confession*:

It looks as if butter wouldn't melt in his mouth

Fais-moi *confiance*! *ou* Laisse-moi faire!:

Leave it to me!

C'est *confidentiel*! *ou* Garde ça pour toi!:

Keep it under your hat!

Elle s'est *confiée* à son ami(e):

She let her hair down to her friend [*See* **Elle s'en est *ouverte* à son ami(e)**]

Un endroit *confortable* / Un fauteuil *confortable*:

A cozy place / A cozy chair

C'était la *confrontation* finale (*ou* une véritable épreuve de force, un tournant décisif):

It was a real showdown

Je serai *confronté* à... *ou* J'aurai à faire face à...:

I'll be faced with...

{*Qc*} **J'ai *confronté* Karl:**

I locked horns with Karl [*See* {*Qc*} **Je me suis pris aux *cheveux* avec...**]

On est *confronté* à un gros problème:

We're up against a big problem

Un *congédiement*:

A lay-off [*See* **Un *licenciement***]

J'ai été *congédié* [*pour faute*] *ou* J'ai été remercié de mes services *ou* J'ai été mis à pied *ou* J'ai été licencié *ou* J'ai été viré (*ou* saqué) *ou* {*Qc*} J'ai eu mon bleu:

a) I got fired [*by disagreement*] **b)** I got laid off [*by lack of work*] **c)** I got my pink slip [*by disagreement or lack of work*]

Être *congédié* de son travail *ou* Se passer la corde au cou [*plaisant: se marier*] *ou* Mordre la poussière [*figuré*]:

To bite the dust

Sa *conjointe*:

His better half [*See* **Sa *compagne***]

Pas à ma *connaissance*! *ou* Pas que je sache!:

Not to my knowledge!

J'ai besoin de tes *connaissances* (*ou* de tes lumières) *ou* Éclaire-moi...:

I need to pick your brains

Il *connaît* ça comme (le fond de) sa poche:

He knows it in and out

Je te *connais* {*Fr*} comme si je t'avais fait (*ou* {*Qc*} comme si je t'avais tricoté):

I know you like a book

Il *connaît* la musique *[figuré]* *ou* Il connaît les ficelles *ou* Il est au courant:

a) He knows the ropes **b)** He knows the score

Je ne le *connais* ni d'Ève ni d'Adam:

I don'now him from Adam

Tu ne *connais* pas ta chance *ou* Tu te plains le ventre plein:

You don't know when you're well-off

Il ne *connaît* rien là-dedans:

a) He doesn't know beans about it **b)** He doesn't know which end is up **c)** He doesn't know the first thing about it

Il *connaît* son affaire:

a) He knows what he's talking about **b)** He knows his stuff

Il *connaît* son sujet à fond:

He knows his onions (or his stuff)

{*Qc*} Il va utiliser ses *connections*:

He will pull a few strings [*See* **Il va user de son *influence***]

***Conneries* *(grossier)*! *ou* Foutaise! *ou* C'est de la merde *(vulg.)* (*ou* {*Qc*} marde *(vulg.)*)!:**

a) Stupidity! **b)** Bullshit! ***(rude)*** **c)** Horse shit! ***(rude)***

Arrête tes *conneries* *(grossier)* (*ou* tes singeries, {*Qc*} tes farces plates) et remets-toi au travail:

Stop fooling (*or* horsing) around and get back to work

Ils sont de *connivence*! *ou* Ils sont de mèche!:

They're in cahoots!

En mon âme et *conscience*... *ou* En toute honnêteté...:

a) To be honest with you... **b)** In all honesty...

Par acquit de *conscience*, je vais...:

a) To set my mind at ease, I'll... **b)** To be quite sure, I'll...

Je ne le ferais sous aucune *considération*!:

I wouldn't do it for love nor money! [*See* **Je ne le ferais pas pour tout l'*or* du monde!**]

Tout bien *considéré*, je ne crois pas que j'irai:

All things considered, I don't think that I'm going to go [*See* **Tout *compte* fait, je ne...**]

Tu ne t'en *consoleras* jamais!:

You'll never get over it! [*See* **Tu n'en *reviendras* jamais!**]

***Constate* (*ou* Vois) par toi-même!:**

See for yourself!

Je suis *constipé*:

My bowels don't move [*but* **Je ne suis pas allé à la *selle* aujourd'hui** – My bowels didn't move today]

Il a dû arrêter de *conter* des salades quand il m'a vu *ou* Il a changé de refrain quand il m'a vu:

He changed his tune when he saw me

{*Qc*} Il en a *conté* une petite vite *[un mensonge]* *ou* Il a menti effrontément:

He lied through his teeth

***Continue*! *[ce que tu dis ou fais]* *ou* {*Qc*} Lâche pas! *ou* Ne laisse pas tomber!:**

Keep the ball rolling! [*See* ***N'abandonne* pas!**]

Le monde *continue* à tourner! *ou* La vie continue!:

a) It's business as usual! **b)** Life goes on as usual!

Accepter à *contrecœur*:

To take it and like it

Tu vas à *contre-courant*:

You're going against the tide

Je m'en *contrefiche* *ou* Ça m'est complètement égal:

It's all the same to me

Elle a *contribué* à notre succès:

She was instrumental in our success

***Contribuer* financièrement *ou* Faire un don:**

To kick in a few bucks

Il a perdu le *contrôle* *[de lui-même]*!:

He freaked out! [*See* **Il est *sorti* de ses gonds!**]

Il *contrôle* bien son affaire *ou* Il tient fermement {*Qc*} les guidons (*ou* la barre, les rênes) de son entreprise:

He runs a tight ship

***Contrôle*-toi! *ou* Retiens-toi un peu!:**

Get a hold of yourself!

Elle a essayé <u>de le *convaincre*</u>:

She tried <u>to make it stick</u>

Il ne lui *convient* pas:

He's no match for her

Ça ne me *convient* pas!:

It doesn't suit me!

{*Fr*} ***Cool*!:**

Control yourself! [*See* ***Modère* tes ardeurs!**]

C'est mon *copain* (*ou* mon assistant, mon ami, mon partenaire):

He's my sidekick

Mon grand *copain* *ou* {*Qc*} Mon grand chum *ou* {*Fr*} Mon pote:

My buddy

Ils sont *copain-copain*! *ou* {*Fr*} Ils sont copains comme cochons! *ou* Ils sont ami-ami! *ou* Ils s'entendent comme larrons en foire (*ou* {*Fr*} comme lardons en poêle)!:

a) They're buddy-buddies! **b)** They're palsy-walsy! **c)** They're like two peas in a pod!

Il *copie* *ou* Il singe:

He's a copy cat

Il sautait (*ou* passait) continuellement <u>du *coq* à l'âne</u>:

He was always jumping from one subject to another

Ce chanteur est la *coqueluche* (*ou* l'idole) de toutes les femmes:

a) This singer is the idol of all women
b) This singer is God's gift to women

{*Fr*} **Il tombe des *cordes*:**

It's raining cats and dogs [*See* {*Qc*} **Il *pleut* à boire debout**]

C'est dans mes *cordes* *ou* C'est tout à fait mon rayon:

It's right down (*or* right up) my alley

{*Qc*} **Entre toi et moi puis la *corde* à linge, *ou* De toi à moi,:**

Between you and me and the lamp-post,

Se passer la *corde* au cou *[plaisant: se marier]*:

a) To get hitched *[friendly]* **b)** To bite the dust *[friendly]* **c)** To tie the knot

Tu touches (*ou* fais vibrer) ma *corde* sensible:

a) You touch my sensitive spot **b)** You touch the right chord

Les *cordonniers* sont toujours les plus mal chaussés:

Shoemaker's children are the worst shod

C'est un *coriace*! *ou* C'est un dur à cuire!:

a) He's a tough cookie! **b)** He's a tough customer!

Il faudra me passer sur le *corps* *ou* Je vais me défendre jusqu'à la mort:

Over my dead body

Tu te donnes *corps* et âme pour...:

You give yourself heart and soul to...

Je dois *corriger* (*ou* clarifier) certaines choses:

I have to iron out a few things

Elle m'a tout de suite *corrigé* (*ou* repris)! *ou* Elle m'a tout de suite remis dans le droit chemin!:

She straightened me right out!

Quelle *corvée*! *ou* Quel embarras! *ou* {Fr} Quelle chiasse! *(vulg.)*:

a) What a drag! **b)** What a hassle! *(rude)*

On va faire une *corvée* *[tous ensemble]*:

We'll make a bee *[all together]*

<u>C'est une *corvée*</u> d'aller chercher les enfants chaque jour:

<u>It's a grind</u> to pick up the kids every day

{Fr} **C'est un *cossard*:**

He's a dead beat [*See* **Il est *paresseux***]

Il est en *costume* d'Adam *ou* Il est tout nu (*ou* à poil):

He's in his birthday suit

Accepte les bons comme les mauvais *côtés* *[de la vie ou d'autre chose]*!:

Take the bad along with the good!

Je file un mauvais *coton*:

I feel out of sorts [*See* **Je ne suis pas dans mon *assiette***]

C'est un *couard*:

He's a coward (*or* a scared cat) [*See* **C'est une *poule mouillée***]

Il est allé se *coucher* à l'heure des poules!:

a) He went to bed early! **b)** He went to bed at sundown!

Elle *couche* avec son voisin:

a) She's messing around with her neighbor
b) She shacks up with her neighbor

J'étais si fatigué que <u>je me suis *couché*</u> tôt:

a) I was so tired that I <u>hit the sack</u> early **b)** I was so tired that I <u>hit the hay</u> early

Un *couche-tard* *ou* Un oiseau de nuit *ou* Un noctambule:

A night hawk [*but* **Un lève-tôt** = An early bird]

***Coucou*!:**

Peek-a-boo!

Les *couilles* *(vulg.)*:

The family jewels [*See* **Les *testicules***]

C'est un travail dur à s'arracher les *couilles* *[expression masculine seulement]* *(vulg.)*:

This work is a ball-buster *[men only] (rude)*

Laisse *couler*!:

Don't make waves! [*See* **Ne *déplace* pas trop d'air!**]

Ils font *couler* beaucoup d'encre *ou* Tout le monde parle d'eux:

They're the talk of the town

Je me la *coule* douce!:

a) I take it easy! **b)** I have a good thing going!
c) I take life easy!

J'en ai vu de toutes les *couleurs* *ou* J'en ai vu des vertes et des pas mûres!:

I've been through the mill

Elle est dans le *coup*!:

She's pretty groovy! [*See* **Elle est *sensass!***]

Il n'est plus sur le *coup* *ou* Il n'a plus rien à voir là-dedans:

He's out of the picture

C'est un sale *coup* *ou* C'est un marché de dupe:

It's a raw deal

Je veux être dans (*ou* sur) ce *coup*:

I want to be in on that deal

Ça m'a fichu un *coup*! *ou* J'en ai eu le souffle coupé!:

I didn't know what hit me!

Faisons les quatre cents *coups*!:

Let's make a night of it! [*See* **Faisons la *noce!***]

Faites attention, sinon vous allez <u>en venir aux mains</u> (*ou* {Qc} <u>aux *coups*</u>):

Take care, if not you'll <u>come to blows</u>

Le *coup* a porté! *ou* Cette remarque l'a piqué au vif!:

That remark hit home!

C'était <u>un *coup* bas</u> que de l'accuser de vol!:

It was <u>a blow below the belt</u> when he got accused of stealing!

Il y a beaucoup de *coups* bas qui se donnent au travail *ou* **Il y a beaucoup de langues de vipère au travail** *ou* **Les couteaux volent bas au travail:**

There's a lot of backbiting at the job

J'ai gagné sur un *coup* bien risqué *[aux courses]*!:

I won on a long shot *(at the races)*! [but **J'ai fini par gagner** *ou* **À la *longue*, j'ai gagné** = I won in the long run]

Il veut faire un *coup* d'argent:

He's out for a buck

{*Qc*} **Faire un *coup* d'argent** *ou* **Gagner de l'argent rapidement** *[de façon malhonnête]*:

To make a fast buck

{*Qc*} **Ils ont fait un gros *coup* d'argent!:**

They laughed all the way to the bank!

Elle a fait un gros {*Qc*} ***coup* d'argent (*ou* un gros profit, un gros gain) quand...** *ou* {*Fr*} **Elle a décroché le pompon (*ou* {*Fr*} la timbale) quand...:**

a) She made a clean up when she... **b)** She cleaned up when she...

Un *coup* de force *[au nom de la loi]* *ou* **Une descente de police:**

A crackdown

Ça a été (*ou* Ç'a été) le *coup* de foudre!:

It was love at first sight!

Pas moyen de lui faire donner un *coup* de main *ou* {*Fr*} **Elle ne se remue pas les fesses pour nous aider** *(vulg.)* *ou* **Elle ne lève pas le petit doigt pour nous aider:**

She doesn't lift a finger to help

Il décide toujours tout sur un *coup* de tête (*ou* sur une impulsion):

He's always making snap decisions

C'était un *coup* d'épée dans l'eau! *ou* **Ça ne m'a rien donné!** *ou* **Ça a compté pour des prunes!** *ou* **Ça ne m'a mené nulle part!:**

a) It didn't get me anywhere! **b)** A lot of good that did! *[ironic]* **c)** It achieved nothing!

Réussir un fameux *coup* de filet:

To make a big haul [*See* **Ramasser le *paquet***]

Il fait les quatre cents *coups* depuis la mort de sa femme *ou* {*Fr*} **Il mène une vie de barreau (*ou* {*Fr*} bâton) de chaise depuis...** *ou* {*Fr*} **Il mène une vie de patachon depuis...:**

He's been living it up since his wife died

Quand un *coup* dur arrive, ... *ou* **Quand tout va mal, ...:**

When the chips are down, ...

{*Qc*} **Donner le *coup* final** *ou* {*Fr*} **En mettre un dernier coup:**

To lower the boom

C'est un *coup* monté!:

It's a put-up job!

C'est un *coup* monté de l'intérieur! *ou* **C'est un coup commis par quelqu'un de la maison!:**

It's an inside job!

Il fait des *coups* par derrière (*ou* par en dessous) *ou* **Il n'est pas honnête:**

He plays dirty

C'est *coup* pour coup:

It's tit for tat [*See* **C'est *donnant*, donnant**]

C'était à *couper* le souffle! *ou* **C'était époustouflant (*ou* sensass, impressionnant, super, dément, génial)!:**

a) It was awesome! **b)** It was breathtaking!

Il s'est fait *couper* les cheveux en brosse:

He's got a crew-cut

Arrête de *couper* les cheveux en quatre!:

Stop your nit-picking! [*See* {*Qc*} **Arrête de chercher la *bête* noire!**]

Ne *coupe* pas les ponts:

Don't burn your bridges

J'ai *coupé* les ponts avec lui:

I broke off with him

Il m'a *coupé* l'herbe sous le pied:

He pulled the rug out from under me

Ça lui a *coupé* son ardeur *ou* **Ça lui a coupé son enthousiasme:**

It took the wind out of his sails

{*Qc*} **Une *cour* à débarras:**

A junk-yard [*See* {*Fr*} **Une *casse***]

***Courage*! *ou* Garde le moral! *ou* {*Fr*} Haut les cœurs!:**

a) Keep your chin up! **b)** Cheer up!

Ça m'a redonné du *courage* *ou* **Ça m'a remonté** (*ou* {*Fr*} **regonflé) le moral:**

It gave me a shot in the arm

Prendre son *courage* à deux mains *ou* **Prendre le taureau par les cornes:**

To take the bull by the horns

Il n'a pas eu le *courage* (*ou* **le culot, le front, l'audace, le toupet, le cœur) de...:**

He didn't have the guts (*or* the heart) to...

Elle est très *courageuse*! *ou* **Elle a du punch!:**

She's very gutsy!

C'est bien *courant* (*ou* **bien ordinaire):**

It's the general run-of-the-mill

Il est au *courant*:

He knows the ropes [*See* **Il connaît les *ficelles***]

Tiens-moi au *courant* *[au fur et à mesure]*:

Keep me abreast of the news

Tiens-moi au *courant* *[de l'essentiel]*:

Keep me posted

C'est un *coureur* [*ou* **coureur de jupons]:**

He's a womanizer [*See* **C'est un chaud *lapin***]

Il peut toujours *courir*! *[dans le sens de «pas question que je l'aide»]*:

I wouldn't give him the right time of day!

Il a *couru* après! *ou* **Il l'a bien mérité** (*ou* **cherché)!** *[négatif]* *ou* {*Fr*} **C'est bien fait pour ses pieds** (*ou* **sa gueule)** *(vulg.)*!:

a) He asked for it! **b)** He had it coming! **c)** It served him right!

Si tu lui prêtes tes ciseaux, tu pourras toujours *courir* après!:

If you lend him your scissors, you can kiss them goodbye! [*See* **Si tu lui prêtes tes ciseaux, *oublie*-les!**]

Tu *cours* comme un fou!:

a) You run like blazes! **b)** You run like a mad man!

Il a *couru* {*Qc*} **comme un perdu!** (*ou* {*Fr*} **comme un dératé!)** *ou* **Il est passé en coup de vent!** *ou* **Il est allé à la vitesse de l'éclair!:**

He ran like a bat out of hell!

Rien ne sert de *courir*, il faut partir à point:

Haste makes waste

***Courir* les filles** (*ou* **les jupons,** {*Fr*} **le guilledou,** {*Fr*} **la gueuse):**

To chase around

Il m'a fait *courir* partout pour rien:

He sent me off on a wild-goose chase

Des patrons comme lui, ça ne *court* pas les rues (*ou* **on n'en trouve pas tous les jours):**

Bosses like him are few and far between

Pour *couronner* le tout, ... *ou* {*Qc*} **Pour achever le plat, ...:**

To top it off, ...

L'affaire est en *cours*! *ou* **L'affaire est en marche!:**

The deal is on!

J'ai suivi un *cours* accéléré en anglais:

I took a crash course in English

Les *cours* d'eau: Water currents

ruisseau: stream (*or brook*)
crique (*ou* **anse)**: creek
rivière (*ou* **fleuve)**: river
mer (*ou* **océan)**: sea (*or* ocean)

On s'arrêtera en *cours* de route (*ou* **en chemin):**

We'll stop along the way

En *cours* de route, elle va commettre une erreur *ou* **À un moment donné, elle...** *ou* **Un jour ou l'autre, elle finira bien par commettre...:**

Somewhere along the line, she'll make a mistake

Je vais seulement faire quelques *courses* (*ou* commissions):

I'll only run a few errands

C'est une *course* sans fin *[comme lutte pour gagner son pain]* *ou* {Fr} C'est un ratodrome:

It's a rat race

***Coûte* que coûte!:**

Come hell or high water! [*See* **Contre *vents* et marées!**]

{Fr} **Je ne veux pas être le second *couteau*:**

I don't want to play second fiddle [*See* **Je ne veux pas être le deuxième *violon***]

Ils sont toujours à *couteaux* tirés *ou* Ils se prennent toujours à la gorge *ou* Ils sont toujours comme chien et chat:

They're always at each other's throat

Les *couteaux* volent bas au travail:

There's a lot of backbiting at the job [*See* **Il y a beaucoup de *coups* bas qui se donnent au travail**]

Si tu n'étudies pas cette semaine, ça va te *coûter* cher lors de l'examen:

If you don't study this week, it'll be hell to pay when you take the test!

Ça lui *coûte* très cher *ou* Ça lui coûte les yeux de la tête *ou* {Qc} Ça lui coûte un bras *ou* Ça lui coûte la peau des fesses (*ou* {Fr} du cul *(vulg.)*):

a) It costs him an arm and a leg **b)** He has to pay through the nose **c)** It costs him a pretty penny

Une fois n'est pas *coutume*!:

Don't make it a habit!

Il était *couvert* de bleus:

He was covered with bruises

{Qc} **Il fait beaucoup de travail en dessous de la *couverte* *ou* Il fait beaucoup de travail au noir:**

He does a lot of moonlighting

On ne juge pas un livre à sa *couverture*:

Don't judge a book by its cover [*See* **Les *apparences* sont trompeuses!**]

C'est un livre à la *couverture* brochée (*ou* souple) et non un livre à la couverture cartonnée:

It's a paperback, not a hard-cover book

***Crache* l'argent! *ou* Par ici la monnaie! *ou* {Fr} Aboule l'oseille! *ou* {Fr} Amène le pèze!:**

Cough up the money!

***Crache* le morceau!:**

Spit it out!

Finalement, elle a *craché* le morceau:

Finally, she let the cat out of the bag [*See* **Finalement, elle a *vendu* la mèche**]

Ne *crache* pas là-dessus! *ou* Ce n'est pas à dédaigner!:

a) Don't knock it! **b)** It's nothing to sneeze at!

Je *crains* de le voir:

I dread seeing him

{Fr} **C'est *craignos*! *ou* C'est moche! *ou* C'est laid!:**

It's an eye-sore!

{Qc} **Elle était *crampée*!:**

She was in stitches! [*See* **Elle *riait* aux éclats!**]

Ça demande du *cran* (*ou* {Qc} du front, de l'audace):

It takes a lot of guts

Tu as du *cran*!:

You have a lot of spunk! [*See* **Tu as du *culot!***]

{Fr} **La petite *crapule*! [gentil]:**

The little rascal [*See* {Qc} **Le petit *tannant!***]

{Fr} **Raconter des *craques*:**

To crack a joke [*See* **Raconter une *farce***]

Fais-moi *crédit* *ou* Mets-le sur mon compte:

Put it on the cuff

Tu es tellement *crédule*! *ou* Tu gobes (*ou* avales) n'importe quoi!:

You're so gullible!

Ils sont la *crème* du groupe *ou* Ils sont les meilleurs du groupe:

They are the cream of the crop

Un morceau de tarte {*Qc*} avec de la *crème* glacée (*ou* {*Fr*} avec de la glace):

A piece of pie à la mode

Des *crêpes* épaisses:

Flapjacks (*or* Pancakes, Griddlecakes, Johnny-cakes)

Des *crêpes* minces:

Crepes (*or* Crêpes)

Quel *crétin*!:

What a knucklehead! [*See* **Quel *nono!***]

Ne me prends pas pour un *crétin* (*ou* un imbécile)!:

Don't take me for a fool!

Je me *creuse* la cervelle (*ou* la tête, les méninges) pour...:

I beat (*or* rack) my brains to...

{*Fr*} **Il peut bien *crever* la bouche (*ou* {*Fr*} la gueule *(vulg.)*) ouverte:**

He could drop dead [*See* **Il peut bien *disparaître***]

{*Qc*} **Il *crie* au meurtre! *ou* Il crie à tue-tête!:**

a) He screams bloody-blue murder! **b)** He screams bloody murder! **c)** He yells bloody murder!

Sans *crier* gare:

a) Suddenly **b)** Unexpectedly

C'est arrivé sans *crier* gare:

It came out of the clear blue sky [*See* **C'est arrivé à l'*improviste***]

Il m'a *crié* tous les noms possibles *ou* Il m'a injurié de toutes les façons possibles *ou* Il m'a abreuvé (*ou* {*Fr*} agoni) d'injures:

He called me all the names under the sun (*or* all the names in the book)

{*Qc*} **C'est bon en *crime*! *ou* C'est super!:**

It's darn good!

L'enfant pique des *crises* (*ou* fait des scènes) dès que sa mère ouvre la bouche:

The kid acts up everytime his mother talks

Il a piqué une *crise*!:

He blew a gasket! [*See* **Il est *sorti* de ses gonds!**]

{*Qc*} **Le p'tit *criss*! (*vulg.*):**

The little rascal! [*See* {*Qc*} **Le petit *tannant*!**]

C'est si facile de *critiquer* les autres:

It's so easy to find fault with somebody else

{*Fr*} **J'ai les *crocs*!:**

I'm starving! [*See* **J'ai une *faim* de loup!**]

{*Qc*} **C'est *croche*!:**

It's cockeyed [*See* {*Qc*} **C'est pas d'*équerre!***]

C'est un peu *croche* *ou* Ce n'est pas très catholique:

It's not very kosher

Il vit aux *crochets* (*ou* aux dépens) des autres:

a) He likes to mooch on everyone **b)** He's a parasite

Il a *crocheté* la serrure:

He picked the lock

Il a tout *cru*:

He fell for it [*See* {*Fr*} **Il a *marché* à fond la caisse**]

J'y ai *cru* dur comme fer:

I was absolutely convinced of it

***Crois*-moi, je vais l'obtenir! *ou* Que ça te plaise ou non, je vais l'obtenir!:**

Make no mistake, I'll get it!

Je n'arrive pas à y *croire*! *ou* Je n'en crois pas mes yeux!:

a) I can hardly believe my eyes! **b)** I can't believe my eyes!

Je ne *crois* pas qu'il ira!:

I don't suppose (*or* don't think) he'll go!

Je vais te *croire* sur parole!:

I'll take your word for it! [*but* **Je vais te *prendre* au mot!** = I'll take you up on it!]

***Croise* les doigts:**

Keep your fingers crossed

Faisons une *croix* là-dessus!:

I have no hard feelings! [*See* **Sans *rancune!***]

Si tu lui prêtes tes ciseaux, tu peux faire une *croix* dessus!:

If you lend him your scissors, you can kiss them goodbye! [*See* **Si tu lui prêtes tes ciseaux, *oublie*-les!**]

{*Fr*} **Tu cherches des *crosses*** *ou* **Tu cherches des ennuis:**

You're asking for trouble

J'ai marché dans une *crotte* de chien:

I stepped in some dog's mess

{*Qc*} **J'ai une *crotte* sur le cœur:**

I have a chip on my shoulder [*See* **J'en ai gros sur le *cœur***]

Ce n'est pas *croyable*!:

That's one for the books! [*See* **C'est à *dormir* debout!**]

{*Qc*} ***Cruiser*** *(angl.)*:

To be on the prowl [*See* ***Faire* la cour**]

On a dû le ramasser à la petite *cuillère*:

We had to scrape him off the sidewalk

Il n'y est pas allé avec le dos de la *cuillère*:

He made no bones about it [*See* **Il n'y est pas allé par quatre *chemins***]

{*Fr*} **Je vais le faire en deux coups de *cuillère* à pot:**

I'll do it in short order [*See* **Je vais le faire en un *clin* d'oeil**]

{*Fr*} **Il est né avec une *cuillère* en argent dans la bouche** *ou* **Son père est né avant lui** *[dans le sens qu'il est riche]*:

He was born with a silver spoon in his mouth

Va te faire *cuire* un oeuf!:

Go fly a kite! [*See* {*Qc*} ***Achale*-moi pas!**]

C'est du tout *cuit*!:

It's a cinch! [*See* **C'est une *affaire* de rien!**]

{*Fr*} **Il est allé se *cuiter*!:**

He's on a bender! [*See* {*Qc*} **Il est parti sur la *brosse!***]

Baise-moi le *cul*! *(vulg.)*:

You can kiss my ass! *(rude)*

Elle pense avec son *cul*! *(grossier)* *ou* **Elle a un beau cul mais pas grand chose dans le ciboulot (*ou* la cervelle)!:**

She's a dumb but beautiful blonde! [*See* **Elle est bien *belle*, mais elle n'a rien dans la tête!**]

{*Fr*} **Avoir le *cul* entre deux chaises:**

To be between the devil and the deep blue sea [*See* **Être pris entre deux *feux***]

Tu as du *culot*! *ou* **Tu as du cran!** *ou* **Tu as du cœur au ventre!:**

a) You have guts! **b)** You have a lot of spunk!

Quel *culot*! *[négatif]* *ou* **Quel toupet!:**

What nerve!

Ça demandait du *culot*! *ou* **Il a eu le front (*ou* le toupet) de le faire!:**

a) It was nervy! **b)** He had the nerve to do it!

Il n'a pas eu le *culot* de...:

He didn't have the heart to... [*See* **Il n'a pas eu le *courage* de...**]

C'est sa femme qui porte la *culotte* *ou* **Sa femme le mène par le bout du nez:**

a) He's henpecked **b)** His wife wears the pants

{*Qc*} **Il s'est fait prendre les *culottes* à terre** *ou* **Il s'est fait surprendre dans une situation très embarrassante:**

He got caught with his pants down

{*Fr*} **C'est du petit Jésus en *culotte* de velours!** *[nourriture/vin]*:

It tickles my fancy! [*See* {*Qc*} **Ça me fait un petit *velours!***]

La *curiosité* est un vilain défaut!:

Curiosity killed the cat!

Ça a piqué (*ou* éveillé) ma *curiosité*:

My curiosity got the best of me

Un *curriculum vitae* *ou* **Un c.v.:**

A résumé

{*Fr*} **J'ai la *dalle* en pente!:**

I could eat a horse! [*See* **J'ai une *faim* de loup!**]

***Dame* nature:**

Mother nature

J'ai <u>mis</u> mon entreprise <u>en</u> *danger*:

I <u>put</u> my business <u>on the line</u>

Les *dés* sont jetés! *ou* Le sort en est jeté!:

The die is cast!

Il *déambulait* comme un automate (*ou* un zombie) *ou* Il avait l'air d'un zombie:

He walked around like a zombie

Bon *débarras*!:

Good riddance!

***Débarrasse* le plancher!:**

Scram! [*See* {*Fr*} ***Barre*-toi!**]

On s'est *débarrassé* de moi! *ou* Je me suis fait expédier (*ou* éconduire) rapidement!:

I got the bum's rush

Se *débarrasser* d'une mauvaise habitude:

To kick the habit

{*Qc*} ***Débarrasse*-toi-z'en! *ou* Débarrasse-t-en! *ou* Jette-le!:**

Chuck it out!

Se *débiner*:

To have cold feet [*See* **Avoir *peur***]

Un *débiteur* qui se sauve devant son créancier *ou* Un homme d'affaires véreux:

A fly-by-night

Il est *débordant* d'énergie:

He's full of get-up-and-go [*See* **Il *pète* le feu**]

Je suis *débordé* de travail (*ou* écrasé de dettes) *ou* J'ai du travail par-dessus la tête *ou* Je suis écrasé par les dettes:

a) I am snowed under with work (*or* debts)
b) I am swamped with work (*or* debts)

***Debout*! *ou* Lève-toi! *[le matin]*:**

Rise and shine!

Je suis si fatigué que <u>je ne tiens plus *debout*</u>:

I'm so tired, <u>I'm ready to drop</u>

C'est une excuse qui ne tient pas *debout*! (*ou* {*Fr*} <u>qui ne tient pas la route!</u>):

It's a <u>flimsy</u> excuse!

Ton histoire ne tient pas *debout*!:

Your story doesn't hold water! [*See* **C'est une *histoire* à dormir debout!**]

Tu es *débraillé* *ou* Tu es désordonné *ou* {*Qc*} Tu es traîneux *ou* Tu es mal habillé:

a) You're a slob **b)** You're sloppy

Il est *débrouillard*:

He's a hustler [*but* **C'est une *putain*** = She's a hustler]

Elle est *débrouillarde* (*ou* dégourdie)!:

She sure knows how to get around!

Je me <u>*débrouille*</u> (*ou* m'<u>arrange</u>) avec cent dollars par semaine:

I <u>manage on</u> $100 a week

Je me <u>*débrouille*</u> tout seul:

a) I <u>manage to</u> get along by myself **b)** I get by

Tu dois te *débrouiller* tout seul!:

You have to stand on your own two feet! [*See* **Tu dois *voler* de tes propres ailes!**]

C'en est au tout *début*:

It's still in the early stages [*See* **C'est encore à l'état d'*ébauche***]

On a eu un excellent repas du *début* jusqu'à la fin (*ou* de l'entrée au dessert):

We had a great meal from soup to nuts

Il a tout expliqué du *début* jusqu'à la fin (*ou* d'un bout à l'autre):

He explained everything from start to finish [*but* **Il a tout expliqué de *long* en large** = He explained everything in details]

Me prends-tu pour un *débutant*?:

Do you think I'm an amateur?

***Débuter* brillamment *ou* {*Fr*} Débuter en fanfare *ou* {*Qc*} Partir en grande:**

To get off to a flying start

Le *décalage* horaire *[au sens des fuseaux horaires]*:

The time difference [*but* **le décalage horaire** *[au sens de son effet sur nous]* = The jet lag]

***Décampe*! *ou* Détale! *ou* {*Fr*} Tire-toi! *ou* Fous le camp! *ou* {*Qc*} Sacre ton camp!:**

a) Make yourself scarce! **b)** Put an egg in your shoe and beat it!

{*Fr*} ***Décanillons*!:**

Let's split! [*See* ***Disparaissons!***]

Laisse *décanter* ça quelque temps:

Put it on the shelf for a while [*See* **Laisse *dormir* ça quelque temps**]

Il est *décédé* *ou* Il est mort:

a) He passed away **b)** He's passed on

Quelle *déception*!:

What a let-down!

C'est une *déception* *ou* C'est une sale affaire:

It's a bummer

Elle est *décharnée* *ou* Elle est maigre comme un clou (*ou* {*Qc*} comme un chicot) *ou* Elle n'a plus que la peau et les os:

a) She's a rackabones **b)** She's a bag of bones

C'est elle qui *décide* *ou* C'est elle la patronne:

What she says goes!

C'est toi qui *décides*! *ou* Ça dépend de toi!:

It's up to you!

C'était déjà tout *décidé* *ou* Tout était déjà arrangé:

It was all cut and dried

Il est bien *décidé* (*ou* bien résolu) à faire quelque chose:

He's bent on doing something

C'est ce qui a tout *déclenché* *ou* C'est ça qui a mis le feu aux poudres:

That's what sparked off the incident

Il est sur le *déclin*!:

He's over the hill! [*See* **Il *vieillit!***]

Un *décolleté* plongeant:

A plunging neckline

Il la considère comme faisant partie du *décor* (*ou* faisant partie des meubles):

He takes her for granted

{*Qc*} **Il est entré dans le *décor* à la fin de la conversation:**

He came in the picture at the end of the conversation [*See* **On a *parlé* de lui** à...]

{*Qc*} **Il est rentré dans le *décor*** *[accident d'auto] ou* {*Qc*} **Il a pris le fossé:**

He took the ditch

{*Fr*} **Il fait un vent à *décorner* les bœufs (*ou* {*Fr*} les cocus) *ou* {*Qc*} Il fait un vent à écorner les bœufs:**

It's blowing like mad

Laisse-toi (*ou* Ne te laisse) pas *décourager*:

Don't let it get you down

{*Fr*} **Ça m'a mis à *découvert* de 500 $ *ou* {*Qc*} Ça m'a mis de court de 500 $:**

It set me back $500

{*Qc*} **Un *décrocheur*** *[de l'école ou de la société] ou* **Un marginal:**

A dropout

Elle m'a *déçu*! *ou* Elle m'a laissé tomber!:

She let me down!

Ce n'est pas à *dédaigner*! *ou* **Ne crache pas là-dessus!:**

a) Don't knock it! **b)** It's nothing to sneeze at!

{*Qc*} **Tu n'es pas *dedans* du tout!** *ou* {*Qc*} **Tu es à côté de la «track»!** *ou* **Tu n'y es pas du tout!** *ou* {*Fr*} **Tu es complètement à côté de la plaque!** *ou* {*Fr*} **Tu es complètement largué!:**

a) You're off base! **b)** You're out in left field! **c)** You're all wet! **d)** You're off track!

{*Fr*} **C'est facile de se *défausser*:**

It's easy to pass the buck to someone [*See* **C'est facile de *blâmer* un autre**]

{*Qc*} **Ça a fait *défaut*!** *ou* {*Qc*} **Ça a «brisé»!:**

It went kaput!

Mon ordinateur est *défectueux*:

My computer is on the blink (*or* on the fritz, on the bum)

Il m'a *défendu* *ou* **Il s'est battu pour moi:**

He went up to bat for me

Ce n'est pas *défendu*! *ou* **Ce n'est pas interdit par la loi!:**

There's no law against it!

C'est *défendu*! *ou* **C'est interdit!:**

It's off limits!

Cette politique se *défend* bien!:

There's a lot to be said for this policy!

Je vais me *défendre* jusqu'à la mort *ou* **Il faudra me passer sur le corps:**

Over my dead body

Il *défend* toujours sa femme *ou* **Il se range toujours du côté de sa femme** *ou* **Il prend toujours le parti de...** *ou* **Il donne toujours raison à...:**

He always sides with his wife

Défendre **(*ou* Appuyer) une cause (*ou* une personne):**

To stick up for...

N'essaie pas de te *défiler*:

Don't try to worm your way out of it

J'essaie de bien *définir* (*ou* cerner) le problème *ou* **J'essaie de mettre le doigt sur le problème:**

I try to pinpoint the problem

En *définitive*, *ou* **Au bout du compte,** *ou* **Finalement,:**

When it comes right down to it,

Il a un peu *déformé* la vérité:

He stretched the truth a little

Il fallait que je me *défoule*! *ou* **Je devais me défouler!:**

I had to let off steam!

{*Fr*} **Tu as vraiment une drôle de *dégaine*!:**

You look a sight! [*See* {*Qc*} **Tu *fais* dur!**]

Se *dégonfler*:

To chicken out [*See* **Avoir *peur***]

Elle est *dégourdie* (*ou* débrouillarde)!:

She sure knows how to get around!

Les choses se *dégradent* (*ou* empirent) *ou* **Les choses vont de mal en pis:**

Things go from bad to worse

Il fait moins dix *degrés* ce matin:

It's ten below zero this morning

***Déguerpissons*!:**

Let's beat it! [*See* ***Disparaissons!***]

C'est *dégueulasse*! *ou* **C'est écœurant!:**

It's bogus! [**écœurant** *can also mean the opposite: very extraordinary*]

Quel temps *dégueulasse*!:

What lousy weather!

C'est une maison tout à fait *délabrée*:

a) It's a crummy house **b)** It's a lousy house

J'ai demandé une augmentation mais c'était un peu *délicat*:

I asked for a raise but it was a little hairy

C'est *délicat* (*ou* risqué, fragile):

It's touch-and-go

C'est une affaire (*ou* une offre) *délicate*:

It's a ticklish business (*or* proposition)

C'est *délicieux*!:

It's yummy!

Il s'est fait prendre en flagrant *délit*!:

He was caught the hand in the bag! [*See* **Il s'est fait prendre la *main* dans le sac!**]

Ça ira peut-être mieux *demain*!:

Tomorrow is another day!

Ce n'est pas *demain* la veille!:

a) Don't hold your breath! **b)** It's not just around the corner!

Qui sait de quoi *demain* sera fait!:

Who knows what tomorrow may bring! [*See* **Qui sait ce que l'*avenir* nous réserve!**]

C'est beaucoup *demander*!:

That's a tall order!

Ce n'est pas trop *demander*! *ou* Ce n'est pas demander l'impossible! *ou* Ce n'est pas la mer à boire!:

a) It's not asking the impossible! **b)** It's not asking that much!

Ça a *demandé* bien des efforts (*ou* de l'énergie) pour en arriver là *ou* {Qc} Ça a pris bien du nerf pour...:

It took a lot of gumption to get there

Je vais le faire sans rien *demander* en retour (*ou* le faire sans conditions):

I'll do it with no strings attached

Je ne *demande* qu'à commencer:

I'm raring to go

Elle est partie sans *demander* son reste (*ou* sans plus de cérémonie):

She left without further ado

***Démarrer* l'affaire *ou* Ouvrir la discussion *ou* {Qc} Partir le bal:**

To start (*or* To get) the ball rolling *[figuratively]*

Le prix est *démesuré* (*ou* exorbitant):

The price is sky-high

Elle ne comprend pas à *demi-mot*!:

She can't take a hint!

J'ai fait *demi-tour*:

a) I made a U-ie **b)** I made a U-turn

Je vais faire *demi-tour* *ou* Je vais rebrousser chemin:

I will head back

C'est *démodé*! *ou* C'est vieux jeu!:

a) It's old-fashioned! **b)** It's old hat!

Ça l'a *démolie* quand elle a appris la nouvelle:

She went to pieces when she heard the news

Être *démoli*:

To fall apart [*See* **Se *casser* la figure**]

Tu ne dois pas en *démordre* *ou* {Qc} Tu dois tenir ton bout *ou* Tu dois camper (*ou* rester) sur tes positions:

a) You have to stick to your guns **b)** You have to hold your own

C'est une famille *démunie* (*ou* famille dans le besoin):

It's a needy family

Elle *dénigre* tout le monde! *ou* Elle en a après tout le monde! *ou* {Qc} Elle parle contre tout le monde!:

She bad-mouths everybody!

Ils l'ont *dénoncé* *ou* Ils l'ont mouchardé:

a) They ratted on him **b)** They blew the whistle on him

***Dénoncer* un scandale *ou* Exploser de rage:**

To blow the lid off

J'ai une *dent* contre elle! *ou* J'en ai après elle! *ou* Je lui en veux!:

a) I have something against her! **b)** I have it in for her

Il a les *dents* longues! *ou* {Fr} Il a les dents qui rayent le parquet! *ou* Il est ambitieux!:

He sets his sights high!

Son *dentier* *ou* Son ratelier *[plus familier]*:

a) His choppers *(rude)* **b)** His denture **c)** His false teeth

Ça me *dépasse*! *ou* Je n'y comprends rien! *ou* {Fr} Je suis complètement largué!:

a) It beats me! **b)** It's beyond me!

Il a *dépassé* 50 ans!:

He's over the hill! [*See* **Il *vieillit!***]

Ça *dépasse* les bornes!:

That's going too far! [*See* **C'est le *bouquet!***]

Ne *dépasse* pas les bornes!:

Don't go overboard! [*See* **N'*abuse* pas!**]

***Dépêche*-toi!** *ou* **Dépêchez-vous!** *ou* **Va plus vite!** *ou* *{Fr}* **Magne-toi le train!** *ou* **Grouille-toi!:**

a) Step it up! **b)** Give it the gun! **c)** Faster! **d)** Step lively! **e)** Make it snappy! **f)** Shake a leg! **g)** Shake it up! **h)** Get a move on! **i)** Hurry up!

Il est *dépendant* de... *ou* **Il est esclave de...** *[la drogue ou autre chose]***:**

He has a monkey on his back

Si ça *dépendait* de moi, ...:

If it was up to me, ...

Ça *dépend* de toi! *ou* **C'est à toi de voir!** *[si ça te convient]* *ou* **C'est toi qui décides!:**

It's up to you!

Vous l'avez appris <u>à vos *dépens*</u> (*ou* <u>à vos frais</u>):

You learned it <u>at your own expense</u>

Elle va l'apprendre <u>à ses *dépens*</u> (*ou* <u>à rude école</u>):

She'll learn it <u>the hard way</u>

Ils ont *dépensé* au-delà de leurs moyens!:

They went overboard!

Il ne regarde pas à la *dépense* *ou* **Il dépense** *(l'argent)* **sans compter:**

He spends money like it's going out of style

Il est très *dépensier* *ou* **Il dépense l'argent comme de l'eau** *ou* **Il jette l'argent par les fenêtres:**

a) He's a high-roller! **b)** He's rolling high! **c)** He spends money like water

J'espère <u>en *dépit* de tout</u> (*ou* <u>contre toute attente</u>) que...:

I'm <u>hoping against hope</u> that...

C'était *déplacé* (*ou* malvenu, incorrect)!:

It was out of line!

(Ne) *Déplace* pas trop d'air! *ou* **(Ne) Fais pas trop de vagues (*ou* de remous)!** *ou* **Laisse couler!** *ou* *{Qc}* **(Ne) Brasse pas ma cage!:**

a) Don't rock the boat! **b)** Don't make waves!

Je n'ai pas voulu te *déplaire*:

I didn't mean to cramp your style [*See* **Je n'ai pas voulu te *déranger***]

C'est *déplaisant*! *ou* **C'est à rendre malade!:**

It's sickening!

Il pourrait te *dépouiller* complètement! *ou* *{Qc}* **Il pourrait te laver complètement!:**

a) He could steal you blind! **b)** He could take you to the cleaners!

Il m'a *dépouillé*!:

He sent (*or* took) me to the cleaners [*See* **Il m'a pris jusqu'à mon dernier *sou!***]

Elle *déprime*! *ou* **Elle se sent très déprimée!:**

She's down in the dumps! [*See* **Elle *broie* du noir!**]

Je voyais venir ça <u>*depuis* longtemps</u> (*ou* <u>de loin</u>):

I saw it coming <u>a mile away</u> (*or* <u>a mile off</u>)

Je n'ai pas voulu te *déranger* (*ou* te déplaire) *ou* **Je n'ai pas voulu refroidir tes ardeurs** *ou* **Je n'ai pas voulu te faire perdre tes moyens:**

I didn't mean to cramp your style

Il me *dérange*! *ou* **Il est dans mes jambes!:**

He gets in my hair!

Elle est un peu *dérangée*:

She has a screw-loose [*See* *{Qc}* **Il lui manque un *bardeau***]

<u>Ça me *dérange* beaucoup</u> de le voir boire:

<u>It kills me</u> to see him drinking [*See* *{Qc}* **<u>Ça me fait *mourir*</u> de le voir boire**]

Ça ne me *dérange* pas du tout!:

It doesn't matter to me! [*See* **Je m'en *fiche!***]

Tu vas à la *dérive*! *ou* **Tu gâches ta vie!:**

You're going to the dogs!

Jack est le dernier <u>des *derniers*</u> mais Harold est le meilleur <u>de tous</u>:

Jack is as low as they come but Harold is as good as they come [**des derniers** *ou* **de tous** = of all those who are there *or* of all those of the same category]

Arrête de te *dérober*! *ou* **Arrête d'essayer de gagner du temps!:**

Stop stalling!

Il a *dérobé* (*ou* piqué, volé, {*Fr*} chouravé) de l'argent:

He snitched some money!

Il a reçu une bonne {*Fr*} *dérouillée* (*ou* raclée, {*Fr*} trempe):

He took a shellacking

Ils lui ont foutu (*ou* fichu) une bonne {*Fr*} *dérouillée*!:

They beat the living daylights out of him! [*See* {*Qc*} **Ils lui ont sacré toute une *volée!***]

Qu'est-ce que tu as *derrière* la tête? *ou* **Qu'est-ce que tu mijotes?:**

What's in the back of your mind?

Il a quelque chose *derrière* la tête:

He has something up his sleeve

Qu'y a-t-il *derrière* tout ça?:

What's the deal? [*See* **Quel est le *motif*?**]

Il fallait que je me *désaltère* *ou* **Il fallait que je me rince la dalle:**

I had to wet my whistle

Une *descente* de police *ou* **Un coup de force** *[au nom de la loi]*:

A crackdown

Elle voulait *désespérément* (*ou* à tout prix) y aller:

She wanted to go in the worst way

Dans le *déshonneur*:

In disgrace

Tu ne dois pas prendre tes *désirs* pour des réalités:

You mustn't indulge in wishfull thinking

Vos *désirs* sont des ordres!:

Your wish is my command!

Tu es *désordonné*:

You're a slob [*See* **Tu es *débraillé***]

Dois-je lui faire un *dessin*? *ou* **Dois-je lui mettre les points sur les i?:**

a) Do I have to draw him a picture? **b)** Do I have to spell it out for him?

{*Qc*} **J'arrive en *dessous*!:**

I'm in the red [*See* **Je n'ai pas un *sou!***]

{*Fr*} **J'étais au trente-sixième *dessous*!:**

I was in a dither [*See* **J'étais tout à l'*envers***]

Tu ne reprendras jamais le *dessus*!:

You'll never get over it! [*See* **Tu n'en *reviendras* jamais!**]

C'est elle qui a le *dessus*:

She has the upper hand

***Détale*!:**

Make yourself scarce! [*See* ***Décampe!***]

Ses mauvaises habitudes ont *déteint* sur elle:

His bad habits rubbed off on her

C'est (une tâche) *détestable*!:

It's a pain! [*See* **C'est (une tâche) *épouvantable!***]

Ces personnes se *détestent* *ou* **Ces personnes ne peuvent pas se sentir:**

There's no love lost between them

Il est sans *détour* *ou* **Il est direct:**

He's straightforward

Ça vaut le *détour*! *ou* **Ça mérite d'être vu!** *ou* **Ça vaut le coup d'œil!:**

It's worth seeing!

Il s'est *détourné* de moi *ou* **Il m'a tourné le dos** *ou* **Il m'a trahi:**

He turned his back on me

J'ai été *détourné* de mon objectif:

I got sidetracked

Qui paye ses *dettes* s'enrichit!:

He who pays his debts is rich!

{*Qc*} **Il est aux *deux*:**

He's AC-DC [*See* **Il est *bisexuel***]

{Qc} ***Deux***, **c'est bien; trois, c'est trop!**:

Two's company, three's a crowd!

Aussi sûr que *deux* et deux font quatre!:

Sure as shooting!

{Qc} **J'ai *dévalisé* le frigidaire** (*ou* **le réfrigérateur**):

I raided the ice-box

{Qc} **Il *dévalise* mon frigidaire!** *ou* **Son appétit va me jeter à la rue!**:

He's eating me out of house and home!

Je ne suis pas *devin*! *ou* {Fr} **Je ne suis pas Madame Soleil!**:

I'm not a mind reader!

Devoir – dois – doit

Il lui *doit* bien ça:

It's the least he can do for him

{Qc} **Tu m'en *dois* une!** *ou* **C'est maintenant à toi de renvoyer l'ascenseur** *[figuré]*:

a) Now, it's your turn to return a favor **b)** Now, you owe me one

{Qc} **Va chez le *diable*!**:

a) You should live so long! **b)** Go to hell!

Je l'ai envoyé au *diable*!:

I sent him to kingdom come! [*See* **Je l'ai *envoyé* promener!**]

{Qc} **Ça parle au *diable*!** *ou* **Saperlipopette!**:

Holy cow!

{Qc} **Ça parle au *diable*, regarde qui arrive!** *ou* **Quand on parle du loup...**:

Speak of the devil, look who's coming!

{Qc} **Il m'a mené le *diable*** *ou* **Il m'a disputé** (*ou* **engueulé**, {Qc} **chicané**, {Fr} **enguirlandé**):

a) He bawled me out **b)** He gave me hell

Se faire l'avocat du *diable*:

To be the devil's advocate

Tu l'as fait à la *diable*:

You did it any old way [*See* **Tu l'as fait *n'importe* comment**]

{Qc} **Il se débattait comme un *diable* dans l'eau bénite** (*ou* **comme un beau diable, comme un chat dans l'eau bouillante**):

a) He was struggling like a bastard **b)** He was like a cat on a hot tin roof

Où *diable* étiez-vous? *ou* **Au nom du Ciel, où étais-tu?**:

Where on earth were you?

Que le *diable* m'emporte si...:

I'll be damned if...

C'est au *diable* vert (*ou* **diable Vauvert**)**!**:

It's a long way off! *[distance]* [*See* **C'est au *bout* du monde!**]

***Dieu* du ciel!**:

Holy smoke! [*See* **Pour l'*amour* du Ciel!**]

Je te verrai la semaine prochaine si *Dieu* le veut:

I'll see you next week godwilling

***Dieu* seul le sait!**:

a) God only knows! **b)** It's anybody's guess!

On va arriver à destination si les *dieux* sont avec nous (*ou* **si le ciel est avec nous**):

We'll get there on a wing and a prayer

Ça fait toute la (*ou* **une**) ***différence*!**:

It makes a world of difference!

C'était vraiment *difficile*!:

It was like pulling teeth! [but the opposite: **C'était facile!** (*ou* ***simple*** **comme bonjour!**) = It was easy as pie!]

Ne fais donc pas tant le *difficile*! *ou* **Ne lève pas le nez là-dessus!**:

Don't turn your nose up at it!

Elle est *difficile* à contenter (*ou* **à satisfaire**):

She's hard to please

C'est *difficile* à faire pour moi:

I have trouble doing it

Elle est très *difficile* sur la nourriture:

a) She's very fussy about her food **b)** She's very finicky about her food

Sans la moindre *difficulté*! *ou* Pas de problème!:

No sweat!

Son entreprise est en *difficulté* (*ou* est sur une pente dangereuse):

His business is on the skids

Tu lui as enlevé sa *dignité*:

You robbed him of his dignity

Ils *diminuent* graduellement la production dans l'usine:

They're winding down production in the plant

C'est moi le *dindon* de la farce!:

a) The joke's on me! **b)** The laugh's on me!

Le *dîner*:

Lunch [*See* ***Repas***]

Elle me demande de faire ça, puis ça, puis ça, c'est complètement *dingue* (*ou* fou)!:

She wants me to do this and that, of all things! [*See* ... {*Qc*} **voir si ça a du bon *sens!***]

À vrai *dire*, ... *ou* En vérité, ...:

The truth of the matter is...

Je ne le lui ai pas envoyé *dire*! *ou* {*Qc*} J'y ai pas envoyé dire!:

I gave it to him with both barrels!

C'est peu *dire*!:

That's putting it mildly!

Ça ne veut rien *dire*!:

That's hogwash! [*See* **C'est de la *foutaise!***]

C'est bien (*ou* ben) pour *dire*! *[exclamation]*:

It goes to show you!

Il ne croyait pas si bien *dire*!:

He didn't know how right he was!

J'allais justement le *dire* *ou* Tu m'as enlevé les mots de la bouche:

You took the words right out of my mouth

Tu l'as bien *dit*!:

You said it!

Il ne m'a pas tout *dit*:

He didn't come clean with me [*See* **Il n'a pas *vidé* son sac**]

Elle ne l'a pas *dit* aussi clairement (*ou* aussi explicitement):

She didn't say it in so many words

Ne me fais pas *dire* ce que je n'ai pas dit:

Stop putting words into my mouth

Laisse-moi *dire* ce que j'ai à dire:

Let me put my two cents worth [*See* **Laisse-moi mettre mon *grain* de sel**]

On ne peut pas *dire* ce qui va arriver:

There's no telling what will happen

Ça se *dit* couramment:

a) It's a common expression **b)** It's an everyday expression

Qu'est-ce que tu *dirais* d'aller marcher?:

I'll tell you what, let's go for a walk!

Il me l'a *dit* dans le creux de l'oreille:

a) He whispered it to me **b)** He tipped me off about it

***Dire* des petits mots tendres:**

To say sweet nothings

Je le lui ai *dit* directement! *ou* Je le lui ai dit clair et net!:

I told him right out!

Il n'y a pas à *dire*, elle est tout à fait charmante:

There's no denying, she's very charming

Si ça vous *dit*, vous pouvez venir avec moi:

If you feel like it, you can come with me [*See* **Si le *cœur* vous en dit**, ...]

***Dis*-le sans détour (*ou* carrément, franchement, {*Fr*} franco) *ou* {*Qc*} Vas-y (*ou* N'y va) pas par quatre chemins:**

a) Give it to me straight **b)** Don't beat around the bush

Elle *dit* les choses comme elles sont! *ou* Elle n'a pas la langue dans sa poche! *ou* Elle ne mâche pas ses mots!:

She tells it as it is!

Ça en *dit* long sur lui *[dans le sens que ça ne le met pas en valeur]*:

That doesn't say much for him

{Qc} **Ah ben *dis*-moi pas!** *ou* {Qc} **Oh que c'est de valeur!** *ou* **Oh que c'est dommage!:**

Ah shucks!

Ne me *dis* pas! *ou* **Tu m'en diras tant!:**

a) You're telling me! **b)** You don't say!

On ne peut pas *dire* quand il va arriver:

There's no saying when he'll come

Ça revient à *dire* que...:

a) It boils down to... **b)** It goes to say that...

Je n'irais pas jusqu'à *dire* que...:

I wouldn't go as far as to say that...

Il va sans *dire* qu'il accepta cette proposition:

Needless to say, he accepted the proposition

Ça revient à *dire* qu'il est riche:

It all comes down to say he's loaded

Ça ne me *dit* (*ou* rappelle) rien!:

It doesn't ring a bell!

Je lui ai *dit* sans détour:

a) I told him straight from the shoulder **b)** I didn't pull any punches

Je lui ai *dit* ses quatre vérités!:

I told him off!

Qu'est-ce que tu *dirais* si...:

How about if...

***Dis* toi bien que, si tu ne fais pas ça, ...** *ou* **Comprends-moi bien! Si tu ne fais...:**

Get this straight, if you don't do this...

***Dis*-toi bien ça!** *ou* **Enfonce-toi bien ça dans la tête!:**

a) Get that through your head! **b)** Get that straight!

Que *dirais*-tu d'un voyage en Floride?:

a) What would you say to a trip to Florida?
b) How about a trip to Florida?

Laisse-moi te *dire* une chose!:

Let me tell you something!

À qui le *dites*-vous!:

You'd better believe it! [*See* **C'est le *cas* de le dire!**]

Il est *direct* *ou* **Il est sans détour:**

He's straightforward

C'est lui qui *dirige* (*ou* qui mène) *ou* **Il fait la pluie et le beau temps** *ou* **C'est lui qui tient tout:**

a) He's the cock of the roost *[familiar]* **b)** He runs the show

Il est la *discrétion* même *ou* **C'est une vraie tombe:**

He'll take it to his grave

C'est sans *discussion*! *ou* **Ça ne souffre aucune discussion!:**

It's an open and shut case!

Ouvrir la *discussion*:

To start (*or* To get) the ball rolling *[figuratively]* [*See* ***Démarrer* l'affaire**]

On ne peut pas *discuter* avec elle! *ou* {Qc} **Elle n'est pas parlable!:**

It's no use talking to her!

Il a refusé de *discuter* de ce sujet particulier *ou* {Qc} **Il se l'est fermée sur ce sujet:**

He clammed up on this subject

Les grands *diseurs* ne sont pas les grands faiseurs!:

Actions speak louder than words! [*See* **Les gestes comptent (*ou* parlent) plus que les *mots!***]

{Fr} **Il a *disjoncté*!:**

He blew a gasket! [*See* **Il est *sorti* de ses gonds!**]

Il peut bien *disparaître* *ou* {Fr} **Il peut bien crever la bouche (*ou* {Fr} la gueule) ouverte:**

He could drop dead

***Disparaissons*!** *ou* **Fichons (*ou* Foutons) le camp!** *ou* {Fr} **Cassons-nous!** *ou* **Barrons-nous!** *ou* {Fr} **Décanillons!** *ou* **Déguerpissons!:**

a) Let's beat it! **b)** Let's go! **c)** Let's split!

***Disparaître* comme par enchantement:**

To vanish into thin air

Ils ont décidé de *disparaître* de la circulation pour un bout de temps:

They decided to drop out of sight for a while

Ne te *disperse* pas trop! *ou* **Qui trop embrasse mal étreint!:**

Don't spread yourself too thin!

Je suis dans de bonnes *dispositions*:

I'm in a good mood! [*See* **Je suis de bonne *humeur***]

Il m'a *disputé*:

He bawled me out [*See* {Qc} **Il m'a mené le *diable***]

Ne te laisse pas *distraire* *ou* **Travaille sans relâche** *[sans lever le nez]*:

Keep your nose to the grindstone (*or* to the grind)

Je vais aller {*Fr*} **au *distributeur* automatique** (*ou* {*Fr*} **à la tirette,** {*Qc*} **au guichet automatique):**

I'll go to the Automatic Teller

C'est *divin*!:

It's out of this world! [*See* **C'est de toute *beauté!***]

Mets la bague à ton petit *doigt*:

Put the ring on your pinkie

Je connais ça sur le bout des *doigts* (*ou* {*Fr*} **bout des ongles):**

I have it down pat

Je connais Montréal sur le bout des *doigts* (*ou* **comme (le fond de) ma poche, par cœur):**

I know Montréal like the back of my hand

Je pourrais le faire les *doigts* dans le nez (*ou* **le faire les yeux fermés)!:**

a) I could do it standing on my head! **b)** I could do it with my eyes closed!

Tu te mets (*ou* **te fourres) le *doigt* dans l'œil** *[on rajoute parfois «jusqu'au coude»]*:

You're kidding yourself

Il y a quelque chose qui cloche mais je n'arrive pas à mettre le *doigt* dessus!:

There's something wrong but I can't put my finger on it!

Il est passé à deux *doigts* du succès:

He came within an inch of getting it [*See* **Il est passé** (*ou* **venu) à un *cheveu* du succès**]

Il ne faut pas mettre le *doigt* entre l'arbre et l'écorce:

Don't meddle in other people's family affairs

Mon petit *doigt* me l'a dit!:

A little birdie told me so!

Elle est très *dominatrice*:

She's very pushy

C'est bien *dommage*! (*ou* regrettable!) *ou* {*Qc*} **C'est bien de valeur!:**

That's too bad! *[meaning sorry for what happened to you]*

Oh que c'est *dommage*! *ou* {*Qc*} **Oh que c'est de valeur!** *ou* **Ah ben dis-moi pas!:**

Ah shucks!

Faire un *don* *ou* **Contribuer financièrement:**

To kick in a few bucks

Tu as le *don* de me tomber (*ou* **porter) sur les nerfs:**

You have the knack of getting on my nerves

C'est un *don* (*ou* **un cadeau) du ciel!:**

It's a godsend!

C'est *donnant*, donnant *ou* **C'est coup pour coup** *ou* {*Fr*} **C'est un prêté pour un rendu:**

It's tit for tat

Ça ne m'a rien *donné*!:

It didn't get me anywhere! [*See* **C'était un *coup* d'épée dans l'eau**]

***Donner* à un autre** *[un vêtement]* *ou* **Transmettre** *[une coutume]*:

To hand down

Elle se *donne* beaucoup de mal *[pour aider]*:

a) She goes to great lengths *[to help]* **b)** She goes to a lot of trouble *[to help]*

Tu te *donnes* corps et âme pour...:

You give yourself heart and soul to...

Je ne sais où *donner* de la tête:

a) I don't know if I'm coming or going! b) I don't know which way to turn!

***Donne*-le-moi!:**

Fork it over!

***Donne*-le-moi maintenant! *ou* Donne-le-moi tout de suite!:**

Cough it up!

Je *donne* ma langue au chat!:

I give up!

***Donne*-moi un deux dollars!:**

Give me a deuce!

Il *donne* toujours raison à sa femme:

He always sides with his wife [*See* **Il *défend* toujours sa femme**]

Nous lui avons *doré* la pilule en lui faisant accroire (*ou* croire) que...:

We sweetened the deal in making him believe that...

Laisse *dormir* (*ou* reposer, décanter) ça quelque temps *ou* {Qc} Mets ça sur la tablette un bout de temps:

a) Put it on the back burner for a while
b) Put it on the shelf for a while

{Qc} Il *dort* comme une bûche (*ou* une marmotte, un loir)! *ou* Il dort profondément!:

a) He's dead to the world! b) He sleeps like a (dead) log! c) He's a heavy sleeper!

Je n'ai pas *dormi* de la nuit *ou* Je n'ai pas fermé l'œil de toute la nuit:

I didn't sleep a wink last night

C'est à *dormir* debout! *ou* Ce n'est pas croyable! *ou* Ça mérite d'être rapporté! *[bon ou mauvais]* *ou* C'est invraisemblable!:

That's one for the books!

***Dors* là-dessus! *ou* La nuit porte conseil!:**

Let's sleep on it!

Qui *dort* dîne:

Sleeping is as good as eating

***Dors* sur tes deux oreilles! *ou* Ne t'inquiète pas!:**

Don't lose any sleep over it!

J'ai besoin de *dormir* un peu *ou* J'ai besoin de faire un petit somme *ou* J'ai besoin de piquer un petit roupillon *ou* J'ai besoin de me taper une petite sieste:

a) I need to snooze for a while b) I need to get some shuteye c) I need to take a nap

{Qc} Il a parlé dans son *dos* *ou* Il l'a trahi:

He stabbed him in the back

Il m'a tourné le *dos*:

He turned his back on me [*See* **Il s'est *détourné* de moi**]

Tu es toujours sur mon *dos*:

You're always in my hair

Ne me mets pas ça sur le *dos*!:

Don't pin it on me!

Quand il se retrouva le *dos* au mur, il paya *ou* Mis au pied du mur, il a finalement payé:

When his back was against the wall, he paid

Il n'y va pas avec le *dos* de la cuillère!:

a) There're no half-ways about it with him!
b) He doesn't spare anything!

N'y va pas avec le *dos* de la cuillère:

Don't pull any punches

C'est facile de mettre ça sur le *dos* d'un autre:

It's easy to pass the buck [*See* **C'est facile de *blâmer* un autre**]

Il m'a *doublé*! *ou* {Qc} Il m'a joué dans le dos! *[en affaires] ou* {Fr} Il m'a entubé! *(vulg.)*:

He double-crossed me!

***Doucement*!:**

Take it easy! [*See* ***Calme*-toi!**]

Ça nous a fait l'effet d'une *douche* froide quand nous avons vu ça!:

It was a real let-down when we saw that!

Sans le moindre *doute* *ou* Sans l'ombre d'un doute:

Beyond the shadow of a doubt

Quelque chose ne va pas, ça ne fait aucun *doute*!:

There's something wrong, there's no question about it!

Y a pas de *doute*! (*ou* Il n'y a pas de doute!):

There's no doubt about it!

Dans le *doute*, abstiens-toi!:

When in doubt, don't!

J'étais loin de me *douter* que ça arriverait:

Little did I know that it would happen!

Treize à la *douzaine*:

A baker's dozen

{*Fr*} ***Draguer*:**

To cruise [*See* ***Faire* la cour**]

{*Fr*} **C'est un *dragueur* impénitent:**

He's got hot pants [*See* **C'est un chaud *lapin***]

N'en fais pas un *drame*!:

Don't make an issue out of it! [*See* {*Qc*} **Fais-en pas tout un *plat!***]

Tu ne devrais pas en faire un *drame*:

You shouldn't raise a stink [*See* **Tu (ne) devrais pas en faire tout un *plat***]

Ce n'est pas la peine de t'en faire un *drame*:

You're making too much of it

Il est dans de beaux (*ou* de sales) *draps* *ou* {*Qc*} Il est mal pris *ou* Il est dans une situation difficile:

a) He's up the creek without a paddle **b)** He's in a predicament **c)** He's up to his neck

Ça nous a mis dans de beaux (*ou* sales) *draps*:

It has landed us in a fine mess

{*Fr*} **C'est un joyeux *drille*! *ou* C'est un sacré (*ou* franc) luron!:**

He's happy-go-lucky!

C'est un *drogué* *ou* {*Fr*} Il est accro:

He's hooked on drugs

Un *droit* ancestral *ou* Un droit acquis *[surtout municipal]*:

A grandfather clause

Va *droit* au but! *ou* Viens-en aux faits! *ou* Arrête (*ou* Cesse) de tourner autour du pot!:

a) Stop beating around the bush! **b)** Get to the point! **c)** Stop pussyfooting!

L'oiseau volait tout *droit* vers son nid:

The bird was flying in a beeline toward its nest

Ce n'est pas toujours *drôle*:

It's not all fun and games

C'est extrêmement *drôle* (*ou* hilarant)!:

a) It's too funny for words! **b)** It's hilarious!

Je ne suis pas *dupe* *[en général]* *ou* Je ne suis pas une femme facile *[de mœurs]* *ou* Je ne me laisse pas faire:

I'm no pushover *[in sex or in general]*

C'est un marché de *dupe* *ou* C'est un sale coup:

This is a raw deal

Je me suis fait *duper*:

I got screwed on that deal [*See* **Je me suis fait *rouler***]

C'est un *dur* à cuire! *ou* C'est un coriace!:

a) He's a tough cookie! **b)** He's a tough customer!

C'est une *dure* à cuire! *ou* Elle n'a pas froid aux yeux! *ou* {*Qc*} C'est une tough!:

a) She's as hard as nails! **b)** She's hard-boiled! **c)** She's a tough egg!

C'est un *dur* au cœur tendre *ou* Il fait plus de bruit que de mal:

His bark is worse than his bite

Il est *dur* en affaires!:

He drives a hard bargain!

Le plus *dur* est fait! *ou* Le plus dur est derrière nous!:

That's half the battle!

C'est une affaire qui *dure* depuis bien trop longtemps! (*ou* qui n'en finit plus!):

It's a long-drawn-out affair!

Les courants d'*eau*. Water currents

> **ruisseau**: stream (*or* brook)
> **crique** (*ou* anse): creek
> **rivière** (*ou* fleuve): river
> **mer** (*ou* océan): sea *or* ocean

Il fait de l'argent comme de l'*eau*!:

> He makes money hand over fist! [*See* **Il fait des *affaires* d'or**!]

Elle dépense l'argent comme de l'*eau*:

> She spends money like water

Beaucoup d'*eau* a depuis coulé sous les ponts!:

> A lot of water has flown under the bridge since then

J'en ai l'*eau* à la bouche! *ou* **J'en salive d'avance!** *ou* **Tu me mets l'eau à la bouche!:**

> It makes my mouth water!

Je suis dans l'*eau* bouillante!:

> I'm in a tough spot! [*See* **Je suis dans le *pétrin!***]

Si tu veux de l'harmonie, sois prêt à mettre de l'*eau* dans ton vin:

> If you want harmony, you'll have to come down a peg or two

Le film est à l'*eau* de rose *ou* **Le film est un vrai mélo:**

> The film is corny

Il n'est pas pire *eau* que l'eau qui dort! *ou* **Il faut se méfier de l'eau qui dort!** *ou* **C'est l'eau qui dort qui tue!:**

> Still water runs deep!

C'est encore à l'état d'*ébauche* *ou* **On en est encore au stade préliminaire** *ou* **C'en est au tout début:**

> It's still in the early stages

Ne t'*écarte* (*ou* **Ne vous écartez**) **pas du sujet:**

> Stick to the point

Il est un peu *écervelé*:

> He's a little batty

C'est un *échange* de bons procédés! *ou* **Un service en attire un autre!** *ou* **À charge de revanche!.**

> **a)** One hand washes the other! **b)** You scratch my back and I'll scratch yours! **c)** One good turn deserves another!

On les a *échangés* l'un pour l'autre!

> We switched them!

Je vais prendre l'*échangeur* *[sur l'autoroute]*:

> I'll take the cloverleaf (*or* the interchange)

Ne cherche pas d'*échappatoire* (*ou* **de faux-fuyants**)**:**

> Don't try to avoid the issue

Rien ne lui *échappe*! *ou* **Il a l'œil!:**

> **a)** He doesn't miss a thing! **b)** He never misses a trick!

On ne peut pas y *échapper* *ou* **On ne peut pas faire autrement:**

> There's no getting around it

Je l'ai *échappé* belle! *ou* **Il s'en est fallu de peu!** *ou* **Il s'en est fallu d'un cheveu!:**

a) I missed that by the skin of my teeth! **b)** I got off the hook! **c)** It was a close shave!

On a commencé au bas de l'*échelle*:

We started on the bottom rung

Il a gravi les *échelons* au sein de la compagnie:

He worked his way up in the company

Il s'est *échiné* (*ou* épuisé) à terminer son travail *ou* Il s'est fendu (*ou* {*Fr*} mis) en quatre pour... *ou* {*Fr*} Il s'est crevé la paillasse pour...:

a) He bent over backwards trying to finish his work **b)** He broke his back trying... **c)** He busted a gut trying... **d)** He put himself out trying...

As-tu eu des *échos* (*ou* des réactions)?:

Did you get some feedback?

Ça a *échoué* lamentablement! *ou* Ça a foiré *(vulg.)*!:

It went down like a lead balloon!

Il est passé à la vitesse de l'*éclair*!:

He ran like a bat out of hell! [*See* {*Qc*} **Il a *couru* comme un perdu**!]

***Éclaire*-moi *[sur ce qui s'est passé]*! *ou* Mets-moi au courant *[de ce qui est arrivé]*! *ou* {*Fr*} Affranchis-moi! *ou* Mets-moi au parfum!:**

Fill me in *[on what happened]*!

L'*éclatement* d'un pneu:

A blow-out

Elle a *éclaté* (*ou* pouffé) de rire!:

She cracked up! [*See* **Elle *riait* aux éclats!**]

C'est *écœurant*! *ou* C'est dégueulasse!:

It's bogus! [*écœurant can also mean the opposite: very extraordinary*]

Ça m'*écœure*

That gets my goat! [*See* **Ça me fait *choquer***!]

Je ne veux pas {*Qc*} t'*écœurer* (*ou* t'agacer) avec ça mais...:

a) I don't want to be a nag but... **b)** I don't want to bug you but...

École = School

école primaire = Elementary School
école secondaire = High School
{*Qc*} **cégep** = Junior College
université = College (*or* University)

Elle va l'apprendre à rude *école* (*ou* à ses dépens:

She'll learn it the hard way

Il a été à rude *école* *ou* Il a appris au travers des coups durs:

He went to the school of hard knocks

Il a fait l'*école* buissonnière *ou* Il a séché les cours:

He played hookey (*ou* hooky)

Je me suis fait *éconduire* (*ou* expédier) rapidement! *ou* On s'est débarrassé de moi!:

I got the bum's rush

Tu fais des *économies* de bouts de chandelle:

You're penny-wise and pound foolish

Il a *écopé* pour son frère:

He took the rap for his brother

Cette musique nous a *écorché* les oreilles!:

This music made us deaf!

{*Qc*} Il fait un vent à *écorner* les bœufs *ou* {*Fr*} Il fait un vent à décorner les bœufs (*ou* {*Fr*} les cocus):

It's blowing like mad

{*Qc*} Elle est très *écornifleuse*!:

She's very snoopy!

Il *écoute* aux portes!:

He's eavesdropping!

***Écoute* bien! *[dans le sens de: J'ai toute une nouvelle à t'apprendre]*:**

Get this!

Tu m'*écoutais* d'une oreille distraite:

You were only half listening to me

***Écouter* la conversation:**

a) To listen in on the conversation **b)** To listen to the conversation

***Écoute*-moi bien!:**

a) Listen here! **b)** See here!

***Écoute*-moi jusqu'au bout!:**

a) Hear me out! **b)** Bear with me!

***Écoute* un peu!:**

Get a load of this!

L'opposition nous a *écrasés* (*ou* terrassés, {*Fr*} laminés)!:

The opposition outnumbered us!

Je suis *écrasé* de chaleur

The heat's killing me

Je suis *écrasé* par les dettes:

I am snowed under with debts [*See* **Je suis *débordé* de travail**]

***Écris*-le noir sur blanc:**

Put it down in black and white [*See* **Mets-moi ça sur (le) *papier***]

***Écris*-moi un mot:**

Drop me a line

Ne me mens pas, c'est *écrit* sur ton visage:

Don't tell me a lie, it's written all over you

Il s'est *écroulé* comme une masse *ou* {*Qc*} Il est tombé comme une poche *[quand il s'est endormi]*:

He went out like a light

Il s'est *écroulé* (*ou* effondré) en apprenant qu'il avait perdu toutes ses actions:

It zonked him when he found out he had lost all his shares

Toute la mémoire de mon ordinateur a été *effacée*:

Everything on my computer was wiped out

On *efface* tout et on recommence *ou* On remet les compteurs à zéro:

Let's clean the slate and start over

C'est tout l'*effet* que ça te fait?:

Is that all it means to you?

***Effectivement*! *ou* En effet! *ou* De fait!:**

Sure enough!

{*Qc*} **On n'en a même pas encore *effleuré* la surface! *ou* On a à peine effleuré le sujet!:**

We didn't even scratch the surface yet!

Il s'est *effondré* (*ou* écroulé) en apprenant qu'il avait perdu toutes ses actions:

It zonked him when he found out he had lost all his shares

Cette relation commence à s'*effriter*:

This relationship begins to come apart at the seams

Ça m'est complètement *égal* *ou* Je m'en contrefiche:

It's all the same to me

Il est resté *égal* à lui-même:

a) He remained true to form **b)** He was still his old self

Nous sommes à *égalité* *ou* Nous sommes égaux (*ou* sur un même pied):

We're on the same level

On était à *égalité* dans cette course *ou* On était épaule contre épaule (*ou* coude à coude) dans cette course:

We were neck and neck in this race

Nous sommes *egaux* (*ou* sur un meme pied) *ou* Nous sommes à égalité:

We're on the same level

On a dégonflé son *ego* *ou* On l'a ramené sur terre:

a) We cut him down to size! **b)** We brought him down to earth! **c)** We put his nose out of joint!

J'ai des élancements dans le cou, dans le dos *ou* J'ai mal aux dents, à la tête, aux oreilles ou ailleurs:

a) I have a neckache, a backache, a toothache, a headache, an earache **b)** [*for all other body parts, use «sore»*] I have a sore hand (*or* I have sore feet, Do you have sore feet?, Are your feet sore?)

Des *élancements* *[de douleur]*:

a) Jolts of pain **b)** Shooting pain **c)** Throbbing pain

Elle est *élégante* *ou* {*Fr*} Elle est classe:

She is classy

Je me sens comme un *éléphant* dans un magasin de porcelaine (*ou* comme un chien dans un jeu de quilles):

I feel out of place

Ils doivent *éliminer* les mauvais joueurs:

They have to weed out the bad players

On peut les *éliminer* facilement:

We can weed them out easily

Nous nous sommes *éloignés* l'un de l'autre depuis un an:

We have grown apart during the last year

Il faut *élucider* cette affaire *ou* Il faut tirer cette affaire au clair:

We must get to the bottom of it

***Embarque*! *ou* Vois-y! *ou* Implique-toi! *ou* Participe!:**

Get with it!

{*Qc*} **Je me suis fait *embarquer*!:**

I got sucked into it! [*See* **Je me suis *fait* prendre!**]

Tu ne sais pas dans quoi tu t'*embarques*:

You don't know what you're getting into [*See* **Tu ne sais pas où ça va te *mener***]

Quel *embarras*!:

What a drag! [*See* **Quelle *corvée!***]

Je suis dans l'*embarras*!:

I'm in a fix! [*See* **Je suis dans le *pétrin!***]

Je l'ai tiré d'*embarras* *ou* J'ai payé sa caution:

I bailed him out

Ne fais donc pas tant d'*embarras* (*ou* d'histoires, de manières)!:

Don't make such a fuss!

Nous n'avons eu que l'*embarras* du choix!:

Our only difficulty was that we had too many choices!

Je suis bien *embarrassé* *[dans cette situation]*! *ou* Je ne sais plus sur quel pied danser *[dans cette affaire]*!:

I'm up a tree in this situation!

Il faut l'*embellir*! *ou* Il faut l'améliorer!:

You have to doctor it up!

Tu ne réussiras pas à l'*embêter*:

There's no flies on him

Je me suis fait *embobiner*!:

I got sucked into it! [*See* **Je me suis *fait* prendre!**]

Il m'a *embobiné*!:

He took me for a ride!

Il a *embobiné* (*ou* emberlificoté) sa secrétaire:

He sweet-talked his secretary... [*See* **Il a *enjôlé* sa secrétaire...**]

Un *embouteillage* *ou* {*Qc*} Un bouchon de circulation:

A traffic jam

Qui trop *embrasse* mal étreint! *ou* Ne te disperse pas trop!:

Don't spread yourself too thin!

{*Qc*} **Il faut que j'*embraye*:**

I've got to get cracking [*See* **Il faut que je me *grouille***]

{*Fr*} **Je me suis laissé *embringuer*!:**

I got taken! [*See* **Je me suis *fait* prendre!**]

{*Fr*} **Tu ne sais pas où tu t'*embringues*:**

You don't know what you're in for [*See* **Tu ne sais pas où ça va te *mener***]

{*Fr*} **Il est *emmerdant* *(grossier)*!:**

He's boring as can be [*See* **Il est *ennuyant!***]

Sans *emmerdement* *(grossier)*

Without a hassle [*See* **Sans *problème***]

Il m'*emmerde* *(grossier)* à la fin avec ses problèmes *ou* {*Qc*} Il m'achale vraiment avec... *ou* {*Fr*} Il me fait chier *(vulg.)* avec... *ou* {*Fr*} Il me gonfle avec...:

He really bugs me with his problems

Tu es un *emmerdeur* *(vulg.)* (*ou* un empêcheur de tourner en rond, {*Fr*} un chieur *(vulg.)*)! *ou* {*Qc*} T'es ben fatigant!:

You're a fussbudget!

***Emmitoufle*-toi bien!:**

Bundle up!

N'*empêche* qu'il a tort!:

a) All the same, he's wrong! **b)** Nevertheless, he's wrong! **c)** He's wrong anyway!

Tu es un *empêcheur* de tourner en rond!:

You're a fussbudget! [*See* **Tu es un *emmerdeur!***]

Ça *empeste*! *[sens propre]***:**

It stinks! [*See* **Ça *pue!***]

Les choses *empirent* (*ou* **se dégradent)** *ou* **Les choses vont de mal en pis:**

Things go from bad to worse

Si les choses *empirent*, ...:

If worse comes to worst, ...

Ils ont tout *emporté* sauf les murs:

They took everything but the kitchen sink

Être *empoté*:

To have butterfingers [*See* **Être *maladroit***]

Faire un *emprunt*:

To borrow (*or* To take out a loan) [*but* ***Prêter* de l'argent** = To give a loan (*or* To lend money)]

***Encaisser* le coup** *ou* **Encaisser sans rien dire:**

To take it on the chin

Il n'*encaissera* pas ça sans rien dire:

He won't take it lying down

Elle est *enceinte* *ou* **Elle attend un bébé:**

She's expecting

Elle s'est fait mettre *enceinte*! *[péjoratif]***:**

She got knocked up!

Tout s'est mis en place comme par *enchantement*:

Everything fell into place like magic (*or* as if by magic)

***Encourage*-la:**

Give her a pep talk

Je suis *endetté* jusqu'au cou:

I'm up to my ears with debts

Un *endoctrinement* *ou* **Un bourrage de crâne** *ou* **Un lavage de cerveau:**

A brainwashing

Il n'est pas {Qc} ***endurable*** (*ou* **supportable):**

He's a pill

{Qc} ***J'endure*** (*ou* **Je n'endure) pas ça!** *ou* {Qc} **Je ne le prends** (*ou* **supporte) pas!:**

a) I won't have it! **b)** No way! **c)** I don't put up with that!

J'y ai mis toute mon *énergie* (*ou* **mon attention)!:**

I gave it all I've got!

Il a de l'*énergie* à revendre:

He's full of get-up-and-go [*See* **Il *pète* le feu**]

Elle est très *énergique*! *ou* **Elle est très entreprenante!:**

She's very spunky!

Il est très *énervé*!:

He's all worked up!

Ne t'*énerve* pas!:

Keep your shirt on! [*See* ***Calme*-toi!**]

Il est retombé (*ou* **retourné) en *enfance*:**

He's in his second childhood

Un *enfant*:

a) Kid **b)** Kiddo

Ce sont des *enfantillages* (*ou* {Fr} **des gamineries):**

It's kidstuff

C'était l'*enfer* de faire démarrer mon auto (*ou* **ma voiture) ce matin:**

What a hell (*or* a heck) of a time I had to start my car this morning!

L'*enfer* est pavé de bonnes intentions:

The road to hell is paved with good intentions

Je ne suis pas sorti cette semaine; je me sens *enfermé*!:

I didn't go out this week; I feel cooped up!

Je vais *enfiler* un manteau et sortir avec toi (*ou* **avec vous):**

I'll throw on a coat and go with you

{Qc} **Je me suis fait *enfirouaper*:**

I've been double-crossed [*See* **Je me suis fait *rouler***]

***Enfonce*-toi bien ça dans la tête! *ou* Dis-toi bien ça!:**

a) Get that through your head! **b)** Get that straight!

***Enfoncer* une porte ouverte:**

To fight an obvious point

Il s'est *enfui* (*ou* Il a quitté la ville) alors qu'il était en liberté provisoire:

He jumped bail

Quand on est <u>pris dans l'*engrenage*</u>, il est difficile d'en sortir *ou* Quand on a <u>mis le doigt dans l'engrenage</u>, ...:

When we're <u>caught up in the system</u>, it's hard to get out of it

Ils se sont *engueulés*!:

They had it out!

J'aime (*ou* Je n'aime) pas me <u>faire *engueuler*</u> (*ou* {Qc} me <u>faire mener le diable</u>):

I don't like <u>to catch hell</u>

Il m'a *engueulé* (*ou* {Fr} enguirlandé):

He gave me hell [*See* {Qc} **Il m'a mené le *diable***]

Il m'a *engueulé* comme du poisson pourri!:

He gave it to me with both barrels! [*See* **Il m'a passé un *savon*!** *[figuré]*]

Ne m'*engueule* pas!:

Don't jump down my throat!

Il a *enjôlé* (*ou* embobiné, entortillé, emberlificoté) sa secrétaire pour qu'elle finisse le travail plus tôt:

He <u>buttered up</u> (*or* He <u>sweet-talked</u>) his secretary so she would finish the work earlier

Tu es ton plus grand *ennemi*:

You're your own worst enemy

Tu cherches les *ennuis* *ou* {Fr} Tu cherches des crosses:

You're asking for trouble

Ce fut un week-end <u>*ennuyant*</u> (*ou* ennuyeux):

We had a <u>lousy</u> weekend

{Qc} Il est *ennuyant* (*ou* {Qc} plate)! *ou* Il est {Fr} chiant *(vulg.)* (*ou* {Fr} emmerdant *(grossier)*)!:

a) He's a blob! **b)** He's a flat tire! **c)** He's boring as can be!

Ça m'*ennuie* de vous (*ou* te) dire que...:

I hate to tell you but...

Il m'*ennuyait* souverainement:

He was boring me stiff [*See* **Il me *cassait* les pieds** *[= ennuyer]*]

C'est *énorme*!:

What a whopper!

Cet enfant est *enrobé* (*ou* grassouillet, bien en chair) et {Qc} bien pris:

This child is chubby and well built

Ils vont bien *ensemble*:

They're a good match

Ça ne va pas *ensemble*!:

It doesn't jive!

Nous ne travaillons pas bien *ensemble*!:

We don't jive!

Dans l'*ensemble*, ... *ou* Généralement *ou* Globalement parlant, ...:

By and large, ...

As-tu remarqué son *ensemble* (*ou* sa toilette, son accoutrement *[négatif]*)?:

Did you notice her outfit?

À bon *entendeur*, salut!:

A word to the wise is sufficient!

Laisse-moi faire comme je l'*entends* *ou* Laisse-moi agir à ma guise:

Don't cramp my style

Je me suis bien *entendu* avec... *ou* Je me suis lié d'amitié avec...:

I hit it off with...

Vous n'avez pas fini d'en *entendre* parler:

You'll never hear the end (*or* the last) of it

Il ne l'*entend* pas de cette oreille *ou* Nous ne voyons pas les choses de la même manière *ou* Nous avons une optique différente:

We don't see eye to eye

{*Qc*} **Je me suis fait *enterrer* d'ouvrage!:**

I got snowed under!

{*Qc*} **Je suis *enterré* sous les dettes:**

I am swamped with debts [*See* **Je suis *débordé* de travail**]

Quel *entêté*!:

What a pighead!

Ça lui a coupé son *enthousiasme* *ou* **Ça lui a coupé son ardeur:**

It took the wind out of his sails

Il a fait une *entorse* (*ou* un accroc) à la règle:

He bent the rule

Entourage *ou* **Famille** *ou* **Parenté:**

Folks

Il ne se laisse pas *entourlouper* (*ou* berner, avoir):

He's nobody's fool

Il est plein d'*entrain* (*ou* d'énergie, {*Qc*} de pep)!:

a) He's full of pep! **b)** He has a lot of zip!

Je manque d'*entraînement*:

I'm out of practice

On a eu un excellent repas de l'*entrée* au dessert (*ou* du début jusqu'à la fin):

We had a great meal from soup to nuts

Elle est très *entreprenante*! *ou* **Elle est très énergique!:**

She's very spunky!

***Entreprendre* quelque chose de nouveau** *ou* **Tourner la page:**

To turn over a new leaf

Dans leur *entreprise*, ils ne permettent pas que...:

In their outfit (*or* their business), they don't allow...

Il est *entré* dans la maison sans y être invité *ou* **Il est intervenu dans la conversation sans y être invité:**

He barged in

Quand est-ce que j'*entre* en jeu? *ou* **Où est-ce que je me situe dans tout ça?:**

Where do I come into the picture?

***Entre-temps*, ...** *ou* **Pendant ce temps-là, ...** *ou* **En attendant, ...:**

a) In the meantime... **b)** Meanwhile...

Laisser la porte *entrouverte*:

To leave the door ajar

{*Fr*} **Je me suis fait *entuber* (*vulg.*):**

I got screwed on that deal [*See* **Je me suis fait *rouler***]

{*Fr*} **Il m'a *entubé*! (*vulg.*):**

He double-crossed me! [*See* **Il m'a *doublé*!**]

Elle est plutôt *enveloppée*:

She's quite pudgy [*See* **Elle est plutôt {*Qc*} *grassette***]

J'étais tout à l'*envers*! *ou* **J'étais dans tous mes états!** *ou* **J'étais sens dessus dessous!:**

a) I was in a dither! **b)** I had my heart in my mouth!

Tu avais le regard brillant d'*envie* *ou* **Tu étais vert de jalousie:**

You were green with envy

J'irai quand j'en aurai *envie* *ou* **J'irai quand ça me chantera (*ou* plaira):**

I'll go when I'm good and ready

Je meurs d'*envie* d'aller en Californie! *ou* **L'envie me démange d'aller en Californie!:**

a) I've got itchy feet to go to California! **b)** I'm itching to go...!

Je n'ai pas vraiment *envie* d'aller là-bas ce soir:

I don't really feel like going there tonight [*See* **Ça ne me *chante* pas vraiment...**]

J'ai *envie* de danser *ou* {*Qc*} **J'ai le goût de danser:**

I feel like dancing

J'ai bien *envie* de voyager *ou* **Je crois bien que je vais voyager:**

I have a good mind to travel

Ça coûte *environ* 10 $:

a) It costs in the neighborhood of $10 **b)** It costs roughly $10.

Elle ne demeure pas dans les *environs* (*ou* dans les parages):

She doesn't live in this neck of the woods

Je ne le lui ai pas *envoyé* dire! *ou* {Qc} J'y ai pas envoyé dire!:

I gave it to him with both barrels!

S'*envoyer* en l'air:

To have a roll in the hay [*See* **Baiser** *(vulg.)*]

***Envoie*-le promener! *ou* Envoye-le promener!:**

Give him the brush-off!

Il m'a *envoyé* promener (*ou* balader, chier *(grossier)*) *ou* Il m'a rabroué:

He brushed me off

Je l'ai *envoyé* promener! *ou* Je l'ai envoyé au diable! *ou* Je lui ai dit d'aller se faire voir!:

a) I told him where to get off! **b)** I sent him to kingdom come! **c)** I gave him the brush-off!

Il l'a *envoyée promener* (*ou* balader, paître):

He gave her her walking papers [but **Elle l'a *mis* à la porte (*ou* mis dehors)** = She sent him packing]

Ses papiers étaient *éparpillés* (*ou* pêle-mêle) sur la table:

Her papers were helter-skelter on the table

Elle a dansé seulement (*ou* uniquement) pour épater la galerie:

She danced only to impress people

{Qc} Tu en as trop pris sur tes *épaules* *ou* Tu as les yeux plus grands (*ou* plus gros) que la panse (*ou* que le ventre):

You bite off more than you can chew

Un concours d'*épellation* (*ou* d'orthographe):

A spelling bee [but **faire une *corvée*** = make a bee]

{Qc} C'est *épeurant*!:

It's spooky!

Une *épidurale* *[injection]*:

A spinal

Tu m'as enlevé (*ou* ôté) une *épine* du pied!:

You got me out of a spot!

Elle finit toujours par tirer son *épingle* du jeu:

She always comes up smelling roses! [*See* **Elle finit toujours par bien s'en *sortir!***]

Il faut être de son *époque* *ou* Il faut vivre avec son temps:

We have to keep up with the times

C'est de son *époque* (*ou* de son temps):

It's in tune with her (or his) own time

À notre *époque*, ... *ou* Par les temps qui courent, ...:

In this day and age, ...

Elle s'est *époumonée*!:

She shouted at the top of her lungs!

C'était *époustouflant*!:

It was breathtaking! [*See* **C'était à vous *couper* le souffle!**]

C'est (une tâche) *épouvantable* (*ou* détestable)!:

a) It's a pain! **b)** It's a pain in the ass! (*rude*) **c)** It's a pisser!

Quel désordre *épouvantable*! *ou* {Fr} Quel boxon *(vulg.)*!:

What a hell of a mess!

Quelle *épreuve*!:

What trials and tribulations!

C'était une véritable *épreuve* de force (*ou* un tournant décisif, la confrontation finale):

It was a real showdown

Il est follement *épris* (*ou* amoureux) d'elle:

He's nuts about (*or* over) her

Je suis *épuisé*! (*ou* vidé, exténué) *ou* {Fr} Je suis nase!:

a) I'm all in! **b)** I'm bushed! **c)** I'm all pooped out! **d)** I'm completely wiped out!

C'est pas d'*équerre*! *ou* C'est croche! *ou* C'est de travers!:

It's cockeyed

J'ai fait une *erreur*:

I made a boo-boo *[friendly]* [*but more formal*: **Il a commis une erreur** (*ou* **fait une bêtise**) en ne mentionnant pas son nom = He slipped up by not mentioning her name]

Elle est dans l'*erreur* *ou* Elle n'a pas l'heure juste *ou* Elle a tort *ou* Elle se trompe:

She's wrong

Faire souvent des *erreurs*:

To mess up all the time

Sauf *erreur*, je crois que vous avez dit...:

Unless I'm mistaken, I think you said...

On a fait une *escale* de trois heures à Chicago:

We had a 3 hour lay over in Chicago

Il est *esclave* de... *[la drogue ou autre chose]* ***ou*** **Il est dépendant de...:**

He has a monkey on his back

Tu m'as *escroqué* (*ou* arnaqué)! *ou* Tu m'as volé! *[de l'argent]*:

a) You ripped me off! **b)** You gypped me!

Il m'a regardé d'un air *espiègle*:

He gave me a mischievous look

Tant qu'il y a de la vie, il y a de l'*espoir*!:

Where there's life, there's hope!

Il n'a pas tous ses *esprits*:

He doesn't have all his marbles

{Qc} **Il fait toujours de l'*esprit* de bottine!:**

He's always making wisecracks! [*See* {Qc} **Il fait toujours des *farces* plates!**]

Il a l'*esprit* étroit (*ou* fermé, bouché) *ou* Il tient à ses opinions toutes faites:

He's narrow-minded

Il a l'*esprit* large:

He's broad-minded

Tu as l'*esprit* mal tourné:

You have a dirty mind

Un *esprit* sain dans un corps sain:

A sound mind in a healthy body

Les grands *esprits* se rencontrent!:

Great minds think alike!

C'est la victoire de l'*esprit* sur la matière:

It's mind over matter

Peut-être pouvons-nous finir aujourd'hui, *essayons* (*ou* tentons-le)!:

a) Maybe we can finish today, let's take a shot at it! **b)** ..., let's give it a try! **c)** ..., let's take a crack at it!

On a tout *essayé* pour y aller:

We fought tooth and nail to go there [*See* **On a fait des *pieds* et des mains pour y aller**]

J'ai l'11BIestomac dans les talons!:

I could eat a horse! [*See* **J'ai une *faim* de loup!**]

Avoir l'*estomac* noué *ou* Avoir des papillons (*ou* Avoir un noeud) dans l'estomac:

To have butterflies in the stomach

J'en étais *estomaqué*!:

I was dumbfounded! [*See* **J'en étais *stupéfait!***]

Il en est à la dernière *étape* *ou* Il est dans la dernière ligne droite:

He's on the homestretch

J'étais dans tous mes *états*!:

I had my heart in my mouth! [*See* **J'étais tout à l'*envers!***]

J'étais dans tous mes *états*; je ne savais plus quoi faire de ma fille *ou* J'étais hors de moi, je...:

I was beside myself with my daughter; I didn't know what to do

Pour l'*éternité*:

Forever and a day [*but* **Pour toujours** = Forever]

Ça fait une *éternité* que je ne l'ai pas vu *ou* Ça fait un bail que... *ou* Ça fait une paye que... *ou* Ça fait des siècles que...:

a) I didn't see him in a dog's age **b)** It's ages since I last saw him

Il est né sous une bonne *étoile*:

He was born under a lucky star

Ce n'est pas *étonnant*! *ou* **Ça n'a rien d'étonnant!:**

That's par for the course!

Ça m'*étonnerait* beaucoup qu'il arrive à l'heure! *ou* {Qc} **Je mange mes bas (*ou* mon chapeau) s'il arrive à l'heure!:**

I'll eat my socks (*or* my hat) if he arrives on time!

Ne m'*étouffe* pas! *[figuré] ou* **Laisse-moi vivre!** *ou* **Lâche-moi!:**

Don't smother me! [*but* ***Fais***-**en pas trop** *ou* **N'en fais pas trop!** *[des gentillesses]* = Don't kill me with kindness!]

Je me sens *étourdi* *ou* **La tête me tourne:**

I get dizzy

Il est *étrange* (*ou* bizarre, excentrique)!:

a) He's a screwball! **b)** He's flakey!

Être – suis – es – est

Je *suis* ce que je suis:

a)I am what I am **b)** I yam what I yam

On *est* comme on est:

What you see is what you get

Tu n'y *es* pas du tout!:

You're off base! [*See* {Qc} **Tu n'es pas *dedans* du tout!**]

Je l'ai *évaluée*:

I sized her up

S'*évanouir* *ou* **Tourner de l'œil** *ou* **Perdre connaissance** *ou* **Tomber dans les pommes (*ou* {Fr} les vapes):**

To black out [two words] [but **une *panne* d'électricité** = a blackout [one word]]

Je ne le connais ni d'*Ève* ni d'Adam:

I don't know him from Adam

Même si <u>tu t'*évertues*</u> (*ou* <u>tu te tues</u>) à lui expliquer, il ne comprendra pas!:

Even if you talk <u>until you're blue in the face</u>, he still won't understand!

Je m'*évertuais* à trouver comment...:

I was tearing my hair out to figure out...

Elle a <u>mis</u> le problème <u>en *évidence*</u>:

She <u>pointed out</u> what the problem was

C'est *évident*! *ou* **Ça saute aux yeux!** *ou* **Ça crève les yeux!** *ou* **Tu vois bien!:**

a) It's staring you in the face! **b)** That goes to show you!

J'<u>ai *évité*</u> le rhume en prenant des vitamines:

I <u>headed off</u> my cold with vitamins

***Évolue*!** *ou* **Reprends-toi!** *ou* **Aboutis!:**

a) Shape up! **b)** Pull your act together!

C'est mon *ex*! *ou* {Qc} **C'est mon ancienne blonde!:**

She's my old flame!

– Combien ça a coûté?
– 100 $?
– <u>*Exactement*</u> (*ou* <u>Pile</u>, <u>Touché</u>)! *ou* **<u>En plein dans le mille</u>!:**

a) <u>Right on the nose</u>! **b)** <u>Right on</u>!

Enfin un jour de congé! <u>*Exactement* ce qu'il me faut</u>!:

Finally a day off! <u>Just what the doctor ordered</u>!

Tu *exagères*! *ou* **Tu pousses un peu fort!** *ou* **C'est la meilleure!:**

a) That's pushing it! **b)** That's going some!

C'est *exagéré*! *ou* **C'est tiré par les cheveux!** *ou* {Fr} **C'est un peu fort de café!** *[figuré] ou* {Fr} **C'est tarabiscoté!:**

a) It's a bit much! **b)** It's farfetched!

Elle m'*exaspère*! *ou* **Elle m'horripile!:**

She galls me!

C'est *excellent*!:

It's smashing! [*See* **C'est de toute *beauté*!**]

C'est quelque chose de vraiment *excellent*:

It's a prize package

Il est *excentrique* (*ou* étrange, bizarre)!:

a) He's flakey! **b)** He's a screwball!

Quel *excentrique*!:

What a goofball! [*See* **Quel drôle de *numéro!***]

C'est l'*exception* qui confirme la règle:

Rules are made to be broken

Faire un *excès* (*ou* des folies) *ou* {*Fr*} Manger à se faire péter la sous-ventrière *ou* S'en mettre plein la panse (*ou* {*Fr*} la lampe) *ou* En prendre jusqu'à ce que ça nous sorte par les oreilles *[nourriture/boisson]*:

To go on a binge

C'est *excitant*! *ou* {*Qc*} C'est capotant!:

What a thrill!

Je suis tout *excité* *[positif]*:

I'm tickled pink!

J'ai été obligé de faire des *excuses* humiliantes:

I had to eat crow

Par *exemple*, ...:

a) For instance, ... **b)** For example, ...

Le prix est *exorbitant* (*ou* démesuré):

The price is sky-high

Je me suis fait *expédier* (*ou* éconduire) rapidement! *ou* On s'est débarrassé de moi!.

I got the bum's rush

Elle ne l'a pas dit aussi *explicitement* (*ou* aussi clairement):

She didn't say it in so many words

J'ai tout *expliqué* de A à Z:

I told all the ins and outs

Ça *explique* tout!:

That figures!

C'est tout un *exploit*! *[admiratif]*:

It takes some doing! [*See* **Il faut le *faire*! *[admiratif]***]

Il a *explosé*!:

He blew a gasket! [*See* **Il est *sorti* de ses gonds!**]

***Exploser* de rage *ou* Dénoncer un scandale:**

To blow the lid off

Je l'ai fait *exprès*:

I did it on purpose

Je l'ai fait sans faire *exprès*:

I did it without meaning to [*See* **Je l'ai fait sans *malice***]

Je suis *exténué*!:

I'm completely wiped out! [*See* **Je suis *épuisé!***]

Il est *extraordinaire*! *ou* C'est quelqu'un! *ou* C'est un sacré numéro (*ou* {*Qc*} tout un numéro)! *[positif]* *ou* {*Fr*} C'est un sacré loustic!:

He's something else!

Il n'y a rien d'*extraordinaire*!:

That's nothing to write home about! [*See* **Y a pas de quoi *fouetter* un chat!**]

C'est *extraordinaire*!:

It's out of this world! [*See* **C'est de toute *beauté!***]

C'est *extraordinaire*! *[utilisé surtout par les jeunes]*:

a) That's wild, man! **b)** That's super!

Elle passe d'un *extrême* à l'autre:

She goes from one extreme to the other

À la dernière *extrémité*, ... *ou* À l'article de la mort, ...:

At death's door, ...

Je suis *fâché*(e) *ou* Je suis furieux (*ou* furieuse):

a) I'm sore **b)** I'm peeved **c)** I'm ticked off **d)** I'm mad **e)** I'm teed off

Cette fois-ci, je vais me *fâcher*!:

This time, I'll put my foot down!

Se *fâcher* *ou* Sortir de ses gonds:

To fly off the handle

Elle va être *fâchée* si elle l'apprend *ou* Elle va faire une scène si elle l'apprend:

She'll have a bird if she knows

C'est *facile*!:

It's like taking candy from a baby! [*See* **C'est une *affaire* de rien!**]

Ce n'est pas *facile*!:

It's no picnic!

C'est plus *facile* à dire qu'à faire:

It's easier said than done

Elle est *facile* à vivre:

She's easy going

L'examen était *facile* comme tout!:

The exam was a breeze!

Choisir la solution de *facilité*:

To take the easy way out

Je lui ai dit ma *façon* de penser!:

a) I told him a thing or two! **b)** I gave him a piece of my mind! **c)** I told him off!

Il y a plus d'une *façon* de s'y prendre!:

There's more than one way to skin a cat!

Payer la *facture* *[au propre et au figuré]*:

To foot the bill

J'ai un *faible* (*ou* un penchant) pour les chiens:

I have a soft spot for dogs

J'ai une *faim* de loup! *ou* Je meurs de faim! *ou* Je suis affamé! *ou* J'ai l'estomac dans les talons! *ou* {Fr} J'ai les crocs! *ou* {Fr} J'ai la dalle en pente!:

a) I could eat a horse! **b)** I'm starving! **c)** I'm famished!

C'est un *fainéant*:

He's a dead beat [*See* **C'est un *paresseux***]

Je ne peux rien y *faire*! *ou* J'ai les mains liées!:

My hands are tied!

Il faut le *faire*! *[admiratif]* *ou* C'est tout un exploit! *[admiratif]* *ou* Ça, c'est quelque chose!:

It takes some doing!

Qu'est-ce que ça peut *faire*?:

What the heck! [*See* {Qc} ***Pis*?**]

Qu'est-ce que ça peut te *faire*?:

What's it to you?

Qu'est-ce que tu veux que ça me *fasse*?

What the heck do I care! [*See* **Je m'en *fiche!***]

Tu es *fait*! *ou* Ton heure est venue!:

Your number's up! [*See* **Les *carottes* sont cuites!**]

Tu es *fait*! *ou* Y a pas moyen d'en sortir!:

a) You're cornered! **b)** You have no way out!

{Qc} **Tu es *fait* à l'os! (ou fait comme un rat!):**

It's done for! [See **Tu es *fichu!***]

***Fais* à ton goût! ou Fais comme tu veux!:**

a) Suit yourself! **b)** It's up to you!

Ce n'est pas la peine de t'en *faire* autant:

You're making too much of it

Il n'est pas facile d'en *faire* autant ou Il est difficile de prendre la relève:

It's a tough act to follow

On ne peut pas *faire* autrement ou On ne peut pas y échapper:

There's no getting around it

Je me suis *fait* avoir!:

I was had! [See **Je me suis *fait* prendre!**]

Il s'est *fait* avoir (ou berner) dans cette affaire:

He got screwed on that deal

Il se *fait* tout le temps avoir!:

He's a sucker!

Avec lui je *fais* ce que je veux:

I have him eating out of the palm of my hand [See **Je l'ai dans ma *poche***]

***Fais* ce que tu dois faire!**

a) Do your stuff! **b)** Do your thing!

***Fais* comme chez toi! ou Installe-toi confortablement! ou Où y a de la gêne, y a pas de plaisir!:**

Make yourself at home!

Qu'est-ce que tu *fais* comme travail? ou Qu'est-ce que tu fais dans la vie?:

What do you do for a living?

***Fais* comme tu l'entends! ou *Fais* ça à ton goût!:**

Suit yourself!

Ça les a *fait* connaître ou {Qc} Ça les a mis sur la carte:

It put them on the map

{Qc} **Tu *fais* dur! ou T'as vraiment un drôle de look! ou {Fr} Tu as vraiment une drôle de dégaine!:**

You look a sight! [but **Tu fais *plaisir* à voir** = You're a sight for sore eyes]

Ça ne sert à rien de pleurer sur le passé; ce qui est *fait* est fait!:

It's no use crying over spilt milk; what is done is done!

J'aurai à *faire* face à... ou Je serai confronté à...:

I'll be faced with...

Arrête de t'en *faire* (ou de te ronger les sangs) face à ce problème:

Stop worrying over this problem

***Faire* face à la musique:**

To face the music

Il lui *fait* faire ce qu'il veut:

He got her (or him) under his thumb [See **Il la (ou le) *mène* par le bout du nez**]

Je vais te payer quand j'aurai *fait* fortune!:

I'll pay you when my ship comes in!

Je me suis *fait* jouer (ou *fait* avoir) dans cette affaire:

I got a dirty deal

***Faire* la cour ou Flirter ou {Qc} Cruiser ou {Fr} Draguer:**

a) To cruise **b)** To flirt **c)** To be on the prowl

***Faire* l'amour:**

a) To make love **b)** To have sex **c)** To make whoopie [See ***Baiser*** *(vulg.)*]

Nous avons *fait* la noce! ou {Fr} Nous avons bamboché!:

We had a wild time!

Maintenant, *fais* (ou faites) le reste!:

Now, take it from there!

***Fais*-le! ou Vas-y! ou T'as le feu vert! ou Fonce!:**

a) Go ahead! **b)** Go for it! **c)** Snap to it!

***Faisons*-le! ou Commençons!:**

Let's get the show on the road! [See ***Allons*-y!**]

Ne *fais* pas ça pour moi:

Don't do it on my account

Je dois *faire* le plein *[d'essence]*:

I have to gas up

Ça me *fait* mal de le voir boire:

It kills me to see him drinking [*See* {*Qc*} **Ça me fait *mourir* de le voir boire**]

Ne t'en *fais* pas! *ou* **Laisse faire!:**

a) Never mind! **b)** Don't worry!

Je ne *fais* pas l'affaire!:

That leaves me out!

N'en *fais* pas plus! *ou* **Restons-en là!** *[dans le sens de «Acceptons le projet tel qu'il est, même s'il n'est pas parfait»]*:

Let it go at that!

Elle ne *fait* pas sa part de travail au bureau:

She doesn't pull her own weight at the office

N'en *fais* pas trop!:

Don't go too far! [*See* **N'*abuse* pas!**]

{*Qc*} ***Fais*-en pas trop!** *[des gentillesses]*:

Don't kill me with kindness! [*but* **Ne m'*étouffe* pas** *[figuré]* = Don't smother me!]

Il a tout *fait* pour...:

He went all out to...

Il n'est pas *fait* pour être... *[un meneur ou...]*:

He's not fit to be... *[a leader or...]* [*See* **Il n'a pas les *capacités* pour...**]

Il s'en *fait* pour un rien!:

He's a worrywart!

Je me suis *fait* prendre! *ou* **Je me suis fait embarquer dans une galère!** *ou* {*Fr*} **Je me suis laissé embringuer!** *ou* **Je me suis fait avoir (*ou* embobiner)!:**

a) I got taken! **b)** I got roped in! **c)** I got sucked into it!

Ça ne me *fait* rien!:

It's no skin off my nose! [*See* **Je m'en *fiche!***]

***Faire* signe que oui:**

To nod in agreement [*but* **Faire signe que non** = To shake your head]

Va donc *faire* un tour! *ou* **Va-t-en!** *ou* **Ôte-toi de mes jambes!:**

Go take a hike!

***Fais* vite!**

Make it short and sweet!

Va te *faire* voir!:

Go lay a brass egg! [*See* {*Qc*} ***Achale*-moi pas!**]

En *fait*, tu peux venir avec moi:

As a matter of fact, you can come with me

Ce sont des opinions toutes *faites*!:

These are cut and dried opinions!

Falloir – faut

Enfin un jour de congé! Exactement ce qu'il me *faut*!:

Finally a day off! Just what the doctor ordered!

Il s'en est *fallu* de peu! *ou* **Il s'en est fallu d'un cheveu!:**

I missed that by the skin of my teeth! [*See* **Je l'ai *échappé* belle!**]

C'est (*ou* Ce n'est) pas *fameux*! *ou* **Ça ne vaut pas grand chose!:**

It's no prize package!

La *familiarité* engendre le mépris:

Familiarity breeds contempt

Famille *ou* **Entourage** *ou* **Parenté:**

Folks [*but only* **famille** *ou* **parenté** = relatives]

Raconter (*ou* Faire) une *farce* *ou* {*Fr*} **Raconter des craques (*ou* {*Bel*} des carabistouilles):**

To crack a joke

C'est moi le dindon de la *farce*:

a) The joke's on me! **b)** The laugh's on me!

{*Qc*} **C'est pas des *farces*!** *ou* **Ce n'pas une blague!** *ou* {*Qc*} **C'est ben vrai!:**

It's no joke!

Je fais des *farces*, ce n'est pas vrai! *ou* **Je te raconte des blagues!:**

I'm kidding you!

C'est une *farce* innocente:

It's good clean fun

{*Qc*} **Quelle *farce* plate!:**

What a corny joke!

{*Qc*} **Il fait toujours des *farces* plates!** *ou* **Il fait toujours des remarques désobligeantes!** *ou* {*Qc*} **Il fait toujours de l'esprit de bottine!:**

He's always making wisecracks!

{*Qc*} **Arrête tes *farces* plates et remets-toi au travail:**

Stop fooling (*or* horsing) around and get back to work [*See* **Arrête tes *conneries*** *(vulg.)* **et...**]

{*Fr*} **C'est *fastoche*!:**

It's like taking candy from a baby! [*See* **C'est une *affaire* de rien!**]

{*Fr*} **L'examen était *fastoche*!** *ou* **L'examen était facile comme tout!:**

The exam was a breeze!

{*Qc*} **T'es ben *fatigant*!:**

You're a fussbudget! [*See* **Tu es un *emmerdeur*** *(vulg.)!*]

{*Qc*} **Je suis *fatigué* mort!:**

I'm so tired, I'm going to croak!

Je suis *fauché*! *ou* **Je suis à sec!:**

I'm flat broke! [*See* **Je n'ai pas un *sou!***]

Il est *fauché* comme les blés!:

He is as poor as a church mouse! [*See* **Il est *pauvre* comme Job!**]

{*Qc*} **Tu *fausses*!** *ou* **Tu chantes faux!:**

You're off key!

***Faut*:**

[*See* ***Falloir***]

***Faute* avouée est à moitié pardonnée:**

A confession is worth a pardon

Il passe son temps dans son *fauteuil* *ou* **Il est toujours avachi devant la télé:**

He's a couch potato

C'est un vrai <u>*fauteur* de troubles</u> (*ou* **un provocateur):**

He's bad news!

C'est du *faux*! *ou* **C'est de l'imitation!** *ou* **C'est du toc!:**

That's phoney!

{*Fr*} **C'est un *faux-cul*** (*ou* {*Fr*} **un faux-derche):**

He's a cutthroat [*See* **Il nous *joue* dans le dos**]

Ne cherche pas de *faux-fuyants* (*ou* **d'échappatoire):**

Don't try to avoid the issue

C'est un *faux* jeton:

He's a phoney [*See* **C'est un *charlatan***]

Je lui ai fait une *faveur* (*ou* {*Fr*} **une fleur):**

I did her a good turn

S'attendre à une *faveur* *ou* **Espérer une ristourne** (*ou* **un pot-de-vin):**

To expect a kickback

Je <u>serais en *faveur*</u> de l'achat d'une nouvelle voiture:

I'd <u>push for</u> getting a new car

{*Fr*} **C'est une *feignasse*** (*ou* **un feignant):**

He's a dead beat [*See* **C'est un *paresseux***]

Elle est un peu *fêlée*:

She's got a few buttons missing [*See* {*Qc*} **Il lui manque un *bardeau***]

Sa *femme* *ou* **Son épouse:**

a) His little woman **b)** His better half

Je ne suis pas une *femme* facile *[mœurs]***:**

I'm no pushover [*See* **Je ne suis pas *dupe*** *[en général]*]

Tu es une *femmelette*!:

You're a wimp! [*See* **Tu es une *mauviette!***]

Il <u>s'est *fendu*</u> (*ou* {*Fr*} **<u>mis) en quatre</u> pour terminer son travail:**

He <u>bent over backwards</u> trying to finish his work [*See* **Il <u>s'est *échiné* à</u> terminer...**]

{*Qc*} **Il *fend* une cenne en quatre:**

He's a penny pincher [*See* **C'est un *grippe-sou***]

J'y ai cru dur comme *fer*:

I was absolutely convinced of it

Tu as trop de *fers* au feu en même temps:

You have too many irons in the fire [*See* **Tu cours trop de *lièvres* à la fois**]

J'aurais dû la *fermer*! *ou* **J'aurais dû me taire!:**

I should have kept my big mouth shut!

***Ferme*-la!:**

Shut up! [*See* **Tiens ta *langue!***]

***Fermer* les yeux sur...:**

To look the other way on...

Je n'ai pas *fermé* l'œil de la nuit *ou* **Je n'ai pas dormi de la nuit:**

I didn't sleep a wink last night

L'entreprise <u>a *fermé* ses portes</u> *ou* {*Qc*} **L'entreprise <u>a mis la clé dans la porte</u>:**

The business <u>folded up</u>

{*Qc*} **Il se l'est *fermée* sur ce sujet** *ou* **Il a refusé de discuter de cette affaire:**

He clammed up on this subject

{*Fr*} **Je n'ai que de la *ferraille*!:**

All I have is chicken feed [*See* **Je n'ai que de la menue *monnaie***]

{*Fr*} **Elle ne se remue pas les *fesses* pour aider:**

She doesn't lift a finger to help [*See* **Pas moyen de lui faire donner un *coup* de main**]

Donner une bonne *fessée* à un enfant *[pour le corriger]*:

To give a child a good spanking

Organiser une *fête* (*ou* {*Qc*} **un party,** {*Fr*} **une boum):**

To make (or To have, To throw) a party

On a fait une *fête* à tout casser!:

We had a bash! [*See* {*Qc*} **On a eu tout un *party!***]

Être pris entre deux *feux* *ou* {*Fr*} **Avoir le cul entre deux chaises** *ou* {*Qc*} **Être assis entre deux chaises:**

a) To be between hell and high water **b)** To be between the devil and the deep blue sea **c)** To be caught in the crossfire

C'est ça qui a mis le *feu* aux poudres *ou* **C'est ce qui a tout déclenché:**

That's what sparked off the incident

{*Fr*} **Ça a marché du *feu* de Dieu!:**

It went over big! [*See* **Ça a fait un *tabac!***]

Il a le *feu* sacré *ou* **Il prend cela à cœur:**

He takes it to heart

Être tout *feu* tout flamme:

To be gung ho

T'as le *feu* vert! *ou* **Fais-le!** *ou* **Vas-y!** *ou* **Fonce!:**

a) Go ahead! **b)** Go for it! **c)** Snap to it!

Donne-lui le *feu* vert!:

Give him the go ahead!

J'ai seulement *feuilleté* le livre:

I just flipped through the book

Cette pièce a été <u>un *fiasco*</u> *ou* {*Fr*} **Cette pièce a fait <u>un bide</u>** (*ou* {*Fr*} **<u>un four</u>**)**:**

This play was <u>a flop</u>

Il connaît les *ficelles* *ou* **Il est au courant** *ou* **Il connaît la musique** *[figuré]*:

He knows the ropes (*or* the score)

Il va tirer quelques *ficelles*:

He will pull a few strings [*See* **Il va user de son *influence***]

Je m'en *fiche*! *ou* **Je m'en moque** (*ou* **m'en fous) comme de ma première chemise!** *ou* **Je m'en fous comme de l'an 40!** *ou* **Je m'en balance!** *ou* **Qu'est-ce que tu veux que ça me fasse?** *ou* **Ça ne me fait ni chaud ni froid!** *ou* {*Fr*} **Je m'en bats l'œil!** *ou* **Je m'en tape!** *ou* **J'en ai rien à secouer** (*ou* **à foutre)!** *ou* **Je m'en moque éperdument!** *ou* **Ça ne me dérange pas du tout!** *ou* **Ça ne me fait rien!** *ou* {*Qc*} **Ça ne me fait pas un pli sur la différence!** *ou* **Peu importe!** *ou* **Ça ne m'intéresse pas!:**

a) I don't give a hill of beans! **b)** I don't give a damn! **c)** I don't give a darn! **d)** I don't care! **e)** I don't give a hang! **f)** What the heck do I care! **g)** I couldn't care less! **h)** It's no skin off my back! **i)** It's no skin off my nose! **j)** It doesn't matter to me! **k)** I don't give a hoot!

***Fichons* le camp!:**

Let's beat it! [*See* ***Disparaissons!***]

***Fiche*-moi la paix! (*ou* Fous-moi la paix!):**

Get off my back! [*See* {*Qc*} ***Achale*-moi pas!**]

Ça *fiche* tout par terre (*ou* fiche tout en l'air):

It goofs everything up! [*See* **Ça *fout* tout par terre!** *(familier)*]

C'est *fichu* (*ou* foutu)! *ou* C'est tombé à l'eau!:

a) It's up the chute! **b)** It's down the drain!

Tu es *fichu*! *ou* Tu es fait comme un rat (*ou* {*Qc*} fait à l'os!) *ou* {*Qc*} Ton chien est mort!:

You're done for!

Elle est *fière* comme un paon (*ou* comme un pape, {*Fr*} comme Artaban):

She's proud as a peacock

Ne te *fie* pas à ce qu'il dit *ou* Ne prête pas foi à ce qu'il dit:

Don't put any stock in what he says

Il a fait bonne *figure* *ou* Il s'est montré sous son meilleur jour *ou* Il a fait bonne impression:

a) He put up a good front **b)** He put his best foot forward

Sa vie ne tient qu'à un *fil*:

He's holding on by a thread

Ils ont *filé* à l'anglaise!:

a) They ran off (*or* ran away)! **b)** They slipped away! **c)** They left without leaving a trace!

Depuis qu'on s'est parlé, <u>il *file* doux</u> *[dans le sens qu'il n'essaie pas d'attirer l'attention]*:

Since we talked, <u>he keeps a low profile</u>

Elle l'a laissé *filer* (*ou* glisser) entre ses doigts:

She let it slip through her fingers

C'est une *fille* de la ville!:

She's a city slicker!

Un *film* mis à l'index *ou* Un film porno *ou* Un film de cul *(vulg.)* *ou* Un film pour adultes:

An X-rated movie

C'est un *filou* (*ou* un arnaqueur, un profiteur):

He's a chiseler

C'est bien le *fils* de son père:

He's a chip off the old block [*See* **C'est le *portrait* tout craché de son père**]

Elle a lutté (*ou* persévéré) <u>jusqu'à la *fin*</u> (*ou* <u>jusqu'à son dernier souffle</u>):

She fought <u>till the bitter end</u>

J'ai mis *fin* à ça!:

I put the kibosh on that!

Ce n'est pas la *fin* du monde! *ou* Ça pourrait être pire!:

It's not the end of the world!

{*Qc*} C'est un *fin-fin*! *ou* {*Qc*} Il se pense plus fin que les autres! *ou* {*Qc*} C'est un Ti-Jos connaissant! *ou* C'est un je-sais-tout!:

a) He's <u>a smart Alleck</u>! **b)** He's <u>a smarty-pants</u>! **c)** He's <u>a know-it-all</u>!

Jusque dans le *fin* fond:

Right down to the nitty-gritty

La *fin* justifie les moyens:

The end justifies the means

{*Qc*} C'est *final*! *ou* On n'en parle plus! *ou* C'est du passé! *ou* {*Qc*} C'est fini, n-i ni!:

It's over and done with!

***Finalement*, ... *ou* En définitive, ... *ou* Au bout du compte, ...:**

When it comes right down to it, ...

{*Qc*} C'est *finalisé*! *ou* C'est dans la manche (*ou* dans le sac)!:

It's all sewed up!

{*Qc*} Elle est *fine* comme une mouche!:

She's as nice as a pie!

Il m'a tenu un discours <u>à n'en plus *finir*</u>:

He went on and on <u>as if he was never going to stop</u>

{*Qc*} C'est *fini*, n-i ni!:

It's <u>over and done with</u>! [*See* {*Qc*} **C'est *final!***]

***Finissons*-en! *ou* Terminons!:**

a) Let's get it over with! **b)** Let's wrap it up!

***Finis*-le! *ou* Termine ça! *ou* Règle ça!:**

Wrap it up!

J'ai *fini* par gagner *ou* **À la longue, j'ai gagné:**

I won in the long run [*but* **J'ai gagné sur un coup bien risqué** *[aux courses]*! = I won on a long shot *[at the races]*!]

C'est une affaire qui n'en *finit* plus! (*ou* **qui dure depuis bien trop longtemps!**):

It's a long-drawn-out affair!

Il me *fixait* intensément:

He was gawking at me

Une voiture *flambant* neuve *[qui sort de l'usine]*:

A spanking-new (*or* brand-new) car

{*Qc*} **Il était *flambant* nu** *ou* **Il était nu comme un ver:**

a) He was stark naked **b)** He came out without a stitch on

{*Fr*} **Je suis resté comme deux ronds de *flan*!:**

I was flabbergasted! [*See* **J'en étais *stupéfait!***]

On ne faisait que *flâner*!:

a) We were just browsing! **b)** We were just bumming around!

Tout a été *flanqué* par terre *ou* **Tout a été foutu en l'air:**

It got fouled up

***Flatter* un chien:**

To pet a dog [*but* **Donner de petites tapes amicales au chien** = to pat]

{*Fr*} **Je lui ai fait une *fleur*** (*ou* **une faveur**):

I did her a good turn

N'essaie pas de m'envoyer des *fleurs*! *[pour obtenir quelque chose]* *ou* **N'essaye pas de m'amadouer** (*ou* **de me manipuler**)!:

Don't try to butter me up!

Il est dans la *fleur* (*ou* **la force**) **de l'âge:**

a) He's in the prime of life **b)** He's in his prime

Tu as les nerfs à *fleur* de peau!:

You're all on edge!

***Flirter*:**

To be on the prowl [*See* ***Faire* la cour**]

{*Qc*} **Elle *flotte*!:**

She feels on top of the world! [*See* **Elle *nage* dans le bonheur!**]

{*Qc*} **Il est *flyé*!** *ou* **Il est timbré!:**

He's off-the-wall!

Elle est un peu *fofolle*:

She's a ding-a-ling

En toute bonne *foi*, ... *ou* **Vraiment, ...:**

Honest-to-God, ...

{*Fr*} **Elle a eu les *foies*:**

She was scared out of her wits! [*See* **Elle a eu une *peur* bleue!**]

Ça a *foiré* (*vulg.*)**!** *ou* **Ça a échoué lamentablement!:**

It went down like a lead balloon!

Il était une *fois*...:

Once upon a time...

Ce sera pour une autre *fois*:

We'll take a rain check on it [*See* **Ce n'est que *partie* remise**]

Je l'ai vu des centaines de *fois* *[dans le sens de «vraiment beaucoup de fois»]*! *ou* **Je l'ai vu pour la énième fois!** *ou* **Je l'ai vu tant et plus!** *ou* **Je l'ai vu maintes et maintes fois!:**

I saw it umpteen times!

Elle l'a fait une *fois* de trop!:

She did it once too often!

Une *fois* n'est pas coutume!:

a) Once in a while does no harm! **b)** Just once will not hurt!

Une bonne *fois* pour toutes, ...:

Once and for all, ...

Chaque *fois* *[sans exception]* **que...:**

Every single time that...

La prochaine *fois* sera la bonne! *ou* {*Qc*} **Meilleure chance la prochaine fois!:**

Better luck next time!

Une *fois* suffit!:

Once is enough!

J'ai fait une *folie*; j'ai acheté une nouvelle robe (*ou* voiture):

I splurged and bought a new dress (*or* car)

***Fonce*! *ou* T'as le feu vert! *ou* Fais-le! *ou* Vas-y!:**

a) Go ahead! **b)** Go for it! **c)** Snap to it!

***Foncer* dans le tas:**

To charge in

C'est une *fonceuse*!:

She's a go-getter!

Tu as un horaire de *fonctionnaire*:

You have banker's hours

Il connaît ça comme le *fond* de sa poche:

He knows it in and out

{Qc} **C'est grand comme le *fond* de ma poche (*ou* {Qc} comme ma gueule *(assez grossier)*, comme un mouchoir de poche):**

It's just a hole-in-the-wall

***Fondre* en larmes:**

To burst out crying

J'ai poussé de toutes mes *forces*!:

I pushed with all my might!

Il est dans la *force* (*ou* la fleur) de l'âge:

a) He's in the prime of life **b)** He's in his prime

Il a été *forcé* d'accepter *[un désagrément]* *ou* Il a dû accepter contre son gré:

It has been rammed down his throat

Ne me *force* pas la main! *ou* {Qc} Tords-moi (*ou* Ne me tords) pas le bras!:

Don't twist my arm!

Nous avons *forcé* la note hier soir *ou* Nous avons fait quelques abus hier soir:

We overdid it last night

C'est en forgeant qu'on devient *forgeron*:

Practice makes perfect

Ils lui donnent une *formation* sur le tas *ou* Il apprend en travaillant:

They give him an on-the-job training

Être en *forme*:

To be in shape

Je me sens en pleine *forme*!:

a) I feel like a million! **b)** I feel great!

Je suis en pleine *forme*:

I'm in great shape [*but the opposite* **Je ne suis pas dans mon *assiette*** = I feel lousy]

Ça commence à prendre *forme*!:

It's shaping up! [*See* **Ça commence à prendre *tournure!***]

Il est en grande *forme*!:

He's fine and dandy! [*See* **Il a bon *pied* bon œil!**]

C'est *formidable!*:

It's out of this world!

Ça c'est *fort* (*ou* {Fr} fortiche)! *[admiratif]*:

That's something!

Il travaille très *fort*:

He works like mad [*See* **Il travaille comme un *fou***]

{Qc} **C'est-tu assez *fort*! *ou* Peux-tu faire mieux? *ou* Peux-tu faire plus? *ou* {Qc} Ça se peut-tu! *[incrédulité]* [expressions fautives à titre indicatif seulement]:**

Can you beat that?

Elle est plutôt *forte* [taille]:

She's quite pudgy [*See* **Elle est plutôt {Qc} *grassette***]

Il est *fort* comme un bœuf (*ou* {Fr} comme un Turc)!:

He's strong as a horse!

Les *forts* *[personnes fortes]* ne se laissent pas abattre:

When the going's rough, the tough get going

Il faut faire contre mauvaise *fortune* bon cœur!:

a) We have to grin and bear it! **b)** You have to make the best of it!

Reste dîner avec nous, ce sera à la *fortune* du pot:

Stay for dinner; we're having potluck [*See* **Reste dîner avec nous, ce sera à la bonne *franquette***]

{Qc} **Il a pris le *fossé*** *ou* **Il est rentré dans le décor** *[dans un accident d'auto]*:

He took the ditch [*See* also **On a *parlé* de lui à la fin de la conversation**]

Il est *fou*! *[sens propre] ou* **Il est cinglé!** *[sens propre] ou* {Fr} **Il est chtarbé** (*ou* {Fr} **chtarpé, taré,** {Fr} **givré**):

a) He's bananas! **b)** He's crazy! **c)** He's cuckoo! **d)** He's got rocks in his head!

Il est *fou*! *[sens propre ou gentil]*:

a) He's wacko! **b)** He's wacky! **c)** He's a weirdo!

Tu es *fou*! *[gentil] ou* **Tu es cinglé!** *[gentil] ou* {Fr} **T'es trop!**:

You're off your rocker!

Il est complètement *fou*! *[sens propre]*:

He's just plain nuts!

Tu es donc bien *fou*! *[gentil]*:

You're a nut!

Il me rend *fou*!:

He drives me up the wall! [*See* **Il me fait *sortir* de mes gonds!**]

Il est *devenu* fou! *[sens propre]*:

He went off the deep end! [*See* **Il est *sorti* de ses gonds!**]

Tu es *fou*! *[compliment]*:

a) You're full of beans! *[nice]* **b)** You're a hot one! *[nice]*

On s'amuse comme des *fous*!:

We're having fun like a barrel of monkeys!

Il travaille comme un *fou* (*ou* {Qc} **très fort, beaucoup**):

He works like mad [but **Il souffre le *martyre*** = He's suffering like mad]

{Qc} **Il est *fou* comme de la merde** (*ou* **de la marde** *(vulg.)*) *ou* **Il est complètement fou!** *[gentil mais familier]*:

He's nutty as a fruitcake!

Être *fou* de... (*ou* **Raffoler de, Adorer**):

To be nuts about...

Je suis *fou* de joie!:

I'm thrilled to death!

Il était *fou* de rage (*ou* **fou de colère**):

He was stark raving mad

Elle est *folle* d'inquiétude:

a) She's at her wit's end **b)** She's worried sick

Elle est *folle*:

She has a screw-loose [*See* {Qc} **Il lui manque un *bardeau***]

C'est un *fou* du volant!:

He's a hot-rod!

Elle était *folle* furieuse:

a) She was fit to be tied **b)** She was as mad as a wet hen

Plus on est de *fous*, plus on rit!:

The more, the merrier!

Il est trop *fou* pour s'en rendre compte!:

No brain no pain!

Après l'accident, il est devenu *fou* lorsqu'il a appris la mort de sa femme! *[très grande tristesse] ou* **Après l'accident, il a perdu la boule lorsqu'il...**:

After the accident, he went berserk (*or* haywire) when he learned of his wife's death

{Qc} **Il est *fou* sans bon sens!** *[compliment] ou* **Il est complètement fou!**:

He's crazy as a bedbug! *[nice]* [bedbug = **punaise**]

{Qc} **C'est un maudit *fou* s'il pense que...** *[exemple: je vais entrer dans sa combine] ou* **Il est vraiment fou s'il pense que...**:

He's a bloody fool to think that...

Tu *fouettes* trop de chats en même temps:

You have too many irons in the fire [*See* **Tu cours trop de *lièvres* en même temps**]

Il n'y a pas de quoi *fouetter* un chat! *ou* **Il n'y a rien d'extraordinaire!** *ou* **Ça ne vaut pas la peine d'en parler!**:

a) It's nothing to make a fuss about! b) There's nothing to it! c) That's nothing to write home about!

J'ai *fouillé* ma garde-robe de fond en comble *ou* J'ai mis ma garde-robe sens dessus dessous:

I ransacked my closet

C'est une vraie *fouine*! *ou* Il fourre son nez partout! *ou* Il s'occupe des affaires de tout le monde!:

a) He's a real busybody! **b)** He's nosy (*ou* nosey)!

Il *fouinait* partout autour de la maison:

He was pussyfooting around the house

{Fr} **Cette pièce a fait <u>un *four*</u> (*ou* *{Fr}* <u>un bide</u>) *ou* Cette pièce a été <u>un fiasco</u>:**

This play was <u>a flop</u>

Le *fourgon* cellulaire *ou* Le panier à salade:

The paddy wagon

J'avais des *fourmis* dans les jambes (*ou* dans les pieds):

I had pins and needles in my legs

Fourrer *(vulg.)*:

a) To screw (*rude*) **b)** To fuck (*rude*) [*See* ***Baiser*** *(vulg.)*]

Je me suis fait *fourrer* *(grossier)*:

I've been double-crossed [*See* **Je me suis fait *rouler***]

C'est de la *foutaise*! *ou* {Qc} Ça n'a pas de bon sens *ou* {Qc} Ça (n')a pas d'allure *ou* Ça ne veut rien dire!:

a) It's just a lot of baloney (*or* malarkey, crap, bullshit *(rude)*, nonsense) **b)** That's hogwash! **c)** It's for the birds!

***Foutaise*!:**

Stupidity! [*See* ***Conneries!***]

Tout ça, c'est de la *foutaise*!:

That's a lot of hot air! [*See* **Tout ça, c'est du *vent!***]

Foutre – fous – fout – foutu

{Fr} **Je n'en ai rien à *foutre*** *(grossier)*!:

What the heck do I care! [*See* **Je m'en *fiche!***]

{Qc} **Je m'en *fous* (*ou* m'en moque) comme de l'an 40!:**

I don't give a hang! [*See* **Je m'en *fiche!***]

***Fous* le camp!:**

Make yourself scarce! [*See* ***Décampe!***]

***Foutons* (*ou* Fichons) le camp!:**

Let's beat it! [*See* ***Disparaissons!***]

Ça *fout* (*ou* fiche) tout par terre! *ou* Ça fout (*ou* fiche) tout en l'air! *ou* Ça gâte la sauce! *ou* {Qc} Ça vient mêler toutes les cartes!:

a) That screws everything up! **b)** It goofs everything up!

Il est *foutu*!:

He's screwed up!

C'est *foutu*! *ou* C'est fichu! *ou* C'est tombé à l'eau!:

It's up the chute!

Tout a été *foutu* en l'air *ou* Tout a été flanqué par terre:

It got fouled up

Il n'y avait pas une <u>*foutue*</u> (*ou* <u>sacrée</u>, <u>putain de</u> *(vulg.)*) pièce défectueuse sur cette voiture:

There wasn't a <u>blessed</u> thing wrong with that car

{Fr} **Tu es un *foutriquet* ou Tu es insignifiant:**

You're a pipsqueak

C'est *fragile* (*ou* risqué, délicat):

It's touch-and-go

Elle est *fraîche* comme une rose:

She's fresh as a daisy [*See* **Il a bon *pied* bon oeil**]

Vous l'avez appris <u>à vos *frais*</u> (*ou* <u>à vos dépens</u>):

You learned it <u>at your own expense</u>

{Qc} **Fais pas ton *frais* (*ou* ta fraîche)! *ou* {Qc} Fais pas ton jars!** *[garçon]* ***ou*** **Fais pas ta mijaurée!** *[fille]*:

a) Don't be fresh! **b)** Don't be such a wise guy!

J'ai dû faire les *frais* de la conversation *ou* J'ai dû alimenter la conversation sans répit:

I had to keep the conversation going

Prends un verre aux *frais* de la maison (*ou* **de la princesse**)**!**:

Have a drink on the house!

Il est *frais* et dispos!:

He's fit as a fiddle! [*See* **Il a bon *pied* bon oeil!**]

Reste dîner *(ou déjeuner)* **avec nous, ce sera à la bonne *franquette*** (*ou* **en toute simplicité, à la fortune du pot**)**:**

Stay for dinner; we're having potluck

Tu *frappes* (*ou* **Vous frappez**) **à la mauvaise porte!**:

You're barking up the wrong tree!

{Qc} **Tu vas *frapper* un nœud** *ou* **Tu ne sais pas ce qui t'attend:**

You don't know what you're up against

Quand elle a demandé de l'aide, {Qc} **elle a *frappé* un nœud** (*ou* **elle s'est heurtée à un mur**)**:**

She ran into a snag when she tried to get help

Un *fraudeur*:

A con artist

Tu dois ronger ton *frein*:

You must chomp at the bit

On doit mettre un *frein* aux taxes *(ou aux impôts)*:

We have to clamp down on taxes [*See* **Les taxes, on doit y mettre le *holà***]

{Fr} **Le petit *fripon*!** *[gentil]*:

The little rascal [*See* {Qc} **Le petit *tannant!***]

Il est *frisé* comme un mouton!:

He's as curly as a poodle!

Ça *frise* la folie!:

It's just short of insanity! [*See* {Qc} **C'est sur le *bord* de la folie!**]

J'en ai eu des *frissons*:

It gave me the chills [*See* **J'en ai eu la *chair* de poule**]

Elle n'a pas *froid* aux yeux!:

She's a tough egg! [*See* **C'est une *dure* à cuire!**]

Ça me donne *froid* dans le dos *[figuré]*:

a) It sends shivers down my spine **b)** It makes me shiver

Il fait un *froid* de canard (*ou* **froid de loup, froid sibérien**)**!** *ou* {Qc} **Il fait froid comme chez le diable!**:

a) It's freezing cold! **b)** It's colder than a witch's tit! *(rude)*

Elle est *froissée* (*ou* **vexée**)**!**:

She's miffed!

{Qc} **Ça prend du *front*** (*ou* **de l'audace, du cran**)**:**

It takes a lot of guts

Il a eu le *front* de le faire!:

It was nervy! [*See* **Ça prenait du *culot!***]

Il n'a pas eu le *front* de...:

He didn't have the guts to... [*See* **Il n'a pas eu le *courage* de...**]

Qui s'y *frotte* s'y pique! *ou* **Il ne faut pas jouer avec le feu!**:

If you play with fire, you might get burned!

Il m'a fichu une de ces *frousses*!:

He scared the hell out of me! [*See* **Il m'a flanqué une *peur* bleue!**]

Elle a eu la *frousse*!:

She was scared to death! [*See* **Elle a eu une *peur* bleue!**]

{Qc} ***Fuck*!** *(vulg.)*:

a) A four-letter word **b)** Fuck! *[less rude in French than in English but still rude]*

***Fuis* à toutes jambes!**:

Get the hell out of here! [*See* **Prends tes *jambes* à ton cou!**]

Le voleur a pris la *fuite* *ou* **Le voleur a pris la clé des champs** (*ou* **la poudre d'escampette**)**:**

The thief took off

J'ai un *full* *[aux cartes]*:

I have a full house *[in playing cards]*

Elle a *fulminé* (*ou* ragé, tempêté) parce que j'ai pris sa voiture:
She ranted and raved because I took her car

C'est parti en *fumée*:
It all went up in smoke

Il n'y a pas de *fumée* sans feu!:
Where there's smoke, there's fire!

Il *fume* comme une cheminée (*ou* comme {*Qc*} un engin, {*Fr*} un sapeur):
He's a chain-smoker

Il répond aux questions au *fur* et à mesure:
He answers the questions as he goes along

Elle est en *furie* (*ou* {*Fr*} en pétard)!:
She's all bent out of shape!

Je suis *furieux* (*ou* furieuse):
I'm teed off [*See* **Je suis *fâché*(e)**]

Je suis *furieux*! *ou* Je suis très en colère! *ou* Je suis hors de moi!:
a) I'm burned (*or* burnt) up! **b)** I'm good and mad! **c)** I'm hopping mad!

{*Fr*} **Je sers de *fusible* *ou* Il se sert de moi comme (d'un) bouc émissaire:**
He uses me as a scapegoat

À la dernière minute, le professeur a changé son *fusil* d'épaule et a décidé de...:
At the last minute, the teacher changed his mind and decided that...

Il a *gâché* (*ou* bousillé) le travail!:

a) He gummed up the works! **b)** He screwed up the works!

Ne viens)pas *gâcher* ma journée:

Don't rain on my parade! [*See* **Viens pas *assombrir* ma journée**]

Tu *gâches* ta vie! *ou* Tu t'en vas à la dérive!:

You're going to the dogs!

Il a la *gâchette* facile!:

He's trigger-happy!

Donne-moi le *gadget*!:

Give me the do-hickey! [*See* **Donne-moi le *machin*!**]

{*Fr*} **Fais *gaffe*!:**

Don't go too far! [*See* **N'*abuse* pas!**]

J'ai fait une *gaffe*! *ou* J'ai mis les pieds dans les plats (*ou* {*Fr*} le plat)! *ou* {*Fr*} Je me suis emmêlé les pinceaux!:

a) I made a blunder! **b)** I pulled a boner! **c)** I put my foot in it **d)** I put my foot in my mouth

Tu as le don de *gaffer*! *ou* Tu as le don de mettre les pieds dans les plats (*ou* {*Fr*} dans le plat)!:

a) You always put your foot in your mouth!
b) You always put your foot in it!

J'ai mis ma montre <u>en *gage*</u> (*ou* <u>au clou</u>) pour acheter une bicyclette:

I put my watch <u>in hock</u> to buy a bike

{*Qc*} **Je *gagerais* jusqu'à mon dernier dollar (*ou* sou)!:**

I'd bet my bottom dollar! [*See* **J'en mettrais ma *main* au feu!**]

On ne peut pas *gagner* à tous les coups! *ou* On ne peut pas gagner chaque fois!:

You can't win them all!

***Gagner* de l'argent rapidement *[malhonnêtement]* *ou* {*Qc*} Faire un coup d'argent:**

To make a fast buck

Arrête d'essayer de *gagner* du temps! *ou* Arrête de te dérober!:

Stop stalling!

***Gagner* son pain:**

To make a living

Elle *gagne* trois fois rien! *ou* Elle ne gagne à peu près rien! *ou* {*Fr*} Elle gagne des clopinettes!:

She earns next to nothing!

***Gagner* une grosse somme d'argent:**

To make a bundle

Je suis *gai* comme un pinson:

I'm happy as a lark

S'en tirer sans *gains* ni pertes *ou* Rentrer dans son argent (*ou* dans ses fonds):

a) To break even **b)** To come out even

Elle a réalisé un gros *gain* quand...:

She made a clean up when she... [*See* **Elle a fait un gros** {*Qc*} ***coup* d'argent**]

Ces deux-là étaient <u>dans la même *galère*</u> (*ou* <u>même bateau</u>)! (*ou* étaient <u>logés à la même enseigne</u>!):

These two were in the same boat!

Je me suis fait embarquer dans une *galère*:

I got roped in! [*See* **Je me suis *fait* prendre!**]

As-tu apporté *{Fr}* **ta *gamelle*?:**

Did you bring any grub? [*See* **As-tu apporté ton *lunch*?**]

{Fr} **Ramasser une bonne *gamelle*** *[figuré]*:

To fall to pieces [*See* **Se *casser* la figure**]

{Fr} **Ce sont des *gamineries*** (*ou* **des enfantillages):**

It's kids' stuff

Ça me va comme un *gant*! *ou* **Ça me va tout à fait!** *ou* **Ça fait mon affaire!:**

a) It suits me to a tee (*or* T)! **b)** It suits me fine!

{Qc} **Il faut la prendre avec des *gants* blancs** *ou* **Elle n'est pas à prendre avec des pincettes:**

You have to handle her with kid gloves

Un petit *garçon* (*ou* **petit *gars*, petit bonhomme):**

A little shaver *(familiar)*

Tu dois rester sur tes *gardes*!:

You have to be on your toes! [*See* **Tu dois être en *alerte***]

Il faut toujours être sur nos *gardes* avec elle *ou* **Il faut toujours marcher sur des œufs avec elle:**

We're always on pins and needles with her

Je veux le *garder* *ou* **Je le veux pour de bon:**

I want it for keeps

***Garde* ça pour toi!** *ou* **C'est confidentiel!:**

Keep it under your hat!

{Qc} **Il faut se *garder* du temps pour relaxer** (*ou* **se reposer):**

We have to take time out to relax

Essaie de *garder* la tête hors de l'eau *ou* **Essaie de survivre:**

Try to keep your head above water

On devrait *garder* le contact (*ou* **rester en relation)!:**

We should keep in touch!

Voudrais-tu *garder* les enfants pour moi?:

a) Would you mind the kids for me? **b)** Would you babysit my kids?

***Garde* l'œil ouvert pour...:**

Keep your eye peeled for...

***Garder* son sérieux:**

To keep a straight face

C'est un petit *garnement* (*ou* **un petit voyou, une petite peste)** *[amical pour les enfants]*:

a) He's a little stinker *[nice for children]* **b)** He's a little twerp

C'est un bon *gars*! *ou* **C'est un chic type!:**

a) He's a nice guy! **b)** He's a good egg!

Quel *gars* super! *ou* **Quel gars épatant!:**

What a nifty (*or* a swell) guy!

Tu ne dois pas *gaspiller* *ou* *{Qc}* **Tu ne dois pas jeter tes choux gras:**

You must not be wasteful

Ces enfants sont trop *gâtés* (*ou* **pourris, pourris-gâtés):**

These children are spoiled

C'est du *gâteau*!:

It's easy as pie! [*See* **C'est une *affaire* de rien!**]

Ça *gâte* la sauce!:

That screws everything up! [*See* **Ça *fout* tout par terre!**]

Être *gauche*:

To be clumsy [*See* **Être *maladroit***]

Gay *ou* **Tapette** *[irrespectueux]* *ou* **Homosexuel** *ou* **Pédé** *ou* **Tante** *[pour un homme]*:

a) Fag **b)** Faggot **c)** Queer [*but for a woman:* **Homosexuelle** *ou* **Lesbienne** = Lesbian *or* Queer]

Je suis *gêné* de...:

I feel funny about...

Où y a de la *gêne*, y a pas de plaisir! *ou* **Fais comme chez toi!** *ou* **Mets-toi à ton aise!:**

Make yourself at home!

Ne te *gêne* pas pour moi! *ou* Ne t'occupe pas de moi!:

Don't mind me!

{Qc} ***Gêne*-toi pas! (*ou* Ne te gêne pas!):**

a) Feel free! **b)** Be my guest!

***Généralement* parlant, ... *ou* Dans l'ensemble, ...:**

By and large, ...

C'était *génial*!:

It was breathtaking! [*See* **C'était à vous *couper* le souffle!**]

Il est à *genoux* devant elle *ou* Il est à ses pieds:

a) He falls all over her **b)** He worships the ground she walks on

Ce n'est pas mon *genre*:

He's (*or* She's) not my type

Sois *gentil*!:

Have a heart! [*See* **Sois *sympa!***]

Ayez la *gentillesse* (*ou* l'amabilité) de m'aider!:

Be so kind as to help me!

La *gentillesse* ne paie pas toujours:

It doesn't always pay to be nice

J'ai reçu une *giffle*:

I got a slap in the face

Cette fille est une vraie *girouette* *[dans le sens qu'elle change souvent d'idée]*:

She changes her mind like the weather

{Fr} **Il est *givré*:**

He's cuckoo! [*See* **Il est *fou*!** *[sens propre]*]

{Qc} **Un gin sur *glace* (*ou* {Fr} avec des glaçons, de la glace):**

A gin on the rocks

Un morceau de tarte {Fr} avec de la *glace* (*ou* {Qc} avec de la crème glacée):

A piece of pie à la mode

{Qc} **La route était sur la *glace* bleue (*ou* glace vive) *ou* {Fr} La route était verglacée:**

The road was sheer ice

Ça va arriver à la saint-*glinglin*:

Don't hold your breath [*See* **Tu peux toujours *attendre***]

Elle l'a laissé *glisser* (*ou* filer) entre ses doigts:

She let it slip through her fingers

C'était bien *gluant*:

It had a lot of gunk on it

{Fr} **Ce n'est pas de la *gnognotte*:**

It's no small deal [*See* **Ce n'est pas de la petite *bière***]

{Fr} **Un *gnon* (*ou* {Qc} Une bosse, {Fr} Un chtard) *[sur une automobile]*:**

A dent

Il a tout *gobé*:

He fell for it [*See* {Fr} **Il a *marché* à fond la caisse**]

Tu *gobes* (*ou* avales) n'importe quoi! *ou* Tu es tellement crédule!:

You're so gullible!

Tu es {Fr} un *gogo* (*ou* une proie facile, un pigeon)!:

You're a sitting duck!

Il y aura toujours {Fr} des *gogos* (*ou* des naïfs) sur terre:

There's a sucker born every day

{Qc} **Donne-moi le *gogosse*:**

Give me the do-hickey [*See* **Donne-moi le *machin***]

{Fr} **Il est *gonflé* à bloc:**

He's full of vim and vigor [*See* **Il *pète* le feu**]

{Fr} **Il me *gonfle* avec ses problèmes:**

He really bugs me with his problems [*See* **Il m'*emmerde* à la fin avec...** *(grossier)*]

J'avais la *gorge* serrée (*ou* nouée) *ou* {Qc} J'avais un «motton» dans la gorge:

I had a lump in my throat

***Gosh*! *ou* {Qc} Mozus! *[exclamation]*:**

Darn it! [*but*

Damned it *(rude)*! = {*Qc*} **Câlisse**! *(grossier)*
= {*Qc*} **Sacrament**! *(gross.)*
= {*Qc*} **Tabarnack**! *(gross.)*
= {*Fr*} **Bordel de merde**! *(gross.)*]
= {*Qc*} **Bordel de Dieu**! *(gross.)*]

Ce n'est pas à mon *goût*!:

It's not my cup of tea!

{*Qc*} **J'ai le *goût* (*ou* J'ai envie) de danser:**

I feel like dancing

Ça a un *goût* de revenez-y!:

It tastes like seconds!

Être au *goût* du jour *ou* Être à la page:

To be up to date

Tous les *goûts* sont dans la nature:

It takes all kinds to make a world

C'est une *goutte* d'eau dans l'océan!:

It's a drop in the bucket!

C'est la *goutte* qui a fait déborder le vase!:

That was the last straw!

Pour ta *gouverne* (*ou* ton information), je ne suis pas allé là-bas:

For your information, I didn't go there

Ça va faire du *grabuge*!:

It's going to get nasty! [*See* **Ça va mal *tourner!***]

Elle a fait du *grabuge* (*ou* une scène, un scandale) à cause de la facture:

She made a big stink (*or* a big fuss) about the bill

De *grâce*! *ou* Par pitié!:

For pity's sake!

{*Fr*} **J'en ai pris pour mon *grade*!:**

He raked me over the coals! [*See* **Il m'a passé un *savon*** [*figuré*]]

Laisse-moi mettre mon *grain* de sel *ou* Laisse-moi donner mon opinion *ou* Laisse-moi dire ce que j'ai à dire:

a) Let me put in my nickel's worth **b)** Let me put my two cents worth

{*Qc*} **N'ajoute pas (*ou* N'y mets pas) ton *grain* de sel!:**

Don't put your two cents in!

{*Qc*} **Il a pris ça avec un *grain* de sel! *ou* Il a pris ça en riant! *ou* Il n'a pas pris ça au pied de la lettre!:**

a) He laughed it off! **b)** He took it with a grain of salt!

{*Qc*} **Il a fait ça en *grand*! *ou* Il y a mis le paquet!:**

a) He did the whole bit! **b)** He pulled out all the stops!

Il est trop *gras*:

He's overweight [*See* **Il est *obèse***]

Elle est plutôt {*Qc*} *grassette* (*ou* ronde, grassouillette, rondelette, enveloppée, forte, {*Fr*} prospère):

She's quite pudgy

Cet enfant est *grassouillet* (*ou* enrobé, bien en chair) et {*Qc*} bien pris:

This child is chubby and well built

C'est *gratuit*! *ou* {*Fr*} C'est gratos!:

It's on the house!

C'est (*ou* Ce n'est) pas grave!:

a) It's no big deal! **b)** There's nothing to it!

Tu vas le faire de *gré* ou de force! *ou* Tu vas le faire, que ça te plaise ou non!:

You'll do it whether you like it or not!

Il a échappé aux *griffes* de la mort:

He was close to death

{*Qc*} **Il me fait *grimper* dans les rideaux!:**

He drives me up the wall! [*See* **Il me fait *sortir* de mes gonds!**]

Quel *grincheux* (*ou* {*Fr*} ronchonneur, grognon)!:

What a sourpuss!

C'est un vieux *grincheux*!:

He's an old buzzard [*See* {*Qc*} **C'est un vieux *chiâleux!***]

C'est un *grippe-sou* (*ou* **un avare, un radin,** {*Fr*} **un rapiat,** {*Qc*} **un séraphin)** *ou* {*Qc*} **Il fend une cenne en quatre:**

a) He's a penny pincher **b)** He's a tightwad **c)** He's a cheap-skate

Elle est tellement *grognon*!:

She's so cranky! [*See* {*Qc*} **Elle est tellement *marabout!***]

Il faut que je me *grouille* *ou* {*Qc*} **Il faut que j'embraye** *ou* {*Fr*} **Il faut que je me magne:**

I've got to get cracking

***Grouille*-toi!:**

Get a move on! [*See* ***Dépêche*-toi!**]

À la *guerre* comme à la guerre!:

That's the way it goes! [*See* **C'est la *vie!***]

C'est un *gueulard* *ou* **C'est une grande gueule:**

a) He's a big mouth **b)** He's a loud-mouth **c)** He's a real blabber-mouth

Ta *gueule*! *(grossier)***:**

Shut your mouth! [*See* **Tiens ta *langue!***]

J'en ai pris plein la *gueule*!:

He jumped down my throat! [*See* **Il m'a passé un *savon*** *[figuré]*]

J'espère qu'il ne va pas <u>se casser la *gueule*</u>!:

a) I hope he won't <u>hit a brick wall!</u> **b)** I hope he won't <u>fall on his ass</u>! *(rude)*

Il s'est mis à lui casser la *gueule*:

He hauled off and hit him [*See* **Il s'est mis à le *tabasser***]

{*Fr*} **C'est bien fait pour sa *gueule*** *(grossier)* (*ou* **ses pieds)!:**

He asked for it! [*See* **Il a *couru* après!**]

C'est grand comme ma *gueule* *(assez grossier)***:**

It's just a hole-in-the-wall [*See* {*Qc*} **C'est grand comme le *fond* de ma poche**]

Il a la *gueule* de bois *ou* **Il a mal aux cheveux** *ou* {*Qc*} **C'est le lendemain de la veille:**

a) He has a hangover **b)** He feels like the morning after the night before

Ne *gueule* donc pas pour rien! *ou* **N'en mets donc pas trop!** *[pour se vanter comme pour se plaindre]***:**

Don't shoot your mouth off!

{*Qc*} **Donne-moi le *gu-gus*** (*ou* **la gogosse):**

Give me the gizmo [*See* **Donne-moi le *machin***]

Je vais aller au *guichet* automatique (*ou* {*Fr*} **au distributeur automatique,** {*Fr*} **à la tirette):**

I'll go to the Automatic Teller

Il tient fermement les {*Qc*} ***guidons*** (*ou* **les rênes, la barre) de son entreprise:**

He runs a tight ship [*See* **Il *contrôle* bien son affaire**]

{*Fr*} **Courir le *guilledou*:**

To chase around [*See* ***Courir* les filles**]

Laisse-moi agir à ma *guise* *ou* **Laisse-moi faire comme je l'entends:**

Don't cramp my style

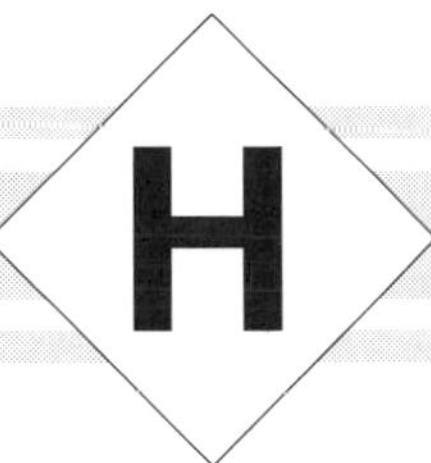

Il est extraordinairement *habile* (*ou* adroit):

He's something

Tu es mal *habillé*:

You're sloppy [*See* **Tu es *débraillé***]

L'*habit* ne fait pas le moine!:

Looks are deceiving! [*See* **Les *apparences* sont trompeuses!**]

***Habitent*-ils sous le même toit? *ou* Cohabitent-ils? *ou* Vivent-ils ensemble?:**

a) Do they shack up together? *(familiar)* **b)** Do they live together?

Il est retombé dans ses mauvaises *habitudes*:

He's up to his old tricks again

J'ai l'*habitude* de...:

I'm in the habit of...

L'*habitué* d'un bar *ou* {*Fr*} Un pilier de comptoir:

A barfly

{*Fr*} Il tombe des *hallebardes*:

It's coming down in buckets [*See* **Il *pleut* à boire debout**]

{Qc} Y a pas de *hasard*! *ou* Le hasard n'existe pas!:

a) It didn't happen just like that; everything has a reason! **b)** It didn't happen by chance (*or* by luck, by accident)!

Je dis ça au *hasard*! *ou* Je dis ça au pif!:

I say that but it's a shot in the dark!

Comme par *hasard*, tu étais malade!:

You just happened to be sick!

Si, par *hasard*, tu la rencontres, ...:

a) If by chance you meet her, ... **b)** If you run into her, ...

Il est *haut* comme trois pommes!:

He's knee-high to a grasshopper!

Les *hauts* et les bas de la vie:

Life's ups and downs

Il est *hautain*! *ou* Il est prétentieux!:

a) He's highfaluting! **b)** He's a high-hat! **c)** He's a stuffed shirt! **d)** He's hoity-toity!

Elle est *hautaine*:

She's too prissy

Il n'est pas à la *hauteur*!:

He doesn't measure up!

Être à la *hauteur* de la situation:

To be on the ball

Je me sens <u>à la *hauteur*</u> pour les rencontrer! *ou* Je me sens <u>d'attaque</u> pour...!:

I feel <u>up to</u> meeting them!

L'*herbe* est toujours plus verte sur le terrain du voisin *ou* C'est toujours plus beau chez le voisin:

The grass is always greener on the other side of the fence

Il *hésite* (*ou* {Qc} Il branle) dans le manche:

a) He's sitting on the fence **b)** His position is shaky

À chacun son *heure* de gloire! *ou* Tout vient à point à qui sait attendre!:

a) Every dog has its day! **b)** All comes to he who waits!

C'était à l'*heure* de pointe:

It was at rush hour

Ton *heure* est venue!:

It's all over! [*See* **Les *carottes* sont cuites!**]

Donne-moi l'*heure* juste! *ou* **Dis-moi la vérité!:**

Tell me the truth!

Elle n'a pas l'*heure* juste:

She's wrong [*See* **Elle est dans l'*erreur***]

Il est *heureux* comme ça (ne) se peut pas! *ou* **Il est heureux comme un poisson dans l'eau!:**

a) He's happy as a bedbug! **b)** He's happy as a pig in shit! *(rude)*

C'est extrêmement *hilarant* (*ou* **drôle)!:**

It's too funny for words!

Tu t'es laissé embarquer dans une sale *histoire* (*ou* **sale affaire):**

You got involved in a nasty deal

Ne fais donc pas tant d'*histoires* (*ou* **d'embarras, de manières)!:**

Don't make such a fuss!

Il m'a conté toute une *histoire*:

He gave me quite a line [*See* **Il m'a raconté des *salades***]

C'est toujours la même *histoire* (*ou* **chanson, refrain, ritournelle, rengaine):**

It's the same old story

Ça, c'est une autre *histoire*!:

It's a different story! [*See* **Ça, c'est un autre *son* de cloche**]

C'est une vieille *histoire*!:

It's a thing of the past!

C'est une *histoire* à dormir debout! *ou* **Son histoire ne tient pas debout!** *ou* **Son histoire ne rime à rien!:**

a) It's a cock-and-bull story! **b)** Her story doesn't hold water! **c)** Her story doesn't make sense! **d)** His story makes no sense!

C'est une *histoire* à faire dresser les cheveux sur la tête:

a) It's a hair-raising story **b)** It's enough to make your hair stand on end

C'est juste une *histoire* comme tant d'autres! *ou* **Ce sont des choses qui arrivent!:**

a) It's just one of those things! **b)** These things happen!

C'est une *histoire* de (ma) grand-mère:

It's an old wives' tale

Son *histoire* *[à dormir debout]* **ne tiendra pas** *[figuré]***:**

Her story won't wash

Les taxes, on doit y mettre le *holà* *ou* **On doit mettre un frein aux taxes** *ou* **On doit mettre la pédale douce sur les taxes:**

We have to clamp down on taxes

C'est un *homme* à femmes:

He's got hot pants [*See* **C'est un chaud *lapin***]

C'est un *homme* à tout faire:

a) He's a jack-of-all-trades **b)** He's very handy around the house

Un *homme* averti en vaut deux!:

Forewarned is forearmed!

C'est un *homme* dévoué à la compagnie:

He's a company man

Homosexuel (le):

Queer [*See* ***Gay***]

Ce n'est pas *honnêt*:

It's not on the up and up

Il n'est pas *honnête* *ou* **Il fait des coups par derrière** (*ou* **par en dessous):**

He plays dirty

Sois *honnête* avec moi!:

a) Give me a fair shake! **b)** Give me a fair deal!

Je veux être *honnête* avec toi *ou* **Je veux être clair avec toi:**

a) I want to be on the level with you **b)** I want to level with you

En toute *honnêteté*... *ou* **En mon âme et conscience...:**

a) To be honest with you... **b)** In all honesty...

À vous l'*honneur*! *ou* **Après vous!** *ou* **Après toi!:**

After you!

Tu n'as pas *honte*?:

Shame on you!

C'est une *honte* qu'il l'ait abandonnée:

It's a crying shame he left her

***Hop* là!** *ou* **Hop!:**

Oops-a-daisy!

Tu as un *horaire* de fonctionnaire:

You have bankers hours

{Qc} **Il travaille sur des *horaires* rotatifs** *ou* *{Qc}* **Il travaille sur les shifts** *ou* *{Fr}* **Il travaille en horaire décalé** *ou* *{Fr}* **Il fait les trois-huit:**

He works on a swing shift

Elle m'*horripile*! *ou* **Elle m'exaspère!:**

She galls me!

Mon photocopieur est *hors* d'usage (*ou* *{Fr}* **est nase):**

My copy machine is out of commission

Je suis *hors* de moi!:

I'm hopping mad! [*See* **Je suis *furieux!***]

J'étais *hors* de moi, je ne savais plus que faire de ma fille *ou* **J'étais dans tous mes états, je...:**

I was beside myself with my daughter; I didn't know what to do

{Fr} **Elle essaie de mettre de l'*huile* dans les rouages:**

She tries to smooth it over [*See* **Elle essaie d'*arrondir* les coins**]

Il est fermé comme une *huître*! *ou* **Il est difficile à cerner!:**

He's a tough nut to crack!

Je suis de bonne *humeur* *ou* **Je me sens bien** *ou* **Je suis dans de bonnes dispositions:**

a) I'm in a good frame of mind **b)** I'm in a good mood!

Il est d'une *humeur* de chien! *ou* *{Qc}* **Il a l'air bête!:**

He has a face like a bulldog!

Mon patron est d'*humeur* égale *ou* **Mon patron n'a jamais une parole plus haute que l'autre (***ou* **un mot plus haut que...):**

a) My boss is soft-spoken **b)** My boss is even tempered

Elle est d'une *humeur* tellement exécrable!:

She's so grouchy! [*See* *{Qc}* **Elle est tellement *marabout!***]

C'est un *hypocrite* *ou* **C'est un visage à deux faces** *ou* *{Fr}* **C'est un tartufe (***ou* **tartuffe):**

He's two-faced

I

A-t-on *idée*!:

Can you imagine that!

Il faut que tu te fasses une *idée*:

You can't eat your cake and have it [*See* **Il faut que tu te *branches***]

Fais-toi (*ou* Ne te fais) pas d'*idées*:

Don't get any ideas

{Qc} **Ça m'est parti de l'*idée*! *ou* Ça m'est sorti de la tête (*ou* de l'esprit)!:**

It slipped my mind!

Je n'en ai pas la moindre *idée*! *ou* Je n'en sais absolument (*ou* fichtrement) rien!:

a) I don't have a clue! **b)** I don't have the faintest idea! **c)** I don't have the foggiest! **d)** I don't have the slightest idea! **e)** I don't have an inkling!

Une *idée* de génie *ou* Une idée du tonnerre:

A brainstorm

Il a une *idée* derrière la tête

He has ulterior motives

Il n'a qu'une *idée* en tête *ou* Il a une idée fixe *ou* Il ne pense qu'à ça:

He has a one-track mind

Il s'est lentement fait à l'*idée* que... *ou* Il s'est lentement accoutumé à...:

He gradually got used to...

Il ne m'est jamais venu à l'*idée* que... *ou* Je n'ai jamais pensé que...:

It never occurred to me that...

Quel *idiot*!:

What a yoyo (*or* bone head, dope, dopey)!

Il n'est pas *idiot*:

He's no dumbbell [*See* **Il n'est pas *bête***]

Ce chanteur est l'*idole* (*ou* la coqueluche) de toutes les femmes:

a) This singer is the idol of all women
b) This singer is God's gift to women

Il se fait toujours des *illusions*:

He's always pipe dreaming

Elle est l'*image* même de la santé:

She's the picture of health

Une *image* vaut mille mots!:

A picture is worth a thousand words!

Elle a tout ce qu'on peut *imaginer*!:

She has everything under the sun!

Tu t'*imagines* des choses!:

You're seeing things!

Ne me prends pas pour un *imbécile* (*ou* un crétin)!:

Don't take me for a fool!

C'est de l'*imitation*! *ou* C'est du toc! *ou* C'est du faux!:

That's phoney!

C'est *imminent*! *ou* C'est sur le point de se produire!:

It's just around the corner!

C'est *impeccable*!:

a) It's in shipshape! **b)** It's topnotch!

C'est *impensable* d'aller là-bas:

It's unheard of to go there

***Implique*-toi! *ou* Embarque! *ou* Vois-y!:**

Get with it!

Ça n'a pas d'*importance*!:

Fiddlesticks!

Tu n'as aucune *importance ou* Tu n'es qu'un numéro:

You're just a number!

Ce n'est pas *important*!:

It makes no leave-of-mind!

Il est très *important* *[dans l'entreprise]*!:

He carries a lot of weight! [*See* **Il a beaucoup d'*influence!***]

Il joue à «l'*important*»! *ou* {Qc} Il fait son grand jars! *ou* Il se prend pour qui celui-là? *ou* Il est snob! *ou* {Qc} C'est une tête enflée! *ou* {Fr} Il a les chevilles qui enflent!:

a) He goes big time! **b)** He thinks he's a big wheel! **c)** He's a big deal! **d)** He's a stuffed shirt! **e)** He thinks he's something! **f)** He's a highbrow! **g)** He's a snob!

Tu l'as fait <u>n'*importe* comment</u> *ou* Tu l'as fait <u>à la diable</u> *ou* Tu l'as fait <u>à la va-comme-je-te-pousse</u>:

You did it <u>any old way</u>

Elle me demande de faire ça, puis ça, puis ça, {Fr} <u>c'est n'*importe* quoi</u>!:

She wants me to do this and that, <u>of all things</u>! [*See* ... **{Qc} <u>voir si ça a du bon *sens!*</u>**]

{Fr} C'est n'*importe* quoi!:

It's <u>short of</u> insanity! [*See* **{Qc} C'est <u>sur le *bord* de</u> la folie!**]

Arrête d'*importuner* (*ou* {Qc} d'achaler) le serveur! *ou* Arrête de casser les pieds au serveur!:

Stop hassling the waiter!

J'ai fait l'*impossible* pour t'aider!:

I did my darndest to help you!

Il a fait bonne *impression*:

He put his best foot forward [*See* **Il a fait bonne *figure***]

Il a fait grosse *impression* lors de cette soirée *ou* Il s'est fait remarquer à cette soirée:

He made a hit at the party

Ça ne m'*impressionne* pas!:

That cuts no ice!

C'est *impressionnant*! *ou* C'est à vous couper le souffle!:

It's awesome!

C'est arrivé à l'*improviste ou* C'est arrivé sans crier gare *ou* C'est arrivé comme un coup de tonnerre:

a) It popped out of nowhere **b)** It came out of the clear blue sky

Il décide toujours tout <u>sur une *impulsion*</u> (*ou* <u>sur un coup de tête</u>):

He's always making <u>snap decisions</u>

Sur (*ou* Sous) l'*impulsion* du moment, ...:

On the spur of the moment, ...

Ne m'*inclus* pas *[par exemple, dans une réunion] ou* Je n'irai pas *ou* Je n'assisterai pas:

Count me out

C'est *inconcevable*!:

It's mind-boggling!

C'était *incorrect* (*ou* malvenu, déplacé)!:

It was out of line!

Elle joue à l'*indépendante*:

She's playing hard to get

Tu es un *indic*:

You're a stool pigeon [*See* **Tu es un *mouchard***]

Il m'a donné de fausses *indications* (*ou* de faux renseignements):

He gave me a bum steer

La production de cette année <u>est *inférieure* à</u> (*ou* <u>est moindre que</u>) celle de l'année dernière:

This year's production <u>fell short</u> of last year's

Il est *infidèle*:

He's a two-timer

Il a beaucoup d'*influence*! *ou* Il a le bras long! *ou* Il est très important *[pour l'entreprise]*!:

a) He has a lot of clout! b) He carries a lot of weight!

Il va user de son *influence* *ou* {Qc} Il va utiliser ses connexions *ou* Il va tirer quelques ficelles *ou* Il va faire jouer ses relations:

He will pull a few strings

Tu es un *informateur*:

You're a stool pigeon [*See* **Tu es un *mouchard***]

Pour ton *information* (*ou* ta gouverne), je ne suis pas allé là-bas:

For your information, I didn't go there

Ils ont *informé* la police:

a) They tipped off the cops b) They squealed to the cops

Il y est allé de sa propre *initiative* (*ou* de son propre chef):

He went there on his own

Il m'a abreuvé (*ou* {Fr} agoni) d'*injures* *ou* Il m'a injurié de toutes les façons possibles:

He called me all the names under the sun [*See* {Qc} **Il m'a *crié* tous les noms possibles**]

Elle était l'*innocence* même!:

She was innocent as a newborn baby!

C'est *inouï*!:

It's smashing! [*See* **C'est de toute *beauté!***]

Je m'*inquiète* pour ta santé:

I'm worried about your health [*but* **Je suis *malade* d'inquiétude à propos de ta santé** = I'm worried sick about your health (*or* I'm worried to death about your health)]

Ne t'*inquiète* pas! *ou* Dors sur tes deux oreilles!:

Don't lose any sleep over it!

Ne t'*inquiète* pas de ça! *[dans le sens de protection: je vais m'en occuper]*:

Never you mind!

Tu es *insignifiant* *ou* {Fr} Tu es un foutriquet:

You're a pipsqueak

N'*insiste* pas! *ou* Pas besoin de me le rappeler! *ou* Ne tourne (*ou* retourne) pas le fer dans la plaie!:

a) Don't rub it in! b) Don't turn the knife in the wound!

Ne sois pas *insolent* avec moi!:

Don't get fresh with me!

Elle est *insouciante*!:

She's slaphappy!

C'est *insuffisant* (*ou* chiche):

It's very skimpy

Il a porté (*ou* poussé) l'*insulte* à son comble quand il a dit...:

He added insult to injury when he said...

Elle n'a jamais su s'*intégrer* (*ou* s'adapter):

She's always been a misfit

Il n'est pas très *intelligent*!:

He's not too bright! [*See* **C'est un *arriéré!***]

C'est *interdit*! *ou* C'est défendu!:

It's off limits!

Ce n'est pas *interdit* par la loi! *ou* Ce n'est pas défendu!:

There's no law against it!

Ça ne m'*intéresse* pas!.

I don't give a hoot! [*See* **Je m'en *fiche!***]

Je sais où se trouve mon *intérêt*:

I know which side my bread is buttered on

Il a un *intérêt* (*ou* une part) dans l'affaire:

He has a stake in the business

J'ai été soumis à un *interrogatoire* serré:

They put me through the wringer

Il est *intervenu* dans la conversation sans y être invité *ou* Il est entré dans la maison sans y être invité:

He barged in

C'est une personne *introvertie* (*ou* renfermée):

He (*or* She) is an introvert

{*Qc*} **Il n'a pas *inventé* les boutons à quatre trous (*ou* {*Fr*} le fil à couper le beurre, la poudre à canon, l'eau chaude) *ou* Il ne sortira jamais du rang:**

He'll never set the world on fire

Il est venu à la soirée sans y être *invité*!:

He crashed in the party!

Elle l'a *invité* à la maison:

She had him over

C'est *invraisemblable*!:

That's one for the books! [*See* **C'est à *dormir* debout!**]

Tu es *irritable*:

You feel jumpy

Il est à moitié *ivre* *ou* Il est à moitié soûl:

He's half-cocked

Il est *ivre* mort *ou* Il est complètement soûl (*ou* fin soûl) *ou* {*Qc*} Il est soûl comme une botte *ou* {*Fr*} Il est rond comme une queue de pelle *ou* {*Fr*} Il est plein comme une outre *ou* {*Fr*} Il est bourré comme un coing:

a) He's stewed to the eyeballs **b)** He's stewed to the gills **c)** He's dead drunk

Il *jacasse* (*ou* parle) sans arrêt!:

He yaps all the time! [*See* **Il n'arrête pas de *parler!***]

***Jadis*, ...:**

In times gone by, ... [*See* **Dans l'ancien *temps*, ...**]

Tu étais vert de *jalousie* *ou* Tu avais le regard brillant d'envie:

You were green with envy

***Jamais*, au grand jamais, je ne paierai cette facture! *ou* Je ne paierai pas cette facture! Jamais de la vie!:**

a) I'll pay that bill when hell freezes over! **b)** I'm not going to pay that bill, no way in hell!

***Jamais* de la vie! *ou* {Qc} Jamais dans cent ans! *ou* Pour rien au monde!:**

a) Not in a dog's age! **b)** Not on your life! **c)** Never in a dog's age! **d)** Never in a pig's eye!

***Jamais* deux sans trois!:**

Everything comes in threes!

Ça me fait une belle *jambe*!?! *ou* De quoi j'ai l'air maintenant!?! *[dans le sens: cela me fait perdre la face]*:

What does that make me look like?

Il est dans mes *jambes*! *ou* Il me dérange!:

He gets in my hair!

Ôte-toi de mes *jambes*! *ou* Va donc faire un tour! *ou* Va-t-en!:

Go take a hike!

Prends tes *jambes* à ton cou! *ou* Fuis à toutes jambes! *ou* Prends la poudre d'escampette!:

a) Run as fast as your legs can carry you! **b)** Get the hell out of here!

J'en avais les *jambes* coupées!:

You floored me! [*See* **J'en étais *stupéfait!***]

Elle n'a plus ses *jambes* de vingt ans! *ou* {Qc} Elle n'est plus un petit poussin du printemps!:

She's no spring chicken!

Une partie de *jambes* en l'air:

A roll in the hay

Faire une partie de *jambes* en l'air:

To have a quickie [*See* ***Baiser***]

{Qc} J'ai les *jambes* (molles) comme de la guenille (*ou* comme du coton, en coton):

a) My legs feel like a rag **b)** My legs feel like jelly

{Qc} Ce n'est pas un *jardin* de roses! *ou* Ce n'est pas de tout repos!:

a) It's not a bed of roses! **b)** It's not a bowl of cherries!

{Qc} Fais pas ton *jars*! *[garçon]*:

Don't be such a wise guy! [*See* **{Qc} Fais pas ton *frais!***]

{Qc} Il fait son grand *jars*!:

He thinks he's a big wheel! [*See* **Il joue à «l'*important*»!**]

Ça va faire *jaser*!:

That will set tongues wagging!

Je n'y comprends rien, {*Fr*} **c'est du *javanais*** (*ou* **du chinois**)**!:**

I don't understand anything about it, it's all Greek to me!

C'est seulement à un {*Fr*} ***jet*** **de salive** (*ou* **jet de pierre) d'ici** *ou* **C'est seulement à deux pas d'ici:**

It's only a stone's throw away

J'ai tout fait pour lui *jeter* de la poudre aux yeux:

I did all I could to impress him

***Jette*-le!** *ou* {Qc} **Débarrasse-toi-z'en!** *ou* **Débarrasse-t-en!:**

Chuck it out!

Mon fils a *jeté* son dévolu sur ta fille:

My son has set his heart on your daughter

{Qc} **Tu ne dois pas *jeter* tes choux gras** *ou* **Tu ne dois pas gaspiller:**

You must not be wasteful

{*Fr*} **Elle a eu les *jetons*!:**

She was scared out of her wits! [*See* **Elle a eu une *peur* bleue!**]

Sa réputation est en *jeu*:

His reputation is at stake

Ça fait partie du *jeu*!:

It's all in the game!

Tu joues double *jeu*!:

You're a two-timer!

{Qc} **Quel vieux *jeu*!** *ou* **Qu'il est vieux jeu!** ***[non de son époque]*:**

What a square!

Il est vieux *jeu* *ou* {Qc} **Il est ennuyant:**

a) He's very stuffy **b)** He's very boring

C'est vieux *jeu*! *ou* **C'est démodé** *ou* **C'est dépassé!:**

a) It's old-fashioned! **b)** It's old hat!

Tu as beau *jeu* de dire...:

That's easy for you to say...

Jeux de mains, *jeux* de vilains!:

Stop fooling around or you will end up in tears!

C'est un *jeu* qui se joue à deux:

It takes two to tango

Ça va arriver dans la semaine des quatre *jeudis*!

Don't hold your breath! [*See* **Tu peux toujours *attendre***]:

Il faut que *jeunesse* se passe!:

You're only young once!

C'est ma *joie* et ma fierté:

It's my pride and joy

Je ne pouvais pas le *joindre*:

I couldn't get hold of him

Tu peux *joindre* l'utile à l'agréable:

You can combine business with pleasure

On n'arrive pas à *joindre* les deux bouts:

We don't make ends meet

Un *joint* de marijuana (*ou* **de haschich**)**:**

A joint of dope

Elle est *jolie* (*ou* **belle**) **comme un cœur:**

She's pretty as a picture

***Jouer* aux fesses** ***(vulg.)*:**

To have a roll in the hay [*See* ***Baiser*** ***(vulg.)***]

Il *joue* comme un pied *ou* **Il joue vraiment mal:**

a) He's a hopeless player **b)** He's a pathetic player

Je me suis fait *jouer* (*ou* **fait avoir**) **dans cette affaire:**

I got a dirty deal

{Qc} **Elle *joue* dans le dos de son mari:**

She cheats on her husband [*See* **Elle *trompe* son mari**]

{Qc} **Il *joue* dans le dos** *ou* **C'est un Judas** (*ou* {*Fr*} **un faux-cul,** {*Fr*} **un faux-derche**)**:**

He's a cutthroat

{Qc} **Il m'a *joué* dans le dos!:**

He double-crossed me! [*See* **Il m'a *doublé!***]

Je veux *jouer* franc jeu *ou* Je veux mettre cartes sur table *ou* Je veux mettre les choses au point:

a) I want everything up front **b)** I want to be fair and square **c)** I want to set the record straight

Tu *joues* sur les mots!:

You're punning with words!

Elle m'a *joué* un tour! *ou* {Qc} Elle m'en a passé une vite!:

She pulled a fast one on me!

Elle m'a *joué* un sale tour! *ou* {Qc} Elle m'a passé un sapin!:

a) She screwed me! **b)** She gave me the business! **c)** She set me up!

Mon manteau de tous les *jours*:

My knockabout coat

Tous les deux *jours*:

Every other day

Tous les quinze *jours* *ou* Toutes les deux semaines:

Every other week

De nos *jours*, ...:

Nowadays, ...

{Qc} Prends un *jour* à la fois! *ou* À chaque jour suffit sa peine:

Take one day at a time!

Du *jour* au lendemain:

From one day to the next

C'est mon *jour* de congé:

It's my day off

Il y aura des *jours* meilleurs (*ou* plus heureux):

There will be brighter days

Les *jours* se suivent mais ne se ressemblent pas!:

No two days are the same!

C'est un *Judas*:

He's a cutthroat [*See* **Il *joue* dans le dos**]

Je te *jure*!:

a) Honest to goodness! **b)** Honest to God!

Il ne faut *jurer* de rien! *ou* On ne sait jamais!:

a) You never know! **b)** You never can tell!

Je te le *jure*, si tu fais ça, je vais le dire à ta mère:

So help me, if you do that I will tell your mother

***Jusqu'*ici, ça va!:**

So far so good!

J'en ai *jusque*-là! *[avec un geste de la main au-dessus de la tête]*:

I have it up to here! [*See* **J'en ai *assez!***]

***Juste* au bon moment:**

Just in the nick of time

***Juste* au cas où!:**

Just in case!

Je fais *juste* ce que je veux:

I do as I damn well please

Je ne peux pas te le dire *juste* comme ça:

I can't tell you offhand [*See* **Je ne peux pas te le dire à *brûle-pourpoint***]

Il l'a fait *juste* pour faire rire:

He did it for the hell of it

***Juste* pour le plaisir:**

Just for kicks

***Juste* pour rire! *ou* {Qc} Juste pour le «fun»! *ou* Sans raison! *ou* Comme ça!:**

For the heck of it!

Si on obtient le contrat, ce sera de *justesse* (*ou* {Fr} ce sera ric-rac):

If we get the contract, it'll be touch-and-go

L'affaire est {*Qc*} ***ketchup*!:**

It's all sewed up! [*See* **C'est *sûr* et certain!**]

{*Fr*} ***Kif-kif*!** *ou* {*Fr*} **Kif-kif bourricot!:**

It doesn't make the slightest difference [*See* **C'est du *pareil* au même**]

Il est un peu *lâche*:

He has a yellow streak

Je vais tout *lâcher* (*ou* abandonner):

I'll throw in the towel

Finalement, elle a *lâché* le morceau:

Finally, she spilled the beans [*See* **Finalement, elle a *vendu* la mèche**]

***Lâche* moi!:**

Don't smother me! [*See* **Ne m'*étouffe* pas!** *[figuré]*]

{*Qc*} ***Lâche* pas!:**

Don't cop out! [*See* **N'*abandonne* pas!**]

C'est *laid*! *ou* C'est moche! *ou* {*Fr*} C'est craignos!:

It's an eye-sore!

Il est laid comme {*Qc*} un pichou (*ou* un pou, un singe)!:

He's ugly as sin!

{*Qc*} **Ils se *laissent* *ou* Ils se séparent:**

They're splitting up

***Laisse* aller! *ou* Laisse faire!:**

a) Let it slide! **b)** Let it go!

Tu te *laisses* aller!:

You let yourself go!

***Laisse* courir (*ou* Laisse tomber) pour le moment:**

Let it ride!

Fais ton affaire et *laisse* dire! *ou* Les chiens aboient, la caravane passe! *ou* Bien faire et laisser braire:

Let the world say what it will!

Il m'a *laissé* en plan:

He left me high and dry [*See* **Il m'a *abandonné* avant la fin**]

Et tu as tout *laissé* en plan pour venir me voir?:

And you dropped everything to come and see me?

***Laisse* faire! *ou* Ne t'en fais pas!:**

a) Never mind! **b)** Don't worry!

J'ai *laissé* faire les autres! *ou* J'ai pris du recul par rapport à la situation!:

I took a back seat!

***Laisse*-moi en dehors de tout ça! *ou* Ne me mêle pas à tout ça!:**

Leave me out of it!

***Laisse*-moi faire! *ou* Fais-moi confiance!:**

Leave it to me!

***Laisse*-moi faire comme je l'entends:**

Don't cramp my style

***Laisse*-moi vivre!:**

Don't smother me! [*See* **Ne m'*étouffe* pas!** *[figuré]*]

Il ne se *laisse* pas avoir:

He's nobody's fool [*See* **Il n'est pas *bête***]

Je ne me *laisse* pas faire:

I'm no pushover [*See* **Je ne suis pas *dupe* *[en général]***]

Je ne *laisserai* pas passer ça!:

I won't stand for it! [*See* **Je ne *tolérerai* pas ça!**]

Ne *laisse* pas tomber!:

Keep the ball rolling! [*See* **N'*abandonne* pas!**]

Ne *laisse* pas voir que tu le sais *ou* Ne montre pas que tu le sais:

Don't let on that you know

J'ai *laissé* passer (*ou* laissé filer) l'occasion de... *ou* {Qc} J'ai raté la chance de...:

I passed up the chance to...

***Laissons* tomber pour le moment *ou* Abandonnons pour le moment:**

Let's call it quits

Elle m'a *laissé* tomber!:

She let me down!

***Lambiner* *ou* Traînasser *ou* Traînailler *ou* Perdre son temps *ou* Se traîner les pieds:**

a) To dilly-dally **b)** To goof off **c)** To drag one's feet

{Fr} **L'opposition nous a *laminés*!:**

The opposition outnumbered us! [*See* **L'opposition nous a *écrasés!***]

{Fr} **S'en mettre plein la *lampe*:**

To go on a binge [*See* **Faire un *excès***]

Tiens ta *langue*! *[doux]* *ou* **Tais-toi!** *[doux]* *ou* **Ferme-la!** *[sévère]* *ou* **Ta gueule!** *(grossier)*:

a) Hold your tongue! **b)** Be quiet! **c)** Shut up! **d)** Keep your yap shut! **e)** Shut your mouth! **f)** Shut your face!

Tu ne sais pas tenir ta *langue*! *ou* Tu es un vrai panier percé!:

You don't keep anything to yourself!

As-tu avalé ta *langue*? *ou* As-tu perdu ta langue?:

Have you lost your tongue?

Je l'ai sur le bout de la *langue*!:

I've got it on the end of my tongue!

Je donne ma *langue* au chat!:

I give up!

Elle n'a pas la *langue* dans sa poche!:

She tells it as it is! [*See* **Elle *dit* les choses comme elles sont!**]

Il y a beaucoup de *langues* de vipère au travail:

There's a lot of backbiting at the job [*See* **Il y a beaucoup de *coups* bas qui se donnent au travail**]

Tourne sept fois ta *langue* dans ta bouche avant de parler:

a) Shift brain into gear before engaging mouth! **b)** Think twice before speaking!

C'est un chaud *lapin* *ou* C'est un coureur (*ou* coureur de jupons) *ou* C'est un homme à femmes *ou* {Fr} C'est un dragueur impénitent *ou* C'est un séducteur:

a) He's got hot pants **b)** He's a womanizer

{Fr} **Elle m'a posé trois *lapins* d'affilée *ou* Elle m'a fait faux bond à trois reprises:**

She stood me up three times

{Fr} **Tu es complètement *largué*!:**

You're all wet! [*See* **Tu n'es pas *dedans* du tout!**]

{Fr} **Je suis complètement *largué*!:**

It's beyond me! [*See* **Ça me *dépasse!***]

Ses yeux étaient embués de *larmes*:

Her eyes were filled with tears

Ils s'entendent comme *larrons* en foire (*ou* {Fr} comme lardons en poêle)!:

They're like two peas in a pod! [*See* **Ils sont *copain-copain!***]

Un *lavage* (*ou* lessivage) de cerveau *ou* Un endoctrinement *ou* Un bourrage de crâne:

A brainwashing

Il a subi un *lavage* de cerveau *ou* Il s'est fait bourrer le crâne:

He's been brainwashed

{Qc} **Il m'a *lavé*!** *[figuré]*:

He sent (*or* took) me to the cleaners! [*See* **Il m'a pris jusqu'à mon dernier *sou!***]

{Qc} **Il pourrait te *laver* complètement!** *ou* **Il pourrait te dépouiller complètement!:**

a) He could steal you blind! **b)** He could take you to the cleaners!

Tu n'as pas besoin de *laver* ton linge sale en public *[figuré]*:

You don't have to do your dirty laundry in public

***Lécher* les bottes de quelqu'un:**

To brown-nose

Un *lèche-cul* *(vulg.)* *ou* **Un lèche-bottes** *ou* {Qc} **Un téteux:**

A brown-noser

Faisons du *lèche-vitrines*:

Let's do some window-shopping [*but* ***Comparons* les prix** *[d'un magasin à un autre]* = Let's shop around]

Ça m'a donné une bonne *leçon*!:

I learned my lesson!

Je lui ai fait la *leçon* *ou* **Je l'ai sermonné:**

I gave him a good talking-to

«Une grosse *légume*» *[personne très influente]*:

A «big cheese» *[an important person]*

J'ai côtoyé (*ou* fréquenté) des grosses *légumes* *[des gens importants]*:

I rubbed shoulders with the big wheels

Il est à l'état de *légume*:

He's a vegetable

Il ne faut jamais remettre au *lendemain* ce qu'on peut faire le jour même:

Never put off till tomorrow what you can do today

{Qc} **C'est le *lendemain* de la veille:**

He feels like the morning after the night before [*See* **Il a la *gueule* de bois**]

Le *lendemain* / la veille:

The day after / the day before [*but* **le surlendemain** = two days later]

***Lent* comme une tortue:**

Slow as molasses

Je ne sais pas *lequel* est lequel (*ou* qui est qui):

I don't know which is which

***Lesbienne*:**

Lesbian [*See* ***Gay***]

{Fr} **Il m'a *lessivé*!** *[figuré]*:

He took me for all I was worth! [*See* **Il m'a pris jusqu'à mon dernier *sou!***]

Il est *lessivé* (*ou* ruiné, {Fr} ratiboisé):

He's a dead duck

Pour terminer une *lettre*:

In closing a letter:
Meilleures salutations = Best regards
Bien amicalement = Best regards
Croyez à l'expression de mes meilleurs sentiments = Yours truly
Recevez mes salutations distinguées = Yours truly = Respectfully
Avec toute mon affection = = Affectionately yours
Affectueusement = Affectionately yours
Cordialement = Cordially
Je t'embrasse = Love
Gros baisers = Love and kisses
Meilleures salutations à = Best regards to
Mes amitiés = My best wishes
{Qc} **Sincèrement vôtre** = Sincerely yours
Bien à vous = Truly yours = Yours truly

Il faudra que <u>tu te *lèves* de bonne heure</u> pour trouver ça! *[figuré]*:

You'll have <u>to go some</u> to find that!

Tu t'es *levé* du mauvais pied! *ou* **Tu t'es levé du pied gauche:**

You got up on the wrong side of the bed! [but **Tu es parti du mauvais *pied*** *[en affaires ou ailleurs]* = You got off on the wrong foot]

Ne *lève* pas la main sur moi!:

Don't lay a finger on me! [*See* **Ne me touche pas!**]

Ne *lève* pas le nez là-dessus! *ou* **Ne fais donc pas tant le difficile!:**

Don't turn your nose up at it!

Elle n'a pas *levé* le petit doigt *ou* Elle n'a pas fait le moindre travail:

She didn't do a stitch of work

Elle ne *lève* pas le petit doigt pour aider:

She doesn't lift a finger to help [*See* **Elle ne donne pas de *coup* de main**]

***Lève*-toi!** *[le matin]* *ou* **Debout!:**

Rise and shine!

Un *lève*-tôt et un couche-tard (*ou* un oiseau de nuit, un noctambule):

un lève-tôt = an early bird
un couche-tard (ou un oiseau de nuit, un noctambule) = a night hawk

Ils l'ont remercié du bout des *lèvres*:

They thanked him halfheartedly

Je vais le faire pour me *libérer* (*ou* soulager):

I'll get it out of my system

Je ne sais pas comment me *libérer* (*ou* me sortir) de...:

I don't know how to get out of...

Je dois me *libérer* de cette chose:

I have to get it out of my system

Je suis *libre* comme l'air:

a) I'm free as a bird **b)** I'm footloose and fancy free

Un *licenciement* *ou* Un congédiement *ou* Une mise à pied *ou* Une «rationalisation des effectifs»:

A lay-off

J'ai été *licencié*:

I got my pink slip [*See* **J'ai été *congédié***]

Donne-moi juste <u>une *lichette*</u>:

Give me just <u>a teeny-weeny bit</u> [*See* **Donne-moi juste <u>un tout petit *morceau*</u>**]

C'est *lié* à mon travail:

It's tied in with my work

Tu cours trop de *lièvres* à la fois *ou* Tu fouettes trop de chats en même temps *ou* {Fr} Tu as trop de fers au feu en...:

You have too many irons in the fire

{Qc} **Quémander un *lift* (*ou* un déplacement en voiture):**

To bum a ride

Il est dans la dernière *ligne* droite *ou* Il en est à la dernière étape:

He's on the homestretch

Ne vous *liguez* pas contre moi:

Don't gang up on me (*or* against me)

{Fr} **C'était *limite*!:**

It was a close shave! [*See* **Il était *moins* une!**]

Il n'y a pas de *limite*!:

The sky's the limit!

C'est la *limite* que je me fixe:

I draw the line here

Il est un peu *limité*!:

He's not too bright! [*See* **C'est un *arriéré!***]

Donne-moi <u>du *liquide*</u> (*ou* <u>de l'argent liquide</u>, <u>de l'argent sonnant et trébuchant</u>)!:

Give me some <u>hard</u> (*or* <u>**cold) cash**</u>!

Il est sur la *liste* noire:

a) He's on the black list **b)** He's on the shit list *(rude)*

{Qc} **C'est une *livraison* du jour au lendemain (*ou* une livraison de nuit):**

It's an overnight delivery

Tu es un *livre* ouvert! *ou* Tu livres facilement tes sentiments! *ou* On te lit à livre ouvert!:

You wear your heart on your sleeve!

Le *locataire*:

The tenant [**le propriétaire** = the landlord *and* **le logement loué** = the apartment]

Le *logement* loué:

The apartment [**le locataire** = the tenant *and* **le propriétaire** = the landlord]

Ces deux-là étaient <u>*logés* à la même enseigne</u>:

These two were <u>in the same boat</u> [*See* **Ces deux-là étaient <u>dans la même *galère*</u>**]

De *loin*:

From a distance

Il ira *loin*!:

He'll go places! [*See* **Il va *réussir!***]

Je voyais venir ça de *loin* (*ou* venir ça depuis longtemps):

I saw it coming a mile away (*or* a mile off)

Désolé! J'étais bien *loin*!:

Sorry! My mind was miles away! [*See* **Excusez-moi! J'avais la *tête* ailleurs!**]

On est *loin* d'avoir fini!:

We're not finished by a long shot!

***Loin* de là! *ou* Pas le moins du monde! *ou* Tant s'en faut!:**

a) Not by a damn sight! **b)** Not by a long shot! **c)** Not in the least bit! **d)** Not in the slightest!

***Loin* des yeux, loin du cœur!:**

Out of sight out of mind!

***Loin* des yeux, près du cœur!:**

Absence makes the heart grow fonder!

Son estimation est *loin* du compte:

His guess is way off

Marcher de *long* en large:

To walk back and forth

Il a tout expliqué de *long* en large:

He explained everything in details [*See* **Il a tout expliqué du *début* jusqu'à la fin**]

Je le savais depuis *longtemps*:

I knew it from way back

Ça fait *longtemps* que je ne t'ai vu!:

Long time no see!

À la *longue*, ...:

In the long run, ...

À la longue, j'ai gagné *ou* J'ai fini par gagner:

I won in the long run [*but* **J'ai gagné sur un *coup* bien risqué** *[aux courses]*! = I won on a long shot *[at the races]*!]

Tu vas avoir une *longueur* d'avance:

You'll be ahead of the game

Prends une *longueur* d'avance:

Get a head start

On n'est pas sur la même *longueur* d'onde *ou* On ne se comprend pas:

We're on a different wavelength

Tu as vraiment un drôle de *look*!:

You look a sight! [*See* {Qc} **Tu *fais* dur!**]

Un *lopin* de terre:

A patch (*or* piece, plot) of land

Elle a décroché le gros *lot*!:

She hit the jackpot! [*See* **Elle a gagné le premier *prix!***]

Ça semble *louche*!:

It sounds fishy!

Il y a quelque chose de *louche*! *ou* Il y a anguille sous roche! *ou* Il y a quelque chose dans l'air!:

a) Something's fishy! **b)** I smell a rat! **c)** There's something in the wind!

***Loucher* *ou* {Qc} Avoir les yeux croches:**

To be cross-eyed

Quand on parle du *loup*, on en voit la queue! *ou* {Qc} Ça parle au diable, regarde qui arrive!:

Speak of the devil, look who's coming!

{Fr} **C'est un sacré *loustic!*:**

He's something else! [*See* **Il est *extraordinaire!***]

J'ai besoin de tes *lumières* *ou* J'ai besoin de tes connaissances:

I need to pick your brains

{Qc} **As-tu apporté ton *lunch* (*ou* de la bouffe, quelque chose à manger, {Fr} ta gamelle, {Fr} ton casse-dalle)?:**

Did you bring any grub?

{Qc} **Je vais préparer un petit *lunch* vite fait:**

I'll whip up a snack

Veux-tu que j'aille te décrocher la *lune*? *[dans le sens de «tu veux plus que ce que je suis capable de t'offrir»]*:

Do you want an egg in your beer?

Tu es dans la *lune*! *ou* Tu es dans les nuages! *ou* Tu rêvasses!:

You are in the clouds!

Excuse-moi, j'étais dans la *lune* (*ou* dans les nuages)!:

Sorry, I was in a fog!

C'est un sacré *luron*! *ou* {*Fr*} C'est un joyeux drille!:

He's happy-go-lucky!

Elle ne *mâche* pas ses mots!:

She tells it as it is! [*See* **Elle *dit* les choses comme elles sont!**]

Il n'a pas *mâché* ses mots:

He really laid it on the line [*See* **Il n'y est pas allé par quatre *chemins***]

Donne-moi le *machin* (*ou* **le machin-chouette, le machin-chose, le machin-truc,** {*Qc*} **la patente,** {*Qc*} **la bébelle, le gadget, l'affaire, le truc, le bidule, le gu-gus,** {*Qc*} **la gogosse):**

Give me the do-hickey (*or* the gizmo, the thingamagig, the whatchamacallit)

Une *machine* à sous:

A one-armed bandit

{*Fr*} **Je ne suis pas *Madame* Soleil!** *ou* **Je ne suis pas devin!:**

I'm not a mind reader!

{*Fr*} **Il faut que je me *magne*:**

I've got to get cracking [*See* **Il faut que je me *grouille***]

{*Fr*} ***Magne*-toi le train!:**

Make it snappy! [*See* ***Dépêche*-toi!**]

Donne-moi le *magot*!:

Give me the loot!

Il y a beaucoup de *magouilles* (*ou* **de tricheries,** {*Fr*} **de truandage)!:**

There's a lot of hanky-panky!

Elle est *maigre* comme un clou (ou {*Qc*} **comme un chicot)**

She's a rackabones [*See* **Elle est *décharnée***]

Donne-moi un coup de *main*!:

Give me a hand!

C'est une couverture faite à la *main*:

It's a handmade blanket

Je l'ai appris de première *main* *ou* **Je l'ai appris de bonne source:**

I heard it straight from the horse's mouth

Il porte {*Qc*} **<u>des vêtements de seconde *main*</u>** (*ou* **<u>des vêtements usagés</u>):**

He's wearing <u>hand-me-downs</u>

J'y ai mis la dernière *main* *ou* **J'y ai fait les dernières retouches:**

I put the finishing touch on it

Faites attention, sinon vous allez <u>en venir aux *mains*</u> (*ou* {*Qc*} **<u>aux coups</u>):**

Take care, if not you'll <u>come to blows</u>

J'en mettrais ma *main* au feu! *[tant je suis certain]* *ou* {*Qc*} **Je gagerais jusqu'à mon dernier dollar!** *ou* **Je risquerais le tout pour le tout!** *ou* **J'en mettrais ma tête à couper!:**

a) I'd bet my bottom dollar! **b)** I'd bet my life on it!

***Main* dans la main:**

Hand-in-hand

Il s'est fait prendre <u>la *main* dans le sac</u> (*ou* **<u>en flagrant délit</u>, <u>sur le fait</u>)!:**

a) He was caught <u>the hand in the bag</u>! **b)** He was caught <u>red-handed</u>!

Une *main* de fer dans un gant de velours:

An iron hand in a velvet glove

J'aimerais mettre la *main* dessus *ou* J'aimerais me le procurer:

I'd like to lay my hands on it

***Mains* froides, cœur chaud!:**

Cold hands, warm heart!

J'ai les *mains* liées! *ou* Je ne peux rien faire!:

My hands are tied!

Il n'y est pas allé de *main* morte:

He made no bones about it [*See* **Il n'y est pas allé par quatre *chemins***]

Il est revenu les *mains* vides (*ou* revenu bredouille):

He came back empty-handed

Je l'ai vu *maintes* et maintes fois!:

I saw it umpteen times! [*See* **Je l'ai vu des centaines de *fois!***]

Il n'y a pas de «*mais*»! *ou* {Qc} Il n'y a pas de ni ci ni ça! *ou* Il n'y a pas à revenir là-dessus!:

a) There's no ifs and buts about it!
b) There's no two ways about it!
c) There's no half-ways about it!

C'est un repas (fait à la) *maison*:

It's a home-cooked meal

C'est une tarte (faite à la) *maison*:

It's a homemade pie

C'était une *maison* de fou *[dans le sens que tout allait trop vite]*:

It was a madhouse

Sa *maison* est son royaume *ou* Sa maison est son refuge:

A man's home is his castle

Tu dois devenir ton propre *maître*!:

You have to paddle your own canoe! [*See* **Tu dois *voler* de tes propres ailes!**]

Il ne se *maîtrisait* plus!:

He went off the deep end! [*See* **Il est *sorti* de ses gonds!**]

Il est *majeur* et vacciné *ou* Il est assez grand pour savoir ce qu'il fait:

He's old enough to look after himself

Les étudiants passaient la *majeure* partie de leur temps à... (*ou* le plus clair de...):

The students spent the best part of their time doing...

Ça me fait *mal*:

It hurts me

Ce n'est pas *mal*! *ou* C'est assez bien!:

It's pretty good!

Je me sens *mal* à l'aise:

a) I feel bad **b)** I am ill at ease

J'ai du *mal* à le croire! *ou* {Qc} J'ai de la misère à le croire!:

I find it hard to believe!

Les choses vont de *mal* en pis *ou* Les choses empirent (*ou* se dégradent):

Things go from bad to worse

Je suis *mal* en train:

I feel lousy

{Qc} **Il est *mal* pris:**

He's up the creek without a paddle [*See* **Il est dans de beaux (*ou* de sales) *draps***]

Ça me rend *malade*:

It makes me sick

Je suis *malade* d'inquiétude à propos de ta santé:

a) I'm worried sick about your health **b)** I'm worried to death about your health [but **Je m'*inquiète* de ta santé** = I'm worried about your health]

Être *maladroit* (*ou* empoté, gauche) *ou* {Qc} Avoir les mains pleines de pouces:

a) To have butterfingers **b)** To be clumsy **c)** To be all thumbs

Un compliment *maladroit*:

A left-handed compliment

C'est de la *malchance*:

It's a lousy break

Il y a un *malentendu* quelque part *ou* Tu as tout compris de travers:

You got your wires crossed somewhere

Ça a fait un *malheur*!:

It went over with a bang! [*See* **Ça a fait un *tabac!***]

Le *malheur* des uns fait le bonheur des autres!:

a) One man's meat is another man's poison! **b)** One man's joy is another man's sorrow

Un *malheur* n'arrive jamais seul!:

It doesn't rain, but it pours!

C'est dans le *malheur* qu'on reconnaît ses amis:

A friend in need is a friend indeed

Il est *malhonnête* *ou* Il est sans scrupule *ou* Il est véreux:

He's a shyster

Je l'ai fait sans *malice* (*ou* sans y voir de mal, sans faire exprès, sans arrière-pensée):

I did it without meaning to

C'était *malvenu* (*ou* incorrect, déplacé)!:

It was out of line!

Ils se font des *mamours* *ou* Ils se caressent tout le temps:

They are lovey-dovey

C'est dans la *manche* (*ou* dans le sac)! *ou* {Qc} C'est finalisé!:

It's all sewed up!

Il s'y prend {Fr} comme un *manche* (*ou* comme un pied)!:

He doesn't have a clue how to go about it!

Ça a fait la *manchette* des journaux *ou* Ça a fait les gros titres des journaux:

a) It was splashed all over the front page **b)** It was in the headlines

As-tu apporté quelque chose à *manger*?:

Did you bring any grub? [*See* **As-tu apporté ton *lunch*?**]

J'ai beaucoup trop *mangé*! *ou* {Fr} J'ai les dents du fond qui baignent *(vulg.)*! *[nourriture/boisson]*:

I've had more than enough!

J'ai *mangé* comme un cochon (*ou* un porc)!:

I'm stuffed as a pig!

Il *mange* dans ma main *[figuré]*:

I have him in my pocket [*See* **Je l'ai dans ma *poche***]

***Manger* de la vache enragée *ou* En baver *ou* {Fr} En chier *(vulg.)*:**

To go through hell or high water

Il *mange* les pissenlits par la racine:

He's pushing up daisies

Elle *mange* mal:

She's digging her own grave with her teeth

{Qc} Je *mange* mes bas (*ou* mon chapeau) s'il arrive à l'heure! *ou* Ça m'étonnerait beaucoup qu'il arrive à l'heure!:

I'll eat my socks (*or* my hat) if he arrives on time!

Fais donc pas tant de *manières* (*ou* d'embarras, d'histoires)!:

Don't make such a fuss!

D'une *manière* ou d'une autre!:

a) By hook or by crook! **b)** One way or another! **c)** Somehow or other!

Si les choses ne se font pas à ta *manière*, tu le prends mal!:

If you don't have your own way, you get mad!

N'essaie pas de me *manipuler*!:

Don't try to butter me up! [*See* **N'essaie pas de m'envoyer des *fleurs!***]

À la suite à cette loi, j'ai récolté une *manne* inattendue (*ou* un bénéfice inattendu):

With this law, I got a windfall

C'est un vrai *mannequin*!:

She's a pin-up girl!

Elle ne voulait rien *manquer*:

She didn't want to miss a trick

Tu m'as *manqué*!:

I missed you!

Je viens tout juste de *manquer* de... *[lait ou...]*:

I'm fresh out of... *[milk or...]*

Je commence à *manquer* de temps:

I'm running short of time

Il a *manqué* le bateau! *ou* **Il a laissé passer sa chance!** *ou* {*Fr*} **Il a loupé (*ou* raté) le coche!:**

He missed the boat!

Il ne *manquait* plus que ça!:

That tops it all! [*See* **C'est le *bouquet!***]

Elle a *manqué* trois rendez-vous avec moi *ou* {*Fr*} **Elle m'a posé trois lapins d'affilée:**

She stood me up three times

***Manquer* une bonne occasion de...:**

To miss out on...

Il lui *manque* une case:

She's a little screwy [*See* {*Qc*} **Il lui manque un *bardeau***]

{*Qc*} **Ça les a mis sur la «*map*»** *ou* **Ça les a mis sur la carte:**

It put them on the map

{*Qc*} **Elle est tellement *marabout*!** *ou* **Elle est tellement grognon!** *ou* **Elle est d'une humeur massacrante!:**

a) She's very cranky! **b)** She's so grouchy!

Obtenir une réduction de prix à force de *marchander* (*ou* de {*Qc*} barguiner, {*Fr*} barguigner):

a) To chisel down **b)** To haggle over the price

C'est en *marche*! *ou* **C'est en train de se faire!:**

It's in the works!

L'affaire est en *marche*! *ou* **L'affaire est en cours:**

The deal is on!

Je l'ai eu vraiment bon *marché*:

I got it dirt cheap

Je peux l'avoir très bon *marché*:

I can get it for a song [*See* **Je peux l'avoir pour une *bouchée* de pain**]

C'est un *marché* de dupe *ou* **C'est une escroquerie:**

It's is a raw deal

Sa dernière chanson a bien *marché* (*ou* {*Fr*} a été un tube, a eu du succès)!:

a) His last song clicked! **b)** He made a hit with his last song!

Ça n'a pas *marché* (*ou* pas réussi)!:

a) It didn't pan out! **b)** It went haywire!

{*Fr*} **Il a *marché* à fond la caisse** *ou* **Il a tout cru (*ou* avalé, gobé)** *ou* **Il est tombé dans le panneau:**

a) He fell for it **b)** He fell right into the trap

Elle m'a fait *marcher*!:

a) She gave me the run-around! **b)** She played me for a sucker!

Les affaires *marchent* au ralenti!:

Business is off!

Les affaires *marchent* (*ou* roulent, vont) bien *ou* **J'ai une affaire en or entre les mains:**

a) I have a good thing going **b)** I've got a gold mine

***Marcher* de long en large:**

To walk back and forth

Ça ne *marche* pas!:

It's out of whack!

Y a toujours quelque chose qui ne *marche* pas (*ou* qui cloche):

There's always a fly in the ointment [*See* **Il y a toujours une *ombre* au tableau**]

Ne me *marche* pas sur les pieds:

Don't walk all over me

Ne te laisse pas *marcher* sur les pieds *[figuré]*:

Don't let anyone step on your toes

Il faut toujours *marcher* sur des œufs avec elle *ou* **Il faut toujours être sur nos gardes avec elle:**

We're always on pins and needles with her

{*Qc*} **De la *marde*! (*ou* merde!)** *(vulg.)* *ou* **Foutaise!** *ou* **Conneries!** *(vulg.)*:

a) Bullshit! *(rude)* **b)** Horse shit! *(rude)* **c)** Stupidity!

Un *marginal* *ou* {*Qc*} **Un décrocheur** *[de l'école ou de la société]*:

A dropout

Un *mariage* précipité *[souvent obligé]*:
A shotgun wedding

Elle est bien *mariée* *ou* **Elle est heureuse en ménage:**
She has a good marriage

{*Fr*} **Celui qui fait bouillir la *marmite*** *ou* **Le soutien de famille:**
a) The one who earns the bacon **b)** The breadwinner

Ils *marmonnent* tout le temps:
They're always bellyaching [*See* **Ils *bougonnent* tout le temps**]

Une *marque* commerciale:
A brand name

Il souffre le *martyre*:
He's suffering like mad [*but* **Il *travaille* comme un fou** (*ou* {*Qc*} **très fort, beaucoup**) – He works like mad]

Il est *masochiste*:
He's a glutton for punishment

Sers-toi de ta *matière* grise! *ou* **Fais marcher tes neurones (*ou* tes méninges)!:**
Use your gray matter!

On s'est levé de bon *matin* (*ou* **au petit matin**):
We got up bright and early

Un de ces quatre *matins*, ... *ou* {*Fr*} **Un de ces quatre, ...:**
One of these days, ...

Nous avons fait la grasse *matinée* (*ou* {*Fr*} **la grasse mat'**):
a) We slept till noon **b)** We slept all morning

Tu es une *mauviette*! *ou* **Tu es une femmelette!** *ou* **Tu es une poule mouillée!:**
a) You're a sleaze! **b)** You're a sleaze-bag! **c)** You're a wimp! **d)** You're a wet hen!

Entre deux *maux*, il faut choisir le moindre:
One must choose the lesser of two evils

Il est *méchant* (*ou* **désagréable, déplaisant**):
He's nasty (*or* mean)

C'est *méchant* de dire ça!:
That's a rotten thing to say!

Ils sont de *mèche*! *ou* **Ils sont de connivence!:**
They're in cahoots!

Elle est toujours *mécontente* *ou* **Elle est toujours de mauvaise humeur:**
She's always a sad sack

{*Qc*} **Il y a deux côtés à une *médaille*** *ou* **Toute médaille a son revers:**
There's two sides to every story

C'est un *médecin* brutal!:
He's a real horse doctor!

Je me *méfie* un peu de...:
I'm a little leary about...

Dans le *meilleur* des cas, ... *ou* **En mettant les choses au mieux, ...:**
At the very best, ...

C'est la *meilleure*! *ou* **Elle est première partout!:**
She's got A's across the board! [*See* {*Qc*} **C'est une *bolée!***]

Ça, c'est la *meilleure*! *ou* **Tu pousses un peu fort!** *ou* **Tu exagères!:**
a) That's going some! **b)** That's pushing it!

Ils sont les *meilleurs* du groupe *ou* **Ils représentent la crème du groupe:**
They are the cream of the crop

Elle se pense *meilleure* que les autres! *ou* **Elle se prend pour une autre!:**
She thinks she's the cat's meow!

C'était la *mêlée* générale!:
It was a free-for-all!

Arrête (*ou* Cesse) de te *mêler* de ce qui ne te regarde pas!:
Stop meddling!

Ne me *mêle* pas à ça! *ou* {*Qc*} **Laisse-moi en dehors de ça!:**
Leave me out of it!

Je ne m'en *mêlerais* pour rien au monde!:

I wouldn't touch it with a ten foot pole!

***Mêle*-toi de tes affaires (*ou* de tes oignons)! *ou* {*Qc*} C'est (*ou* Ce n'est) pas tes affaires (*ou* {*Qc*} tes oignons)! *ou* Mêle-toi de ce qui te regarde! *ou* Ne te mêle pas de ça!:**

a) Mind your own business! **b)** It's none of your business! **c)** Keep your nose clean! **d)** Never you mind!

{*Qc*} **Ça vient *mêler* toutes les cartes!:**

It goofs everything up! [*See* **Ça *fout* tout par terre!**]

Le film est un vrai *mélo* *ou* Le film est à l'eau de rose:

The film is corny

Si votre *mémoire* ne vous fait pas défaut, ... (*ou* ne vous joue pas de tours, ...):

If your memory serves you right, ...

Elle est heureuse en *ménage* *ou* Elle est bien mariée:

She has a good marriage

Faire le grand *ménage* *[dans une entreprise]* *ou* Faire table rase:

To make a clean sweep

C'est un *mendiant*:

He's a beggar [*See* also ***sans-abri*** *and* ***vagabond***]

Tu ne sais pas <u>où ça va te *mener*</u> (*ou* <u>où tu mets les pieds</u>, <u>dans quoi tu t'embarques</u>, {*Fr*} <u>dans quoi tu t'embringues</u>):

a) You don't know what you're in for **b)** You don't know what you're getting into

C'est lui qui *mène*:

He runs the show [*See* **C'est lui qui *dirige***]

Je n'aime pas me {*Qc*} <u>faire *mener* le diable</u> (*ou* <u>faire engueuler</u> *(grossier)*):

I don't like <u>to catch hell</u>

C'est lui qui *mène* le jeu! *ou* C'est lui qui est aux commandes! *ou* C'est lui le boss (*ou* le patron)!:

a) He calls the shots! **b)** What he says goes!

Ça ne m'a *mené* nulle part!:

A lot of good that did! [*See* **C'était un *coup* d'épée dans l'eau!**]

Sa femme le *mène* par le bout du nez *ou* C'est sa femme qui porte la culotte:

a) He's henpecked **b)** His wife wears the pants

Il la (*ou* le) *mène* par le bout du nez *ou* Il lui fait faire ce qu'il veut:

a) He can twist her (*or* him) around his little finger **b)** He got her (*or* him) under his thumb **c)** He leads her (*or* him) by the nose

Ce n'était qu'un pieux *mensonge*:

It was only a little white lie

Tu vis dans le *mensonge*:

You're living a lie

C'est un tissu de *mensonges*!:

It's a pack of lies!

Tout ça, ce sont des *mensonges*!:

That's a lot of hot air! [*See* **Tout ça, c'est du *vent!***]

Un sacré *menteur*:

A bullshit artist *(rude)*

Je lui ai donné tous les détails mais je <u>n'ai pas *mentionné*</u> le prix:

I told her all the details but I <u>left out</u> the price

Il *ment* comme un arracheur de dents (*ou* comme il respire):

a) He lies like a trooper **b)** He lies like a rug **c)** He lies like nobody's business!

Il a *menti* effrontément *ou* {*Qc*} Il en a conté une petite vite *[un mensonge]*:

He lied through his teeth

Ce n'est pas la *mer* à boire!:

It's not asking the impossible! [*See* **Ce n'est pas trop *demander!***]

Il te tient à sa *merci* *ou* Il t'a mis au pied du mur *ou* Il t'a coincé!:

a) He's got you over a barrel **b)** He's got you cornered!

***Merci* mille fois!:**

a) Much obliged! **b)** Thanks a million! **c)** Thanks a bunch!

{Qc} **C'est un gros plein de *merde*!** *(vulg.) ou* {Fr} **C'est un gros tas!** *(grossier)*:

He's full of shit! *(rude)*

C'est de la *merde*! *(grossier) [dans le sens de: Ce n'est pas vrai du tout!]*:

It's a crock of shit! *(rude)*

Si tu acceptes ce travail, c'est toi qui vas être dans la *merde* *(grossier)*! (*ou* {Qc} **c'est toi qui vas rester pris avec**!):

If you accept this work, you'll stay stuck with it (*or* you'll have your ass in a sling *(rude)*)!

De la *merde* (*ou* {Qc} **marde**)! *(vulg.) ou* **Foutaise!** *ou* **Conneries** *(grossier)*!:

a) Bullshit! *(rude)* **b)** Horse shit! *(rude)* **c)** Stupidity!

Il l'a bien *mérité* (*ou* **cherché**)! *[négatif]*:

It served him right! [*See* **Il a *couru* après!**]

Ça *mérite* d'être vu!:

It's worth seeing! [*See* **Ça vaut le *détour!***]

C'est *merveilleux*!:

It's out of this world! [*See* **C'est de toute *beauté!***]

Il n'y a pas de sot *métier*!:

Not everybody is a lawyer!

Mettre – mis – mets

Elle l'a *mis* à la porte (*ou* **mis dehors**):

a) She sent him packing **b)** She threw him out **c)** She gave him his walking papers [*job*]

J'ai été *mis* à pied:

I got laid off [*See* **J'ai été *congédié***]

Ils essaient de *mettre* au point un traitement:

They're trying to zero in on a treatment

Je veux *mettre* cartes sur table:

I want everything up front [*See* **Je veux *jouer* franc jeu**]

{Qc} **Ça m'a *mis* de court de 500 $** *ou* {Fr} **Ça m'a mis à découvert de 500 $:**

It set me back $500

Si tu veux arriver à tes fins, tu devras *mettre* de l'eau dans ton vin (*ou* **tu devras faire des concessions**):

If you want to gain anything, you have to come down a peg or two (*or* you have to give and take)

Je n'arrive pas à *mettre* de l'ordre dans mes idées:

I can't think straight

Je vous aurai *mis* en garde! *ou* **Je vous aurai prévenu!**:

Mark my words!

{Qc} ***Mets*-en pas trop!** *[pour te vanter comme pour te plaindre] ou* **Ne gueule donc pas pour rien** *(vulg.)*!:

Don't shoot your mouth off!

{Qc} ***Mets*-en quelques-uns de plus** *[dans le sens de* **«Bonifie ta proposition»**]!:

Throw in a few extras!

{Qc} **L'entreprise a *mis* la clé dans la porte** (*ou* **a fermé ses portes**):

The business folded up

J'essaie de *mettre* le doigt sur le problème:

I try to pinpoint the problem [*See* **J'essaie de bien *définir* le problème**]

Il fait un temps à ne pas *mettre* le nez (*ou* **un chat**) **dehors:**

It's rotten weather out

***Mettons* les choses au clair:**

Let's get this straight

En *mettant* les choses au mieux, ... *ou* **Dans le meilleur des cas, ...:**

At the very best, ...

Je veux *mettre* les choses au point:

I want everything up front [*See* **Je veux *jouer* franc jeu**]

***Mets*-moi au courant (de ce qui est arrivé)!:**

Fill me in (on what happened)! [*See* ***Éclaire*-moi (sur ce qui s'est passé)!**]

***Mets*-moi ça par écrit:**

Put it down in black and white [*See* **Mets-moi ça sur (le) *papier***]

Elle s'est *mise* {Qc} sur son 36 (*ou* {Fr} sur son 31):

She got all dressed up [*See* **Elle est *tirée* à quatre épingles**]

***Mets*-toi à la tâche! *ou* Plonge dans le travail!:**

a) Buckle down and get to work! **b)** Put your nose to the grindstone

Il la considère comme faisant partie des *meubles* (*ou* faisant partie du décor):

He takes her for granted

{Qc} **Elle est bien *meublée*!:**

She's very busty! [*See* **Elle a une grosse *poitrine!***]

Poser des *micros* clandestins *ou* {Fr} Placer des mouchards:

To bug a room

Ils cherchent *midi* à quatorze heures:

They complicate the issue

Il a dû se contenter des *miettes*:

He scraped the bottom of the barrel

Le *mieux* est l'ennemi du bien!:

Leave well enough alone!

C'est toujours *mieux* que rien!:

Half a load is better than none! [*See* **C'est toujours ça de *pris!***]

***Mieux* vaut prévenir que guérir!:**

a) A stitch in time saves nine! **b)** An ounce of prevention is worth a pound of cure!

***Mieux* vaut tard que jamais!:**

Better late than never!

Ne fais pas ta *mijaurée*! *[fille]*:

Don't be such a wise guy! [*See* {Qc} **Fais pas ton *frais*** *[garçon]!*]

Qu'est-ce que tu *mijotes*? *ou* Qu'est-ce que tu as derrière la tête?:

a) What's in the back of your mind? **b)** What are you up to?

Il faut trouver un juste *milieu*:

You have to find a happy medium

C'est en plein *milieu*:

It's right dab in the middle

Des gens de tous les *milieux*:

People from all walks of life

– Combien ça a coûté?
– 100 $?
– En plein dans le *mille*!:

Right on the nose (*or* Right on)! [*See* ***Exactement!***]

{Qc} **Je suis avec toi cent *milles* à l'heure!** *[dans le sens où je suis tout à fait d'accord]*:

I'm all for it!

C'est une bande de *minables* (*ou* de ratés, de bons à rien, {Fr} de nullos)!:

It's a useless bunch!

Tu avais la *mine* (*ou* la binette) longue après son appel *ou* Tu avais le visage long...:

Your face dropped after his call

Elle est *minée* (*ou* rongée) par le cancer!:

She's wasting away with cancer!

Tu es encore *mineur* *ou* Tu n'as pas encore ta majorité:

a) You're still under age **b)** You're still a minor

Ces propos ne sont pas de *mise* (*ou* de circonstance):

Those remarks are out of line

Ce n'est pas vraiment de *mise*!:

It's pretty tacky!

Une *mise* à jour:

An update

Une *mise* à pied:

A lay-off [*See* **Un *licenciement***]

Il me fait des *misères* *ou* Il me mène la vie dure:

He's giving me a hard time

{Qc} **J'ai de la *misère* à le croire! *ou* J'ai du mal à le croire!:**

I find it hard to believe!

Ils sont dans la *misère* noire:

a) They don't have a pot to piss in ***(rude)***
b) They don't have a thing

Misère **partagée est à moitié soulagée!:**

Misery loves company!

{*Qc*} **C'est une «*mitaine*»:**

He's a yes man [*See* {*Qc*} **C'est un *suiveux***]

Quel travail *moche*! *ou* {*Fr*} **Quel travail à la con** ***(grossier)*****!:**

What a lousy job!

C'est *moche*! *ou* **C'est laid!** *ou* {*Fr*} **C'est craignos!:**

It's an eye-sore!

C'est une personne *modérée* (*ou* pondérée):

She's a level-headed person

Modère **tes ardeurs!** *ou* **Modère tes transports!** *ou* **Prends ton mal en patience!** *ou* {*Qc*} **Respire par le nez!** *ou* {*Fr*} **Cool!:**

a) Control yourself! **b)** Hold your horses!

«Je voudrais un Coke»!... <u>«*Moi* aussi»</u>!:

«I'd like a coke!»... <u>«Same here»</u>!

<u>D'après *moi*</u>, il n'aurait pas dû... (*ou* <u>À mon avis</u>, <u>À mon sens</u>, <u>Pour moi</u>):

a) <u>From where I sit</u>, he shouldn't have...
b) <u>As I see it</u>, he... **c)** <u>In my opinion</u>, he...

Finalement, une dernière chose mais non la *moindre*, ...:

Last but not least, ...

C'est le *moindre* (*ou* le cadet) de mes soucis!:

That's the least of my worries!

<u>À la *moindre* petite chose</u>, elle veut retourner chez elle! *ou* **<u>Pour un oui ou pour un non</u>, elle...:**

<u>Every other thing</u>, she wants to go home!

La production de cette année <u>est *moindre* que</u> (*ou* <u>est inférieure à</u>) celle de l'année dernière:

This year's production <u>fell short</u> of last year's

{*Qc*} **C'est tout un *moineau*!** ***[sens négatif]*** *ou* **Elle est vulgaire!:**

She's a beaut!

{*Qc*} **C'est un drôle de *moineau*!** ***[positif]*** *ou* **C'est un drôle d'oiseau!:**

He's (*or* She's) a funny bird!

Je vais le faire en *moins* de deux:

I'll do it in short order [*See* **Je vais le faire en un *clin* d'œil**]

Il était *moins* une! *ou* {*Fr*} **C'était limite!** *ou* {*Fr*} **C'était ric-rac!** *ou* **On l'a échappé belle!:**

It was a close shave!

Nous sommes (*ou* Nous partageons) *moitié-moitié*:

a) We go fifty-fifty **b)** We split even

Sa tendre *moitié*:

His better half [*See* **Sa *compagne***]

Il en a la *moitié* de fait:

He's halfway through

Faisons chacun la *moitié* du chemin! *ou* **Coupons la poire en deux!:**

Meet me halfway!

{*Fr*} **J'ai les *molaires* qui baignent!** ***[nourriture/boisson]*** *ou* **J'ai beaucoup trop mangé!:**

a) I've had more than enough! **b)** I'm stuffed like a pig

Vas-y *mollo*!:

Easy does it! [*See* ***Calme*-toi!**]

Juste au bon *moment*:

Just in the nick of time

Il s'en va vers des *moments* difficiles:

He's in for a rough time

<u>À un *moment* donné</u>, elle va commettre une erreur:

<u>Somewhere along the line</u>, she'll make a mistake [*See* **<u>En *cours* de route</u>, elle va commettre une erreur**]

Quel bon *moment* (*ou* mauvais moment) ***[selon l'intonation]*** **nous avons passé!:**

What a heck of a time we had!

[Au téléphone] **Un *moment* s'il-vous-plaît!** *ou* **Peux-tu attendre un moment (*ou* un instant, une minute)?:**

a) Please, hold the line! **b)** Can you hang on?

En ce bas *monde*:

Here on earth

Pas le moins du *monde*!:

Not in the slightest! [*See* **Loin de là!**]

Il faut de tout pour faire un *monde*:

It takes all kinds to make a world

Où va le *monde*? *[monde = univers]*:

What's this world coming to?

C'est ce qui fait tourner le *monde*:

That's what makes the world go round

Le *monde* continue à tourner! *ou* La vie continue!:

a) Life goes on as usual! **b)** It's business as usual!

Ça se produit depuis que le *monde* est monde:

It has been going on since the beginning of time

Je n'ai que de la menue *monnaie* *ou* {Qc} Je n'ai que du petit change (*ou* de la grenaille) *ou* {Fr} Je n'ai que des pièces jaunes *ou* Je n'ai que de la ferraille!:

a) All I have is chicken feed **b)** All I have is pocket-change

Par ici la *monnaie*!:

Cough up the money! [*See* **Crache l'argent!**]

Rends-lui la *monnaie* de sa pièce:

Give her a dose of her own medicine

***Monopoliser* (*ou* Accaparer) le marché:**

To corner the market

Il fait une *montagne* avec des riens *ou* Il se noie dans un verre d'eau:

He makes a mountain out of a molehill

Un *monte-charge*:

A dumbwaiter

Il m'a *monté* tout un bateau *[figuré]*:

He gave me quite a tall story [*See* **Il m'a raconté des *salades***]

Tu me *montes* un bateau!:

You're pulling my leg!

Elle veut se *montrer* *ou* Elle se pavane:

She's a real show off

***Montre* ce que tu sais faire!:**

Show what you can do!

Je vais leur *montrer* de quoi je suis capable!:

a) I'll show them what I'm made of! **b)** I'll show them what I can do!

Est-il venu à la boutique? Non, il n'a pas *montré* le bout de son nez! (*ou* Non, il ne s'est pas montré!):

Did he come to the shop? No, I haven't seen hair nor hide of him!

Ne *montre* pas que tu le sais *ou* Ne laisse pas voir que tu le sais:

Don't let on that you know

Il ne se *montre* pas sous son vrai jour:

He's a phoney!

Il s'est *montré* sous son meilleur jour:

He put up a good front [*See* **Il a fait bonne *figure***]

Je m'en *moque* (*ou* m'en fous, m'en fiche) comme de ma première chemise!:

I don't give a damn! [*See* **Je m'en *fiche!***]

Je m'en *moque* éperdument!:

I couldn't care less! [*See* **Je m'en *fiche!***]

Garde le *moral*! *ou* {Fr} Haut les cœurs! *ou* Courage!:

a) Keep your chin up! **b)** Cheer up!

Ça m'a remonté (*ou* {Fr} regonflé) le *moral* *ou* Ça m'a redonné du courage:

It gave me a shot in the arm

Je ne veux pas d'un tout petit *morceau* (*ou* {Qc} d'une parcelle) de...:

I don't want a smidget of...

Donne-moi juste un tout petit *morceau* *ou* Donne-moi juste une lichette:

Give me just an itsy-bitsy piece (*or* a tiny piece, a teeny-weeny bit)

{Qc} Je lui ai fait une proposition mais il n'a pas *mordu*:

I made him an offer but he didn't bite

Il s'en *mord* les doigts:

[Now] He could kick himself [*but* **Plus tard, il s'en mordra les doigts** = Later he will live to regret it]

Ne *mords* pas la main qui te nourrit! *ou* **Aie au moins la reconnaissance du ventre!:**

Don't bite the hand that feeds you!

Elle est *mordue* de Jean! *ou* **Elle a Jean dans la peau!:**

a) She's hung up on John! **b)** She's stuck on John!

Il est *mort* *ou* **Il est décédé:**

a) He's passed on **b)** He passed away

Je me défendrai jusqu'à la *mort* *ou* **Il faudra me passer sur le corps:**

Over my dead body

Il est bel et bien *mort* *ou* **Il est mort et enterré:**

He's dead and buried

Le chien était raide *mort*!:

The dog was dead as a doornail!

Il est *mort* de sa belle mort:

He died of natural causes

À l'article de la *mort*, ...:

At death's door, ...

Jusqu'à ce que la *mort* nous sépare:

Until death do us part

Elle a l'air d'une *morte*!:

She looks like death warmed over! [*See* **Elle est *blanche*** {Qc} **comme un drap!**]

Au bas *mot*, ...:

At the very least, ...

Je l'ai pris au *mot*:

I took him at his word

Il n'a pas dit <u>un traitre *mot*</u>!:

He didn't breathe <u>a single word</u>!

Tu joues sur les *mots*!:

You're punning with words!

Ce ne sont que des *mots*!:

It's just talk! [*See* **Ce n'est que du *blabla!***]

Il ne faut pas avoir peur des *mots*:

You have to call a spade a spade [*See* **Il faut *appeler* les choses par leur nom**]

Il parle tellement que tu <u>ne peux pas placer un *mot*</u>:

He talks so much, you <u>can't get a word in edgewise</u>

Les gestes comptent (*ou* parlent) plus que les *mots*! *ou* **Les actes pèsent plus que les mots!** *ou* **Grand parleur, petit faiseur!:**

Actions speak louder than words!

Il n'a pas dit un *mot*! *ou* {Qc} **Il ne s'est pas ouvert la trappe!:**

He didn't say boo!

Vous n'avez qu'un *mot* à dire!:

Just say the word!

Je veux avoir <u>mon *mot* à dire</u> à ce sujet *ou* **Je veux avoir <u>voix au chapitre</u> à ce sujet:**

I want to have <u>my say</u> in the matter

Tu m'as enlevé les *mots* de la bouche *ou* **J'allais justement le dire:**

You took the words right out of my mouth

Dis un *mot* en ma faveur:

Put in a good word for me

Mon patron n'a jamais un *mot* plus haut que l'autre:

My boss is even tempered [*See* **Mon patron est d'*humeur* égale**]

Quel est ton *motif*? *ou* **Qu'est-ce qui te prend?** *ou* **Quel est le but derrière tout ça?** *ou* **Qu'y a-t-il derrière tout ça?** *ou* **À quoi ça rime?** *ou* **Pour quelle raison?:**

a) What's the big idea? **b)** What's the deal? **c)** What's the point?

{Qc} **J'avais un «*motton*» dans la gorge** *ou* **J'avais la gorge serrée (*ou* nouée):**

I had a lump in my throat

***Motus* et bouche cousue!** *ou* **On ne parle pas de ça!** *ou* **N'en parle pas!:**

Mum's the word!

Tu es un *mouchard* (*ou* un indic, un informateur) *ou* {Qc} **Tu rapportes contre les autres:**

You're a stool pigeon

{*Fr*} **Placer des *mouchards* *ou* Poser des micros clandestins:**

To bug a room

Ils l'ont *mouchardé* *ou* Ils l'ont dénoncé:

a) They ratted on him **b)** They blew the whistle on him

{*Qc*} **Tu es fin comme une *mouche*!:**

You're a peach! [*See* {*Qc*} **Tu es une vraie *soie!***]

On aurait pu entendre voler une *mouche*!:

a) You could have heard a fly! **b)** You could have heard a pin drop!

Il ne ferait pas de mal à une *mouche*:

He wouldn't hurt a fly

Quelle *mouche* t'a piqué? *ou* Qu'est-ce qui te prend? *ou* {*Qc*} Qu'est-ce qui te ronge?:

a) What's eating you? **b)** What's got into you?

C'est grand comme un *mouchoir* de poche:

It's just a hole-in-the-wall [*See* {*Qc*} **C'est grand comme le *fond* de ma poche**]

Ne pas se *mouiller* *ou* Ménager la chèvre et le chou:

a) To be on the fence **b)** To be sitting on the fence

{*Fr*} **Je suis dans la *mouise*!:**

I'm in a tight spot! [*See* **Je suis dans le *pétrin!***]

C'est un vrai *moulin* à paroles *ou* {*Fr*} C'est une vraie pipelette:

a) He blabs all the time **b)** He yacks all the time **c)** She's a real chatterbox

On ne peut pas se battre contre des *moulins* à vent!:

a) You can't fight city hall! **b)** If you can't fight 'em, join 'em!

Mourir – meurs

Je *meurs* d'envie d'aller en Californie! *ou* {*Qc*} L'envie me démange d'aller en Californie!:

a) I've got itchy feet to go to California! **b)** I'm itching to go...!

Je *meurs* de faim *ou* Je suis affamé:

a) I'm famished **b)** I'm starving

{*Qc*} **Ça me fait *mourir* (*ou* fait mal) de le voir boire *ou* Ça me chagrine (*ou* me dérange) beaucoup de...:**

It kills me to see him drinking

C'est un *mouton*:

He's a yes man [*See* {*Qc*} **C'est un *suiveux***]

Revenons à nos *moutons*!:

Let's get back to business!

C'est lui le *mouton* noir *ou* {*Fr*} C'est lui le mouton à cinq pattes *ou* {*Fr*} C'est lui le vilain petit canard:

a) He's the black sheep **b)** He's the ugly duckling

Par tous les *moyens*:

By any means

Il vit au-dessus de ses *moyens* *ou* Il mène la grande vie:

He lives high on the hog

{*Qc*} ***Mozus*! *[exclamation]*:**

Darn it! [*See* ***Gosh!***]

Quel *mufle*!:

What a jerk! [*See* **Quel *chameau!***]

Quand elle a demandé de l'aide, elle s'est heurtée à un *mur* (*ou* {*Qc*} elle a frappé un noeud):

She ran into a snag when she tried to get help

Mis au pied du *mur*, il a finalement payé *ou* Quand il s'est retrouvé le dos au mur, il a payé:

When his back was against the wall, he paid

Les *murs* ont des oreilles:

Walls have ears

Il connaît la *musique* *[figuré]*:

He knows the score [*See* **Il connaît les *ficelles***]

La *musique* adoucit les mœurs:

Music has a soothing effect

***Mystère* et boule de gomme! *ou* J'en (*ou* Je n'en) sais rien!:**

a) You got me! **b)** Search me!

N

Elle était en *nage*!:

She was all hot and bothered!

Elle *nage* dans le bonheur! *ou* {*Qc*} **Elle flotte!** *ou* **Elle est aux anges!** *ou* {*Qc*} **Elle est aux oiseaux!** *ou* **Elle est au septième ciel!** *ou* {*Fr*} **Elle est sur son petit nuage!** *ou* {*Qc*} **Elle ne porte pas à terre!** *ou* {*Fr*} **Elle boit du petit lait!:**

a) She's walking on air! **b)** She's on a cloud! **c)** She's on cloud nine! **d)** She's sitting on top of the world! **e)** She's flying (*or* riding) high! **f)** She feels on top of the world!

Il y aura toujours des *naïfs* (*ou* {*Fr*} **des gogos) sur terre:**

There's a sucker born every day

Naître – né

Je ne suis pas *né* d'hier *ou* **Je ne suis pas né** (*ou* **tombé) de la dernière pluie** *ou* **Tu me prends pour un cave** (*ou* {*Fr*} **pour une bille)?:**

I wasn't born yesterday

C'est du *nanan*!:

It's a piece of cake! [*See* **C'est une *affaire* de rien!**]

{*Fr*} **C'est un *N.A.P.*** (*ou* **A.N.P.**) *[pour Neuilly-Auteuil-Passy]*:

He's clean cut [*See* **Il a belle *allure* et il est gentil**]

{*Fr*} **Je suis *nase*!:**

I'm bushed! [*See* **Je suis *épuisé!***]

Mon photocopieur est {*Fr*} ***nase*** (*ou* **hors d'usage):**

My copy machine is out of commission

Il a un bon *naturel* *ou* **Il est accommodant:**

He's good-natured

J'en suis vraiment *navré*! *ou* **Je le regrette profondément!:**

I feel miserable (*or* terrible) about it!

Il me tape (*ou* {*Fr*} **porte,** {*Qc*} **tombe) sur les *nerfs!*:**

a) He's a pain! **b)** He gets on my nerves!

Je suis à bout de *nerfs*!:

I'm at the end of my rope! [*See* **Je suis au *bout* du rouleau!**]

Tu as les *nerfs* à fleur de peau! *ou* **Tu as les nerfs en pelote!:**

You're all on edge!

Il a des *nerfs* d'acier *ou* **Il garde son sang-froid:**

He's cool as a cucumber

{*Qc*} **Ça a pris bien du *nerf* pour en arriver là** *ou* **Ça a demandé bien des efforts** (*ou* **de l'énergie) pour...:**

It took a lot of gumption to get there

Je me sens tellement *nerveux*!:

a) I feel so edgy! **b)** I feel so jumpy!

Quoi de *neuf*? *ou* **Qu'est-ce qui se passe?** *ou* **Que se passe-t-il?** *ou* {*Qc*} **Qu'est-ce qui se brasse?** *ou* {*Qc*} **C'est quoi l'affaire?:**

a) What gives! **b)** What's up! **c)** What's going on! **d)** What's cooking? **e)** How's tricks? **f)** What's new?

C'est flambant *neuf*:

a) It's spanking-new **b)** It's brand-new

Je n'ai pas eu de mal à remettre la bicyclette à *neuf* *ou* {*Fr*} **J'ai retapé le vélo facilement; il est comme neuf:**

I easily made the bike as good as new

Fais marcher tes *neurones*! *ou* **Sers-toi de ta matière grise!:**

Use your gray matter!

{*Qc*} **Quel *Newfie!*:**

What a moron! [*See* {*Qc*} **Quel *nono!***]

{*Fr*} **Ça me sort par les trous de *nez*!:**

I've had it up to my eyeballs! [*See* {*Qc*} **J'ai mon *voyage!***]

Il a un coup dans le *nez*:

He's high as a kite

Se retrouver *nez* à nez avec quelqu'un:

To find ourselves face to face with somebody

On était *nez* à nez dans cette course *ou* **On était à égalité dans cette course:**

We were neck and neck in this race

Elle a toujours le *nez* fourré dans les livres *ou* **C'est un rat de bibliothèque:**

She's a bookworm

Il fourre son *nez* partout!:

He's a real busybody! [*See* **C'est une vraie *fouine!***]

{*Qc*} **Il n'y a pas de *ni* ci ni ça!:**

There's no ifs and buts! [*See* **Il n'y a pas de «*mais*»!**]

Quels *nichons* (*ou* {*Fr*} **nibards** *(grossier)*)**!** *ou* **Quels pare-chocs!** *ou* {*Qc*} **Quelle belle paire!:**

a) What boobs! **b)** What knockers! [*See also* **Elle a une grosse *poitrine***]

{*Fr*} **Tout était *nickel*!:**

Everything was looking great! [*See* **Tout *baignait*** (*ou* **baignait dans l'huile**)**!**]

Quel *nigaud*!:

What a meathead! [*See* **Quel *nono!***]

Faisons la *noce* (*ou* {*Fr*} **la bringue,** {*Fr*} **la bamboula**)**!** *ou* **Faisons les quatre cents coups!:**

Let's make a night of it!

Nous avons fait la *noce*!:

We had a wild time!

Un *noctambule*:

A night hawk [*See* **Un *couche-tard***]

***Noël*:**

a) Christmas **b)** X-mas

{*Fr*} **Les *noix*:**

The family jewels [*See* **Les *testicules***]

{*Qc*} **Il a perdu son *nom*!** *ou* **Il a mauvaise réputation!:**

His name is mud!

***Nom* de Dieu!:**

Good grief! [*See* **Pour l'*amour* du ciel!**]

Au *nom* du ciel, où étais-tu? *ou* **Où diable étiez-vous?:**

Where on earth have you been?

Des *nombres* = Numbers

100 = **cent** = one hundred
1000 = **mille** = one thousand
1000 = **un millier** = one thousand
1 000 000 = **un million** = one million
1 000 000 000 = **un milliard** = one billion

Il se prend pour le *nombril* du monde! *ou* {*Qc*} **Il se prend pour un autre!** *ou* **Il pète plus haut** {*Qc*} **que le trou** (*ou* {*Fr*} **que son cul**)**!** *(vulg.) ou* {*Fr*} **Il a les chevilles qui enflent!** *ou* {*Fr*} **Il a la grosse tête!:**

a) He's too big for his breeches! **b)** He thinks he's God's gift! **c)** He thinks he's great! **d)** He thinks the world revolves around him! **e)** He's all wrapped up in himself!

{*Qc*} **Il n'a pas encore le *nombril* sec** *ou* {*Fr*} **Si on lui pressait le nez, il en sortirait du lait:**

a) He's not dry behind the ears **b)** He's still wet behind the ears

***Non*!:**

a) Nope! **b)** No!

***Non*, monsieur!:**

a) No sir! **b)** No sirrie!

Quel *nono*! *ou* {*Qc*} **Quel Newfie!** *ou* **Quelle nouille!** *ou* **Quel crétin!** *ou* **Quel nigaud!:**

a) What a moron! **b)** What a nincompoop! **c)** What a noodle head! **d)** What a meathead! **e)** What a knucklehead!

Prends-en bonne *note*!:

Sit up and take notice!

Ça s'est terminé sur une *note* amère *ou* **Ça a mal tourné:**

It ended on a sour note

La *note* de passage à l'école:

The passing mark at school

{*Fr*} **On a fait la *nouba*!:**

We had a blast! [*See* **On a eu tout un *party!***]

Quelle *nouille*!:

What a noodle head! [*See* **Quel *nono!***]

Tout *nouveau* tout beau:

A new broom sweeps clean

Pas de *nouvelles*, bonnes nouvelles!:

No news, good news!

{*Qc*} **J'ai des petites *nouvelles* pour lui!** *[menace]*:

a) I have news for him! **b)** He has another thing coming!

Noyer – noie

Il se *noie* dans un verre d'eau *ou* **Il fait une montagne avec des riens:**

He makes a mountain out of a molehill

Il *noie* son chagrin *[dans l'alcool]*:

He drowns his sorrows

Il est tout *nu* (*ou* **à poil)** *ou* **Il est en costume d'Adam:**

He's in his birthday suit

Il était *nu* comme un ver *ou* {*Qc*} **Il était flambant nu:**

a) He was stark naked **b)** He came out without a stitch on

{*Fr*} **Elle est sur son petit *nuage*!:**

She's walking on air! [*See* **Elle *nage* dans le bonheur!**]

Excuse-moi, j'étais dans les *nuages* (*ou* **dans la lune)!:**

Sorry, I was in a fog!

Tu es dans les *nuages*! *ou* **Tu es dans la lune!** *ou* **Tu rêvasses!:**

You are in the clouds!

J'ai passé la *nuit* chez mes parents... *mais* **Il a travaillé toute la nuit:**

I slept overnight at my parents'... *but* He worked all night

La *nuit* porte conseil! *ou* {*Qc*} **Dormons dessus!:**

Let's sleep on it!

Quel drôle de *numéro*! *ou* **Quel excentrique!** *ou* **Quel phénomène!** *ou* **Quel drôle d'oiseau!:**

a) What a character! **b)** What a goofball! **c)** What an oddball! **d)** What a funny bird!

C'est un drôle de *numéro*!:

He's quite a character!

C'est un sacré *numéro* (*ou* {*Qc*} **tout un numéro)!** *[positif]*:

He's something else! [*See* **Il est *extraordinaire!***]

Tu n'es qu'un *numéro* *ou* **Tu n'as aucune importance:**

You're just a number!

O

Tu dois *obéir* *ou* **Tu dois te plier aux directives:**

You have to toe the line

Il est *obèse* *ou* **Il est trop gros:**

a) He's overweight **b)** He's a big blimp *[disrespectful]* **c)** He's obese

{*Qc*} **Le département des *objets* perdus** *ou* **Les objets trouvés:**

The lost-and-found department

Saisis l'*occasion* *ou* **Saute sur l'occasion:**

Jump at the chance

En de très rares *occasions* *ou* **Très rarement:**

Once in a blue moon

Par la même *occasion*, ...:

By the same token, ...

C'est une *occasion* en or *ou* {*Fr*} **C'est une super occase:**

It's a golden opportunity

L'*occasion* fait le larron:

Opportunity makes the villain

<u>À l'*occasion*</u>, il fait des heures supplémentaires (*ou* **<u>De temps en temps</u>**)**:**

<u>Every now and then</u>, he works overtime

Je suis très *occupé*! *ou* **Je suis pris!:**

I'm booked!

Peux-tu t'*occuper* de ça?:

Can you handle that?

Il s'*occupe* des affaires des autres!:

He's a real busybody! [*See* **C'est une vraie *fouine!***]

Ne t'*occupe* pas de moi! *ou* **Ne te gêne pas pour moi!:**

Don't mind me!

Je vais m'en *occuper* pour toi:

I'll handle it for you

***Occupez*-vous de ce qui vous regarde et fichez-moi la paix!:**

Go pedal your papers elsewhere!

Il est *odieux*! *ou* **Il est bête comme ses pieds** (*ou* {*Fr*} **comme une oie**)**!** *ou* {*Fr*} **Il est con** *(grossier)* **comme la lune** (*ou* **comme un manche, comme un balai**)**!:**

He's obnoxious!

Mon *œil*! *[exclamation d'incrédulité]* *ou* {*Qc*} **Ben voyons!:**

a) In a pig's eye! **b)** My eye! **c)** My foot!

Je t'ai à l'*œil*! *ou* **Je surveille tes manigances!:**

I'm <u>on to you</u>!

Il a l'*œil*! *ou* **Rien ne lui échappe!:**

a) He doesn't miss a thing! **b)** He never misses a trick!

{*Fr*} **Je m'en bats l'*œil*!:**

It's no skin off my back! [*See* **Je m'en *fiche!***]

Garde l'*œil* ouvert *ou* **Sois vigilant** *[*face à un danger*]*:

Keep your eyes peeled *[for a danger]*

Avoir un *œil* sur tout *ou* **Tout surveiller:**

a) To keep an eye on things **b)** To keep tabs on things

***Yeux*:**

[See under the letter Y]

La cuisson des *œufs*: the cooking of an egg

{*Qc*} **au plat, au miroir**: sunnyside up
tourné: over
tourné légèrement: over light
tourné bien cuit: over hard
brouillé: scrambled
poché: poached
omelette: omelet
{*Qc*} **à la coque** *[3-4 minutes]*: soft boiled egg
{*Fr*} **à la coque** *[jaune liquide]*: soft boiled egg
mollet *[jaune crémeux]*: soft boiled egg
{*Qc*} **à la coque** *[jaune dur]*: hard boiled egg
{*Fr*} **dur**: hard boiled egg

***Officieusement*, ...:**

Off the record, ...

Faire une *offre* de service *ou* **Faire un devis** *ou* {*Qc*} **Soumissionner sur un ouvrage:**

To bid (*or* To quote) on a job

Il était aux petits *oignons* pour elle! *ou* **Il était aux petits soins pour elle!:**

a) He waited on her hand and foot! **b)** She got first-rate treatment!

Ce n'est pas de tes *oignons*!:

It's none of your business! [*See* ***Mêle*-toi de tes affaires (*ou* de tes oignons)!**]

Quel drôle d'*oiseau*!:

What an oddball! [*See* **Quel drôle de *numéro!***]

{*Qc*} **Elle est aux *oiseaux*!:**

She's on a cloud! [*See* **Elle *nage* dans le bonheur!**]

C'est un *oiseau* de mauvais augure!:

He's bad news!

Un *oiseau* de nuit:

A night hawk [*See* **Un *couche-tard***]

C'est un *oiseau* rare! *[positif] ou* **C'est un trésor (*ou* une perle)!:**

She's (*or* He's) one in a million!

Je suis comme un petit *oiseau* sur la branche!:

I may be here today but gone tomorrow!

***Okay*!** *ou* **OK!:**

Okey-doke!

Il y a toujours une *ombre* au tableau *ou* **Il y a toujours quelque chose qui ne marche pas (*ou* qui cloche):**

There's always a fly in the ointment

Sans l'*ombre* d'un doute *ou* **Sans le moindre doute:**

Beyond the shadow of a doubt

On n'est pas sur la même longueur d'*onde*:

We're on a different wave length

Je connais ça {*Fr*} sur le bout des *ongles* (*ou* sur le bout des doigts):

I have it down pat

Laisse-moi donner mon *opinion*:

Let me put in my nickel's worth [*See* **Laisse-moi y mettre mon *grain* de sel**]

Nous aimerions entendre (*ou* avoir) une autre *opinion* (*ou* un autre son de cloche):

We'd like to have a second opinion

Ce sont des *opinions* toutes faites!:

These are cut and dried opinions!

Il tient à ses *opinions* toutes faites *ou* **Il a l'esprit étroit (*ou* fermé, bouché):**

He's narrow-minded

{*Qc*} **Ne rate pas cette *opportunité* (*ou* cette occasion)!** *ou* **Ne passe pas à côté de ça!:**

Don't pass it up!

Nous envisageons les choses sous une *optique* différente:

We don't see eye to eye [*See* **Il ne l'*entend* pas de cette oreille**]

Pas pour tout l'*or* du monde *ou* **Pour rien au monde:**

Not for all the tea in China

Je ne le ferais pas pour tout l'*or* du monde! *ou* **Je ne le ferais sous aucun prétexte!** *ou* **Je ne le ferais pour rien au monde!:**

a) I wouldn't do it for love nor money! **b)** I wouldn't touch it with a ten foot pole!

C'est un bon *orateur* (*ou* bon conférencier):

He's a good speaker

Le film est bien *ordinaire* (*ou* bien quelconque)!:

a) The film is not so hot! **b)** It's a crummy film!

C'est bien *ordinaire* (*ou* bien courant)!:

It's the general run-of-the-mill!

C'est juste un gars *ordinaire*!:

a) He's just the general run-of-the-mill! **b)** He's just a plain Joe!

Sur (*ou* Par) *ordre* de qui?:

Says who?

C'est dans l'*ordre* des choses:

That's the name of the game

C'est de cet *ordre*-là *ou* C'est à peu près ça:

It's along those lines

Quelle *ordure*! *ou* Quel salaud!:

What a creep!

Ça me sort par les *oreilles*!:

I've had more than enough! [*See* **{Qc} J'ai mon *voyage!***]

En prendre jusqu'à ce que ça nous sorte par les *oreilles* ***[nourriture/boisson]*:**

To go on a binge [*See* **Faire un *excès***]

Il nous casse les *oreilles*:

He's an ear bender

Tu m'en rebats les *oreilles*:

You keep harping on it [*See* **Tu *reviens* toujours sur la même chose**]

Tu m'écoutais d'une *oreille* distraite:

You were only half listening to me

Les *oreilles* ont dû {Qc} te siler (*ou* {Fr} te siffler)!:

Your ears must have been burning!

On s'est *organisé* (*ou* arrangé) tout seuls:

We got by on our own

Tu es *orgueilleux*! *ou* Tu es vaniteux! *ou* {Fr} Tu as les chevilles qui enflent:

You're too big for your boots!

***Où* en étais-je?:**

a) Where was I? **b)** Where did I leave off?

Sais-tu *où* se trouve mon chapeau?:

Do you know the whereabouts of my hat?

{Qc} *Ouach*! *ou* Beurk! *ou* Pouah! ***[Exclamations de déplaisir, dégoût ou dédain]*:**

a) Oh my aching back! **b)** Yuck!

***Ouais*!** ***[déformation de Oui = Yes]*:**

Yeah!

C'est *oublié* depuis longtemps:

It's buried and forgotten

***Oublions* le passé! *ou* Oublions ça!:**

Let bygones be bygones! [*See* **Sans *rancune!***]

Si tu lui prêtes tes ciseaux, {Qc} *oublie*-les (*ou* tu peux faire une croix dessus, tu pourras toujours courir après)!:

If you lend him your scissors, you can kiss them goodbye!

On *oublie* tout et on recommence!:

Let's clean the slate and start over!

Ça *oui*! *ou* Bien sûr!:

a) You bet! **b)** By all means! **c)** Of course!

Pour un *oui* ou pour un non, elle veut retourner chez elle! *ou* À la moindre petite chose, elle...:

Every other thing, she wants to go home!

C'est seulement du *ouï-dire*!:

It's just hearsay!

Je suis tout *ouïe*!:

I'm all ears!

{Fr} Il est plein comme une *outre*:

He's dead drunk [*See* **Il est *ivre* mort**]

Un emploi *outre-mer*:

A job overseas

Elle s'est *ouverte* à son ami(e) *ou* Elle s'est confiée à son ami(e):

She let her hair down to her friend

Ça m'*ouvre* l'appétit:

It whets my appetite

Tourner la *page* ou Tourner une nouvelle page:

To turn a new leaf

Être à la *page* ou Être au goût du jour:

To be up to date

Des modalités de *paiement*:

An installment plan

{Fr} **Il s'est crevé la *paillasse* pour terminer son travail:**

He busted a gut trying to finish his work [See **Il s'est *échiné* (ou épuisé) à...**]

Il m'a mis sur la *paille*!:

He took me for all I was worth! [See **Il m'a pris jusqu'à mon dernier *sou!***]

C'est moi qui ai tiré la courte *paille*!:

I got the short end of the stick

Ça se vend (ou Ça part) comme des petits *pains* (ou {Qc} petits pains chauds)!:

It sells like hot cakes!

Elle a bien du *pain* sur la planche!:

a) She has quite a bite to chew! **b)** She has her hands full! **c)** She has her work cut out for her!

Ça va de *pair*!:

It goes hand-in-hand!

Les années *paires* et impaires:

The even and odd years

{Qc} **Quelle belle *paire*!:**

What boobs! [See **Quels *nichons!*** and **Elle a une grosse *poitrine***]

Ça, c'est une autre *paire* de manches!:

That's another story! [See **Ça c'est un autre *son* de cloche!**]

On a fait la *paix*! ou {Qc} C'est tout arrangé! ou Tout est arrangé!:

It's all patched up! *[emotions]*

Faire la *paix* (ou Se réconcilier) *[avec un collègue]*:

To shake and make up

Faire la *paix* (ou Se réconcilier) *[avec son conjoint]*:

To kiss and make up

{Qc} **Ça remporte la *palme*!:**

That takes the cake! [See **C'est le *bouquet!***]

Le *panier* à salade ou Le fourgon cellulaire:

The paddy wagon

Tu es un vrai *panier* percé! ou Tu ne sais pas tenir ta langue!:

You don't keep anything to yourself!

Ne *panique* pas! ou Pas de panique ou Du calme!:

Don't push the panic button!

Ma voiture est tombée en *panne* (ou {Qc} a «brisé» *[Expression fautive. À titre indicatif seulement]*), {Fr} **Ma voiture est «cassée»!**

a) My car broke down! **b)** My car has conked out! **c)** My car is out of whack! **d)** My car went on the bum!

Une *panne* d'électricité:

A blackout *[one word]* [but **Tourner de l'œil** ou ***S'évanouir*** ou **Perdre connaissance** = To black out *[two words]*]

Il est tombé dans le *panneau*:

He fell right into the trap [*See* {*Fr*} **Il a *marché* à fond la caisse**]

Tu as les yeux plus grands que la *panse* (*ou* **que le ventre)** *ou* {*Qc*} **Tu en as trop pris sur tes épaules:**

You bite off more than you can chew

S'en mettre plein la *panse* (*ou* {*Fr*} **la lampe):**

To go on a binge [*See* **Faire un *excès***]

Mets-moi ça sur (le) *papier* *ou* **Mets-moi ça par écrit** *ou* **Écris-le noir sur blanc:**

Put it down in black and white

{*Qc*} **Avoir des *papillons* dans l'estomac:**

To have butterflies in the stomach [*See* **Avoir l'*estomac* noué**]

Il y a mis le *paquet*! *ou* {*Qc*} **Il a fait ça en grand!:**

a) He did the whole bit! **b)** He pulled out all the stops!

Ramasser le *paquet* *ou* **Réussir un fameux coup de filet** *ou* **Avoir un grand succès** *ou* {*Fr*} **Décrocher la timbale** *ou* **Réussir une opération lucrative:**

a) To make a big haul **b)** To make a killing

C'est un *paquet* (*ou* **une boule) de nerfs:**

She's (*or* He's) a nervous wreck

J'y mets le *paquet*:

a) *[money]* I spare no expense **b)** *[efforts]* I give all I've got

{*Qc*} **Il aime se *paqueter* la fraise:**

He hits the bottle [*See* **Il aime se *soûler***]

Il ne l'emportera pas au *paradis*!:

He won't get away with it! [*but* **Il va s'en *tirer* sans problème!** = He will get away with it!]

Elle ne demeure pas <u>dans les *parages*</u> (*ou* **<u>dans les environs</u>):**

She doesn't live <u>in this neck of the woods</u>

Un *parasite* *ou* **Un pique-assiette** *ou* {*Qc*} **Un siphonneux** *ou* **Une sangsue** *ou* {*Fr*} **Un tapeur:**

a) A freeloader **b)** A sponger **c)** A moocher

Il ne vivra jamais assez vieux pour se faire *pardonner* ça:

He'll never live it down

Quels *pare-chocs*!:

What knockers! [*See* **Quels *nichons*!** *and* **Elle a une grosse *poitrine***]

C'est du *pareil* au même *ou* **Plus ça change, plus c'est pareil** *ou* **C'est bonnet blanc (et) blanc bonnet** *ou* {*Fr*} **Kif-kif!** *ou* {*Fr*} **Kif-kif bourricot!:**

a) You end up with the same thing **b)** What you gain on one hand you lose on the other **c)** It doesn't make the slightest difference **d)** It's six of one and half a dozen of the other

Parenté *ou* **Famille** *ou* **Entourage:**

Folks [*but* **Famille** *ou* **Parenté** = relatives]

Il faut *parer* au plus pressé:

First things first

C'est un *paresseux* (*ou* **un fainéant, un poids mort,** {*Fr*} **une feignasse,** {*Fr*} **un feignant,** {*Fr*} **un cossard):**

He's a dead beat

Tout était *parfait*!:

It was all peaches and cream! [*See* **Tout *baignait*** (*ou* **baignait dans l'huile)!**]

Elle est trop *parfaite*:

She's miss goody two shoes

Mets-moi au *parfum*!:

Fill me in *[on what happened]* [*See* ***Éclaire*-moi** *[sur ce qui s'est passé]*!

{*Qc*} **Elle n'est pas *parlable*!** *ou* **On ne peut pas discuter avec elle!:**

It's no use talking to her!

Ça, c'est *parler*! *ou* **Super!:**

a) That's more like it! **b)** Now you're talking!

C'est facile de *parler*! *[dans le sens qu'agir serait beaucoup plus difficile]*:

Talk is cheap!

Je vais essayer de le faire *parler* *ou* **Je vais essayer de lui tirer les vers du nez:**

I'll try to worm information out of him

Nous avons *parlé* à bâtons rompus:

We talked about this and that

Viens, on va se *parler* à cœur ouvert (*ou* se parler en tête à tête, se parler entre quatre-z-yeux)!:

a) Come, we'll talk it over! **b)** Come, we'll have a heart-to-heart talk!

***Parler* à mots couverts:**

To talk in veiled terms

Tu *parles* à tort et à travers *ou* Tu dis n'importe quoi! *ou* {Qc} Tu parles à travers ton chapeau!:

a) You don't know what you're talking about! **b)** You're talking through your hat!

C'est comme *parler* à un mur:

It's like talking to a brick wall

***Parlons* affaires! *ou* Parlons de choses sérieuses!:**

Let's talk turkey!

Ça *parle* au diable! *ou* Tu parles d'une affaire!:

Holy cow!

{Qc} Elle *parle* contre tout le monde!:

She bad-mouths everybody! [*See* **Elle *dénigre* tout le monde!**]

J'ai eu toutes les misères du monde à sortir du lit, sans *parler* d'aller travailler:

I could hardly get out of bed, let alone go to work

{Qc} Je lui ai *parlé* dans le casque *ou* Je lui ai parlé dans le blanc des yeux:

I talked to him eyeball to eyeball

{Qc} Il a *parlé* dans son dos *ou* Il l'a poignardé dans le dos *[figuré]*

He stabbed him in the back

***Parlons* de choses sérieuses! *ou* Parlons affaires!:**

Let's talk turkey!

***Parlons* de la pluie et du beau temps *ou* Parlons de tout et de rien:**

Let's talk about the weather

On a *parlé* de lui à la fin de la conversation *ou* {Qc} Il est entré dans le décor à la fin de la conversation:

He came in the picture at the end of the conversation [*but in a car accident*: **Il est rentré dans le *décor*** *ou* {Qc} **Il a pris le fossé** = He took the ditch]

Ils *parlent* de tout et de rien:

They chew the fat (*or* the rag) [*See* **Ils *bavardent***]

Tout le monde *parle* d'eux *ou* Ils font couler beaucoup d'encre:

They're the talk of the town

Tu *parles* d'une chance! *[positif ou négatif]*:

Talk about luck!

***Parle*-lui doucement! *[personne ou chose]* *ou* {Qc} Chante-lui la pomme! *[personne]*:**

Tell her (*or* him, it) sweet nothings!

***Parler* grossièrement (*ou* vulgairement):**

To have a filthy mouth

On ne *parle* pas de ça! *ou* N'en parle pas! *ou* Motus et bouche cousue!:

Mum's the word!

Ne *parle* pas de malheur:

Don't be a pessimist

***Parlons* peu mais parlons bien:**

Make it short and sweet

N'en *parle* plus! *ou* Arrête de parler de ça!:

Knock it off!

On n'en *parle* plus!:

It's over and done with! [*See* {Qc} **C'est *final!***]

On ne se *parle* plus *ou* On ne s'adresse plus la parole:

We're not on speaking terms

***Parle* plus fort! *[dans le sens de* «Je ne t'entends pas*]*»:**

Speak up!

Il a le don de *parler* pour ne rien dire:

He has a gift for gab

Il n'arrête pas de *parler* *ou* Il parle (*ou* jacasse) sans arrêt:

a) He talks a blue streak! **b)** He talks his head off! **c)** He yaps (*or* yaks) all the time!

Il *parle* pour ne rien dire:

a) He talks for the sake of talking **b)** He talks for nothing

C'est un beau *parleur*:

He's a smooth politician (*or* smooth talker)

Grand *parleur*, petit faiseur!

Actions speak louder than words [*See* **Les gestes comptent plus que les *mots***]

Je vais tenir *parole*!:

I'll keep my word!

Ce ne sont que des *paroles*!:

It's just talk! [*See* **Ce n'est que du *blabla!***]

J'essaie de ne jamais dire de *paroles* blessantes:

I try to never say cutting words

Mon patron n'a jamais une *parole* plus haute (*ou* un mot plus haut) que l'autre:

My boss is soft-spoken [*See* **Mon patron est d'*humeur* égale**]

Les *paroles* s'envolent mais les écrits restent:

Nothing is as lasting as the written word

C'est venu de nulle *part* *ou* Il est arrivé à l'improviste:

It (or He) came right out of the blue

Pour ma *part*, il peut bien disparaître:

As far as I'm concerned, he could drop dead [*See* **En ce qui me *concerne*, il...**]

Il a une *part* (*ou* un intérêt) dans l'affaire:

He has a stake in the business

C'est mon *partenaire* (*ou* mon assistant, mon ami, mon copain):

He's my sidekick

Sa *partenaire* *[dans la vie]*:

His better half [*See* **Sa *compagne***]

{*Qc*} **Un *partenaire* silencieux (*ou* Un commanditaire, Un bailleur de fonds):**

A silent partner

Des billets dans la section *parterre*:

Tickets in the orchestra

Il prend toujours le *parti* de sa femme:

He always sides with his wife [*See* **Il *défend* toujours sa femme**]

Ce n'est que *partie* remise *ou* Ce sera pour une autre fois:

a) We'll take a rain check on it **b)** It will be for another time

Tu es mal *parti* *ou* Ça se présente mal pour toi:

You have two strikes against you

***Partons*!:**

a) Let's shove off! **b)** Let's go!

Il est *parti* en coup de vent!:

He ran like a bat out of hell! [*See* {*Qc*} **Il a *couru* comme un perdu!**]

{*Qc*} ***Partir* en grand *ou* Commencer en beauté:**

To get off to a flying start [*See* ***Débuter* brillamment**]

Ils nous ont de *partout* *ou* Il n'y a pas de porte de sortie *ou* {*Qc*} Ils nous ont de tous bords, tous côtés:

They get us coming and going

{*Qc*} **On a eu tout un *party*! *ou* On a fait une fête (*ou* {*Fr*} une bringue) à tout casser! *ou* {*Fr*} On a fait la nouba!:**

a) We had a bash! **b)** We had a blast!

Nous faisions les cent *pas* dans la salle d'attente:

We were pacing up and down in the waiting room

Ça a progressé à *pas* de géant:

It caught on by leaps and bounds

Ce n'est qu'à deux *pas* d'ici *ou* C'est seulement à un {*Fr*} jet de salive (*ou* {*Fr*} jet de pierre) d'ici:

It's only a stone's throw away

Elle n'y est *pas* du tout!:

She's all wrong! [*See* **Elle fait tout de *travers!***]

Pas **encore lui!:**

Not him again!

Je suis *pas* mal fatigué:

a) I'm pretty tired **b)** I'm sort of tired

C'est le premier *pas* qui est le plus difficile *ou* Il n'y a que le premier pas qui coûte:

The first step is the hardest

C'est une *passade*!:

It's a passing fancy!

C'est du *passé*!:

It's over and done with! [*See* {Qc} **C'est *final!***]

Il faut que quelque chose se *passe*!:

Something's got to give!

Qu'est-ce qui se *passe*? (*ou* Que se passe-t-il?):

What's cooking? [*See* **Quoi de *neuf?***]

{Qc} **Il va *passer* à travers *ou* Il va s'en sortir:**

He will pull through

Ça a besoin d'être *passé* au peigne fin:

It needs a good going-over [*See* **Ça a besoin d'être *scruté* à la loupe**]

Passer **de la pauvreté à la richesse:**

To go from rags-to-riches

Passer **l'arme à gauche:**

To kick the bucket

J'ai *passé* la nuit chez ma mère, mais il a travaillé toute la nuit:

I slept overnight at my mother's but he worked all night

Ne *passe* pas à côté de ça! *ou* Ne rate pas cette {Qc} opportunité (*ou* cette occasion)!:

Don't pass it up!

Ne *passe* pas ta colère sur elle:

Don't take it out on her

Passer **quelqu'un à tabac:**

To give someone a good going-over [*See* ***Tabasser*** **quelqu'un**]

L'affaire lui est *passée* sous le nez:

The bargain slipped through his fingers

Je suis *passé* tout près de me (*ou* J'ai bien failli me) faire arrêter par la police:

It was a close call, I almost got caught by the police

{Qc} **Essaye (*ou* N'essaie) pas de m'en *passer* une vite!:**

Don't try to pull the wool over my eyes! [*See* {Qc} **Essaye (*ou* N'essaie) pas de m'en faire *accroire!***]

{Fr} **Il mène une vie de *patachon* depuis la mort de sa femme:**

He's been living it up since his wife died [*See* **Il fait les quatre cents *coups* depuis...**]

Elle l'a laissé tomber {Qc} comme une vulgaire *patate* (*ou* comme une vieille chaussette):

She dropped him like a hot potato

{Qc} **Elle est complètement dans les *patates*!:**

She's full of baloney! [*See* **Elle fait tout de *travers!***]

J'en ai gros {Fr} sur la *patate* (*ou* sur le cœur) *[au sens de vengeance]* *ou* {Qc} **J'ai une crotte sur le cœur:**

I have a chip on my shoulder

... et *patati* et patata *ou* ... et tout le reste *ou* {Fr} ... patin couffin:

... and all that jazz

{Qc} **Donne-moi la *patente*:**

Give me the thingamagig! [*See* **Donne-moi le *machin***]

Ne perds pas *patience* *ou* Garde ton calme (*ou* ton sang-froid):

a) Don't blow a gasket **b)** Don't blow your stack **c)** Don't blow your top **d)** Keep your cool

Prends ton mal en *patience*!:

Hold your horses! [*See* ***Modère*** **tes ardeurs!**]

Il a une *patience* d'ange:

He has the patience of a saint

Ma *patience* est à bout!:

I'm at the end of my rope! [*See* **Je suis au *bout* du rouleau!**]

{*Qc*} **Il n'est pas vite sur ses *patins*!** *[Intelligence]*:

He's not too bright! [*See* **C'est un *arriéré!***]

{*Qc*} **Il n'est pas vite sur ses *patins*!** *[Lenteur]*:

He's a slow poke!

Le stationnement est une vraie *patinoire*:

The parking lot is a real skating rink

C'est un grand *patron* (*ou* {*Qc*} un grand boss):

He's a big wheel (*or* a big boss)

C'est lui le *patron*!:

What he says goes! [*See* **C'est lui qui *mène* le jeu!**]

Qui est le *patron* ici? *ou* Qui est-ce qui commande ici?:

Who has the say-so around here?

Bas les *pattes*! *ou* Touche pas à ça! *ou* Pas touche!:

Hands off!

Faisons une *pause*! *ou* Arrêtons-nous un moment!:

Let's take a breather!

Les riches et les *pauvres*:

The haves and the have-nots

Il est *pauvre* comme Job! *ou* Il est fauché comme les blés! *ou* Il n'a pas un radis! *ou* Il n'a pas de pot pour pisser dedans (*grossier*)!:

a) He doesn't have a pot to piss in! (*rude*) **b)** He is as poor as a church mouse!

Elle se *pavane* *ou* Elle veut se montrer:

She's a real show off

***Payable* sur (*ou* à la) livraison, contre remboursement:**

C.O.D. *[Cash On Delivery]*

<u>Ça fait une *paye*</u> que je ne l'ai pas vu:

I didn't see him <u>in a dog's age</u> [*See* **<u>Ça fait une *éternité*</u> que je ne l'ai pas vu**]

On finit toujours par *payer*! *ou* Ça finit toujours par nous revenir! *[quelque chose de négatif]***:**

A bad penny always comes back!

***Payer* l'addition:**

To pick up the tab

Chacun *paie* sa part!:

a) Let's go Dutch! **b)** It's a Dutch treat!

Lors de cette rencontre, j'étais en *pays* de connaissance:

At this meeting, I was among friends (*or* I was among familiar faces)

Sur ce sujet, j'étais en *pays* de connaissance:

On that matter, I was right at home

Elle a Jean dans la *peau*! *ou* {*Qc*} Elle est mordue de Jean!:

a) She's hung up on John! **b)** She's stuck on John!

Je suis bien dans ma *peau*:

I feel good about myself

Elle n'a que la *peau* et les os!:

She's a bag of bones! [*See* **Elle est *décharnée***]

Je l'ai dans la *peau*:

He's (*or* She's) under my skin

Ça lui coûte la *peau* des fesses (*ou* {*Fr*} peau du cul *(grossier)*):

It costs him an arm and a leg [*See* **Ça lui *coûte* très cher**]

Mets la *pédale* douce!:

Keep your shirt on! [*See* ***Calme*-toi!**]

On doit mettre la *pédale* douce sur les taxes:

We have to clamp down on taxes [*See* **Les taxes, on doit y mettre le *holà***]

***Pédé*:**

Homosexuel [*See* ***Gay***]

À *peine*:

a) Barely **b)** Scarcely **c)** Hardly

{*Qc*} **Donne-toi pas la *peine* de téléphoner *ou* Ce n'est pas la peine d'appeler:**

Don't bother to call

Ses papiers étaient <u>*pêle-mêle*</u> (*ou* <u>éparpillés</u>) sur la table:

Her papers were helter-skelter on the table

J'ai un *penchant* (*ou* un faible) pour les chiens:

I have a soft spot for dogs

***Penche*-toi! *ou* Baisse-toi!:**

Stoop down!

***Pendant* ce temps-là, ... (*ou* Entre-temps, En attendant):**

a) In the meantime... **b)** Meanwhile...

Donne-m'en un *pendant* que tu es là *ou* Donne-m'en un pendant que tu es debout:

Get me one while you're at it

Va te faire pendre ailleurs!:

Get lost! [*See* {Qc} ***Achale*-moi pas!**]

J'étais *pendu* (*ou* suspendu) à ses lèvres:

I was hanging on his every word

Qu'est-ce que tu en *penses*?:

a) How about that? **b)** How does it strike you?

Il ne *pense* qu'à ça! *ou* Il n'a qu'une idée en tête *ou* Il a une idée fixe:

He has a one-track mind!

Je n'ai jamais *pensé* que... *ou* Il ne m'est jamais venu à l'idée que...:

It never occurred to me that...

À quoi *penses*-tu?:

A penny for your thoughts!

Son entreprise est sur une *pente* dangereuse (*ou* est en difficulté):

His business is on the skids

{*Fr*} **Elle mène une vie *pépère*:**

She's a homebody [*See* **Elle est *casanière***]

Tu es mauvais *perdant*:

You're a poor sport

Être *perdant* dans un marché:

To lose out on a deal

Considère-le comme *perdu*!:

Write it off!

***Perdre* connaissance:**

To black out [*See* ***S'évanouir***]

Un de *perdu*, dix de retrouvés:

There are lots (*or* plenty) of good fish in the sea

Ça s'est *perdu* en cours de route:

It got lost in the shuffle

Il a *perdu* la boule (*ou* la tête)!:

He hit the ceiling! [*See* **Il est *sorti* de ses gonds!**]

Tu as *perdu* la boule *[amical]*:

You're off your trolley (*or* your rocker) *[but* **Tu n'es pas dans la bonne *voie*** = *You're off the track]*

Elle a *perdu* la main:

She lost her touch

***Perdre* le fil:**

To lose track

{Qc} ***Perdre* les pédales *ou* Perdre son sang-froid:**

a) To jump off the deep end **b)** To lose control

J'ai essayé de *perdre* l'habitude:

I tried to kick the habit

Ne me fais pas *perdre* mon temps, dis-moi la vérité:

Don't mess around with me, tell me the truth

Ne *perdez* pas de vue que...:

Don't lose sight of the fact that...

Ne *perds* pas ton temps alors que tu devrais travailler:

a) Don't fool around when you should be working **b)** Don't lie down on the job

Tu ne *perds* rien pour attendre *[positif]*:

It will be worthwhile

Tu ne *perds* rien pour attendre *[négatif]*:

a) You'll pay for it **b)** You're gonna get it

***Perdre* ses moyens:**

To crack up

{Qc} **Il a *perdu* son nom! *ou* Il a mauvaise réputation!:**

His name is mud!

Perdre **son temps:**

To dilly-dally [*See* ***Lambiner***]

Je n'ai pas voulu te faire *perdre* tes moyens:

I didn't mean to cramp your style [*See* **Je n'ai pas voulu te *déranger***]

Son *père* est né avant lui *[dans le sens qu'il est riche] ou* **Il est né avec une cuillère d'argent dans la bouche:**

He was born with a silver spoon in his mouth

Je suis dans une *période* de chance:

a) I'm having a winning streak **b)** I'm having a streak of good luck

C'est une *perle*!:

She's one in a million! [*See* **C'est un *oiseau* rare!**]

Tout est *permis*!:

a) No holds barred! **b)** Anything goes!

{Fr} **C'est à *Perpète*-les-Oies!:**

It's a long way off! *[distance]* [*See* **C'est au *bout* du monde!**]

Aucune *personne* sensée ne payerait ce prix-là!:

No one in his right mind would pay that price!

On travaille avec un *personnel* réduit au minimum:

We're working with a skeleton crew

C'est une *perte* de temps! *ou* **C'est du temps perdu!:**

That's a waste of time!

Ce politicien est en *perte* de vitesse:

This politician is losing momentum

Elle vaut son *pesant* (*ou {Fr}* **son besant) d'or:**

She's worth her weight in gold

Il ne *pèse* pas lourd dans la compagnie:

He doesn't carry much weight in the company

{Qc} **Pèse sur le gaz!** *ou* **Pèse dessus!:**

Step on the gas! [*See* ***Accélère!***]

Elle est *pessimiste*:

She's always a sad sack

C'est une petite *peste*!:

He's a little twerp! [*See* **C'est un petit *garnement!***]

Je le fuis comme la *peste*:

I avoid him like the plague

C'est à *Pétaouchnoke*!:

It's way out in the boondocks [*See* **C'est au *bout* du monde!**]

{Fr} **Elle est en *pétard*** (*ou* **en furie)!:**

She's all bent out of shape!

Péter *ou* **Faire un pet:**

To lay a fart *[past tense: laid]*

Il *pète* le feu *ou* **Il a de l'énergie à revendre** *ou* **Il est débordant d'énergie** *ou {Fr}* **Il est gonflé** (*ou* **remonté) à bloc** *ou* **Il a beaucoup d'allant** *ou {Fr}* **C'est un battant:**

a) He's full of get-up-and-go **b)** He's full of vim and vigor **c)** He's got plenty of drive **d)** He's full of pep **e)** He has a lot of zip

{Fr} **Il a *pété* les boulons!:**

He went off the deep end! [*See* **Il est *sorti* de ses gonds!**]

Il *pète* plus haut *{Qc}* **que le trou** *(vulg.)* (*ou {Fr}* **que son cul** *(vulg.)*)**!:**

He's too big for his breeches! [*See* **Il se prend pour le *nombril* du monde!**]

C'est trop *petit*! *[comparé à ce que ça devrait être]*:

It's a cheesy portion!

Il est *petit* pour son âge! *ou {Qc}* **C'est juste un petit bout** *[pour son âge]*!:

a) He's just a half-pint! **b)** He's a shrimp!

{Fr} **Elle a eu la *pétoche*:**

She was scared to death! [*See* **Elle a eu une *peur* bleue**]

Je suis dans le *pétrin*! *ou {Qc}* **Je suis dans l'eau bouillante!** *ou {Fr}* **Je suis dans la mouise!** *ou* **Je suis dans l'embarras!:**

a) I'm in a fix! **b)** I'm in hot water! **c)** I'm in dutch! **d)** I'm in a jam! **e)** I'm in a pickle! **f)** I'm in a tight spot! **g)** I'm in a tough spot!

Il m'a sorti du *pétrin*! *ou* Il m'a tiré d'affaire:

He got me off the hook!

***Peu* importe!:**

It doesn't matter to me! [*See* **Je m'en *fiche!***]

Avoir *peur* *ou* Se dégonfler *ou* Se débiner:

a) To have cold feet **b)** To chicken out

Ma voiture a dérapé, j'ai eu très *peur* (*ou* j'ai eu chaud)!:

My car skidded, I got a real scare!

Elle a eu une *peur* bleue! *ou* {Qc} Elle a eu la chienne! *ou* Elle a eu la frousse! *ou* Elle a eu {Fr} les jetons (*ou* {Fr} la pétoche, {Fr} les foies):

a) She almost jumped out of her skin! **b)** She was scared out of her wits! **c)** She was scared stiff! **d)** She was scared to death!

Il m'a flanqué une *peur* bleue! *ou* Il m'a fichu une de ces frousses! *ou* {Qc} Il m'a donné la chienne!:

a) He frightened the living daylights out of me! **b)** He scared me stiff! **c)** He scared the hell (*or* the life) out of me!

C'est une *peureuse*!:

She's a sissy! [*but* **Il fait un peu *tapette!*** = He's a sissy!]

Peux/peut*: See under *Pouvoir

{Fr} Amène le *pèze*!:

Cough up the money! [*See* ***Crache* l'argent!**]

Quel *phénomène*!:

What a character! [*See* **Quel drôle de *numéro!***]

Elle a la *phobie* des araignées:

She has a thing about spiders

Il a le *physique* de l'emploi:

He looks the part

Vous tombez (*ou* arrivez) à *pic*! *ou* Vous tombez bien!:

You come just at the right time

{Fr} Il aime *picoler*:

He hits the bottle [*See* **Il aime se *soûler***]

C'est une vraie *pie*:

She's a real gossip [*See* **C'est une vraie *commère***]

{Fr} Je n'ai que des *pièces* jaunes:

All I have is chicken feed [*See* **Je n'ai que de la menue *monnaie***]

Nous sommes sur un même *pied* (*ou* sommes égaux) *ou* Nous sommes à égalité:

We're on the same level

Il joue comme un *pied* *ou* Il joue vraiment mal:

a) He's a hopeless player **b)** He's a pathetic player

Il est à ses *pieds*:

He worships the ground she walks on [*See* **Il est à *genoux* devant elle**]

{Fr} Je prends mon *pied* à danser *ou* J'aime (*ou* adore) danser:

I get a kick (*or* a bang) out of dancing

Il s'y prend comme un *pied* (*ou* {Fr} comme un manche)!:

He hasn't a clue how to go about it!

{Fr} C'est bien fait pour ses *pieds* (*ou* sa gueule *(grossier)*)!:

He asked for it! [*See* **Il a *couru* après!**]

Tu ne sais pas où tu mets les *pieds*:

You don't know what you're getting into [*See* **Tu ne sais pas où ça va te *mener***]

Il est parti du mauvais *pied* *[en affaires ou ailleurs]*:

He got off on the wrong foot [but **Se lever du *pied* gauche *ou* Se lever du mauvais pied** = To get up on the wrong side of the bed]

Il a bon *pied* bon œil! *ou* Il se porte comme un charme! *ou* Il est en grande forme! *ou* Il est frais et dispos!:

a) He's fit as a fiddle! **b)** He's fine and dandy! [but **Elle est *fraîche* comme une rose** = She's fresh as a daisy]

Pas question que je mette les *pieds* chez lui!:

I wouldn't set a foot in his house!

{Qc} **Il a les deux *pieds* dans la même bottine:**

He doesn't know his way out of a paper bag!

Il a un *pied* dans la tombe:

He has one foot in the grave (and one on a banana peel)

Tu as le don de mettre les *pieds* dans {Qc} **les plats (*ou* {Fr} dans le plat)! *ou* Tu as le don de gaffer!:**

a) You always put your foot in your mouth!
b) You always put your foot in it!

{Qc} **Je me suis mis les *pieds* dans les plats (*ou* {Fr} J'ai mis les pieds dans le plat)!:**

I put my foot in it! [*See* **J'ai fait une *gaffe!***]

Elle ne sait pas sur quel *pied* danser! *ou* Elle ne sait pas à quel saint se vouer!:

She can't make up her mind!

Je ne sais plus sur quel *pied* danser dans cette affaire! *ou* Je suis bien embarrassé dans cette situation!:

I'm up a tree in this situation!

Je vais obéir <u>au *pied* de la lettre</u>:

I will obey <u>to the letter</u>

Il n'a pas pris ça au *pied* de la lettre!:

He laughed it off! [*See* {Qc} **Il a pris ça avec un *grain* de sel!**]

Ne prends pas ce qu'il dit au *pied* de la lettre! *ou* Ne le prends pas au mot!:

Don't take him at his word!

Il t'a mis au *pied* du mur!:

He's got you over a barrel! [*See* **Il te tient à sa *merci!***]

Mis au *pied* du mur, il a finalement payé *ou* Quand il se retrouva le dos au mur, il paya:

When his back was against the wall, he paid

Elle <u>fait des *pieds* et des mains</u>, mais je ne veux quand même pas devenir son amie:

She tries <u>to kill me with kindness</u> but I still don't want to make friends with her

On a fait des *pieds* et des mains pour y aller (*ou* On a remué ciel et terre pour..., On a tout essayé pour...):

a) We went the whole nine yards to go there
b) We moved heaven and earth to go there
c) We fought tooth and nail to go there

<u>Tu auras beau faire des *pieds* et des mains</u>, il n'acceptera jamais!:

There's no use banging your head against the wall, he'll never agree! [*See* **<u>Ça ne *sert* à rien de te cogner</u> (*ou* <u>frapper) la tête contre les murs</u>, il...**]

Se lever du *pied* gauche *ou* Se lever du mauvais pied:

To get up on the wrong side of the bed [but **Il est parti du mauvais *pied*** *[en affaires ou ailleurs]* = He got off on the wrong foot]

Être six *pieds* sous terre:

a) To be six feet under **b)** To push up daisies

Il a les deux *pieds* sur terre! *ou* Il est réaliste!:

He's down to earth!

Ça lui remettra les *pieds* sur terre:

That'll bring him down to earth

Faire d'une *pierre* deux coups:

To hit two birds with one stone

{Qc} **Tous les *Pierre*, Jean, Jacques *ou* {Fr} Tous les Pierre, Paul, Jacques et Jean:**

Every Tom, Dick and Harry

***Pierre* qui roule n'amasse pas mousse:**

A rolling stone gathers no moss

Je dis ça au *pif*! *ou* Je dis ça au hasard!:

I say that but it's a shot in the dark!

Tu es un *pigeon* (*ou* une proie facile, {Fr} un gogo)!:

You're a sitting duck

J'ai *pigé*! *ou* J'ai saisi! *ou* Je te comprends!:

a) Got you! **b)** Gotcha!

Je n'ai pas *pigé* l'affaire:

I didn't get what you said [*See* **Je n'ai pas *compris* ce que tu as dit**]

{Fr} **J'y *pige* que dalle!:**

It's clear as mud! [*See* **C'est le *brouillard* total!**]

***Piges*-tu comment on fait ça? *ou* Comprends-tu comment on fait ça?:**

Do you get the hang of it?

– Combien ça a coûté?
– 100 $?
– *Pile*!:

Right on the nose! (*or* Right on!) [*See* ***Exactement!***]

Il est cinq heures *pile* (*ou* tapant)!:

a) It's five o'clock on the nose! **b)** It's five o'clock sharp!

***Pile* ou face!:**

Let's toss-up!

{Fr} **Un *pilier* de comptoir *ou* L'habitué d'un bar:**

A barfly

{Fr} **Je me suis emmêlé les *pinceaux*!:**

I pulled a boner! [*See* **J'ai fait une *gaffe!***]

{Fr} **Il en *pince* pour elle:**

He fell for her [*See* *{Qc}* **Il est *tombé* en amour avec elle**]

Elle n'est pas à prendre avec des *pincettes* *ou* *{Qc}* Il faut la prendre avec des gants blancs:

You have to handle her with kid gloves

{Qc} **Mets ça dans ta *pipe* puis fume!:**

Put that in your pipe and smoke it [*See* **Si ça ne te *plaît* pas, c'est le même prix!**]

{Fr} **Tout ça, c'est du *pipeau*!:**

That's a lot of hot air! [*See* **Tout ça, c'est du *vent!***]

{Fr} **C'est une vraie *pipelette*:**

He's (*or* She's) a real chatterbox [*See* **C'est un vrai *moulin* à paroles**]

Faire *pipi* *ou* Pisser:

To pee

Un *pique-assiette*:

A freeloader [*See* **Un *parasite***]

Cette remarque l'a *piqué* au vif! *ou* Le coup a porté!:

That remark hit home!

Il a *piqué* (*ou* dérobé, volé, *{Fr}* chouravé) de l'argent:

He snitched some money!

Ce n'est pas *piqué* des vers (*ou* *{Fr}* des hannetons)!:

That's a corker!

Une *piquerie*:

A crack house

Ça pourrait être *pire*! *ou* Ce n'est pas la fin du monde!:

It's not the end of the world!

{Qc} ***Pis*!?! *ou* *{Qc}* Pis après!?! *ou* Qu'est-ce que ça peut faire!?! *ou* Et alors?:**

a) What the heck! **b)** Big deal!

***Pisser* *ou* Faire pipi:**

To pee

{Qc} **Il n'a pas de pot pour *pisser* dedans!** *(grossier)***:**

He doesn't have a pot to piss in! *(rude)* [*See* **Il est *pauvre* comme Job!**]

On est sur une *piste* chaude (*ou* sur la bonne piste)!:

We're on a hot trail!

Quel drôle de *pistolet* (*ou* de zigoto)!:

What a hot ticket!

***Pitié*!:**

Have a heart! [*See* **Sois *sympa!***]

Par *pitié*! *ou* De grâce!:

For pity's sake!

{Fr} **Il est au *placard*!:**

He's in the can! [*See* **Il est en *prison!***]

Je n'aimerais (*ou* ne voudrais) pas être à sa *place*!:

I wouldn't like to be in his (*or* her) shoes!

T'es (*ou* Tu es) bien mal *placé* pour en parler!:

a) You're a good one to talk! **b)** Look who's talking! **c)** You're a great one to talk! **d)** You're a fine one to talk!

N'essaie pas de te faire *plaindre* ou Ne me fais pas pleurer! ou Arrête, tu vas me faire pleurer! *[ironique]*:

a) Don't give me a sob story **b)** Don't give me a hard luck story!

Tu te *plains* le ventre plein ou Tu ne connais pas ta chance:

You don't know when you're well-off

Ils se *plaignent* tout le temps:

They're always moanin' and groanin' [*See* **Ils *bougonnent* tout le temps**]

J'irai quand ça me *plaira*:

I'll go when I'm good and ready [*See* **J'irai quand j'en aurai *envie***]

Ça me *plaît*!:

It tickles my fancy! [*See* {*Qc*} **Ça me fait un petit *velours!***]

Elle me *plaît* beaucoup ou C'est une fille comme je les aime:

She's a girl after my own heart

Tu vas le faire, que ça te *plaise* ou non (ou de gré ou de force)!:

You'll do it whether you like it or not!

Que ça te *plaise* ou non, je vais l'obtenir ou Crois-moi, je vais l'obtenir:

Make no mistake, I'll get it!

Si ça ne te *plaît* pas, c'est le même prix! ou {*Fr*} Mets ça dans ta poche et ton mouchoir par-dessus! ou {*Qc*} Mets ça dans ta pipe puis fume!:

Put that in your pipe and smoke it!

Il ne *plaisante* pas! ou Il est sérieux!:

He means business!

Je l'ai fait juste pour le *plaisir*:

I did it for the fun of it

Tu fais *plaisir* à voir:

You're a sight for sore eyes [*but* {*Qc*} **Tu *fais* dur** = You look a sight]

Une *planche* à couper (ou à découper):

A cutting board

{*Fr*} **Tu es complètement à côté de la *plaque*!:**

You're out in left field! [*See* **Tu n'es pas *dedans* du tout!**]

{*Fr*} ***Planque* ça! ou Camoufle ça!:**

Sweep it under the carpet (*or* the rug)!

Tu ne devrais pas en faire tout un *plat* (ou en faire un drame, en faire une affaire d'État):

a) You shouldn't raise a stink **b)** You shouldn't raise Cain **c)** You shouldn't raise hell **d)** You shouldn't make a federal case out of it

N'en fais pas tout un *plat*! ou N'en fais pas un drame (ou une affaire d'État)!:

a) Don't make a big deal out of it! **b)** Don't make a fuss over it! **c)** Don't make a federal case out of it! **d)** Don't make an issue out of it!

{*Qc*} **Il est *plate*!:**

He's a blob! [*See* **Il est *ennuyant!***]

Elle est *plate* comme une planche à repasser (ou planche à pain) ou {*Fr*} Elle est plate comme une limande!:

a) She's flat as an ironing board! **b)** She's a carpenter's dream!

Je te l'ai apporté sur un *plateau* d'argent:

I gave it to you on a silver platter

Il a toujours tout sur un *plateau* (d'argent) ou Il a toujours tout tout cuit (ou rôti) dans le bec:

He gets everything on a silver platter

Je dois faire le *plein* *[d'essence]*:

I have to gas up

{*Qc*} **Le stationnement était *plein* à craquer!:**

The parking lot was jammed!

Il est *plein* aux as!:

He's loaded! [*See* **Il est très *riche!***]

Les gens *pleins* aux as ou {*Qc*} Les gens pleins comme des boudins:

The fat cats [*See* **Les *richards***]

{Qc} **C'est en *plein* ça!** *ou* **Tu as tapé en plein dans le mille!:**

You hit the nail on the head!

{Qc} **C'est un gros *plein* de merde!** *(vulg.)* *ou* {Fr} **C'est un gros tas!** *(grossier)*:

He's full of shit! *(rude)*

C'est un gros *plein* de soupe!:

a) He's full of coke! **b)** He's full of baloney!

J'étais <u>en *plein*</u> milieu de...:

I was <u>smack</u> in the middle of...

Ne me fais pas *pleurer*! *ou* **Arrête, tu vas me faire pleurer!:**

Don't give me a hard luck story! [*See* **N'essaie pas de te faire *plaindre!***]

Je *pleurais* à fendre l'âme *ou* **Je pleurais à chaudes larmes** *ou* **Je pleurais toutes les larmes de mon corps:**

a) I was crying my eyes out **b)** I was crying my heart out

Elle a *pleuré* comme une Madeleine (*ou* comme un enfant):

She cried like a baby

Arrête de *pleurnicher* (*ou* de t'apitoyer) sur ton sort!:

Stop feeling sorry for yourself!

{Qc} **Il *pleut* à boire debout** *ou* {Qc} **Il pleut des clous** *ou* **Il pleut à verse** *ou* {Fr} **Il tombe des hallebardes (*ou* {Fr} des cordes):**

a) It's coming down in buckets **b)** It's raining cats and dogs

{Qc} **Ça ne me fait pas un *pli* sur la différence!:**

What the heck do I care! [*See* **Je m'en *fiche!***]

Tu dois te *plier* aux directives *ou* **Tu dois obéir:**

You have to toe the line

Elle était *pliée* en deux!:

She laughed her head off! [*See* **Elle *riait* aux éclats!**]

Ça va lui mettre du *plomb* {Qc} dans la tête (*ou* {Fr} dans la cervelle):

a) It'll put something in his (or her) head
b) That will knock some sense into him

Il fait la *pluie* et le beau temps:

He's the cock of the roost *[familiar]* [*See* **C'est lui qui *dirige***]

La *plupart* du temps...:

More often than not... [*See* **Plus *souvent* qu'autrement...**]

Mets-en quelques-uns de *plus*!:

Throw in a few extras!

Il est *plus* que millionnaire:

He's a millionnaire <u>and then some</u>

***Plus* on est de fous, plus on rit!:**

The more, the merrier!

Je suis <u>*plus* ou moins</u> heureux que...:

I'm <u>kind of</u> happy that...

***Plus* tu en as, plus tu en veux!:**

The more you have, the more you want!

L'affaire est dans la *poche* (*ou* dans le sac)!:

I've got it made! [*See* **C'est *sûr* et certain!**]

Je connais Montréal <u>comme ma *poche*</u> (*ou* <u>sur le bout des doigts, par cœur</u>):

I know Montréal <u>like the back of my hand</u>

Je l'ai dans ma *poche* *ou* {Fr} **Je l'ai à ma pogne** *ou* **Il mange dans ma main** *[figuré]* *ou* **Je fais ce que je veux avec lui** *ou* {Fr} **Je l'ai à ma botte:**

a) I have him eating out of the palm of my hand **b)** I have him in my pocket **c)** He's at my beck and call

{Fr} **Mets ça dans ta *poche* et ton mouchoir par-dessus!:**

Put that in your pipe and smoke it! [*See* **Si ça ne te *plaît* pas, c'est le même prix!**]

{Fr} **Je l'ai à ma *pogne*:**

He's at my beck and call [*See* **Je l'ai dans ma *poche***]

Ça m'enlève un *poids* des épaules (*ou* de la conscience):

That's a load off my mind!

Il a deux *poids*, deux mesures:

He has double standards

Il n'y a pas deux *poids*, deux mesures!:

What's good for the goose is good for the gander!

Il ne fait pas le *poids* face à son adversaire:

He's no match for his opponent

C'est un *poids* mort:

He's a dead beat [*See* **C'est un *paresseux***]

Il est à *poil* (*ou* tout nu) *ou* Il est en costume d'Adam:

He's in his birthday suit

Reprendre du *poil* de la bête:

To regain strength

J'y vais, un *point* c'est tout (*ou* point final)!:

I'm going and that's all there is to it!

Sur le *point* de...:

On the verge of...

Ce document est bon à tous *points* de vue:

This document is good in every respect

C'est sur le *point* de se produire *ou* C'est imminent:

It's just around the corner

Dois-je lui mettre les *points* sur les «i»?:

Do I have to draw him a picture? [*See* **Dois-je lui faire un *dessin*?**]

Il a mis les *points* sur les «i» ({Qc} et les barres sur les «t») *ou* Il a été catégorique:

He put his foot down

Il lui a mis les *points* sur les «i» ({Qc} et les barres sur les «t»)! *ou* Il l'a rappelé à l'ordre!:

He laid down the law!

Elle est très *pointilleuse*:

She's very choosy (*or* fussy, picky, finicky)

Il est trop *pointilleux* et vieux jeu!:

He's an old fuddy-duddy!

Coupons la *poire* en deux! *ou* Faisons chacun la moitié du chemin!:

Meet me halfway!

***Poisson* d'avril:**

April Fool

Il est heureux comme un *poisson* dans l'eau! *ou* Il est heureux comme ça ne se peut pas!:

He's happy as a bedbug!

Elle a une grosse *poitrine*! *ou* {Qc} Elle est bien meublée! *ou* Il y a du monde au balcon! *ou* Elle a de gros seins!:

a) She's very busty! **b)** She has a big bust **c)** She has big breasts [*See also* **Quels *nichons!***]

C'est un *poltron*:

He's a fraidy-cat [*See* **C'est une *poule* mouillée**]

Une *pomme* par jour éloigne le médecin:

An apple a day keeps the doctor away

La *pomme* pourrie du panier *ou* Le mauvais élément:

The bad apple

{Fr} Elle a décroché le *pompon*!:

She hit the jackpot! [*See* **Elle a gagné le premier *prix!***]

{Fr} Elle a décroché le *pompon* quand...:

She made a clean up when she... [*See* **Elle a fait un gros {Qc} *coup* d'argent**]

C'est une personne *pondérée* (*ou* modérée):

She's a level-headed person

{Fr} Elle est toujours sur le *pont*:

She's always on the go [*See* **Elle est toujours *sortie***]

Il en a coulé de l'eau sous les *ponts* depuis!:

A lot of water has flowed under the bridge since then!

Il n'y a pas de *porte* de sortie:

They get us coming and going [*See* **Ils nous ont de *partout***]

{Qc} Elle ne *porte* pas à terre!:

She's on a cloud! [*See* **Elle *nage* dans le bonheur!**]

Cette situation {Fr} me *porte* (*ou* {Qc} me tombe) sur les nerfs:

This situation is nerve-racking (*or* nerve-wracking)

{*Qc*} **C'est un vrai *porte-panier* *ou* C'est une vraie commère:**

She's a real tattletale

Il était son *porte-parole*:

He was her (*or* his) mouthpiece (*or* her (*or* his) spokesperson)

{*Qc*} **Donne-moi une *portion* (*ou* mesure) de rhum:**

Give me a jigger of rum

C'est le *portrait* tout craché de son père *ou* C'est bien le fils de son père:

a) An apple doesn't fall far from the tree **b)** He's a chip off the old block **c)** He's the spitting image of his father

Tu dois *camper* (*ou* demeurer) sur tes *positions*:

You have to stick to your guns [*See* **Tu ne dois pas en *démordre***]

Ce n'est pas *possible*!:

a) What do you know! **b)** You don't say!

J'étais en mauvaise *posture*!:

I was behind the eight ball!

J'ai découvert le *pot* aux roses!:

I figured it out by myself!

Quand vous découvrirez le *pot* aux roses (*ou* la vérité)...:

When you find out what's been going on

Ramasser (*ou* Recoller) les *pots* cassés *ou* {*Qc*} Ramener les affaires:

To pick up the broken pieces

{*Qc*} **Dans les petits *pots*, les meilleurs onguents!:**

Good things come in small packages!

Espérer un *pot-de-vin* (*ou* une ristourne)

To expect a kickback

{*Fr*} **Mon *pote*:**

My buddy [*See* **Mon grand *copain***]

***Pouah*! *[dédain]*:**

Oh my aching back! [*See* {*Qc*} ***Ouach!***]

{*Qc*} **Avoir les mains pleines de *pouces*:**

To have butterfingers [*See* **Être *maladroit***]

Ne cède pas d'un *pouce*!:

Don't budge an inch!

Arrête de te tourner les *pouces*, mets-toi au travail *ou* Arrêtez de vous tourner les pouces, mettez-vous au travail:

Don't twiddle your thumbs, get to work

{*Qc*} **Donne-lui un *pouce*, il va prendre un pied!:**

Give him an inch, he'll take a yard!

Ça s'est répandu comme une traînée de *poudre*:

It spread like wildfire

C'est ça qui a mis le feu aux *poudres*:

That's what sparked off the incident

Prends la *poudre* d'escampette!:

Run as fast as your legs can carry you! [*See* **Prends tes *jambes* à ton cou!**]

Elle a *pouffé* (*ou* éclaté) de rire!:

She cracked up! [*See* **Elle *riait* aux éclats!**]

Il est allé se coucher à l'heure des *poules* (*ou* {*Fr*} comme les poules)!:

a) He went to bed early! **b)** He went to bed at sundown!

Quand les *poules* auront des dents:

When chickens have teeth

Ça arrivera le jour où les *poules* auront des dents!:

a) It's scarcer than hens' teeth! **b)** It'll happen when hell freezes over!

C'est une *poule* mouillée *ou* {*Fr*} C'est un couard *ou* C'est un poltron:

a) He's a fraidy-cat **b)** He's a scaredy-cat

Les *pour* et les contre:

The pros and the cons

Il est *pourri* jusqu'à la moelle (*ou* jusqu'à l'os):

He's rotten to the core

Ces enfants sont *pourris* (*ou* trop gâtés, pourris-gâtés):

These kids are spoiled

C'est un bon *pourvoyeur* *ou* C'est une vache à lait:

He's a good meal ticket

On m'a *poussé* à bout:

I got raked over the coals [*See* **Je me suis fait *réprimander***]

Ne *pousse* pas! *ou* Ne tire pas trop sur la corde! *ou* {Qc} Ne force pas ta chance! *ou* Ne tente pas le diable!:

Don't push your luck!

Tu *pousses* un peu fort! *ou* Tu exagères! *ou* C'est la meilleure!:

a) That's pushing it! **b)** That's going some!

Mordre la *poussière* *[figuré]* *ou* Être congédié *ou* Se passer la corde au cou *[plaisant: se marier]*:

To bite the dust

{Qc} **Elle n'est plus un petit *poussin* du printemps! *ou* Elle n'a plus ses jambes de vingt ans!:**

She's no spring chicken!

Avoir les pleins *pouvoirs* *ou* Avoir carte blanche:

To have free rein

Pouvoir – peux – peut

***Peux*-tu faire mieux? *ou* Peux-tu faire plus?:**

Can you beat that? [*See* {Qc} **C'est-tu assez *fort!*** *(Non recommandé. À titre indicatif seulement)*

{Qc} **Ça ne se *peut* pas que...**

There's no such a thing as...

Je n'en *peux* plus!:

I can't stand (*or* take) it any longer! [*See* **J'en ai *assez!***]

{Qc} **Ça se *peut*-tu!** *[incrédulité]*:

Can you beat that? [*See* {Qc} **C'est-tu assez *fort!*** *[Non recommandé. À titre indicatif seulement]!*]

C'est *pratique*! *ou* C'est commode!:

It's handy!

Son travail est <u>*précaire*</u>:

He's <u>on shaky grounds</u> at his job [*See* **Son travail n'est <u>pas *stable*</u>**]

Deux *précautions* valent mieux qu'une! *ou* On n'est jamais trop prudent!:

Better safe than sorry!

Peux-tu être plus *précis*?:

Can you be more specific?

C'est mon lieu de *prédilection* *ou* C'est ma retraite favorite:

It's my hangout

On ne peut pas *prédire* ce qui va arriver:

There's no telling what will happen

<u>Je *préférerais*</u> (*ou* <u>J'aimerais autant</u>) te payer maintenant:

<u>I'd just as soon</u> pay you now

***Premier* arrivé, premier servi!:**

First come first served!

Elle est *première* partout!:

She's got straight A's! [*See* {Qc} **C'est une *bolée!***]

Prendre – pris

Pour qui te *prends-tu*?:

Who do you think you are?

Qu'est-ce qui te *prend*?:

What's the big idea? [*See* **Quel est ton *motif?***]

Qu'est-ce qui te *prend*?:

What's eating you? [*See* **Quelle *mouche* t'a piqué?**]

Qu'est-ce qui vous (*ou* t') a *pris*?:

What's got into you? [*See* **Quelle *mouche* t'a piqué?**]

Je l'ai mal *pris*!:

I took it the wrong way!

Je suis *pris*! *ou* Je suis très occupé!:

I'm booked!

C'est à qui veut le *prendre*!:

It's up for grabs!

C'est toujours ça de *pris*! *ou* C'est toujours mieux que rien! *ou* {Fr} C'est toujours ça que les Allemands (*ou* les Boches, les Russkofs) n'auront pas!:

a) At least, it's something! **b)** Half a loaf is better than none! **c)** You'll have that under your belt!

Je vais te *prendre* au mot!:

I'll take you up on it! [*but* **Je vais te *croire* sur parole** = I'll take your word for it!]

***Prendre* de l'avance:**

To get ahead

Le jeune adulte doit <u>se *prendre* en charge</u>:

The young adult must <u>take responsibility for himself</u>

Je ne veux pas me faire *prendre* entre deux feux *ou* Je ne veux pas être coincé entre les deux:

I don't want to be caught in the middle

Il faut en *prendre* et en laisser! *ou* {Fr} Il y a à boire et à manger *[dans ce qu'il dit]*:

a) You can believe half of what you see and none of what you hear! **b)** You have to take some and leave some!

Allons (*ou* Sortons) *prendre* l'air:

Let's get some fresh air

Il l'a laissé *prendre* la parole:

He let him have the floor

***Prendre* la route:**

To hit the road [*but* **En *route!*** = Let's hit the road!]

***Prends* la vie comme elle vient!:**

Take things as they come!

{Qc} On a *pris* le tour de le faire *[comme les autres]* *ou* On s'est lancé dans l'action:

We got into the swing of things

<u>J'ai *pris* les devants</u> pour l'arrêter:

<u>I took the initiative</u> to stop him

Elle le *prend* mal! *ou* Elle prend ça mal!:

She takes it hard!

<u>C'est à *prendre* ou à laisser</u> *ou* <u>C'est ça ou rien</u>:

<u>Take it or leave it</u>

{Qc} Je ne le *prends* (*ou* supporte) pas!:

I won't have it! [*See* **J'*endure* (*ou* Je n'endure) pas ça!**]

Ne t'en *prends* pas à plus petit que toi:

Pick on somebody your size

Ne le *prends* pas au mot! *ou* Ne prends pas ce qu'il dit au pied de la lettre!:

Don't take him at his word!

Ne *prends* pas la responsabilité de le faire tout seul:

Don't take it upon yourself to do it alone

Elle l'a *pris* pour acquit:

She took it for granted

Il se *prend* pour qui celui-là!:

He thinks he's a big wheel! [*See* **Il joue à «l'*important!*»**]

Elle se *prend* pour une autre! *ou* Elle se pense meilleure que les autres!:

She thinks she's the cat's meow!

Il ne peut pas *prendre* sa place *ou* Il ne peut pas la remplacer:

He can't fill her shoes!

***Prendre* son pied:**

To have a quickie [*See* ***Baiser***]

Il s'est fait *prendre* sur le fait!:

He was caught red-handed! [*See* **Il s'est fait prendre la *main* dans le sac!**]

***Prends* toi en main! *ou* Ressaisis-toi! *ou* Reprends-toi! *ou* Sors-en! *ou* Remue-toi un peu!:**

a) Get it together! **b)** Put (*or* Get) your act together! **c)** Get a grip on yourself! **d)** Get with it! **e)** Snap out of it! **f)** Get your shit together! *(rude)*

Ils se *prennent* toujours à la gorge:

They're always at each other's throat [*See* **Ils sont toujours à *couteaux* tirés**]

***Prends* tout ton temps!:**

Take your own sweet time!

Pour qui te *prends*-tu?:

Who do you think you are?

Comment *prends*-tu ça?:

How's that grab you?

Il aime *prendre* un coup:

He hits the bottle [*See* **Il aime se *soûler***]

{*Qc*} **Va *prendre* une marche** *ou* **Va faire un tour:**

Go take a walk

Il se *prépare* une vie plus facile:

He's feathering his nest

Pré-retraite *ou* **Retraite anticipée:**

Early retirement

Vous n'êtes pas *près* de me revoir:

You've seen the last of me

C'était vraiment très *près* de se produire!:

It was a close shave! [*See* **Il était *moins* une!**]

Quelque chose va se *présenter* *ou* **Quelque chose va se produire:**

Something will turn up

Ça se *présente* mal pour toi *ou* **Tu es mal parti** (*ou* {*Fr*} **mal barré**)**:**

You have two strikes against you

***Presque* tout:**

a) Practically all **b)** Almost all

J'ai le *pressentiment* que quelque chose va arriver:

I have a hunch that something will happen

Si on lui *pressait* le nez, il en sortirait du lait *ou* {*Qc*} **Il n'a pas encore le nombril sec:**

a) He's not dry behind the ears **b)** He's still wet behind the ears

On est toujours *prêt* à partir!:

We're always on the go!

Il est *prétentieux*!:

He's a stuffed shirt! [*See* **Il est *hautain!***]

***Prêter* de l'argent:**

To give a loan (*or* To lend money) [*but* **Faire un *emprunt*** = To borrow (*or* To take out a loan)]

Ne *prête* pas foi à ce qu'il dit *ou* **Ne te fie pas à ce qu'il dit:**

Don't put any stock in what he says

{*Fr*} **C'est un *prêté* pour un rendu:**

It's tit for tat [*See* **C'est *donnant*, donnant**]

Elle m'a donné toutes sortes de *prétextes*!:

She gave me a song and dance!

Mieux vaut *prévenir* que guérir!:

a) An ounce of prevention is worth a pound of cure! **b)** A stitch in time saves nine!

Je vous aurai *prévenu*! *ou* **Je vous aurai mis en garde!:**

Mark my words!

C'est *prévisible*!:

It's in the cards!

Comme *prévu*, ...:

As one might expect, ... [*See* **Comme de *raison*, ...**]

Je vous en *prie*, ...:

By all means, ...

Il est en *prison* (*ou* **en taule,** {*Fr*} **au placard**)**!:**

a) He's in the can! **b)** He's in the slammer!

Il s'est retrouvé en *prison*:

He landed in jail

Il a fait de la *prison*:

He served time

Je le veux à tout *prix*!:

I've set my heart on it!

Elle voulait à tout *prix* (*ou* **désespérément**) **y aller:**

She wanted to go in the worst way

À tout *prix*! *ou* **À n'importe quel prix!:**

Come hell or high water! [*See* **Contre *vents* et marées!**]

Elle a gagné le premier *prix*! *ou* **Elle a décroché le gros lot** (*ou* {*Fr*} **le pompon**)**!:**

She hit the jackpot!

C'est le *prix* à payer pour n'avoir pas tenu parole:

That's the price to pay for not keeping your word

Ce sont les *prix* les plus bas:

They're rock-buttom prices

Je vais te (*ou* vous) payer un *prix* raisonnable:

I'll pay you within reason

C'est le *prix* {Qc} régulier (*ou* courant, normal):

It's the going price

C'est un *pro*! *ou* Il est bon là-dedans! *ou* {Qc} C'est un bon!:

He's good at it!

Sans *problèmes*, *ou* {Fr} Sans tintouin *ou* Sans emmerdements *(grossier)*:

Without a hassle

Pas de *problème*! *ou* Sans la moindre difficulté!:

No sweat!

C'est ton *problème*!:

It's your funeral!

J'ai un *problème* à régler avec toi:

a) I have an axe to grind **b)** I have a bone to pick with you

Ne cherche pas de *problèmes* où il n'y en a pas!:

If the roof doesn't leak, don't fix it!

À la *prochaine*!:

a) I'll see you! **b)** See ya!

J'aimerais me le *procurer* *ou* J'aimerais mettre la main dessus:

I'd like to lay my hands on it

Elle a fait un gros *profit* quand...:

She cleaned up when she... [*See* **Elle a fait un gros** {Qc} ***coup* d'argent**]

Ce n'est pas seulement du *profit*! *[en affaires]* *ou* Ce n'est pas toujours rose!:

It's not all gravy!

C'est un *profiteur* (*ou* un arnaqueur, un filou):

He's a chiseler

C'est ma propre *progéniture*:

He's my own flesh and blood [*See* **C'est la *chair* de ma chair**]

J'ai fait beaucoup de *progrès*:

I made a lot of headway

Tu es une *proie* facile (*ou* {Fr} un gogo, un pigeon)!:

You're a sitting duck

On s'en va faire une *promenade* (*ou* une balade, un tour) *[en voiture]*:

a) We're going for a spin **b)** We're going for a ride

Se *promener* ici et là sans but:

a) To bum around **b)** To fool around

Elle s'est laissée endormir (*ou* bercer, avoir) par ses belles *promesses*:

He got to her with promises

Elle est *prompte* à s'emporter!:

She's hotheaded! [*See* **Elle est *soupe* au lait!**]

C'est difficile à *prononcer*:

It's a tongue twister

Toutes *proportions* gardées, ...:

Relatively speaking, ...

Ce tout petit n'est pas encore *propre*:

This young child still isn't potty-trained

Le chat est *propre* *[litière]*:

The cat is housebroken

Ma maison est *propre* de la cave au grenier *ou* Ma maison brille comme un sou neuf:

My house is spic and span from top to bottom

Le *propriétaire*:

The landlord [**le locataire** = the tenant *and* **le logement loué** = the apartment]

Distribue ces *prospectus* (*ou* ces circulaires, ces publicités):

Hand out these flyers

{*Fr*} **Elle est plutôt *prospère*:**

She's quite pudgy [*See* **Elle est plutôt** {*Qc*} ***grassette***]

Prospérer *ou* **Réussir:**

a) To make out **b)** To make good

C'est une *prostituée* de luxe:

She's a call girl

Elle l'a pris sous sa *protection* (*ou* **sous son aile):**

She took him (*or* her, it) under her wing

Ça *prouve* que...:

It goes to show you that...

Ça *provient* (*ou* **vient) de...:**

It stems from...

Tu me *provoques*! *ou* **Tu me cherches!:**

You get my goat!

Sois *prudent*!:

Take it slow!

On n'est jamais trop *prudent*! *ou* **Deux précautions valent mieux qu'une!:**

Better safe than sorry!

Ça a compté pour des *prunes*!:

It didn't get me anywhere! [*See* **C'était un *coup* d'épée dans l'eau!**]

Je tiens à lui comme à la *prunelle* de mes yeux:

He's the apple of my eye

Un *psychiatre*:

a) A head-shrinker (*or* a shrink) *[familiar]* **b)** A psychiatrist

Distribue ces *publicités* (*ou* **ces circulaires, ces prospectus):**

Hand out these flyers

Ça m'a mis la *puce* à l'oreille *ou* **Ça a éveillé mes soupçons:**

a) It put a bug in my ear **b)** It started me thinking

Je lui ai mis la *puce* à l'oreille à propos d'elle!:

I put him wise to her!

Ça *pue*! *[sens propre et figuré]* *ou* **Ça sent mauvais!** *[sens propre et figuré]* *ou* {*Fr*} **Ça schlingue!** *[sens propre]* *ou* **Ça cocotte** *ou* {*Fr*} **Ça crougnoute** *ou* **Ça empeste!** *[sens propre]*:

It stinks!

... et *puis* après?:

a)... and then what? **b)**... so what?

Elle a du *punch*! *ou* **Elle est très courageuse!:**

She's very gutsy!

Sa *punition* n'a pas été assez sévère:

He just got a slap on the wrist

C'est une *putain* (*ou* **une pute** *(vulg.)*)**!:**

She's a slut (*or* a whore, a bimbo, a hustler *(rude)*)!

Il n'y avait pas une *putain* *(grossier)* **de** (*ou* **sacrée, foutue) pièce défectueuse sur cette voiture:**

There wasn't a blessed thing wrong with that car

Il a un *Q.I.* (*ou* un quotient intellectuel) très élevé:

He has a very high I.Q. (*or* IQ)

C'est de la meilleure *qualité*:

It's the top of the line

***Quant* à ça...** *ou* **À ce sujet...:**

As for this subject...

Quant à moi, il peut bien disparaitre:

For all I care, he could drop dead [*See* **En ce qui me *concerne*, il...**]

Elle a de l'argent en *quantité*:

She has money to burn [*See* ***Beaucoup***]

Tu lui as fait passer un mauvais *quart* d'heure:

You gave him a bad time

Il vient juste de finir son *quart* de travail:

He just finished his shift

C'est mon ancien *quartier*:

It's my old stomping ground

C'est un *quartier* dangereux (*ou* mal famé):

It's a rough neighborhood

Il vit dans le *quartier* pauvre:

He lives in the slums

Il s'est fendu (*ou* {Fr} mis) en *quatre* pour terminer son travail:

He bent over backwards trying to finish his work [*See* **Il s'est *échiné* (*ou* épuisé) à terminer son travail**]

– Comment était le restaurant?
– C'était très *quelconque* (*ou* très ordinaire):

– How did you like the restaurant?
– It was run-of-the-mill!

Le film est bien *quelconque* (*ou* bien ordinaire)!:

a) The film is not so hot! **b)** It's a crummy film!

C'est *quelqu'un*!:

He's something else! [*See* **Il est *extraordinaire!***]

***Quémander* un dollar:**

To bum a dollar

{Qc} ***Quémander* un «lift»** *[déplacement en voiture]*:

To bum a ride

C'est seulement du *qu'en-dira-t-on*:

It's just hearsay!

Ne me cherche pas *querelle*!:

Don't pick a quarrel with me! [*See* **Ne me *cherche* pas!**]

Pas *question*! *ou* {Qc} **Pas d'affaire!:**

a) No way! **b)** No soap! [*but* **D'*accord!*** = Right!]

C'est hors de *question*! *ou* **Il n'en est pas question!:**

a) That's out! **b)** It's out of the question

Ce n'est pas la *question* *ou* **C'est en dehors du sujet:**

a) That's beside the point **b)** That's not the issue

J'ai été bombardé de *questions*:

I got raked over the coals [*See* **Je me suis fait *réprimander***]

Il s'est posé des *questions* *ou* Il a émis des réserves:

He had second thoughts

{*Qc*} **C'est une *question* à 5 piastres** *ou* {*Fr*} **C'est une question à cent francs** *ou* **C'est une question difficile:**

It's a 64 thousand dollar question

C'est une *question* de jours:

It's a matter of days

C'est une *question* de vie ou de mort:

It's a matter of life and death

C'est une *question* épineuse:

It's a sticky (*or* tricky) question!

{*Qc*} **Ne me pose pas de *questions* et je ne te mentirai pas:**

Ask me no questions, I'll tell you no lies

C'est une *question* insidieuse! *ou* **C'est une question-piège!:**

It's a loaded question!

Il m'a *questionné* sans répit:

He gave me the third degree

{*Qc*} **C'est tellement *quétaine*!** *ou* {*Qc*} **Ça a l'air tellement cheap!:**

It's so gaudy!

Faire la *quête* *ou* {*Qc*} **Passer le chapeau:**

To pass the hat

La *queue* de la pomme:

The stem of the apple

Ça n'a ni *queue* ni tête! *ou* **C'est de la bouillie pour les chats!:**

It doesn't make heads or tails!

Veux-tu bien me dire *qui* t'a dit que tu pouvais y aller?:

Who in the world told you you could go?

Pour *qui* te prends-tu?:

Who do you think you are?

Tu dois rester sur le *qui-vive*!:

You have to be on your toes! [*See* **Tu dois être en *alerte!***]

Il a *quitté* la ville *[précipitamment]*:

He skipped town

Il a *quitté* la ville (*ou* Il s'est enfui) alors qu'il était en liberté provisoire:

He jumped bail

Il n'y a pas de *quoi*!:

a) That's all right! **b)** That's no problem! **c)** You're welcome!

Il a un *quotient* intellectuel (*ou* un Q.I.) très élevé:

He has a very high I.Q. (*or* IQ)

Arrête (*ou* **Cesse) de *rabâcher*:**

You always bend my ear [*See* **Tu *reviens* toujours sur la même chose**]

C'est un *rabat-joie*!:

He's a kill-joy! [*See* {Qc} **C'est un *casseux* de party!**]

Je lui ai *rabattu* le caquet *ou* **Je l'ai remis à sa place:**

I took him (*or* her) down a peg or two

Il m'a *rabroué*!:

He brushed me off! [*See* **Il m'a *envoyé* promener!**]

On prend des *raccourcis*:

We cut corners

Raccrocher *[le téléphone]*:

To hang up

Il a reçu une bonne *raclée* (*ou* {Fr} **dérouillée,** {Fr} **trempe):**

He took a shellacking

Ils lui ont foutu (*ou* **fichu) une bonne *raclée*!:**

They beat the living daylights out of him! [*See* {Qc} **Ils lui ont sacré toute une *volée!***]

C'est un *radin*:

He's a cheap-skate [*See* **C'est un *grippe-sou***]

Passer une *radio* (*ou* **une radiographie):**

To be X-rayed

{Fr} **Je n'ai plus un *radis*** (*ou* {Fr} **une thune)!:**

I'm flat broke! [*See* **Je n'ai pas un *sou!***]

Il n'a pas un *radis*!:

He is as poor as a church mouse! [*See* **Il est *pauvre* comme Job!**]

***Raffoler* de...** (*ou* **Adorer, Être fou de):**

To be nuts about...

Je veux me *rafraîchir*:

I want to freshen up

Elle a *ragé* (*ou* **fulminé, tempêté) parce que j'ai pris sa voiture:**

She ranted and raved because I took her car

{Fr} **Je suis *raide*!** *ou* **Je suis à sec!:**

I'm flat broke! [*See* **Je n'ai pas un *sou!***]

Sans *raison*! *ou* **Juste pour rire!** *ou* {Qc} **Juste pour le «fun»!** *ou* **Comme ça!:**

For the heck of it!

Comme de *raison*, ... *ou* **Comme prévu, ...** *ou* **Comme on pouvait s'y attendre, ...:**

As one might expect, ...

C'est là que vous avez (*ou* **que tu as) tort / *raison*:**

That's where you're wrong / right

Il a cent fois (*ou* **mille fois) *raison*!:**

He's absolutely right!

Tu as parfaitement *raison*! *ou* **Et comment donc!:**

You're darn tootin'!

Pour quelle *raison*?:

What's the deal? [*See* **Quel est ton *motif?***]

La *raison* du plus fort est toujours la meilleure:

Might is right

À plus forte *raison*, je n'irai pas:

All the more reason for me not to go

Elle fait tout au *ralenti*:

She's a slow poke

Tout marche (*ou* fonctionne) au *ralenti*!:

Everything has slowed down!

{*Qc*} ***Ramener* les affaires *ou* Ramasser (*ou* Recoller) les pots cassés:**

To pick up the broken pieces

On l'a *ramené* sur terre:

We brought him down to earth! [*See* **On a dégonflé son *ego***]

Sans *rancune*! *ou* Oublions le passé! *ou* Oublions ça! *ou* Faisons une croix là-dessus! *ou* {*Fr*} Remettons les compteurs à zéro! *ou* On oublie tout et on recommence!:

a) Let bygones be bygones! **b)** I have no hard feelings! **c)** Let's clean the slate and start over!

Je l'ai *rangé* dans un coin *[temporairement]*:

I tucked it away

***Range* {*Qc*} ton garde-robe (*ou* {*Fr*} ta penderie):**

Straighten out your closet

Il se *range* toujours du côté de sa femme:

He always sides with his wife [*See* **Il *défend* toujours sa femme**]

{*Fr*} **C'est un *rapiat*:**

He's a penny pincher [*See* **C'est un *grippe-sou***]

Pas besoin de me le *rappeler*!:

Don't rub it in! [*See* **N'*insiste* pas!**]

Il a *rappelé* à l'ordre! *ou* Il a mis les points sur les «i» ({*Qc*} et les barres sur les «t»)!:

He laid down the law!

Ça ne me *rappelle* (*ou* dit) rien!:

It doesn't ring a bell!

Ça mérite d'être *rapporté*! *[bon ou mauvais]*:

That's one for the books! [*See* **C'est à *dormir* debout!**]

{*Qc*} **Tu *rapportes* contre les autres:**

You're a stool pigeon [*See* **Tu es un *mouchard***]

<u>Il a fait le *rapprochement*</u> et découvert que j'étais là:

<u>He put two and two together</u> and found out I was there

Ils sont très *rares*:

They're few and far between

Très *rarement* *ou* En de très rares occasions:

Once in a blue moon

J'en ai *ras-le-bol*!:

I'm sick and tired of it! [*See* **J'en ai *assez!***]

C'est un *rat* de bibliothèque *ou* Elle a toujours le nez fourré dans les livres:

She's a bookworm

Il n'y avait pas {*Fr*} un *rat* (*ou* un chat) dehors:

There wasn't a soul outside

Son *ratelier* *[plus familier]* *ou* Son dentier:

a) His denture **b)** His false teeth **c)** His choppers *(rude)*

***Rater*, c'est rater, même si c'est de justesse!:**

A miss is as good as a mile

Il a tout *raté*!:

He screwed up!

{*Qc*} **J'ai *raté* la chance de... *ou* J'ai laissé passer (*ou* filer) l'occasion de...:**

I passed up the chance to...

{*Fr*} **Il est *ratiboisé* (*ou* ruiné, lessivé):**

He's a dead duck

{*Fr*} **C'est un *ratodrome* *ou* C'est une course sans fin *[comme lutte pour gagner son pain]***

It's a rat race

{*Qc*} **Il est très *ratoureux*! *ou* C'est un fin renard! *ou* Il est rusé comme un renard!:**

He's very foxy!

Elle fait des *ravages*! *[dans les cœurs]*:

She's a heartbreaker! [*See* **Elle est *belle* à couper le souffle!**]

Je lui ai fait *ravaler* ses paroles:

I made him eat crow

C'est tout à fait mon *rayon* *ou* C'est dans mes cordes:

It's right down (*or* right up) my alley

As-tu eu des *réactions* (*ou* des échos)?:

Did you get some feedback?

Je viens juste de *réaliser* (*ou* Je viens juste de me rendre compte) qu'elle n'est pas heureuse:

a) It just struck me that she's not happy **b)** It just dawned on me that...

Il est *réaliste*! *ou* Il a les deux pieds sur terre!:

He's down to earth!

Soyons *réalistes*! *ou* Regardons les choses en face!:

Let's face it!

Je vais *rebrousser* chemin *ou* Je vais faire demi-tour:

I will head back

Il m'a pris à *rebrousse-poil*:

He rubbed me the wrong way

On *récolte* ce qu'on sème:

You harvest what you sow

Se *réconcilier* (*ou* Faire la paix) avec son conjoint:

To kiss and make up

Se *réconcilier* (*ou* Faire la paix) avec un ami:

To shake and make up

Aie au moins la *reconnaissance* du ventre! *ou* Ne mords pas la main qui te nourrit!:

Don't bite the hand that feeds you!

***Reconnais*-le!:**

Say it! [*See* ***Admets*-le!**]

On *reconnaît* un arbre à ses fruits:

The proof of the pudding is in the eating

Il a *reconnu* (*ou* avoué) son erreur:

He owned up to his mistake

On ne peut pas *reculer* *ou* On ne peut pas revenir en arrière:

There's no going back

C'est seulement *reculer* pour mieux sauter:

It's just delaying the day of reckoning

Trouver à *redire* *ou* {Qc} Chercher la bête noire *ou* {Fr} Chercher la petite bête:

To find fault with

REER*: *Régime enregistré d'épargne retraite]

RRSP: ***[Registered Retirement Savings Plan]***

Tu as *refait* ta vie avec lui?:

You started a new life with him?

C'est facile de *refiler* {Qc} la faute (*ou* {Fr} le bébé) à un autre:

It's easy to pass the buck to someone [*See* **C'est facile de *blâmer* un autre**]

Tout bien *réfléchi*, je ne crois pas que j'irai:

All things considered, I don't think that I'm going to go [*See* **Tout *compte* fait, je ne...**]

Tu ferais mieux d'y *réfléchir* à deux fois (*ou* d'y repenser):

You'd better think twice

J'ai beaucoup *réfléchi* à l'idée de construire une maison:

I played with the idea of building a house

***Réfléchis* un peu!:**

Use your head!

Réflexion faite, je ne crois pas que j'irai:

All things considered, I don't think that I'm going to go [*See* **Tout *compte* fait, je ne...**]

C'est toujours le même *refrain* (*ou* chanson, histoire, ritournelle):

It's the same old story

Il a changé de *refrain* quand il m'a vu *ou* Il a dû arrêter de raconter des salades quand il m'a vu:

He changed his tune when he saw me

J'ai dévalisé le *réfrigérateur* *ou* J'ai dévalisé le frigidaire:

I raided the ice-box

Je n'ai pas voulu *refroidir* tes ardeurs:

I didn't mean to cramp your style [*See* **Je n'ai pas voulu te *déranger***]

Au *regard* de la loi *ou* **Aux yeux de la loi:**

In the eyes of the law

– Tu es si gentil(le) et si aimable!
– <u>Tu ne t'es pas *regardé(e)*</u> *[si c'est négatif]* *ou* **<u>Toi aussi</u>** *[positif ou négatif]* *ou* {Qc} **«<u>Ça en prend un(e) pour en reconnaître un(e) autre</u>»** *[positif ou négatif]*:

– You're so kind and lovable!
– «<u>It takes one to know one!</u>» *[positive or negative]*

Il la *regardait* avec dédain:

He looked down his nose at her

***Regarde* donc ça!:**

Get a load of that! [*but* ***Écoute* un peu!** = Get a load of this!]

Mais *regarde* donc qui arrive? *[positif]*:

Look what the cat brought in!

***Regarde*-le donc, lui!:**

Get a load of him!

***Regardons* les choses en face!** *ou* **Soyons réalistes!:**

Let'ace it!

***Regarde*-moi dans le blanc des yeux** *ou* **Regarde-moi bien en face:**

Look me straight in the eye

***Regarde* où tu mets les pieds!:**

Watch your step!

Il ne *regarde* pas à la dépense *ou* **Il dépense l'argent sans compter:**

He spends money like it's going out of style

Il a fait un accroc à la *règle*:

a) He twisted the rule **b)** He bent the rule

C'est l'exception qui confirme la *règle*:

Rules are made to be broken

Ce sont les *règles* du jeu!

Those are the rules of the game!

Voilà qui est *réglé*!:

So much for that!

***Règle* ça!** *ou* **Finis-le!** *ou* **Termine ça!:**

Wrap it up!

Si tu joues avec lui, il faudra <u>appliquer strictement le *règlement*</u>:

If you play with him, you'll have <u>to go by the book</u>

C'est bien *regrettable*! (*ou* dommage!) *ou* {Qc} **C'est bien de valeur!:**

That's too bad! *[meaning sorry for what happened to you]*

Je le *regrette* profondément! *ou* **J'suis vraiment navré!:**

I feel miserable (*or* terrible) about it!

Il a les *reins* solides financièrement:

He has solid financial backing

***Relâche* un peu!** *ou* **Sois moins strict!:**

Loosen up!

On devrait rester en *relation* (*ou* garder le contact)!:

We should keep in touch!

Il va faire jouer ses *relations*:

He will pull a few strings [*See* **Il va user de son *influence***]

Surveille tes *relations*:

Don't get mixed up with the wrong people

Il est difficile de prendre la *relève* *ou* **Il n'est pas facile d'en faire autant:**

It's a tough act to follow

Il fait toujours des *remarques* désobligeantes!:

He's always making wisecracks! [*See* {Qc} **Il fait toujours des *farces* plates!**]

Il s'est fait *remarquer* à cette soirée *ou* **Il a fait grosse impression lors de cette soirée:**

He made a hit at the party

Je *remercie* le bon Dieu *ou* **Je remercie le Ciel:**

I thank my lucky stars

J'ai été *remercié* de mes services:

I got laid off [*See* **J'ai été *congédié***]

Ils l'ont *remercié* du bout des lèvres:

They thanked him halfheartedly

Il s'est fait *remettre* à sa place *ou* Il s'est fait taper sur les doigts:

He was told off

Je l'ai *remis* à sa place *ou* Je lui ai rabattu son caquet:

I took him (*or* her) down a peg or two

Ça va le *remettre* à sa place! *[figuré]*:

That'll fix his wagon!

Il ne faut jamais *remettre* au lendemain ce qu'on peut faire le jour même:

Never put off till tomorrow what you can do today

***Remets*-la à sa place!:**

Tell her where to get off!

{*Qc*} ***Remets* la «balance» (*ou* le solde) de l'argent:**

Hand over the rest of the money

Après avoir tout perdu, il se *remet* lentement:

After losing everything, he's getting back on his feet

***Remets* ton rapport!:**

Hand in your report!

Elle m'a tout de suite *remis* dans le droit chemin *ou* Elle m'a tout de suite repris (*ou* corrigé):

She straightened me right out!

{*Fr*} **Il est *remonté* à bloc:**

He's full of get-up-and-go [*See* **Il *pète* le feu**]

Ne fais pas trop de *remous*!:

Don't make waves! [*See* **Ne *déplace* pas trop d'air!**]

Il ne peut pas la *remplacer*! *ou* Il ne peut pas prendre sa place!:

He can't fill her shoes!

***Remporter* un succès:**

To make a hit

Après tout ce *remue-méninges*, on en est arrivé à un plan:

After all that brainstorming, we came up with a plan

Elle était toute *remuée* (*ou* retournée, bouleversée):

She was all shook-up!

Il a *remué* ciel et terre pour le trouver:

He left no stone unturned to find it

On a *remué* ciel et terre pour y aller:

We moved heaven and earth to go there [*See* **On a fait des *pieds* et des mains pour y aller**]

***Remue*-toi un peu!:**

Get it together! [*See* ***Prends*-toi en main!**]

C'est un fin *renard*! *ou* Il est rusé comme un renard! *ou* {*Qc*} Il est très ratoureux!:

He's very foxy!

{*Fr*} **Elle a un *rancard* ce soir:**

She's stepping out tonight [*See* **Elle *sort* ce soir**]

Un *rendez-vous* amoureux arrangé *[avec quelqu'un qu'on ne connaît pas]*:

A blind date

J'ai un *rendez-vous* amoureux important:

I've got a heavy date

Elle a un *rendez-vous* ce soir:

She's going out tonight [*See* **Elle *sort* ce soir**]

Je viens juste de me *rendre* compte (*ou* Je viens juste de réaliser) qu'elle n'est pas heureuse:

a) It just struck me that she's not happy **b)** It just dawned on me that...

À un moment donné, je vais te *rendre* la pareille:

I'll do the same for you some time

Je lui ai *rendu* la monnaie de sa pièce:

I paid him back in the same way

C'est à vous *rendre* malade! *ou* C'est déplaisant!:

It's sickening!

Il tient fermement les *rênes* de son entreprise:

He runs a tight ship [*See* **Il *contrôle* bien son affaire**]

C'est une personne *renfermée* (*ou* introvertie):

He (*or* She) is an introvert

Il m'a donné de faux *renseignements* (*ou* de fausses indications):

He gave me a bum steer

Donne-moi quelques *renseignements* (*ou* tuyaux):

Give me a few pointers

Veuillez me donner plus de *renseignements* sur...:

a) Please give me further details on... **b)** Please give me more information about...

Il vit de ses *rentes* *ou* {*Qc*} Son argent est fait:

He lives off the fat of the land

Il va *rentrer* dans son argent (*ou* dans ses fonds) *ou* Il va s'en tirer sans gains ni pertes *ou* {*Fr*} Il va faire une opération blanche:

a) He will break even **b)** He will come out even

J'aurais voulu *rentrer* sous terre *[tellement j'étais gêné]*:

a) I could have died **b)** I wanted to sink into the ground **c)** I could have crawled under the table

C'est maintenant à toi <u>de *renvoyer* l'ascenseur</u> *[figuré]*:

Now, you <u>owe</u> me <u>one</u> [*See* {*Qc*} **Tu m'en <u>*dois* une!</u>**]

Tu ne peux pas *répandre* de pareilles idioties:

You can't go around saying things like that

Maintenant, je dois *réparer* les pots cassés:

Now I have to pick up the broken pieces

On ne *répare* pas une injustice par une autre injustice:

Two wrongs don't make a right

Il est *reparti* du bon pied:

He made a fresh start

Repas: meals

{*Qc*} **déjeuner**: breakfeast
{*Fr*} **petit déjeuner**: breakfeast
{*Qc*} **dîner**: lunch
{*Fr*} **déjeuner**: lunch
{*Qc*} **souper** *[au restaurant, chez des amis]*: dinner
{*Fr*} **dîner** *[au restaurant, chez des amis]*: dinner
{*Qc*} **souper** *[à la maison]* : supper
{*Fr*} **dîner** (*ou* souper) *[à la maison]*: supper

Je n'ai pas pris de <u>*repas* complet</u> pendant une semaine:

I didn't get a <u>square meal</u> for a week!

On a eu un *repas* vraiment complet:

We had everything from soup to nuts

Tu ferais mieux d'y *repenser* (*ou* d'y réfléchir à deux fois):

You'd better think twice

Je ne t'ai pas compris, <u>*répète*</u>!:

I didn't hear you, <u>come again</u>!

***Répète*-moi ça! *ou* Peux-tu me répéter ça?:**

a) Hit me with that again! **b)** Pass that by me again!

Donne-moi une *réponse* franche:

Give me a straight answer

Ce n'est pas de tout *repos*! *ou* {*Qc*} Ce n'est pas un jardin de roses!:

a) It's not a bed of roses! **b)** It's not a bowl of cherries!

Laisse *reposer* ça quelque temps:

Put it on the back burner for a while [*See* **Laisse *dormir* ça quelque temps**]

Le professeur a *repris* les choses en main *ou* Le professeur a serré la vis *[dans le sens où il est plus sévère]*:

The teacher cracked the whip

Tu ne m'y *reprendras* plus! *ou* Tu ne m'auras pas une deuxième fois!:

You won't catch me again!

***Reprends*-toi!:**

Get your act together! [*See* ***Prends*-toi en main**]

Elle m'a tout de suite *repris* (*ou* corrigé) *ou* Elle m'a tout de suite remis dans le droit chemin:

She straightened me right out!

Je me suis fait *réprimander*:

I got raked over the coals

C'est elle qui a été *réprimandée*!:

She was left holding the bag! [*See* **C'est elle qui a été *blâmée!***]

Je vais me le faire *reprocher* si je n'arrive pas à temps *ou* Je vais me faire réprimander si... *ou* {Fr} Je vais me faire appeler Arthur si...:

I'll be in the doghouse if I don't get there in time

Il a mauvaise *réputation*! *ou* {Qc} Il a perdu son nom!:

His name is mud!

Il a tout un *réseau* d'amis:

He has a network of friends

Il a émis des *réserves* *ou* Il s'est posé des questions:

He had second thoughts

Il est *résolu* (*ou* bien décidé) à faire quelque chose:

He's bent on doing something

Malgré tout le *respect* que je vous dois, ...:

With all due respect, ...

J'étais si pressé que je n'avais même pas le temps de *respirer* (*ou* de souffler):

I was so busy, I didn't have time to come up for air

{Qc} *Respire* par le nez!:

Control yourself! [*See* ***Modère* tes ardeurs!**]

Je vais assumer (*ou* prendre) la *responsabilité* de faire ces changements:

I'll take upon myself to make these changes

***Ressaisis*-toi!:**

Get with it! [*See* ***Prends*-toi en main!**]

Ils se *ressemblent* comme deux gouttes d'eau!:

They're like two peas in a pod! [*See also* **Ils sont *copain-copain!***]

Qui se *ressemble* s'assemble!:

Birds of a feather flock together! [*See* **Ils sont du même *bois!***]

C'est un petit *restaurant* malpropre:

This place is a greasy spoon

... et tout le *reste*:

... and all that jazz [*See* **... et *patati* et patata**]

Ne pas vouloir être en *reste* *ou* {Qc} Compétitionner avec ses voisins *ou* {Fr} Jouer aux voisins gonflables:

To keep up with the Joneses

Ça *reste* à voir:

It remains to be seen

***Rester* dans l'ombre:**

To keep a low profile

Il est *resté* égal à lui-même:

a) He remained true to form **b)** He was still his old self

***Restons*-en là!** *[dans le sens de «Acceptons le projet tel qu'il est, même s'il n'est pas parfait»]* *ou* **N'en fais pas plus!:**

Let it go at that!

Il ne *reste* pas en place! *ou* Il a la bougeotte!:

a) He has ants in his pants! **b)** He's got itchy feet!

{Qc} Finalement, je suis *resté* pris avec!:

a) Finally, I was left holding the bag! **b)** Finally, I was left hanging!

Si tu acceptes ce travail, {Qc} c'est toi qui vas *rester* pris avec! (*ou* c'est toi qui vas être dans la merde *(grossier)*!):

If you accept this work, you'll stay stuck with it (*or* you'll have your ass in a sling *(rude)*)!

Pourquoi ne *restes*-tu pas un peu?:

Why don'you hang around for a while?

{Fr} J'ai *retapé* le vélo facilement; il est comme neuf *ou* Je n'ai pas eu de mal à remettre la bicyclette à neuf:

I easily made the bike as good as new

On est plus en *retard* que les États-Unis sur...:

We're more backward than the United States on...

Qu'allez-vous (*ou* Que vas-tu) en *retirer*?:

What will you get out of it?

Je me suis *retiré* avant qu'il ne soit trop tard:

I bailed out before it was too late

Je me suis *retiré* *[de la situation]*! *ou* J'ai laissé faire les autres!:

I took a back seat!

Ça va lui *retomber* sur le nez! *ou* Ça va lui retomber dessus!:

a) Don't throw stones if you live in a glass house! **b)** What goes up must come down!

Elle finit toujours par *retomber* sur ses jambes (*ou* ses pieds):

She always comes up smelling roses! [*See* **Elle finit toujours par bien s'en *sortir!***]

J'y ai fait les dernières *retouches* *ou* J'y ai mis la dernière main:

I put the finishing touch on it

Je l'ai un peu *retouché* (*ou* révisé):

I touched it up a bit

Il est sur le *retour* (*ou* sur le déclin)!:

He's over the hill! [*See* **Il *vieillit!***]

Faire un *retour* *ou* Revenir sur la scène:

To make a comeback

Par un juste *retour* des choses, il fut cette fois récompensé:

The turn of events dealt him a just reward

Il sait de quoi il *retourne*:

He knows what's what

Elle était toute *retournée* (*ou* remuée, bouleversée):

She was all shook-up!

Laisse-lui le temps de se *retourner* *[figuré]* (*ou* de souffler):

a) Give him time to sort it out **b)** Give him time to turn around **c)** Give him time to land on his feet

***Retraite* anticipée *ou* Pré-retraite:**

Early retirement

C'est ma *retraite* favorite *ou* C'est mon lieu de prédilection:

It's my hangout

Il va se *retrouver* malade (*ou* en prison...):

He will end up sick (*or* in jail...)

Je vais *retrouver* le chemin de la sortie:

I'll let myself out

Une *réunion* de famille:

A family get-together

Une *réunion* de musiciens de jazz:

A jam session

***Réussir*:**

a) To make good **b)** To make out

Il va *réussir*! *ou* Il va faire son chemin! *ou* Il ira loin!:

a) He's going to go places! **b)** He'll go places!

Ça n'a pas *réussi* (*ou* pas marché)!:

a) It didn't pan out! **b)** It went haywire!

J'ai *réussi* à trouver un bon emploi ce matin:

I landed a good job this morning

***Réussir* en affaires:**

To make a go of the business

Tu *réussis* tout ce que tu entreprends:

Everything you touch turns to gold

***Réussir* une opération lucrative:**

To make a killing [*See* **Ramasser le *paquet***]

À charge de *revanche*!:

You scratch my back and I'll scratch yours! [*See* **C'est un *échange* de bons procédés!**]

Tu *rêvasses*! *ou* Tu es dans la lune! *ou* Tu es dans les nuages!:

You are in the clouds!

Le *réveil* sera rude *ou* Il va vite revenir à la réalité *[dans le sens de recevoir une mauvaise surprise]*:

He's going to get a rude awakening

{Qc} (Ne) *Réveille* pas les morts *ou* Ne réveille pas le chat qui dort:

Don't wake up the dead

Réveille-**toi!** *ou* {*Qc*}**Sors-toi-z'en!** *ou* **Sors-en!:**

a) Put your act together! **b)** Snap out of it!

Elle s'est *révélée* à son ami(e):

She let her hair down to her friend [*See* **Elle s'est *ouverte* à son amie**]

Elle a de l'argent à *revendre*:

She has money enough and to spare [*See* ***Beaucoup***]

Ça finit toujours par nous *revenir*! *[quelque chose de négatif]* *ou* **On finit toujours par payer!:**

A bad penny always comes back!

Ça *revient* à dire que...:

a) It goes to say that... **b)** It boils down to...

***Revenons* à nos moutons!:**

Let's get back to business!

Ne sois pas si excité, {*Qc*} ***reviens*-en!** (*ou* **calme-toi!**)**:**

Don't get so excited, simmer down!

On ne peut pas *revenir* en arrière *ou* **On ne peut pas reculer:**

There's no going back

Tu n'en *reviendras* jamais! *ou* **Tu ne t'en consoleras jamais!** *ou* **Tu ne reprendras jamais le dessus!:**

You'll never get over it!

Il n'y a pas à *revenir* là-dessus!:

There's no half-ways about it! [*See* **Il n'y a pas de «*mais!*»**]

Je n'en *revenais* pas!:

I was flabbergasted! [*See* **J'en étais *stupéfait!***]

***Revenir* sur la scène** *ou* **Faire un retour:**

To make a comeback

Il va falloir que je *revienne* sur mes pas (*ou* **sur ma décision**)**:**

I'll have to backtrack

***Reviens* sur terre!:**

a) Come back to your senses! **b)** Come down to earth!

Tu *reviens* toujours sur la même chose *ou* **Tu me rebats les oreilles avec ça** *ou* **Arrête** (*ou* **Cesse**) **de rabâcher:**

a) You always bend my ear **b)** You keep harping on it

Il va vite *revenir* à la réalité *[dans le sens de recevoir une mauvaise surprise]* *ou* **Le réveil sera rude:**

He's going to get a rude awakening

Ça a un goût de *revenez*-y!:

It tastes like seconds!

{*Qc*} **Tu *rêves* toujours en couleurs!** *ou* **Tu vois constamment la vie en rose!:**

You always look at the world with rose-colored glasses!

Ça a besoin d'être sérieusement *révisé*:

It needs a good going-over [[*See* **Ça a besoin d'être *scruté* à la loupe**]

Au *revoir*! *[amical avec emphase]***:**

a) See you in church! **b)** See you later alligator!

À la *revoyure*! *ou* **Salut! À la prochaine!** *[amical]***:**

See you later!

{*Fr*} **C'était *ric-rac*!:**

It was a close shave! [*See* **Il était *moins* une!**]

Si on obtient le contrat, {*Fr*} **ce sera *ric-rac*** (*ou* **ce sera de justesse**)**:**

If we get the contract, it'll be touch-and-go

Les *richards* *ou* **Les riches** *ou* {*Qc*} **Les gens pleins comme des boudins** (*ou* **pleins aux as**) *ou* {*Fr*} **Les rupins** *ou* {*Fr*} **Les bourges:**

The fat cats

Il est très *riche*! *ou* **Il est plein aux as!:**

a) He's filthy rich **b)** He's rolling in money **c)** He has oodles of money **d)** He's a money-bag **e)** He's in the chips! **f)** He's in the dough! **g)** He's loaded! **h)** He has money to burn!

Il est *riche* comme Crésus!:

He's as rich as Rockefeller!

Les *riches* et les pauvres:

The haves and the have-nots

Ne me tourne pas en *ridicule*!:

Don't make a monkey out of me!

Il n'a plus *rien* à voir là-dedans *ou* **Il n'est plus sur le coup:**

He's out of the picture

Pour *rien* au monde!:

Not on your life! [*See* ***Jamais*** **de la vie!**]

Je ne le ferais pour *rien* au monde!:

I wouldn't do it for love nor money! [*See* **Je ne le ferais pas pour tout l'*or* du monde!**]

Il n'y a *rien* au monde que j'aimerais davantage!:

There's nothing under the sun I would like better!

***Rien* de nouveau sous le soleil!:**

Nothing new under the sun!

Il n'y a *rien* de tel!:

It's nothing of the sort!

Ce n'est *rien* du tout!:

a) That's nothing! **b)** No sweat! **c)** It's no trouble!

Je ne veux *rien* du tout:

I don't want anything whatsoever

{*Qc*} **Il n'y a *rien* là!:**

It's a piece of cake! [*See* **C'est une *affaire* de rien!**]

Un *rien* l'habille!:

She can wear anything!

... comme si de *rien* n'était!:

... as if nothing was the matter!

Ne me fais pas *rigoler*!:

Don't make me laugh! [*See* **Fais-moi (*ou* Ne me fais pas) *rire!***]

{*Fr*} **C'est le *rigolo* (*ou* le boute-en-train)** {*Qc*} **du party (*ou* de la fête):**

He's the life of the party

À quoi ça *rime*?:

What's the point? [*See* **Quel est ton *motif?***]

Ton histoire ne *rime* à rien!:

Your story doesn't make sense! [*See* **C'est une *histoire* à dormir debout!**]

Il fallait que je me *rince* la dalle *ou* **Il fallait que je me désaltère:**

I had to wet my whistle

Je me suis *rincé* l'œil! *ou* **J'en ai eu plein la vue!** *[beau]*:

I got an eyeful

J'ai le fou *rire*:

I have the giggles

Elle a éclaté (*ou* pouffé) de *rire*!:

She laughed her head off! [*See* **Elle *riait* aux éclats!**]

Ne me fais pas *rire*! *ou* **Ne me fais pas rigoler!:**

a) Don't make me laugh! **b)** Don't give me that!

J'étais mort(e) de *rire*!:

I laughed to death!

Il n'y a pas de quoi *rire*:

It's no laughing matter

Il a pris ça en *riant*!:

He laughed it off! [*See* {*Qc*} **Il a pris ça avec un *grain* de sel!**]

Je l'ai fait *rire* aux éclats:

I kept him in stitches

Elle *riait* aux éclats! *ou* **Elle a éclaté (*ou* pouffé) de rire!** *ou* **Elle était pliée en deux!** *ou* {*Qc*} **Elle était crampée!:**

a) She laughed her head off! **b)** She cracked up! **c)** She was in stitches!

Je lui ai *ri* au nez:

I laughed right in his (*or* her) face

***Rira* bien qui rira le dernier!:**

He who laughs last, laughs best!

Il *riait* dans sa barbe:

a) He laughed to himself **b)** He was laughing under his breath

Tu *riais* jaune!:

a) You forced yourself to laugh! **b)** You had a sickly smile

{Qc} **Elle a été la *risée* du party!:**

She was the laughing stock at the party!

À vos *risques* et périls:

At your own risks

{Qc} **J'ai *risqué*!** *ou* **Je m'y suis risqué!:**

I went out on a limb!

C'est *risqué* (*ou* délicat):

It's touch-and-go

Je *risquerais* le tout pour le tout!:

I'd bet my life on it! [*See* **J'en mettrais ma *main* au feu!**]

Qui ne *risque* rien n'a rien!:

Nothing ventured, nothing gained!

Espérer une *ristourne* (*ou* un pot-de-vin):

To expect a kickback

C'est toujours la même *ritournelle* (*ou* chanson, histoire, refrain):

It's the same old story

Il a renversé (*ou* inversé) les *rôles* *[en ce qui me concerne]***:**

He turned the tables on me

Je ne veux pas jouer un *rôle* secondaire:

I don't want to play second fiddle [*See* **Je ne veux pas être le deuxième *violon***]

Les *rôles* sont inversés:

The shoe is on the other foot

***Rome* ne s'est pas bâtie en un jour!:**

Rome wasn't built in one day!

Ils *ronchonnent* tout le temps:

They're always kicking [*See* **Ils *bougonnent* tout le temps**]

Quel *ronchonneur* (*ou* grincheux, grognon)!:

What a sourpuss!

{Fr} **Il est *rond* comme une queue de pelle:**

He's stewed to the gills [*See* **Il est ivre *mort***]

Elle est plutôt *ronde* (*ou* rondelette):

She's quite pudgy [*See* **Elle est plutôt** {Qc} ***grassette***]

{Qc} **Qu'est-ce qui te *ronge*?:**

What's got into you? [*See* **Quelle *mouche* t'a piqué?**]

Arrête de te *ronger* les sangs (*ou* de t'en faire) face à ce problème:

Stop worrying over this problem

Elle est *rongée* (*ou* minée) par le cancer!:

She's wasting away with cancer!

{Qc} **Un *rongeux* de balustre:**

An over-pious person

Ce n'est pas toujours *rose*! *ou* **C'est pas seulement que du profit!** *[en affaires]***:**

It's not all gravy!

Il n'y a pas de *roses* sans épines:

There are no roses without thorns

Un peu de *rosée* *[sur le gazon le matin]***:**

A little dew

{Fr} **Les *roubignoles*:**

The family jewels [*See* **Les *testicules***]

Je suis dans le *rouge*! *ou* **Je suis fauché:**

I'm flat broke! [*See* **Je n'ai pas un *sou!***]

Il est devenu *rouge* comme une tomate (*ou* {Fr} comme une pivoine):

He got as red as a beet

Je suis au bout du *rouleau*! *ou* **Je suis à bout de nerfs!** *ou* **Ma patience est à bout!:**

I'm at the end of my rope!

Je me suis fait *rouler* (*ou* {Fr} baiser, fourrer *(grossier)*, **{Fr} entuber, berner, {Qc} enfirouaper, duper):**

a) I've been double-crossed **b)** I got screwed on that deal

Elle est bien *roulée*!:

She's well stacked!

Tout allait comme sur des *roulettes*!:

Everything was hunky-dory! [*See* **Tout *baignait* (*ou* baignait dans l'huile)!**]

{*Fr*} **C'est de la *roupie* de sansonnet!** *ou* **C'est de la camelote!:**

It's just junk (*or* just trash)

J'ai besoin de piquer un petit *roupillon*:

I need to snooze for a while [*See* **J'ai besoin de *dormir* un peu**]

Ils *rouspètent* (*ou* {*Fr*} rouscaillent) tout le temps:

They're always bellyaching [*See* **Ils *bougonnent* tout le temps**]

C'est une *rousse* (*ou* une rouquine, {*Qc*} une rougette):

a) She's a carrot top **b)** She has red hair

Prendre la *route*:

To hit the road

En *route*!:

Let's hit the road!

C'est un vieux *routier*! *ou* **C'est un vieux de la vieille!:**

He's an old timer!

Je suis enfoncé dans la *routine*!:

I'm in a rut!

Ça fait partie de la *routine* quotidienne:

It's all in a day's work

J'en connais les *rudiments*:

I've learned the ropes

Leur mariage est en *ruine*:

Their marriage is all washed up

Il est *ruiné* (*ou* lessivé, {*Fr*} ratiboisé):

He's a dead duck

Les petits *ruisseaux* font les grandes rivières:

Every little bit helps

La *rumeur* a couru (*ou* s'est répandue)! *ou* **Je l'ai appris par la bande!** *ou* **Je l'ai appris par le bouche à oreille!** *ou* **J'ai eu vent de la chose!:**

a) I heard it on the grapevine! **b)** I got wind of it! **c)** I learned it by word of mouth!

{*Fr*} **Les *rupins*:**

The fat cats [*See* **Les *richards***]

Je vais demander <u>une année *sabbatique*</u>:

I'll ask for <u>a year off</u>

Je le voyais venir avec ses gros *sabots*!:

I saw him coming a mile away!

L'affaire est dans le *sac* (*ou* dans la poche)!:

It's in the bag! [*See* **C'est *sûr* et certain!**]

{*Qc*} ***Sacrament*! *(grossier)*:**

Damned it! [*See* ***Gosh!***]

Il n'y avait pas une <u>*sacrée*</u> (*ou* <u>foutue</u>, <u>putain de</u> *(grossier)*) pièce défectueuse sur cette voiture:

There wasn't a <u>blessed</u> thing wrong with that car

{*Qc*} ***Sacre* ton camp!:**

Put an egg in your shoe and beat it! [*See* ***Décampe!***]

Elle est *sage* comme une image:

She's as good as gold

{*Fr*} **Il travaillait comme un *sagouin*!:**

His work was sloppy! [*See* **Il travaillait comme un vrai *souillon!***]

Nous sommes finalement arrivés <u>*sains* et saufs</u>:

Finally, we arrived <u>safe and sound</u>

Elle ne sait pas à quel *saint* se vouer! *ou* Elle ne sait pas sur quel pied danser!:

She can't make up her mind!

J'ai *saisi*! *ou* Je te comprends! *ou* J'ai pigé!:

a) Got you! **b)** Gotcha!

Je n'ai pas *saisi* ce que tu as dit:

I missed the point [*See* **Je n'ai pas *compris* ce que tu as dit**]

As-tu *saisi* (*ou* compris) ça?:

Did you catch on?

As-tu *saisi* l'astuce? *ou* Tu comprends l'idée?:

You get the idea?

{*Qc*} **Je ne *saisis* (*ou* comprends) pas l'affaire!:**

I don't get it!

Il faut *saisir* la balle au bond *ou* Il faut (savoir) saisir la chance quand elle se présente:

Opportunity knocks but once

Il m'a raconté des *salades* *ou* Il m'a fait tout un baratin *ou* Il m'a monté tout un bateau *[figuré]* *ou* Il m'a raconté toute une histoire:

a) He gave me quite a tall story **b)** He gave me quite a line **c)** He took me for a ride

Arrête tes *salades*! *ou* {*Qc*} Conte-moi (*ou* Ne me conte) pas de blagues! *ou* Arrête ton char (*ou* ton cirque)!:

Don't give me that!

Quel *salaud*! *ou* Quelle ordure!:

What a creep!

Tu es *salaud* de ne pas me prêter ça:

You're a stinker not to lend me that

Ne gaspille pas ta *salive*! *ou* Pas la peine d'user ta salive!:

a) Don't waste your breath! **b)** Save your breath!

J'en *salive* d'avance! *ou* **J'en ai l'eau à la bouche!** *ou* **Tu me mets l'eau à la bouche!:**

It makes my mouth water!

Quelle *salope*! *ou* **Quelle vache!:**

What a bitch!

***Salut*! À la prochaine!** *[amical]* *ou* **À la revoyure!:**

See you later!

{Qc} ***Salut* la gang!** *[hommes ou femmes]* *ou* **Salut les gars (*ou* {Fr} les potes)!:**

Hi guys!

Bon *sang*!:

For God's sake! [*See* **Pour l'*amour* du ciel!**]

C'est le *sang* de mon sang:

He's my own flesh and blood [*See* **C'est la *chair* de ma chair**]

Mon *sang* n'a fait qu'un tour *[de peur ou d'amour]* **quand...** *ou* **Mon cœur a arrêté de battre** *[de peur]* **quand...:**

My heart skipped a beat when...

Mon *sang* n'a fait qu'un tour *[de colère]*:

a) I saw red! **b)** My blood boiled!

Elle a le *sang* chaud *[sensuellement]*:

She's a hot cookie [*See* **Elle est portée sur la *bagatelle***]

Elle a le *sang* chaud *[de colère]*:

She's hotheaded! [*See* **Elle est *soupe* au lait!**]

Garde ton *sang-froid* (*ou* ton calme):

Don't blow your top [*See* **Ne perds pas *patience***]

Il garde son *sang-froid* *ou* **Il a des nerfs d'acier:**

He's cool as a cucumber

Perdre son *sang-froid* *ou* **Perdre les pédales:**

a) To lose control **b)** To jump off the deep end

La voix du *sang* est la plus forte

Blood is thicker than water

Bon *sang* ne saurait mentir:

What's bred in the blood will come out in the flesh

Une *sangsue* *ou* {Fr} **Un tapeur:**

A moocher [*See* **Un *parasite***]

C'est un *sans-abri*:

He's a homeless [*See also* ***mendiant*** *and* ***vagabond***]

J'ai une *santé* de fer!:

I'm healthy as a horse!

{Qc} **Elle m'a passé un *sapin*!:**

She set me up! [*See* **Elle m'a *joué* un sale tour!**]

***Satisfaire* aux exigences** *ou* **Remplir les conditions:**

To make the grades

Ça *saute* aux yeux!:

It's staring you in the face! [*See* **C'est *évident!***]

{Qc} **Ne *saute* pas aux conclusions!** *ou* **N'en tire pas de conclusions!:**

a) Don't jump the gun! **b)** Don't jump to conclusions!

Tu dois *sauver* ce que tu peux (*ou* sauver ce qui peut l'être) et continuer:

You have to pick up the pieces and go on

Tu me *sauves* la vie!:

You're a life saver!

***Sauve* qui peut!:**

a) Every man for himself! **b)** Run for your life!

J'ai essayé de *sauver* sa peau (*ou* sa tête):

I tried to save her (*or* his) neck

Savoir – sache

Je ne veux rien *savoir*!:

a) I don't want to hear it! **b)** None o'that stuff!

Tout finit par se *savoir*!:

It all comes out in the wash!

Tu vas voir quand ça va se *savoir* (*ou* quand on le saura)!:

a) Wait til it all comes out! **b)** Wait till the shit hits the fan! *(rude)*

Comment veux-tu que je le *sache*!:

How should I know!

Pas que je *sache*! *ou* Pas à ma connaissance!:

Not to my knowledge!

Je n'en *sais* absolument (*ou* fichtrement) rien!:

I don't have the slightest idea! [*See* **Je n'en ai pas la moindre *idée!***]

Tu *sais* ce que je veux dire!:

You know what I mean!

Elle ne veut rien *savoir* de lui:

She has no use for him

On ne *sait* jamais! *ou* Il ne faut jurer de rien!:

a) You never know! **b)** You never can tell!

{Qc} **Ce qu'il ne *sait* pas ne lui fera pas de mal:**

What he doesn't know won't hurt him

Je n'en *sais* pas plus que toi! *ou* Tu en sais autant que moi!:

Your guess is as good as mine!

Je n'en *sais* rien! *ou* Mystère et boule de gomme:

a) You got me! **b)** Search me!

C'est un *je-sais-tout*!:

He's a smarty-pants! [*See* {Qc} **C'est un *fin-fin***]

Il a le *savoir-faire*:

He has the know-how

Il m'a passé un *savon* *[figuré]* *ou* Il m'a engueulé comme du poisson pourri! *ou* J'en ai pris plein la gueule *(grossier)*! *ou* {Fr} J'en ai pris pour mon grade!:

a) He gave me a bawling out! **b)** He gave me a call-down! **c)** He chewed me out! **d)** He raked me over the coals! **e)** He gave it to me with both barrels! **f)** He jumped down my throat! **g)** He let me have it!

Elle a fait un *scandale* (*ou* une scène, du grabuge) à cause de la facture:

She made a big stink (*or* a big fuss) about the bill

L'enfant fait des *scènes* (*ou* pique des crises) dès que sa mère ouvre la bouche:

The kid acts up everytime his mother talks

Elle va faire une *scène* si elle l'apprend *ou* Elle va être fâchée si elle l'apprend:

She'll have a bird if she knows

{Fr} **Ça *schlingue*! *[sens propre]*:**

It stinks! [*See* **Ça *pue!***]

C'est un vieux *schnock*!:

He's an old buzzard! [*See* {Qc} **C'est un vieux *chiâleux!***]

Il est sans *scrupule* (*ou* malhonnête):

He's a shyster

Ça a besoin d'être *scruté* à la loupe (*ou* d'être sérieusement révisé, d'être passé au peigne fin):

It needs a good going over

Je suis à *sec* (*ou* fauché)!:

I'm in the red! [*See* **Je n'ai pas un *sou!***]

Il a *séché* les cours *ou* Il a fait l'école buissonnière:

He played hooky

Je reviens dans une *seconde* (*ou* tout de suite):

I'll be back in a jiffy

Il porte {Qc} des vêtements de *seconde* main (*ou* des vêtements usagés):

He's wearing hand-me-downs

{Fr} **Je n'en ai rien à *secouer*!:**

I don't care! [*See* **Je m'en *fiche!***]

Garder (*ou* Tenir) quelque chose *secret*:

To keep something in the dark

Je l'ai fait pour plus de *sécurité* (*ou* pour être sûr d'en avoir assez):

a) I did it to be on the safe side **b)** I did it to play it safe

C'est un *séducteur*:

He's a womanizer [*See* **C'est un chaud *lapin***]

Seigneur! *[exclamation]*:

Good Lord!

{Qc} **Ah ben *Seigneur*!** *ou* **Seigneur Dieu!:**

I'll be doggoned! [*See* **Pour l'*amour* du Ciel!**]

Elle a de gros *seins*:

She has big breasts [*See* **Elle a une grosse *poitrine*** and **Quels *nichons!***]

Je ne suis pas allé à la *selle* aujourd'hui:

My bowels didn't move today [*but* **Je suis *constipé*** = My bowels don't move]

***Selon* moi** (*ou* **Si mes souvenirs sont exacts**), **je dirais que...:**

Off the top of my head, I'd say that...

Toutes les deux *semaines* *ou* **Tous les quinze jours:**

Every other week

La *semaine* des quatre jeudis:

In a week of three Sundays

Elle ne me lâche pas d'une *semelle*! *ou* **Elle me suit partout!:**

a) She tags along everywhere I go! **b)** She follows me like a shadow!

À mon *sens*, ...:

In my opinion... [*See* **D'après *moi*, il...**]

{Qc} **Ça a bien du bon *sens*!** *ou* **Ça tombe sous le sens!:**

It stands to reason! [*See* {Qc} **Ça a bien de l'*allure!***]

Elle me demande de faire ça, puis ça, puis ça, {Qc} **voir si ça a du bon *sens*!** (*ou* {Qc} **voir si ça a de l'allure,** {Qc} **ça n'a pas d'allure,** {Fr} **c'est n'importe quoi, c'est complètement fou** (*ou* **dingue**))**:**

She wants me to do this and that, of all things!

{Qc} **Ça (n')a pas de bon *sens*!** *ou* **Ça ne veut rien dire!:**

That's hogwash! [*See* **C'est de la *foutaise!***]

Ça n'a pas de *sens*!:

Nonsense!

J'étais *sens* dessus dessous!:

I was in a dither [*See* **J'étais tout à l'*envers!***]

Sa garde-robe est *sens* dessus dessous!:

Her closet is haphazard!

J'ai mis ma garde-robe *sens* dessus dessous *ou* **J'ai fouillé ma garde-robe de fond en comble:**

I ransacked my closet

Elle est *sensass*! *ou* {Qc} **Elle est pas mal «au boutte»!** *[positif]* *ou* **Elle est dans le coup** (*ou* **dans le vent**)**!:**

She's pretty groovy!

C'était *sensass*!:

It was awesome! [*See* **C'était à vous *couper* le souffle!**]

C'est *sensationnel* (*ou* **super**)**!** *[positif]* *ou* **C'est terrible!** *[positif]*:

What a humdinger!

Elle est sur le *sentier* de la guerre:

She's on the war path

Tu livres facilement tes *sentiments*! *ou* **On te lit à livre ouvert!:**

a) You carry your heart on your sleeve! **b)** I can read you like a book!

Ces personnes ne peuvent pas se *sentir* *ou* **Ces personnes se détestent:**

There's no love lost between them

Elle ne peut pas te *sentir*

She can't stand the sight of you

Je me *sens* bien:

I'm in a good frame of mind [*See* **Je suis de bonne *humeur***]

Ça *sent* le brûlé à plein nez!:

It smells burnt like mad!

Je me *sens* mal là-dedans:

I feel bad about it

Ça *sent* mauvais! *[sens propre et figuré]*:

It stinks! [*See* **Ça *pue!***]

Je ne me *sens* pas d'attaque:

I don't feel up to par

Ils se *séparent* *ou* {Qc} **Ils se laissent:**

They're splitting up

{Qc} **C'est un *séraphin*:**

He's a cheap-skate [*See* **C'est un *grippe-sou***]

Il est *sérieux*! *ou* Il ne plaisante pas!:

He means business!

Il n'est pas *sérieux*! *ou* Il bluffe!:

He's bluffing!

Es-tu *sérieux*? *ou* Pas de blague!:

a) Are you kidding? **b)** No kidding!

Garder son *sérieux*:

To keep a straight face

Perdre son *sérieux*:

To burst out laughing

Prendre au *sérieux*:

To take seriously

Tu es *sérieux* comme un pape!:

You're sober as a judge!

Je l'ai *sermonné* *ou* Je lui ai fait la leçon:

I gave him a good talking-to

Le professeur a *serré* la vis *[dans le sens qu'il est plus sévère]* *ou* **Le professeur a repris les choses en main:**

The teacher cracked the whip

Il m'a sérieusement *serré* la vis!:

He put the screws to me!

Nous devons nous *serrer* les coudes! *ou* Nous devons être solidaires!:

We must stick together!

Un *service* en attire un autre!:

One good turn deserves another! [*See* **C'est un *échange* de bons procédés!**]

Servir – sers – sert

Ça ne *sert* à rien de lui demander:

It's no use asking him

Ça ne *sert* à rien de te cogner (*ou* frapper) la tête contre les murs, il n'acceptera jamais! *ou* Ça ne sert à rien de discuter avec lui, il... *ou* Tu auras beau faire des pieds et des mains, il...:

There's no use banging your head against the wall, he'll never agree!

Ça ne *sert* à rien de pleurer sur le passé; ce qui est fait est fait!:

It's no use crying over spilt milk, what is done is done!

Ça ne *sert* à rien de te (*ou* vous) le dire:

There's no point (*or* no use) telling you

On n'est jamais si bien *servi* que par soi-même:

If you want something done well, do it yourself

Elle est très *sexy*! *ou* Elle a du sex-appeal!:

a) She's a sexpot! **b)** She's sexy!

J'en étais *sidéré*!:

I was stunned! [*See* **J'en étais *stupéfait!***]

Dans les *siècles* passés, ...:

In ancient times, ...

Ça fait des *siècles* que je ne l'ai pas vu:

It's ages since I last saw him [*See* **Ça fait une *éternité* que je ne l'ai pas vu**]

Elle a encore fait des *siennes*!:

She has done it again!

J'ai besoin de me taper une petite *sieste*:

I need to snooze for a while [*See* **J'ai besoin de *dormir* un peu**]

Ils ont tenu (*ou* gardé) ça sous *silence*:

They put a lid on that

Son *silence* en dit long!:

Her (*or* His) silence speaks volumes!

La parole est d'argent, mais le *silence* est d'or:

Silence is gold

C'est *simple* comme bonjour!:

It's easy as pie! [*See* **C'est une *affaire* de rien!**]

Ce n'est pas aussi *simple* que ça en a l'air:

There's more to this than meets the eye

Reste dîner avec nous, ce sera en toute *simplicité*:

Stay for dinner; we're having potluck [*See* **Reste manger avec nous, ce sera à la bonne *franquette***]

Il *singe* *ou* Il copie:

He's a copy cat

Ce n'est pas à un vieux *singe* qu'on apprend à faire des grimaces:

You can't teach an old dog new tricks

Arrête tes *singeries* et remets-toi au travail!:

Stop fooling (*or* horsing) around and get back to work! [*See* **Arrête tes *conneries!***]

{Qc} **Un *siphonneux*:**

A sponger [*See* **Un *parasite***]

Nous sommes dans une *situation* délicate:

We're in an awkward position

Je suis dans une *situation* difficile:

I'm in a predicament [*See* **Je suis dans de beaux (*ou* sales) *draps***]

Il m'a placé dans une *situation* impossible!:

He got me up a tree!

Où est-ce que je me *situe* dans tout ça? *ou* Quand est-ce que j'entre en jeu?:

Where do I come into the picture?

Il est *snob*!:

He's a snob! [*See* **Il joue à «l'*important*»!**]

{Qc} **Magasin de la *Société* des alcools:**

a) Package store **b)** Liquor store

En *soi* *ou* Comme tel:

Per se *[pronounced «say»]*

{Qc} **Tu es une vraie *soie*! *ou* {Qc} Tu es fin comme une mouche! *ou* Tu es un amour (*ou* un chou)!:**

a) You're a peach! **b)** You're as nice as pie!

Il était aux petits *soins* (*ou* aux petits oignons) pour elle!:

He waited on her hand and foot!

Une *soirée* entre hommes:

A stag party

C'était une *soirée* tapageuse (*ou* bruyante, agitée):

It was a rowdy party

Le *soleil* brille pour tout le monde!:

The sun shines for everyone!

Nous devons être *solidaires*! *ou* Nous devons nous serrer les coudes!:

We must stick together!

Ce n'est pas *solide*! *ou* C'est branlant! *ou* {Fr} C'est de bric et de broc!:

It's flimsy!

Nous devrions trouver une *solution* (*ou* un arrangement):

We should come to a friendly agreement [*See* **On devrait s'arranger à l'*amiable***]

Une *solution* finira bien par se présenter:

Something will turn up

Il fait si *sombre*! / C'est une journée si *sombre*!:

It's so gloomy (*or* dreary)! / It's such a gloomy (*or* dreary) day!

J'ai besoin de faire un petit *somme*:

I need to get some shuteye [*See* **J'ai besoin de *dormir* un peu**]

Nous aimerions entendre (*ou* avoir) un autre *son* de cloche (*ou* une autre opinion):

We'd like to have a second opinion

Ça, c'est un autre *son* de cloche! *ou* Ça, c'est une autre paire de manches! *ou* Ça, c'est une autre histoire!:

a) That's another story! **b)** It's a different story!

Un *sondage* (*ou* Une vérification) au hasard:

A spot check

Pas besoin d'être *sorcier* (*ou* devin) pour... *ou* {Qc} Ça prend pas la tête à Papineau pour faire...:

You don't have to be a wizzard to do...

Le *sort* en est jeté! *ou* Les dés sont jetés!:

The die is cast!

Il s'en est bien *sorti* (*ou* tiré):

He got off easy

Ils n'en *sortent* pas! *ou* **Ils tournent en rond!:**

a) They're going nowhere fast! **b)** They run in circles!

Il va s'en *sortir* *ou* {*Qc*} **Il va passer à travers:**

He will pull through

Il n'y a pas moyen d'en *sortir*! *ou* **Tu es fait!:**

a) You're cornered! **b)** You have no way out!

Elle finit toujours par bien s'en *sortir!* (*ou* **par retomber sur ses jambes** (*ou* **ses pieds**), **par tirer son épingle du jeu**)**!:**

She always comes up smelling roses!

Tu n'as plus le droit de *sortir*! *[jusqu'à nouvel ordre]*:

You're grounded!

Elle n'aime pas *sortir*:

She's a homebody [*See* **Elle est *casanière***]

Elle est toujours *sortie* *ou* **Elle est toujours sur la brèche** (*ou* {*Fr*} **sur le pont**)**:**

She's always on the go

Elle *sort* ce soir *ou* **Elle a un rendez-vous ce soir** *ou* {*Fr*} **Elle a un rancard ce soir:**

a) She's stepping out tonight **b)** She's going out tonight

Je ne sais pas comment me *sortir* (*ou* **me libérer**) **de...:**

I don't know how to get out of...

Tu n'es pas encore *sorti* de l'auberge (*ou* {*Qc*} **sorti du bois**)**!:**

a) You're not out of the woods yet! **b)** Your troubles aren't over yet!

Ça m'est *sorti* de la tête! *ou* {*Qc*} **Ça m'est parti de l'idée!:**

It slipped my mind!

Ils *sortent* de partout *ou* **Il en sort de partout:**

They're crawling out of the woodwork

Il me fait *sortir* de mes gonds! *ou* {*Qc*} **Il me fait grimper dans les rideaux!** *ou* **Il me rend fou!** *ou* {*Fr*} **Il me fait tourner en bourrique!** *ou* {*Fr*} **Il me fait devenir chèvre!:**

He drives me up the wall!

Il est *sorti* de ses gonds! *ou* **Il a piqué une crise!** *ou* **Il a perdu le contrôle!** *[de lui-même]* *ou* **Il ne se maîtrisait plus!** *ou* **Il a explosé!** *ou* **Il a perdu la boule** (*ou* **la tête**)**!** *ou* **Il est devenu fou!** *[sens propre]* *ou* {*Fr*} **Il a disjoncté!** *ou* {*Fr*} **Il a pété les boulons!:**

a) He blew a gasket! **b)** He went off the deep end! **c)** He flew off the handle! **d)** He blew his stack! **e)** He freaked out! **f)** He went berserk (*or* bananas, crazy, haywire)! **g)** He hit the ceiling! **h)** He hit the roof! **i)** He cracked up! **j)** He flipped! [*Example*: **After the accident, he went berserk when he learned of his wife's death** = Après l'accident, il est devenu fou quand il a appris la mort de sa femme]

{*Qc*} **Tu n'es pas encore *sorti* du bois** (*ou* {*Fr*} **de l'auberge**)**!:**

a) You're not out of the woods yet! **b)** Your troubles aren't over yet!

Il ne *sortira* jamais du rang:

He'll never set the world on fire [*See* **Il n'a pas *inventé* les boutons à quatre trous**]

***Sors*-en!:**

Get a grip on yourself! [*See* ***Prends*-toi en main!**]

Ils *sortent* ensemble *[dans le sens qu'ils ont un lien amoureux]*:

They go steady

Il m'a pris jusqu'à mon dernier *sou*! *ou* **Il m'a mis sur la paille!** *ou* **Il m'a** {*Qc*} **lavé** (*ou* {*Fr*} **lessivé, dépouillé**)**!:**

a) He took (*or* sent) me to the cleaners! **b)** He took me for all I was worth!

Je n'ai pas un *sou*! *ou* {*Qc*} **Je suis cassé** *ou* **J'arrive en dessous** *ou* {*Qc*} **Je suis dans le rouge!** *ou* **Je suis à sec!** *ou* **Je suis fauché!** *ou* {*Fr*} **Je suis raide!** *ou* {*Fr*} **J'ai plus une thune** (*ou* {*Fr*} **un radis**)**:**

a) I'm flat broke! **b)** I'm in the red!

J'ai d'autres *soucis* en tête *ou* **J'ai d'autres chats à fouetter:**

I have other fish to fry

{*Qc*} **Cette maison ressemble à une *soue* à cochons:**

This house looks like a pigpen

Elle a lutté (*ou* persévéré) jusqu'à son dernier *souffle* (*ou* jusqu'à la fin):

She fought till the bitter end

Laisse-lui le temps de *souffler*:

Give him time to sort it out [*See* **Laisse-lui le temps de se *retourner***]

J'en ai eu le *souffle* coupé! *[admiration] ou* {*Fr*} **J'en suis resté baba!:**

It took my breath away!

J'en ai eu le *souffle* coupé! *[surprise] ou* **Ça m'a fichu un coup!:**

I didn't know what hit me!

J'étais si pressé que je n'avais même pas le temps de *souffler* (*ou* de respirer):

I was so busy, I didn't have time to come up for air

Être le *souffre-douleur* du groupe:

To be the scapegoat of the group

Il travaillait comme un vrai *souillon* (*ou* {*Fr*} un sagouin)! *ou* Son travail était à la va-comme-je-te-pousse!:

His work was botched up (*or* botchy, sloppy)!

Il est *soûl* *ou* Il est ivre:

He's loaded

Il est complètement *soûl* (*ou* fin soûl) *ou* {*Qc*} Il est soûl comme une botte:

He's stewed to the eyeballs [*See* **Il est *ivre* mort**]

Il est à moitié *soûl* *ou* Il est à moitié ivre:

He's half-cocked

Il aime se *soûler* *ou* Il aime prendre un coup *ou* {*Qc*} Il aime se paqueter la fraise *ou* {*Fr*} Il aime picoler (*ou* {*Fr*} écluser, {*Fr*} pinter):

He hits the bottle

{*Qc*} **L'étudiant était dans ses petits *souliers*** *[figuré]*:

The student was shaking in his shoes

{*Qc*} ***Soumissionner* sur son ouvrage *ou* Faire une offre de service *ou* Faire un devis:**

To bid (*or* quote) on a job

Ça a éveillé mes *soupçons*:

It started me thinking [*See* **Ça m'a mis la *puce* à l'oreille**]

Elle est *soupe* au lait! *ou* Elle a le sang chaud *[de colère] ou* **Elle est prompte à s'emporter!:**

She's hotheaded! [*but* **Elle a le *sang* chaud** *[sensuellement]* = She's a hot cookie *or* She's got hot pants]

Souper: [*See* ***Repas***]

Souper à la maison = supper
Souper au restaurant = dinner

Je l'ai appris de bonne *source* *ou* Je l'ai appris de première main:

I heard it straight from the horse's mouth

Il est *sourd* comme un pot:

He's deaf as a doornail

Il n'est pire *sourd* que celui qui ne veut pas entendre:

There is none so deaf as he who will not listen

Arrête (*ou* Cesse) de *sourire*:

Wipe that smile off your face

Je voudrais bien être une petite *souris* pour voir si...:

I'd love to be a fly on the wall to be able to see if...

{*Fr*} **Manger à se faire péter la *sous-ventrière*:**

To go on a binge [*See* **Faire un *excès***]

***Sous-vêtements* (*ou* caleçons) longs:**

Long johns

Il apporte tout son *soutien*!:

He throws his weight around!

Il est le *soutien* de famille *ou* {*Fr*} Il est celui qui fait bouillir la marmite:

a) He earns the bacon **b)** He's the breadwinner

Si mes *souvenirs* sont exacts (*ou* Selon moi), je dirais que...:

Off the top of my head, I'd say that...

Plus *souvent* qu'autrement... *ou* Le plus souvent... *ou* La plupart du temps...:

More often than not...

Son travail n'est pas *stable* (*ou* pas assuré) *ou* Son travail est précaire:

He's on shaky grounds at his job

On en est encore au *stade* préliminaire:

It's still in the early stages [*See* **C'est encore à l'état d'*ébauche***]

Fais castrer ou *stériliser* ton animal!:

Have your pet spayed or neutered

Ça va me *stimuler*:

It will pep (*or* perk) me up

Sois moins *strict*! *ou* Relâche un peu!:

Loosen up!

J'en étais *stupéfait* (*ou* estomaqué, sidéré)! *ou* Je n'en revenais pas! *ou* J'en avais les jambes coupées! *ou* {*Fr*} Je suis resté comme deux ronds de flan! *ou* J'en suis resté bouche bée!:

a) I was flabbergasted! **b)** I was dumbfounded! **c)** I was stunned! **d)** You could've knocked me over with a feather! **e)** You floored me!

Avoir un grand *succès*:

To make a killing [*See* **Ramasser le *paquet***]

Ça a eu un grand *succès*!:

It went over big! [*See* **Ça a fait un *tabac!***]

Sa dernière chanson a eu du *succès* (*ou* a bien marché, {*Fr*} a été un tube)!:

a) His last song clicked! **b)** He made a hit with his last song!

Ça me fait *suer*!:

That gets my goat! [*See* **Ça me fait *choquer!***]

Ça *suffit*! *ou* OK! C'est assez (*ou* Ça va), laisse tomber!:

OK! It's all right already!

Je *suis* comme je suis:

a) I am what I am **b)** I yam what I yam

{*Qc*} C'est un *suiveux* *ou* {*Qc*} C'est une «mitaine» *ou* C'est un mouton *ou* Il dit amen à tout:

He's a yes man

Suivre – suis – suit

Tu me *suis*?:

Do you get the drift? [*See* **Comprends-tu?**]

On peut le *suivre* à la trace:

There's no mistaking where he's been

Elle me *suit* partout! *ou* Elle ne me lâche pas d'une semelle!:

a) She tags along everywhere I go! **b)** She follows me like a shadow!

C'est un mauvais *sujet*!:

He's bad news! [*See* **C'est un vrai *fauteur* de troubles!**]

Ne t'écarte (*ou* Ne vous écartez) pas du *sujet*:

Stick to the point

C'est en dehors du *sujet* *ou* Ce n'est pas la question:

a) That's beside the point **b)** That's not the issue

À ce *sujet*, ... *ou* À ce propos, ... *ou* Quant à ça, ...:

As for this subject...

C'est un *sujet* délicat!:

It's a touchy subject!

N'aborde pas ce *sujet* épineux! *ou* Ne t'aventure pas sur ce terrain! *ou* C'est une boîte de Pandore!:

a) Don't open this can of worms! **b)** Don't go there!

C'est *super*! *ou* C'est superbe!:

It's smashing! [*See* **C'est de toute *beauté!***]

C'est *super* (*ou* sensationnel)! *[positif]* *ou* C'est terrible! *[positif]*:

What a humdinger!

Il n'est pas *supportable* (*ou* {*Qc*} endurable):

He's a pill

Je ne le *supporte* pas!:

I don't put up with that! [*See* **J'endure (*ou* Je n'endure) pas ça!**]

Je *suppose*!:

I suppose!

Bien *sûr*! *ou* Ça, oui!:

a) You bet! **b)** By all means! **c)** Of course!

Je suis *sûr* et certain que...:

I know for a fact that...

C'est *sûr* et certain! *ou* **L'affaire est dans la poche (*ou* dans le sac)!** *ou* **L'affaire est conclue!** *ou* {Qc} **L'affaire est ketchup!:**

a) It's in the bag! **b)** I've got it made! **c)** It's all sewed up!

Aussi *sûr* que deux et deux font quatre!:

Sure as shooting!

Répondre *sur-le-champ* (*ou* du tac au tac):

To answer right off the bat (*or* right on the spot, tit for tat)

Le *surlendemain*:

Two days later [*but* **La veille / le lendemain** = The day before / the day after]

Il s'est fait *surprendre* dans une situation très embarrassante *ou* {Qc} **Il s'est fait prendre les culottes à terre:**

He got caught with his pants down

Tout *surveiller* *ou* **Avoir un œil sur tout:**

a) To keep an eye on things **b)** To keep tabs on things

Il *surveille* sa femme:

He keeps tabs (*or* keeps an eye) on his wife

Je *surveille* tes manigances *ou* **Je t'ai à l'œil!:**

I'm on to you!

Essaie de *survivre* *ou* **Essaie de garder la tête hors de l'eau:**

Try to keep your head above water

J'étais *suspendu* (*ou* pendu) à ses lèvres:

I was hanging on his every word

{Qc} **Une *suzanne*** ***[plateau tournant]*:**

A lazy Susan

Sois *sympa*! *ou* **Sois chic!** *ou* **Sois compréhensif!** *ou* **Pitié!** *ou* **Sois gentil!:**

a) Have a heart! **b)** Be a sport!

Tu as (*ou* Vous avez) toute ma *sympathie*:

My heart goes out to you

J'ai tout de suite *sympathisé* avec lui *ou* **Je me suis tout de suite lié d'amitié avec lui:**

I hit it off with him right away

Ça a fait un *tabac* (*ou* **un malheur)!** *ou* **Ça a eu un franc succès!** *ou* {*Fr*} **Ça a marché du feu de Dieu!:**

a) It went over with a bang! **b)** It went over big!

{*Fr*} **Un pot à *tabac*** *ou* {*Qc*} **Un petit baril** *[une personne courte et grasse]*:

A little butterball *[a person]*

{*Qc*} ***Tabarnack*!** *(grossier)*:

Damned it! *(rude)* [*See* ***Gosh!***]

***Tabasser* quelqu'un** *ou* **Passer quelqu'un à tabac** *ou* **Donner une volée à quelqu'un:**

a) To give someone a good going-over **b)** To give someone a good licking **c)** To give someone the third degree

Il s'est mis à le *tabasser* *ou* **Il s'est mis à lui taper dessus** *ou* **Il s'est mis à lui casser la gueule:**

He hauled off and hit him

Faire *table* rase *ou* **Faire le grand ménage** *[dans une entreprise]*:

To make a clean sweep

{*Qc*} **Mets ça sur la *tablette* un bout de temps:**

Put it on the back burner for a while [*See* **Laisse *dormir* ça quelque temps**]

Répondre du *tac* au tac:

To answer right off the bat (*or* right on the spot, tit for tat)

Remettons-nous à la *tâche*!:

Back to the salt mines! [*See* **Retournons au *travail!***]

Attelle-toi à la *tâche*! *ou* **Mets-toi une bonne fois au boulot!:**

Buckle down and get to work!

Je vais te laisser accomplir cette *tâche* difficile (*ou* **ce travail ingrat**)**:**

I'll let you do this dirty work

Elle a une *tâche* difficile à accomplir:

She has a hard row to hoe

Il n'est pas de *taille* pour cela:

He's not cut out for that

J'aurais dû me *taire*! *ou* **J'aurais dû la fermer!:**

I should have kept my big mouth shut!

***Tais*-toi!:**

Hold your tongue! [*See* **Tiens ta *langue!***]

Il a tout le *talent* voulu pour...:

He's got what it takes to...

{*Qc*} **T'es donc bien *tannant*!** *[après que quelqu'un nous ait joué un gentil tour]* *ou* {*Qc*} **Ça prend bien toi pour faire ça!** *[après un coup douteux]*:

You're a bugger! *[after someone had played a nice trick on us]*

[Gentil] {*Qc*} **Le petit *tannant*!** *ou* {*Qc*} **Le petit vlimeux!** *ou* {*Fr*} **La petite crapule!** *ou* **La petite canaille!** *ou* **Le petit fripon!** *ou* {*Qc*} **Le p'tit criss!** (*vulg.*)**:**

a) The little rascal! **b)** The little twerp! **c)** The little stinker!

Je l'ai vu *tant* et plus!:

I saw it umpteen times! [*See* **Je l'ai vu des centaines de *fois!***]

***Tant* mieux pour lui! *ou* Grand bien lui fasse!:**

More power to him!

***Tant* pis!:**

a) Tough luck! **b)** That's tough!

***Tant* pis pour lui! *ou* {Qc} Ben bon pour lui! *[ironie]*:**

a) That'll fix him! **b)** It's just too bad for him!

***Tant* pis pour toi!:**

Eat your heart out!

{Qc} *Tant* qu'à moi, il peut bien disparaître:

For all I care, he could drop dead [*See* **En ce qui me *concerne*, il...**]

***Tant* s'en faut!:**

Not in the least bit! [*See* ***Loin* de là!**]

***Tante*:**

Homosexuel [*See* ***Gay***] [*but* **ma tante** *[famille]* = my aunt]

Il est cinq heures *tapantes* (*ou* pile)!:

a) It's five o'clock on the nose! **b)** It's five o'clock sharp!

{Fr} Je m'en *tape*!:

It doesn't matter to me! [*See* **Je m'en *fiche!***]

Elle a *tapé* dans l'œil de tous les hommes lors de cette soirée *ou* {Qc} Elle est tombée dans l'œil de...:

She sure made out at the party

Il s'est mis à lui *taper* dessus:

He hauled off and hit him [*See* **Il s'est mis à le *tabasser***]

Tu as *tapé* en plein dans le mille! *ou* {Qc} C'est en plein ça!:

You hit the nail on the head!

Il s'est fait *taper* sur les doigts *ou* Il s'est fait remettre à sa place:

He was told off

***Tapette* *[irrespectueux]*:**

Faggot [*See* ***Gay***]

Il fait un peu *tapette*!:

He's a sissy! [*but* **C'est une *peureuse!*** = She's a sissy!]

{Fr} Un *tapeur*:

A moocher [*See* **Un *parasite***]

{Fr} C'est *tarabiscoté*!:

It's a bit much! [*See* **C'est *exagéré!***]

{Fr} Il est *taré*:

He's bananas! [*See* **Il est *fou*!** *[sens propre]*]

{Fr} C'est un *tartufe* (*ou* tartuffe):

He's two-faced [*See* **C'est un *hypocrite***]

C'est un gros *tas*! *(grossier)* *ou* {Qc} C'est un gros plein de merde! *(vulg.)*

He's full of shit! *(rude)*

Elle a un *tas* de vêtements sur son lit:

She has a heap of clothes on her bed [*See* ***Beaucoup***]

Ce n'est pas ma *tasse* de thé *ou* Ce n'est pas à mon goût:

It's not my cup of tea

Va donc *tâter* le terrain pour voir si...:

Go sneaking around to see if...

J'y suis allé à *tâtons*:

I felt my way around

On doit procéder par *tâtonnements*:

We have to do it by trial and error

Il est en *taule*!:

He's in the slammer! [*See* **Il est en *prison!***]

Prendre le *taureau* par les cornes *ou* Prendre son courage à deux mains:

To take the bull by the horns

***Tel* quel:**

As is

Elle a *tempêté* (*ou* fulminé, ragé) parce que j'ai pris sa voiture:

She ranted and raved because I took her car

C'est de son *temps* (*ou* de son époque):

It's in tune with her (*or* his) own time

Il faut vivre avec son *temps* *ou* Il faut être de son époque:

We have to keep up with the times

Chaque chose en son *temps*!:

Don't cross a bridge before you get to it! [*See* **Tu *traverseras* la rivière quand tu seras rendu au pont!**]

C'est arrivé juste à *temps*:

It happened just in the nick of time

J'ai tout mon *temps*:

I have all the time in the world

Quel bon *temps* nous avons eu!:

We had a whale of a time! [*See* **On s'est *amusé* comme des fous!**]

On n'arrête pas le *temps*!:

Time waits for no man!

Nous serons là <u>en un rien de *temps*</u>! *ou* <u>En moins de temps qu'il n'en faut pour le dire</u>, nous serons là!:

a) <u>In next to no time</u>, we'll be there! **b)** <u>In no time</u>, we'll be there!

Je vais le faire en un rien de *temps*:

I'll do it in short order [*See* **Je vais le faire en un *clin* d'œil**]

Dans l'ancien *temps*... (*ou* Jadis, Autrefois):

a) In olden days, ... **b)** In times gone by, ... **c)** In the good old days, ...

Dans le bon vieux *temps*:

In the horse-and-buggy days

C'était le bon vieux *temps*!:

Those were the good old days!

Laisse-lui le *temps* de se retourner *[figuré]*:

a) Give him time to land on his feet **b)** Give him time to turn around **c)** Give him time to sort it out

<u>De *temps* en temps</u>, il fait des heures supplémentaires:

<u>Every now and then</u>, he works overtime [*See* **<u>À l'*occasion*</u>, il...**]

De *temps* en temps, ...:

Every so often, ...

Mon *temps* est entièrement pris:

I'm all tied up

Tu verras en *temps* et lieu!:

Don't cross a bridge before you get to it! [*See* **Tu *traverseras* la rivière quand tu seras rendu au pont!**]

Le *temps* fait son œuvre:

Time takes its toll

C'est du *temps* perdu! *ou* C'est une perte de temps!:

That's a waste of time!

Il y a un *temps* pour chaque chose *ou* Chaque chose en son temps:

There's a time and place for everything

{*Qc*} **Il faut se garder du *temps* pour relaxer:**

We have to take time out to relax

Il est grand *temps* que tu me dises la vérité:

a) It's about time you tell me the truth **b)** It's high time you tell me the truth

Par les *temps* qui courent, ... *ou* À notre époque, ...:

In this day and age, ...

En moins de *temps* qu'il n'en faut pour le dire, nous serons là! *ou* Nous serons là en un rien de temps!:

a) In next to no time, we'll be there! **b)** In no time, we'll be there!

Les *temps* sont durs pour tout le monde!:

Things are rough all over!

Je vais le faire en deux *temps* trois mouvements:

In two shakes of a lamb's tail [*See* **Je vais le faire en un *clin* d'œil**]

Regarde la *tendance* *ou* Vois d'où vient le vent:

See how the wind blows

Tenir – tiens – tient – tenez

***Tenez*-vous-en aux faits! *ou* {*Qc*} Tiens-toi-z'en aux faits! *ou* Tiens-t'en aux faits!:**

Stick to the facts!

Je me *tiens* au bar *ou* Je traîne au bar *ou* Je suis au bar:

I hang out at the bar

Tiens **bon!** *ou* **Tiens le coup!:**

Keep the ball rolling! [*See* **N'*abandonne* pas!**]

***Tiens*-moi au courant** *[au fur et à mesure]*:

Keep me abreast of the events

***Tiens*-moi au courant** *[de l'essentiel]*:

Keep me posted

Je vais *tenir* parole:

I'll keep my word

{Qc}***Tiens*-toi un peu!** *ou* **Contrôle-toi!:**

Get a hold of yourself!

{Qc} **Tu dois *tenir* ton bout:**

You have to stick to your guns [*See* **Tu ne dois pas en *démordre***]

C'est une affaire qui *tient* toujours:

It's a going proposition

C'est lui qui *tient* tout:

He runs the show [*See* **C'est lui qui *dirige***]

Tente **(***ou* **Tentez) le coup!** *ou* **Essayez-le! (***ou* **Essaie-le!):**

a) Take a crack at it! **b)** Give it a try! **c)** Take a shot at it!

Ne *tente* pas le diable!:

Don't push your luck! [*See* **Ne *pousse* pas!**]

Ça ne me *tente* vraiment pas d'aller là-bas ce soir:

I don't really feel like going there tonight [*See* **Ça ne me *chante* vraiment pas**...]

Ce sera à long *terme*:

It'll be a long haul

Un *terme* d'usage courant *ou* **Un terme usuel:**

A household word

Elle lui a dit en *termes* on ne peut plus clairs:

She told him in no uncertain terms

Termine **ça!** *ou* **Règle ça!** *ou* **Finis-le!:**

Wrap it up!

***Terminons*!** *ou* **Finissons-en!:**

a) Let's wrap it up! **b)** Let's get it over with!

Ne t'aventure pas sur ce *terrain*! *ou* {Qc} **Ne pars pas ce sujet épineux!:**

Don't open this can of worms!

Tu t'aventures en *terrain* dangereux *ou* **Vous avancez en terrain glissant (***ou* **miné):**

a) You tread on dangerous ground **b)** You're skating on thin ice **c)** You're on shaky ground

L'opposition nous a *terrassés*!:

The opposition outnumbered us! [*See* **L'opposition nous a *écrasés***]

Une grande étendue de *terre*:

A stretch of land

C'est *terrible*! *[positif]* *ou* **C'est sensationnel (***ou* **super)!:**

What a humdinger!

Terrifier **quelqu'un:**

To scare the pants off of him

Elle était *terrifiée*!:

She was petrified!

Les *testicules* *ou* **Les bijoux de famille** *ou* **Les couilles** *ou* {Fr} **Les bonbons** *ou* {Fr} **Les noix** *(vulg.)* *ou* {Fr} **Les roubignoles:**

The family jewels

Il a des gros bras mais pas de *tête*:

He has brawn but no brains

Je ne sais où donner de la *tête*!:

I don't know if I'm coming or going!

Il a quelque chose derrière la *tête*:

He has something up his sleeve

Ça lui est monté à la *tête*! *[dans le sens qu'il se prend pour un autre]*:

It went to his head!

Petite *tête*! *ou* **Tête de linotte!** *ou* {Fr} **Tête de piaf!:**

Pea-brain!

{Fr} **Il a la grosse *tête*!:**

He's all wrapped up in himself! [*See* **Il se prend pour le *nombril* du monde!**]

J'en ai par-dessus la *tête*! *[avec le geste]* *ou* **Je suis dans de mauvais draps:**

I'm up to my neck!

J'ai du travail par-dessus la *tête*:

I am snowed under with work [*See* **Je suis *débordé* de travail**]

J'en mettrais ma *tête* à couper!:

I'd bet my bottom dollar! [*See* **J'en mettrais ma *main* au feu!**]

{Qc} **Ça prend pas la *tête* à Papineau pour faire...** *ou* **Pas besoin d'être sorcier pour...:**

You don't have to be a wizzard to do...

Faire un *tête* à queue *[en auto]*:

To spin right around

Excusez-moi! J'avais la *tête* ailleurs! (*ou* J'étais ailleurs!) *ou* **Désolé! J'étais bien loin!:**

Sorry! My mind was miles away!

{Qc} **Il est en amour par-dessus la *tête* avec elle!** *ou* **Il l'aime comme un fou!:**

He's head over heels in love with her!

J'en ai par-dessus la *tête* de ça!:

I'm sick and tired of it! [*See* **J'en ai *assez!***]

***Tête* de linotte!** *ou* **Petite *tête*!** *ou* {Fr} **Tête de piaf!:**

Pea-brain!

C'est une *tête* de linotte (*ou* {Fr} de piaf, de moineau) *ou* **C'est une tête en l'air** *ou* **Il est tête en l'air:**

a) He's absent-minded **b)** He's scatter brained

Pourquoi fais-tu une *tête* d'enterrement?:

Why do you look so gloomy (*or* so glum)?

Il a une *tête* de cochon (*ou* {Fr} de lard, de pioche):

He's pigheaded

{Qc} **C'est une *tête* enflée!:**

He's a stuffed shirt! [*See* **Il joue à «l'*important*»!**]

La *tête* me tourne *ou* **Je suis étourdi:**

I get dizzy [*but* **J'ai le *vertige*** = I can't take heights]

Deux *têtes* valent mieux qu'une:

Two heads are better than one

{Qc} **Un *téteux*** *ou* **Un lèche-cul (*ou* lèche-bottes):**

A brown-noser

Il est *têtu* comme une mule:

He's stubborn as a mule

{Fr} **Je n'ai plus une *thune* (*ou* un radis)!:**

I'm in the red! [*See* **Je n'ai pas un *sou!***]

{Qc} **C'est un *ti-Jos-connaissant*!:**

He's a know-it-all! [*See* {Qc} **C'est un *fin-fin***]

Un *tiens* vaut mieux que deux tu l'auras:

A bird in the hand is worth two in the bush

{Fr} **Décrocher la *timbale*:**

To make a big haul [*See* **Ramasser le *paquet***]

Il est *timbré*! *ou* {Qc} **Il est flyé!:**

He's off-the-wall!

{Fr} **Sans *tintouin*:**

Without a hassle [*See* **Sans *problèmes***]

{Fr} **Ça va faire du *tintouin*!:**

It's going to get nasty! [*See* **Ça va mal *tourner!***]

{Fr} **J'ai une vieille *tire*:**

I have an old jalopy [*See* **J'ai une vieille *bagnole***]

Il s'en est bien *tiré* (*ou* sorti):

He got off easy

S'en *tirer* à bon compte *ou* **S'en tirer avec une peine (*ou* amende) réduite** *[dans un procès]*:

To beat the rap

Elle est *tirée* à quatre épingles *ou* **Elle s'est mise {Qc} sur son 36 (*ou* {Fr} sur son 31):**

a) She got all dolled up **b)** She got all dressed up **c)** She got all spruced up

***Tirer* au sort:**

To pick out of the hat

Il faut *tirer* cette affaire au clair *ou* **Il faut élucider cette affaire:**

We must get to the bottom of it

Il m'a *tiré* d'affaire *ou* **Il m'a sorti du pétrin!:**

He got me off the hook!

Je l'ai *tiré* d'embarras *ou* **J'ai payé sa caution:**

I bailed him out

Il *tirait* le diable par la queue *ou* **Il vivait au jour le jour:**

He was living from hand to mouth

Je vais essayer de lui *tirer* les vers du nez *ou* **Je vais essayer de le faire parler:**

I'll try to worm information out of him

Elle s'est fait *tirer* l'oreille avant d'agir:

She needed a lot of persuading before doing it

C'est *tiré* par les cheveux!:

It's farfetched! [*See* **C'est *exagéré!***]

Ne *tire* pas trop sur la corde!:

Don't push your luck! [*See* **Ne *pousse* pas!**]

Il s'en est *tiré* sans condamnation:

He got away scot-free

Il va s'en *tirer* sans gains ni pertes:

He will break even [*See* **Il va *rentrer* dans son argent**]

Il va s'en *tirer* sans problème!:

He will get away with it! [*but* **Il ne l'emportera pas au *paradis!*** = He won't get away with it!]

{*Fr*} ***Tire*-toi!:**

Make yourself scarce! [*See* ***Décampe!***]

***Tirer* un coup** (*grossier*) *ou* {*Fr*} **Tirer sa crampe** (*vulg.*)**:**

To have a quickie [*See* ***Baiser***]

{*Fr*} **Je vais aller à la *tirette*:**

I'll go to the Automatic Teller [*See* **Je vais aller au *guichet* automatique**]

Ça a fait les gros *titres* des journaux *ou* **Ça a fait la manchette des journaux:**

It was splashed all over the front page

C'est du *toc*! *ou* **C'est du faux!** *ou* **C'est de l'imitation!:**

That's phoney!

– Tu es si gentil(le) et si aimable!
– *Toi* aussi *[positif] ou* **«Ça en prend un(e) pour en reconnaître un(e) autre»** *[positif ou négatif] ou* **Tu ne t'es pas regardé(e)** *[si c'est négatif]***:**

– You're so kind and lovable!
– «It takes one to know one!» *[positive or negative]*

De *toi* à moi, ... *ou* {*Qc*} **Entre toi et moi puis la corde à linge, ...:**

Between you and me and the lamppost, ...

As-tu remarqué sa *toilette*?:

Did you notice her outfit? [*See* **As-tu remarqué son *ensemble*?**]

Je dois aller {*Qc*} / {*Bel*} **à la *toilette*** (*ou* {*Fr*} **aux toilettes)** *ou* **Je dois aller au petit coin:**

a) I must go to the bathroom (*or* restroom, washroom) **b)** *[For men only]* I've gotta see a man about a dog

Il n'a même pas de *toit*:

He doesn't even have a roof over his head

Je ne *tolérerai* pas ça! *ou* **Je ne laisserai pas passer ça!:**

I won't stand for it!

Il a dû se retourner dans sa *tombe*!:

He must have turned over in his grave!

Il avait un pied dans la *tombe*:

He had one foot in the grave and the other on a banana peel

C'est une vraie *tombe* *ou* **Il est la discrétion même:**

He'll take it to his grave

C'est *tombé* à l'eau! *[figuré] ou* **C'est foutu!** *ou* **C'est fichu!:**

a) It's up the chute! **b)** It's down the drain!

Son plan est *tombé* à l'eau:

Her (*or* His) plan is all washed up

Ça *tombe* à pic! *ou* **Ça tombe pile!:**

That's exactly what I need!

Vous *tombez* bien! *ou* **Vous tombez à pic!:**

You come just at the right time!

{Qc} **Il est *tombé* comme une poche** *[quand il s'est endormi]* *ou* **Il s'est écroulé comme une masse:**

He went out like a light

Ils *tombent* comme des mouches!:

They drop off one after the other!

***Tomber* dans les pommes (*ou* {Fr} les vapes):**

To black out [*See* **S'*évanouir***]

{Qc} **Elle est *tombée* dans l'œil de tous les hommes lors de cette soirée** *ou* **Elle a tapé dans l'œil de...:**

She sure made out at the party

Les étudiants sont *tombés* de haut (*ou* tombés des nues) en apprenant leurs résultats:

The students were astounded when they learned of their exam results

Je ne suis pas *tombé* (*ou* né) de la dernière pluie:

I wasn't born yesterday [*See* **Je ne suis pas *né* d'hier**]

{Qc} **Il est *tombé* en amour avec elle** *ou* {Fr} **Il en pince pour elle** *ou* **Il a le béguin pour elle** *ou* **Il est très attiré par elle:**

a) He fell for her **b)** He has a crush on her

{Qc} **La tasse est *tombée* en morceaux** *ou* **La tasse s'est brisée (*ou* cassée):**

The cup broke to bits [*but* **C'est une personne *brisée* par la vie** = This person has fallen apart]

Ça va *tomber* en ruine:

It will fall to pieces

Ça ne *tombe* pas du ciel!:

It doesn't grow on trees!

{Qc} **Ne me *tombe* pas sur le dos!** *ou* **Ne m'agace pas!:**

Don't pick on me!

Ça *tombe* pile! *ou* **Ça tombe à pic!:**

That's exactly what I need!

Cette situation {Qc} me *tombe* (*ou* {Fr} me porte) sur les nerfs:

This situation is nerve-racking (*or* nerve-wracking)

{Qc} **Il me *tombe* sur les nerfs!** *ou* **Il me tape (*ou* {Fr} porte) sur les nerfs:**

He's a pain!

Il me *tombait* sur les nerfs *ou* **Il me cassait les pieds** *[au sens d'agacer]*:

He was getting on my nerves

{Qc} **Elle porte une *tonne* (*ou* beaucoup) de make-up:**

She has gobs of make-up [*See* ***Beaucoup***]

C'est arrivé comme un coup de *tonnerre*:

It popped out of nowhere [*See* **C'est arrivé à l'*improviste***]

Elle s'est *tordue* de rire quand...:

She busted her gut laughing when...

{Qc} ***Tords*-moi (*ou* Ne me tords) pas le bras!** *ou* **Ne me force pas la main!:**

Don't twist my arm!

C'est là que vous avez (*ou* que tu as) *tort*/raison:

That's where you're wrong/right

Elle a *tort*:

She's wrong [*See* **Elle est dans l'*erreur***]

Ce n'est pas trop *tôt*!:

It's none too soon!

Le plus *tôt* sera le mieux!:

The sooner the better!

Au *total*, c'est 10 $. *ou* **En tout, ça coûte 10 $.:**

All told, it costs $10.

{Fr} **C'est la *totale*!:**

That tops it all! [*See* **C'est le *bouquet!***]

– Combien ça a coûté?
– 100 $?
– *Touché*!:

Right on the nose! (*or* Right on!) [*See* ***Exactement!***]

Ne me *touche* pas! *ou* **Ne lève pas la main sur moi!:**

Don't lay a finger on me!

Ne *touche* pas à ça! *ou* **Pas touche!** *ou* **Bas les pattes!:**

Hands off!

{Qc} **C'est une *tough*!:**

She's as hard as nails! [*See* **C'est une *dure* à cuire!**]

Pour *toujours*:

Forever [*but* **Pour toute l'*éternité*** = Forever and a day]

Pour *toujours*! *ou* Pour de bon!:

For good!

Je l'ai *toujours* su:

I knew it all along

Quel *toupet*! *ou* Quel culot! *[négatif]*:

What nerve!

Il a eu le *toupet* de le faire!:

He had the nerve to do it! [*See* {Qc} **Ça prenait du *culot!***]

Il n'a pas eu le *toupet* de...:

He didn't have the heart to... [*See* **Il n'a pas eu le *courage* de...**]

{Qc} **J'ai pris le *tour* *ou* J'ai trouvé le truc** *[pour le faire facilement]*:

I got the hang of it

On s'en va faire un *tour* *[en voiture]*:

We're going for a ride [*See* **On s'en va faire une *promenade*** *[en voiture]*]

Il a plus d'un *tour* dans son sac:

He has more than one trick up his sleeve

Il fait de l'argent à *tour* de bras:

He makes money hand over fist! [*See* **Il fait des *affaires* d'or (*ou* en or)!**]

Fais-moi faire un *tour* sur tes épaules:

Give me a piggy back ride

C'était un *tournant* décisif (*ou* la confrontation finale):

It was a real showdown

On va faire la *tournée* des grands ducs:

We're going to paint the town red

Je vais le faire en un *tournemain*:

I'll do it in a jiffy [*See* **Je vais le faire en un *clin* d'œil**]

Ça va mal *tourner*! *ou* Ça va faire du vilain (*ou* du grabuge, {Fr} du tintouin)!:

It's going to get nasty!

Ça a mal *tourné* *ou* Ça s'est terminé sur une note amère:

It ended on a sour note

Elle a *tourné* autour du pot:

She hemmed and hawed

Arrête de *tourner* autour du pot!:

Stop beating around the bush! [*See* **Va *droit* au but!**]

***Tourner* de l'œil:**

To black out [*See* **S'*évanouir***]

Ils *tournent* en rond! *ou* Ils n'en sortent pas!:

a) They run in circles! **b)** They're going nowhere fast!

***Tourner* la page *ou* Entreprendre quelque chose de nouveau:**

To turn over a new leaf

Ne *tourne* (*ou* retourne) pas le fer dans la plaie:

Don't turn the knife in the wound [*See* **N'*insiste* pas!**]

C'est ce qui fait *tourner* le monde:

That's what makes the world go round

Elle fait *tourner* les têtes!:

She's a heartbreaker! [*See* **Elle est *belle* à couper le souffle!**]

Ça ne *tourne* pas rond dans sa tête!:

He's soft in the head!

***Tourne* ta langue sept fois avant de parler:**

a) Shift brain into gear before engaging mouth! **b)** Think twice before speaking!

Ça commence à prendre *tournure* (*ou* à prendre forme)! *ou* Ça s'annonce bien!:

It's shaping up!

Les événements ont pris une drôle de *tournure* (*ou* une drôle d'allure):

The events turned out weird

Quels beaux *tourtereaux*! *ou* **Qu'ils sont beaux, ces amoureux!:**

What lovebirds they are!

Je vous aime *tous* autant que vous êtes:

a) I love the whole bunch of you **b)** I love each and everyone of you

Tu n'y es pas du *tout*!:

You're way off!

Ce sera *tout*!:

I'm fine! *[At the end of a meal, if we are offered something and we don't want anything else]*

... et ce n'est pas *tout*!:

... and that's not all!

En *tout*, ça coûte 10 $. *ou* **Au total, c'est 10 $.:**

All told, it costs $10.

Je reviens *tout* de suite (*ou* **dans une seconde**):

I'll be back in a jiffy

{Qc} **C'en est *toute* une!** *[une nouvelle]* *ou* **Celle-là, elle est bonne!:**

That's a good one!

{Qc} **C'était *toute* une idée!** *[admiratif]* *ou* **C'était une idée formidable!:**

That was some idea!

J'ai eu le *trac*!:

a) I got the jitters! **b)** I got the heebie-jeebies! **c)** I got stage fright!

Il a dû se plier à beaucoup de *tracasseries* administratives:

He went through a lot of red tape

Ils n'en ont pas trouvé la moindre *trace*:

They found neither hair nor hide of it

{Qc} **Tu es à côté de la «*track*»!:**

You're off track! [*See* **Tu n'es pas *dedans* du tout!**]

{Qc} **Va jouer dans le *trafic*!:**

Go jump in the lake! [*See* {Qc} ***Achale*-moi pas!**]

Il m'a *trahi* *ou* **Il m'a tourné le dos:**

He turned his back on me

C'est en *train* de se faire! *ou* **C'est en marche!:**

It's in the works!

Traînasser *ou* {Fr} **Traînailler:**

To dilly-dally [*See* ***Lambiner***]

Ça s'est répandu comme une *traînée* de poudre:

It spread like wildfire

Je *traîne* au bar *ou* **Je me tiens au bar:**

I hang out at the bar

Se *traîner* les pieds:

To drag one's feet [*See* ***Lambiner***]

J'ai perdu ma montre, je sais qu'elle *traîne* quelque part:

I lost my watch, I know it's kicking around somewhere

{Qc} **Tu es *traîneux*:**

You're a slob [*See* **Tu es *débraillé***]

J'ai été *traité* aux petits oignons:

a) I got first-rate treatment **b)** I was waited on hand and foot

Je me suis fait *traiter* injustement:

I got a raw deal

Elle ne connaît pas un *traître* mot d'anglais:

She doesn't know a single word of English

Il est parti {Qc} **avec toute sa *trâlée*:**

He left with the whole shebang [*See* **Il est parti avec toutes ses *affaires***]

C'est une arme à deux *tranchants* (*ou* **à double tranchant):**

It works both ways

Donne-moi une *tranche* de gâteau:

Give me a slab of cake

Laisse-moi *tranquille*!:

Buzz off! [*See* {Qc} ***Achale*-moi pas!**]

Transmettre *[une coutume]* *ou* **Donner à un autre** *[un vêtement]*:

To hand down

Tu n'es pas *transparent*!:

You make a better door than a window!

La nouvelle a *transpiré* que...:

The news leaked out that...

J'étais *transporté* de joie!:

I was overwhelmed with joy!

{Qc} **Il ne s'est pas ouvert la *trappe*!** *ou* **Il n'a pas dit un mot!:**

He didn't say boo!

Elle n'a pas fait le moindre *travail* *ou* **Elle n'a pas levé le petit doigt:**

She didn't do a stitch of work

Retournons au *travail*! *ou* **Retournons au boulot! (*ou* {Fr} au turbin, {Fr} au turf)** *ou* **Remettons-nous à la tâche!:**

a) Back to the salt mines! **b)** Back to work!

Il fait beaucoup de *travail* au noir *ou* {Qc} **Il fait beaucoup de travail en dessous de la couverte:**

He does a lot of moonlighting

C'est du *travail* bâclé!:

a) It's sloppy work! **b)** It's botchy work!

C'est un *travail* d'amateur *ou* **Ce n'est pas solide:**

It's a Mickey-Mouse job

Mon deuxième *travail* est... *ou* **Mon travail d'appoint est...:**

My sideline is...

Je vais te laisser faire <u>ce *travail* ingrat</u> (*ou* <u>cette tâche difficile</u>):

I'll let you do this <u>dirty work</u>

Faire un *travail* physique épuisant:

To work pick-and-shovel

Elle *travaille* à toute vitesse *ou* **Elle travaille rondement:**

She's a speed ball

Il a *travaillé* comme {Qc} un chien (*ou* comme une brute, un malade, un fou, un esclave):

He worked like a bastard (*or* like a dog, like a slave)

J'ai *travaillé* jusqu'à l'épuisement *[pour lui plaire ou sur cet ouvrage]***:**

I knocked myself out *[to please her or on that job]*

Nous ne *travaillons* pas bien ensemble:

We don't jive!

Elle *travaille* rondement *ou* **Elle travaille à toute vitesse:**

She's a speed ball

***Travaille* sans relâche** *[sans lever le nez]* *ou* **Ne te laisse pas distraire:**

Keep your nose to the grindstone (*or* to the grind)

{Qc} **Il *travaille* sur les «shifts»** *(angl.)***:**

He works on a swing shift [*See* {Qc} **Il travaille sur des *horaires* rotatifs**]

C'est de *travers*!:

It's cockeyed [*See* {Qc} **C'est pas d'*équerre*!**]

Elle fait tout de *travers*! *ou* {Qc} **Elle est complètement dans les patates!** *ou* **Elle n'y est pas du tout!:**

a) She's all wrong! **b)** She's full of baloney!

{Qc}**Tu *traverseras* la rivière quand tu seras rendu au pont!** *ou* **Tu verras en temps et lieu!** *ou* **Chaque chose en son temps!:**

Don't cross the bridge before you get to it!

J'ai dû *traverser* une période difficile:

I had to sweat it out

Il a reçu {Fr} une bonne *trempe* (*ou* une raclée, {Fr} dérouillée):

He took a shellacking

Il était *trempé* jusqu'aux os (*ou* jusqu'à la moelle):

a) He was soaked to the skin **b)** He was soaking wet

Tu es <u>*très*</u> paresseux mais il était <u>vraiment</u> soulagé:

You're <u>plumb</u> lazy but he was <u>plumb</u> relieved

C'est un *trésor*!:

She's one in a million! [*See* **C'est un *oiseau* rare!**]

Il y a beaucoup de *tricherie* (*ou* de magouilles, {*Fr*} de truandage)!:

There's a lot of hanky-panky!

{*Qc*} **Je te connais comme si je t'avais *tricoté* (*ou* {*Fr*} comme si je t'avais fait):**

I know you like a book

{*Fr*} **Ça ne vaut pas *tripette*!** *ou* **Ça ne vaut rien!:**

It isn't worth a thing!

Elle est portée à la *tristesse*:

She has a gloomy disposition

Je vis avec *trois* fois rien:

I'm living on a shoestring

{*Fr*} **Il fait les *trois-huit*:**

He works on a swing shift [*See* {*Qc*} **Il travaille sur des *horaires* rotatifs**]

Elle se *trompe*:

She's wrong [*See* **Elle est dans l'*erreur***]

{*Qc*} **Je me suis fait *tromper* (*ou* {*Fr*} abuser)** *ou* **Je n'en ai pas eu pour mon argent:**

I got shortchanged

Vous ne pouvez pas vous *tromper*! *ou* **Tu ne peux pas te tromper!:**

You can't go wrong!

Si je ne me *trompe*, ... *ou* **Si je ne m'abuse, ...:**

If I'm not mistaken, ...

Elle *trompe* son mari *ou* {*Qc*} **Elle joue dans le dos de son mari** *ou* **Elle fait cocu son mari:**

She cheats on her husband

{*Fr*} **Tu es *trop*!:**

You're off your rocker! [*See* **Tu es *fou!*** *[gentil]*]

C'est vraiment *trop*! *ou* **Trop, c'est trop!** *ou* **C'en est trop!:**

That's too much!

Je vois bien que je suis de *trop*!:

I know when I'm not wanted!

C'est {*Qc*} **un *trou*-de-cul** *(vulg.)* *ou* **Il est stupide:**

a) He's a jackass *(rude)* **b)** He's stupid

{*Qc*} **C'est une job de *trou*-de-cul** *(vulg.)***:**

It's a half-assed job! (rude) [*See* **Le travail a été *bâclé***]

C'était dans un *trou* perdu:

It was a far-out place [*See* **C'était dans un *coin* perdu**]

Si tu viens, tu vas *trouver* à qui parler! *[colère]***:**

If you come, you'll meet your match!

***Trouver* le temps d'écrire:**

To get around to writing

On a *trouvé* quelque chose qui en valait la peine:

We got on to something

Des patrons comme lui, on n'en *trouve* pas tous les jours (*ou* ça ne court pas les rues):

Bosses like him are few and far between

Tu y *trouveras* ton profit (*ou* ton compte):

It will be worth your while

Il *trouve* tout naturel de dépenser son argent *[à elle]***:**

He thinks nothing of spending her money

***Trouver* un moyen** *ou* **Trouver une manière:**

To find a way

Il y a beaucoup {*Fr*} **de *truandage* (*ou* de magouilles, de tricherie)!:**

There's a lot of hanky-panky!

Donne-moi le *truc* (*ou* le machin-truc, {*Fr*} **le truc-muche, le bidule):**

Give me the gizmo [*See* **Donne-moi le *machin***]

J'ai trouvé le *truc* *[pour le faire facilement]* *ou* **J'ai pris le tour:**

I got the hang of it

Il connaît les *trucs* du métier:

He knows the tricks of the trade

Sa dernière chanson {*Fr*} **a été un *tube* (*ou* a bien marché, a eu du succès)!:**

a) His last song clicked! **b)** He made a hit with his last song!

Même si tu te *tues* (*ou* tu t'évertues) à lui expliquer, il ne comprendra pas!:

Even if you talk until you're blue in the face, he still won't understand!

Je vais le *tuer* si... ***[figuré]*:**

I'll crown him if... ***[figuratively]***

Je vais me faire *tuer* si... ***[figuré]*:**

I'll be crowned if... ***[figuratively]***

La réunion s'est terminée dans le *tumulte*:

The meeting ended in an uproar

Retournons *{Fr}* **au *turbin*! (*ou* *{Fr}* au turf!):**

Back to work! [*See* **Retournons au *travail!***]

Il est *turbulent*:

He's rambunctious

Donne-moi quelques *tuyaux* (*ou* renseignements):

Give me a few pointers

J'ai eu un *tuyau* ***[sur les courses ou à la bourse]*:**

a) I got the inside dope **b)** I got a hot tip

{Qc} **Il me l'a dit dans le *tuyau* (*ou* *{Fr}* le creux) de l'oreille:**

a) He whispered it to me **b)** He tipped me off about it

C'est un chic *type*! *ou* **C'est un bon gars!:**

a) He's a nice guy! **b)** He's a good egg!

Un **sur dix /** ***Un*** **sur cent:**

One out of ten / One out of a hundred

L'*union* fait la force!:

a) United we stand, divided we fall! **b)** Unity is strength!

C'est très *usé* (*ou* usagé) *ou* Ça a été beaucoup utilisé:

It has had a lot of wear and tear

C'est un *usurier*:

He's a loan shark

Ça va devenir *utile*:

It will come in handy

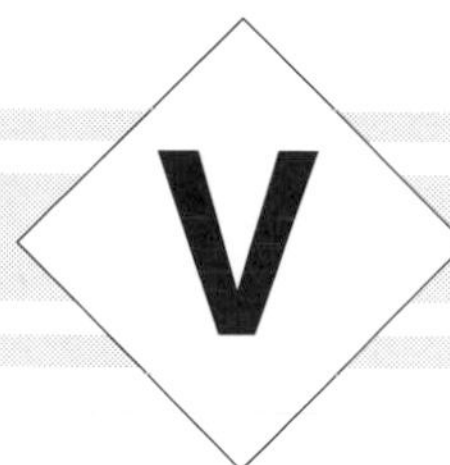

Comment ça *va*? *ou* **Ça va?:**

a) How are you? **b)** How goes it? **c)** How's the world treating you? **d)** How's tricks? [**Je vais tout à fait bien!** = I'm hunky-dory!]

Ça *va*! *ou* **C'est très bien!** *[acceptation]*:

Fair enough!

Ça *va*, ça vient!:

Easy come easy go!

Ça *va* de soi! *ou* **Cela va sans dire!:**

It's obvious!

***Va* donc faire un tour!** *ou* **Va-t-en!** *ou* **Ôte-toi de mes jambes!:**

Go take a hike!

***Va* faire un tour** *ou* {*Qc*} **Va prendre une marche:**

Go take a walk

Où s'en *va* le monde? *[monde = univers]*:

What's this world coming to?

Quand tout *va* mal, ... *ou* **Quand un coup dur arrive, ...:**

When the chips are down, ...

Qu'est-ce qui ne *va* pas? *ou* **Qu'est-ce que tu as?:**

Whatsa matter?

Ça ne *va* pas ensemble!:

It doesn't jive!

***Va* plus vite!:**

Give it the gun! [*See* ***Dépêche*-toi!**]

Elle *va* sur ses 38 ans:

She's going on 38

Ça me *va* tout à fait!:

It suits me to a tee (*or* T)! [*See* **Ça me va comme un *gant!***]

***Va*-t-en!:**

Scram! [*See* {*Fr*} ***Barre*-toi!**]

***Vas*-y!** *ou* **Fais-le!** *ou* **Tu as le feu vert!** *ou* **Fonce!:**

a) Go ahead! **b)** Go for it! **c)** Snap to it!

Tu l'as fait à la *va-comme-je-te-pousse*:

You did it any old way [*See* **Tu l'as fait n'*importe* comment**]

Il travaillait à la *va-comme-je-te-pousse*!:

His work was botched up! [*See* **Il travaillait comme un vrai *souillon!***]

Les affaires vont (*ou* marchent, roulent) bien *ou* **J'ai une affaire en or entre les mains:**

I have a good thing going

Ils *vont* bien ensemble:

They're a good match

Quelle *vache*! *ou* **Quelle salope** *(grossier)*!:

What a bitch!

Il est tellement *vache*!:

He's so bitchy!

C'est une *vache* à lait *ou* **C'est un bon pourvoyeur:**

He's a good meal ticket

C'est une période de *vaches* grasses /*vaches* maigres pour l'économie:

It's a good (*or* prosperous)/lean (*or* hard) time for the economy

Ça va être une période de *vaches* maigres pour un temps *ou* On va devoir se serrer la ceinture pendant un certain temps:

It will be pork and beans for a while

C'est un *vagabond* (*ou* un clochard, un bon à rien):

He's a hobo (*or* a bum, a tramp, a vagrant) [*See also* ***mendiant*** *and* ***sans-abri***]

Ne fais pas trop de *vagues*!:

Don't make waves! [*See* **Ne *déplace* pas trop d'air!**]

Ça ne sera pas *valable* au tribunal:

It won't stand up in court

{Qc} **Oh! que c'est de *valeur*! *ou* Oh! que c'est dommage! *ou* {Qc} Ah ben dis-moi pas!:**

Ah shucks!

{Qc} **C'est bien de *valeur*!** *[ce qui vous arrive] ou* **C'est bien dommage (*ou* regrettable)!:**

That's too bad! *[meaning sorry for what happened to you]*

C'est d'une *valeur* inestimable (*ou* {Fr} inappréciable):

It's priceless

Valoir – vaut

Il a essayé de se faire *valoir* (*ou* de se mettre en valeur):

He put on the ritz

Ça *vaut* ce que ça vaut!:

Take it for what it's worth!

Ce qui *vaut* la peine d'être fait mérite d'être bien fait!:

What is worth doing is worth doing well!

Ça *vaut* le coup d'œil!:

It's worth seeing! [*See* **Ça vaut le *détour!***]

Il ne *vaut* pas cher comme conférencier:

He's a lousy speaker

Il ne *vaut* pas cher! *ou* Il ne vaut pas {Qc} une claque (*ou* un clou, {Fr} un liard *(vieilli)*)!:

He's not worth his salt!

Ça ne *vaut* pas cher *ou* Ça ne vaut pas un clou (*ou* {Fr} un kopeck, {Fr} un liard *(vieilli)*, {Fr} tripette):

They are a dime a dozen

Ça ne *vaut* pas grand chose! *ou* Ce n'est pas fameux!:

It's no prize package!

Ça n'en *vaut* pas la peine! *ou* {Fr} Ça ne vaut pas tripette!:

It isn't worth it!

Ça ne *vaut* pas la peine d'en parler!:

It's nothing to make a fuss about! [*See* **Il n'y a pas de quoi *fouetter* un chat!**]

Le rapport que tu m'as donné ne *vaut* rien! (*ou* C'est de la bouillie pour les chats!):

The report you gave me is not worth a darn!

Elle *vaut* son pesant (*ou* besant) d'or:

She's worth her weight in gold

Tu es *vaniteux*! *ou* Tu es orgueilleux!:

You're too big for your boots!

Ça ne vaut pas la peine de s'en *vanter* *ou* Il n'y a pas de quoi se vanter:

That's nothing to brag about

Il ne s'en est pas *vanté*, crois-moi!:

Believe me, he didn't brag about it!

Je me sens dans les *vapes*!:

I feel pretty woozy!

Avoir {Fr} des bouffées de chaleur, des *vapeurs* (*ou* {Qc} des chaleurs) *[ménopause]***:**

To have hot flashes

La *veille* et le lendemain:

The day before and the day after [*but* **le *surlendemain*** = two days later]

Je suis en *veine* *ou* Je suis dans une période de chance:

a) I have a winning streak **b)** I have a streak of good luck

{Fr} **Ils sont de la même *veine*!:**

They're two of a kind! [*See* **Ils sont du même *bois!***]

{*Qc*} **Ça me fait un petit *velours*!** *ou* **Ça me plaît!** *ou* {*Fr*} **C'est du petit Jésus en culotte de velours!** ***[nourriture/vin]*:**

It tickles my fancy!

Il *vendrait* {*Qc*} **des frigidaires (*ou* des frigos, des réfrigérateurs) aux Esquimaux:**

He could sell refrigerators to the Eskimos

Finalement, elle a *vendu* la mèche *ou* **Finalement, elle a lâché (*ou* craché) le morceau:**

a) Finally, she let the cat out of the bag **b)** Finally, she spilled the beans

Je *vendrais* mon âme au diable pour...:

I'd give my right arm to...

Ne *vends* pas la peau de l'ours avant de l'avoir tué:

Don't count your chickens before they're hatched

Je vais me *venger*:

I'll get back at him

Où veux-tu en *venir*?:

a) What are you driving at? **b)** What are you getting at?

Je vois où elle veut en *venir*!:

I see what she's getting at!

J'en suis *venu* à bout tout seul:

I made it on my own

Il faut en *venir* à un accord:

You have to come to terms with it

Tout *vient* à point à qui sait attendre!:

Every dog has its day! [*See* **À chacun son *heure* de gloire!**]

En *venir* aux choses sérieuses:

To get down to brass tacks

***Viens*-en aux faits!:**

Get to the point! [*See* **Va *droit* au but!**]

Tout ça, c'est du *vent*! *ou* **Tout ça, ce sont des mensonges** *ou* {*Fr*} **Tout ça, c'est du pipeau!** *ou* **Tout ça, c'est de la foutaise!:**

That's a lot of hot air!

Elle est dans le *vent*!:

She's pretty groovy! [*See* **Elle est *sensass!***]

Vois d'où vient le *vent* *ou* **Regarde la tendance:**

See how the wind blows

J'ai eu *vent* de la chose!:

I got wind of it! [*See* **La *rumeur* a couru!**]

Contre *vents* et marées! *ou* **À tout prix!** *ou* **À n'importe quel prix!** *ou* **Coûte que coûte!:**

Come hell or high water!

Le *vent* va tourner *[figure]*:

The tides will turn

{*Qc*} **Une *vente* de fermeture (*ou* {*Fr*} de liquidation):**

A close-out sale

Son gros *ventre* *ou* {*Fr*} **Son bide:**

His breadbasket *[friendly]*

Tu as les yeux plus gros que le *ventre* (*ou* que la panse) *ou* {*Qc*} **Tu en as trop pris sur tes épaules.**

You bite off more than you can chew

Mon *ventre* gargouille:

My stomach is roaring

Une compagnie (*ou* société) *véreuse*:

A fly-by-night company

Je vais essayer de lui tirer les *vers* du nez:

I'll try to worm information out of him

{*Fr*} **La route était *verglacée*** *ou* {*Qc*} **La route était sur la glace bleue (*ou* noire, vive):**

The road was sheer ice

Une *vérification* (*ou* un sondage) au hasard:

A spot check

En *vérité*, ... *ou* **À vrai dire, ...:**

The truth of the matter is...

Dis-moi la *vérité* *ou* **Donne-moi l'heure juste:**

Tell me the truth

C'est la franche (*ou* pure) *vérité*! *ou* **C'est la vérité vraie!:**

It's God's honest truth!

Quand vous découvrirez la *vérité* (*ou* le pot aux roses), ...:

When you find out what's been going on, ...

Je lui ai dit ses quatre *vérités*!:

I told him off!

Toute *vérité* n'est pas bonne à dire!:

a) Some things are better left not said! **b)** The truth is sometimes better left unsaid!

Il n'y a que la *vérité* qui blesse!:

Nothing hurts like the truth!

La *vérité* sort de la bouche des enfants:

Out of the mouth of babes comes the truth

Il a pris un *verre* de trop!:

He had one too many!

J'en ai vu des *vertes* et des pas mûres! *ou* J'en ai vu de toutes les couleurs:

I've been through the mill

J'ai le *vertige*:

I can't take heights [*but* **La *tête* me tourne** *ou* **Je me sens étourdi** = I get dizzy]

Je porte des *vêtements* usagés (*ou* {Qc} des vêtements de seconde main):

I'm wearing hand-me-downs

Elle est *vexée* (*ou* froissée)!:

She's miffed!

***Viandes* froides *ou* Charcuterie:**

Cold cuts

C'est un *vicieux*!:

He's kinky!

Il a fait le *vide* autour de lui:

He isolated himself

Je suis *vidé*!:

I'm all pooped out! [*See* **Je suis *épuisé!***]

Il n'a pas *vidé* son sac *ou* Il ne m'a pas tout avoué (*ou* dit, confessé):

He didn't come clean with me

Il mène la grande *vie* *ou* Il vit au-dessus de ses moyens:

He lives high on the hog

Il a la belle *vie*:

He's sitting pretty [*See* **Il *vit* confortablement**]

Fais-toi une *vie*!:

Get a life!

C'est la *vie*! *ou* Ainsi va la vie! *ou* C'est comme ça! *ou* À la guerre comme à la guerre!:

a) Those are the breaks! **b)** That's life! **c)** Win a few, lose a few! **d)** It's just one of those things! **e)** That's the way it goes! **f)** That's the way things are! **g)** That's the way the cookie crumbles! **h)** That's the way the ball bounces!

Prends la *vie* comme elle vient!:

Take things as they come!

La *vie* continue! *ou* Le monde continue de tourner!:

a) It's business as usual! **b)** Life goes on as usual!

Je mène une *vie* de chien (*ou* {Fr} de con)!:

What I live is a dog's life!

Il a la *vie* facile *ou* Il a la belle vie:

He lives on easy street [*See* **Il *vit* confortablement**]

Il me mène la *vie* dure *ou* Il me fait des misères:

He's giving me a hard time

C'est une *vieille* fille!:

She's an old maid!

En *vieillissant*, ...:

As you're getting older, ...

Il *vieillit*! *[physiquement]* *ou* Il a dépassé 50 ans! *ou* Il est sur le retour (*ou* sur le déclin)!:

He's over the hill!

Il est *vieux* comme la terre (*ou* {Fr} comme Hérode):

He's old as the hills

C'est *vieux* comme le monde!:

It's old as the hills!

C'est un *vieux* de la vieille! *ou* **C'est un vieux routier!:**

He's an old timer!

{Qc} **C'est un *vieux* malcommode!:**

He's an old bag! [*See* {Qc} **C'est un vieux *chiâleux!***]

Il est assez *vieux* (*ou* **grand) pour savoir ce qu'il fait** *ou* **Il est majeur et vacciné:**

He's old enough to look after himself

Tu dois être *vigilant*!:

You have to be on your toes! [*See* **Tu dois être en *alerte!***]

Ça va faire du *vilain*!:

It's going to get nasty! [*See* **Ça va mal *tourner!***]

Si tu veux arriver à tes fins, tu devras mettre de l'eau dans ton *vin* (*ou* **tu devras faire des concessions):**

If you want to gain anything, you have to come down a peg or two (*or* you have to give and take)

Il n'a plus *vingt* ans:

He's not as young as he used to be

Je ne veux pas être le deuxième *violon* (*ou* {Fr} **second couteau)** *ou* **Je ne veux pas jouer les seconds rôles:**

I don't want to play second fiddle

J'ai été *viré*:

I got laid off [*See* **J'ai été *congédié***]

Ne me mens pas, c'est écrit sur ton *visage*:

Don't tell me a lie, it's written all over you

C'est un *visage* à deux faces:

He's two-faced [*See* **C'est un *hypocrite***]

Quel *visage* amer!

What a sour puss!

Quel *visage* impassible (*ou* {Fr} **impavide)!:**

What a poker face!

Tu avais le *visage* long après son appel *ou* **Tu avais la binette** (*ou* **la mine) longue...:**

Your face dropped after his call

Quel *visage* ridé!:

What a prune face! [prune = **pruneau**]

Il *vise* un poste:

He has an eye on a job

{Qc} **Essaye** (*ou* **N'essaie) pas de m'en passer une *vite*!** *ou* {Qc} **Essaye** (*ou* **N'essaie) pas de m'en faire accroire!:**

a) Don't try to pull the wool over my eyes!
b) Don't try to put something over on me!

{Qc} **Prendre une petite *vite*:**

To have a quickie [*See* ***Baiser***]

{Qc} **Elle m'en a passé une *vite*!** *ou* **Elle m'a joué un tour!:**

She pulled a fast one on me!

Il fait ça en quatrième *vitesse* (*ou* {Fr} **à la vitesse grand V)!** *ou* **Il fait ça à toute allure!:**

He does it on the double!

Laisse-moi *vivre*!:

Don't smother me! [*See* **Ne m'*étouffe* pas!** *[figuré]*]

Il *vivait* au jour le jour *ou* **Il tirait le diable par la queue:**

He was living from hand to mouth

***Vivre* au maximum** *ou* {Fr} **Vivre à cent à l'heure** *ou* {Qc} **Vivre à cent milles à l'heure:**

To live it up

Il faut *vivre* avec son temps:

We have to keep up with the times

Il *vit* confortablement *ou* **Il vit dans l'aisance** *ou* **Il vit dans la mousse** *ou* **Il a la belle vie** *ou* **Il a la vie facile:**

a) He leads the life of Riley **b)** He's sitting pretty **c)** He lives on easy street

Tu ne peux pas *vivre* d'amour et d'eau fraîche:

You can't live on love

***Vivent*-ils ensemble?** *ou* **Cohabitent-ils?:**

a) Do they shack up together? *[familiar]*
b) Do they live together?

Il ne *vivra* jamais assez vieux pour se faire pardonner ça:

He'll never live it down

Qui *vivra* verra! *ou* **L'avenir le dira!:**

Time will tell!

{Qc} **Le petit *vlimeux*!** *[gentil]*:

The little rascal [*See* {Qc} **Le petit *tannant!***]

Tu n'es pas sur la bonne *voie*:

You're off the track [but **Tu as *perdu* la boule** *[amical]* = You're off your trolly (*or* rocker)]

Et *voilà*, nous avons terminé!:

Lo and behold, we're finished!

Il est à *voile* et à vapeur:

He's bisexual [*See* **Il est *bisexuel***]

Je *vois*! *ou* **Je comprends!:**

I see!

Je lui ai dit d'aller se faire *voir*!:

I told him where to get off! [*See* **Je l'ai *envoyé* promener!**]

C'est à toi de *voir*! *[si ça te convient]* *ou* **Ça dépend de toi!:**

It's up to you!

Tu n'as encore rien *vu*!:

You ain't seen nothin' yet!

Je l'ai fait sans y *voir* à mal:

I did it without meaning to [*See* **Je l'ai fait sans *malice***]

Va *voir* ailleurs (*ou* là-bas) si j'y suis!:

Go around the block to see if I'm there!

Tu *vois* bien!:

It's staring you in the face! [*See* **C'est *évident!***]

J'en ai *vu* bien d'autres! *ou* **J'en ai vu de bien pires!:**

I've seen worse!

Je *vois* clair dans ton petit jeu:

a) I'm wise to your little game **b)** I've got your number

Je ne l'ai jamais *vu* de ma vie:

I've never laid eyes on him

Ben *voyons*! *ou* **Mon oeil!** *[exclamation d'incrédulité]*:

a) In a pig's eye! **b)** My eye! **c)** My foot!

Rien qu'à le *voir*, je dirais qu'il...:

By the looks of him, I'd say he's...

Va *voir* là-bas si j'y suis!:

Go look around the corner see if I'm there! [*See* {Qc} ***Achale*-moi pas!**]

Tu *vois* la vie en rose! *ou* {Qc} **Tu rêves toujours en couleurs!:**

You always look at the world with rose-colored glasses!

***Vois* les choses du bon côté!:**

Lighten up, will you!

Je *vois* où tu veux en venir! *ou* **Je viens de comprendre!:**

I see the light!

Vois (*ou* **Constate) par toi-même!:**

See for yourself!

Nous ne *voyons* pas les choses de la même manière:

We don't see eye to eye [*See* **Il ne l'*entend* pas de cette oreille**]

Je suis comme saint Thomas, j'ai besoin de *voir* pour croire:

I'm from Missouri, I have to be shown (*or* I have to see it to believe it)

Elle me demande de faire ça, puis ça, puis ça, {Qc} ***voir* si ça a de l'allure!:**

She wants me to do this and that, of all things! [*See* ... {Qc} **voir si ça a du bon *sens!***]

C'est un pessimiste; il *voit* toujours les choses en noir:

He's a pessimist; he always looks on the dark side

Une fois qu'on en a *vu* un, on les a tous vus:

When you've seen one, you've seen them all

***Vois*-y!** *ou* **Implique-toi!** *ou* **Engage-toi** *ou* {Qc} **Embarque!:**

Get with it!

C'est toujours plus beau chez le *voisin* *ou* L'herbe est toujours plus verte sur le terrain du voisin:

The grass is always greener on the other side of the fence

{*Qc*} **Compétitionner avec ses *voisins* *ou* Ne pas vouloir être en reste:**

To keep up with the Joneses

J'étais si surpris que j'en suis resté sans *voix* (*ou* que j'en suis resté bouche bée):

I was so surprised I was tongue-tied

Je veux avoir *voix* au chapitre à ce sujet *ou* Je veux avoir mon mot à dire à ce sujet:

I want to have my say in the matter

C'est du *vol*! *ou* C'est de l'arnaque!:

It's a rip-off!

Il a déjà commis des *vols* à l'étalage:

He did some shoplifting in the past

Donner une *volée* à quelqu'un:

To give someone a good licking [*See* ***Tabasser* quelqu'un**]

{*Qc*} **Ils lui ont sacré toute une *volée*! *ou* Ils lui ont foutu (*ou* fichu) une raclée (*ou* {*Fr*} dérouillée)!:**

a) They beat the living daylights out of him!
b) They beat the shit out of him! *(rude)*

Il ne l'a pas *volé*! *ou* {*Qc*} Il se l'est mérité! *ou* Il l'a mérité:

a) It served him right! **b)** He had it coming!

Tu m'as *volé*! *[argent]* *ou* Tu m'as escroqué (*ou* arnaqué)!:

a) You gypped me! **b)** You ripped me off!

On *volait* à l'aveuglette:

We were flying on a wing and a prayer

Il a *volé* (*ou* dérobé, piqué, {*Fr*} chouravé) de l'argent:

He snitched some money!

Je *vole* de mes propres ailes:

I'm on my own [*See* **Je suis à mon *compte***]

Tu dois *voler* de tes propres ailes! *ou* Tu dois te débrouiller par toi-même! *ou* Tu dois devenir ton propre maître!:

a) You have to stand on your own two feet!
b) You have to paddle your own canoe!
c) You have to be on your own!

Elle a *volé* la vedette:

She stole the show

C'est un *voleur*:

He has sticky fingers

Il faisait ses quatre *volontés* *[à elle]* *ou* Il mangeait dans sa main *ou* Il faisait tout ce qu'elle voulait:

a) He was eating out of her hand! **b)** He was at her beck and call!

Même avec la meilleure *volonté* du monde, je ne peux pas payer...:

By no stretch of the imagination can I pay...

Vouloir – veux – veut

Il a fait exactement ce que je *voulais*!:

He played right into my hands!

Je lui en *veux*!:

I have something against her! [*See* **J'ai une *dent* contre elle!**]

Comme je m'en *veux*! *ou* Comme je suis bête!:

I could kick myself!

Tu lui en *veux* pour ça *ou* {*Fr*} Tu en as après elle à cause de ça:

You hold that against her

Que *veux*-tu que j'y fasse?:

What do you want from me?

***Veux*-tu un café ou...?:**

How about a coffee or...?

***Vouloir*, c'est pouvoir!:**

If there's a will, there's a way!

Ils *veulent* tout!:

They want the works!

{*Qc*} **J'ai mon *voyage*! *ou* Ça me sort par les oreilles! *ou* {*Fr*} par les trous de nez)!:**

a) I have it up to my eyeballs! **b)** I've had more than enough!

Un *voyeur*:

A peeping Tom

C'est un petit *voyou* *[amical pour les enfants]*:

He's a little stinker *[nice for children]* [*See* **C'est un petit *garnement***]

{Qc} **C'est ben *vrai*!** *ou* {Qc} **C'est pas des farces!** *ou* **Ce n'est pas une blague!:**

It's no joke!

Comme tu as dit *vrai*!:

You said a mouthful!

C'est du *vrai* de vrai *ou* **C'est de l'authentique:**

It's the real McCoy

***Vraiment*?!** *ou* **Non?!:**

a) Izzatso?! **b)** Is that so?!

***Vraiment*, ...** *ou* **En toute bonne foi, ...:**

Honest-to-God, ...

J'en ai eu plein la *vue*! *[beau] ou* **Je me suis rincé l'œil!:**

I got an eyeful

Il en a eu plein la *vue*! *ou* **Il en a eu plus que pour son argent!:**

a) He got his money's worth and then some! **b)** He got more than he bargained for! **c)** He got more than he could shake a stick at!

Il maigrit à *vue* d'œil:

a) He gets thinner by the minute **b)** He gets thinner before your very eyes

Il a des *vues* sur elle (*ou* sur un poste):

He has an eye on her (*or* on a job)

Elle est *vulgaire*! *ou* {Qc} **C'est tout un moineau!** *[sens négatif]*:

She's a beaut!

{Qc} ***Wow*! *[admiratif]* ou Ah non! *[négatif]*:**
Oh boy!

Des rayons X:

X-rays

Je n'en crois pas mes *yeux* ou Je n'arrive pas à y croire:

a) I can't believe my eyes b) I can hardly believe my eyes

Ça crève les *yeux*! ou Ça saute aux yeux:

It's staring you in the face! [See **C'est *évident!***]

Regarder avec de grands *yeux*:

To stare wide-eyed

Je lui ai parlé dans le blanc des *yeux* ou {Qc} Je lui ai parlé dans le casque:

I talked to him eyeball to eyeball

Avoir les *yeux* croches ou Loucher:

To be cross-eyed

Aux *yeux* de la loi ou Au regard de la loi:

In the eyes of the law

Fais-lui les *yeux* doux si tu veux vraiment {Qc} ta fin de semaine (ou {Fr} ton week-end) de congé:

Play up to him if you really want your weekend off [See **Fais-lui du *charme* si...**]

Si ses *yeux* étaient des pistolets, je serais mort!:

If looks could kill, I'd be dead!

Ses *yeux* étaient embués de larmes:

Her eyes were filled with tears

Il conduit son auto les *yeux* fermés!:

He drives his car like nobody's business! [See **Il conduit son auto *comme* pas un!**]

Je pourrais le faire les *yeux* fermés:

a) I could do it with my eyes closed! b) I could do it standing on my head!

Ne t'engage pas les *yeux* fermés ou Ne te lance pas à l'aveuglette:

Look before you leap

Loin des *yeux*, loin du cœur!:

Out of sight out of mind!

Loin des *yeux*, près du cœur!:

Absence makes the heart grow fonder!

Les *yeux* sont le miroir (ou le reflet) de l'âme:

The eyes are the windows of the soul

{Qc} **J'ai eu un gros *zéro* (ou {Fr} un zéro pointé) à mon examen:**

I got a goose egg on my test

Quel drôle de *zigoto* (ou de pistolet)!:

What a hot ticket!

Il avait l'air d'un *zombie* ou Il déambulait comme un automate (ou un mort-vivant, un zombie):

He walked around like a zombie

Anglais-English

Français-French

About the authors

Gilberte Dubé was born and raised in Sherbrooke, Quebec. She earned her degree at the Université de Sherbrooke in 1968 and went on to teach in high school and adult education programs.

Very socially active on different levels for many years, she is a frequent traveler in the United States. This and other experiences have made her realize the importance of acquiring a good vocabulary of currently used expressions to communicate her feelings spontaneously and to express her thoughts more skillfully.

Eugénie Fortin, whose mother and father were both French-Canadians, was born and raised in Westport, Massachusetts, and has lived most of her life in the United States. Educated in Westport and Dartmouth, she spent over twenty-five years teaching English and Language skills.

In Canada, her ambitions have been realized in founding a private school of conversational English called Institute Jayson in which she still teaches and works as director.

She has spent the last ten years developing and perfecting a unique method of teaching conversational English to all ages.

She likes to feel that she has brought with her a part of her native country, especially in the form of everyday expressions.

Preface

Herein is a compiled edition of expressions/words most commonly used in everyday North American language in both French/English and in English/French. It is written in a style to bring out the beauty and colorful imagery resulting from these two languages abounded with living expressions offered in an easy to learn method.

Necessity is the mother of invention so, realizing the lack of compilation of commonly used expressions in both languages, Mrs Fortin thought it imperative to construe a book that could be used as a reference guide when needed or simply to enhance the style of verbal expressions used by everyone everywhere.

On the other hand, hoping to perfect my English, I came across Mrs Fortin's English course. I was excited to find just what I had been looking for: the possibility to elaborate and learn a collection unlike any other of expressions that create an instant mental picture in the minds of every English-speaking person.

We worked together, each mastering our respective language, each being somewhat proficient in both, and our efforts led us to the writing of this book. Our combined participation has brought about this collection of formal as well as of slang expressions which add flavor and spice to the already concise English language. The persons who speak English and French fluently will readily recognize how expressions in both languages have been thoroughly researched to obtain a living version of the most commonly used terms.

It is with this lexicon that one can rapidly minimize the frustration caused by not finding the right expression at the right moment to express a subtle sentiment in succinct manner.

English as well as French are two living languages perpetually mutating which led us to limiting our research to fluent conversational terms. Without delving into serious research such as origin, etc., we are proud to present an easy to use reference guide enabling us to use language commonly familiar in everyday conversation.

We believe we have succeeded in presenting a useful and amusing lexicon that can be used by students at all levels of study – in high school, junior colleges and universities – since most of these institutions do not deal with the use of these expressions so prevalent in everyday speech by people in all walks of life.

Teachers everywhere can make use of the wealth of idioms presented for teaching or for their personal use. Even translators, writers of all types, journalists, tourists, travelers, etc., will find the information applicable in work or pleasure.

Some expressions used in certain regions may not be included in this book. However, readers are invited to contribute such, specifying the context in which they could be used. We would be honored to include some of them to complete a future edition.

Our appreciation is extended to those who have aided in compiling such an amassment of evidently illustrative expressions so essential in everyday communication. In particular, our thanks go to our publisher, Mr Alain Stanké; to Mr Bruno Couture, terminologist, whose elaborate recommendations helped to draft the prefatory pages; to Mr Rémi Maillard, journalist and writer and Professor Patrick Walter, for their advice in linguistics; finally to Mr Jean-Louis Morgan, journalist and translator for managing the whole project.

The completion of this type of work is the first to hit the market in both the United States and Canada, as well as in France.

We have thought it important to produce the work in both English/French and French/English in order to facilitate finding an expression heard in either language and finding its counterpart in the other.

It is an easy-to-read form from cover to cover making it a pleasure simply to learn the equivalent expression in the other tongue. For example:

He's knee-high to a grasshopper / Il est haut comme trois pommes

expresses the thought that his height is that of a grasshopper's knee, but in French, the image is that he is as tall as three apples stacked on one another.

So colorful images will form in your mind as you flip through the pages often bringing a smile as well as knowledge that your expression vocabulary has been enriched and enlarged with every page, making the communication of your thoughts and sentiments possible.

Enjoy your reading experience.

Gilberte Dubé

Introduction

This lexique of expressions/words is made up of the most frequently used in everyday conversation. They have oftentimes been presented in sentence form in order to enable the readers to know how to use them in their speech.

Since language is a living means of expressing thoughts and communicating ideas, emotions, etc., this book contains expressions appropriate for countless situations in a given time. Modifications could be made through the years to respect dynamic changes as they occur in both languages.

Probably few expressions in this book are not familiar to some regions as well as some not included may be used. However, for the most part, they are in general use among English-speaking people.

The dictionaries *Dictionnaire de l'américain parlé* by Adrienne and *Grand dictionnaire d'américanismes* by Etienne and Simone Deak [*see* Bibliography] were studied to extract the most popular expressions that could express thoughts or illustrate feelings. These have been oftentimes incorporated in sentences to facilitate their use in various contexts.

Another English dictionary of expressions, the *Concise Dictionary of Slang and Unconventional English* by Eric Partridge [*see* Bibliography] was studied to help completing our collection of currently used English expressions.

In addition to the other dictionaries mentioned, we utilized the French/English section of the *Dictionnaire français-anglais / anglais-français* by Le Robert & Collins [*see* Bibliography] and expressions taken from our entourage of French-speaking people to complete our research on the French portion.

The French spoken in Quebec is largely composed of international French expressions.

Otherwise, terms used only in Quebec will be indicated by the symbol {*Qc*} and terms used mainly in France are indicated by the symbol {***Fr***} whereas all other expressions are used universally and understood wherever one may be.

We found it unnecessary to do likewise for the distinction between international and American English since the expressions collected here should be understood throughout North America or in places using American English.

Since the essential criteria of this book has been to ensure the proper use of expressions, it has been necessary to carefully interpret the meaning as closely as possible to convey the right message intented in the other language.

Vulgarism has been, for the most part, omitted intentionally in order not to unconsciously promote expressions that might be used and would spoil the beauty of the two languages.

However, we did include a few of these that are too popular to be left out. These are designated throughout the book as being "rude" in English or "vulgaire" or "grossier" in French, in parenthesis, showing that it might be improper speech for women or publicly by self-respecting persons. Also we have indicated expressions used solely by men or by women.

Proverbs have not been distinguished as such in order to minimize the overuse of symbols reducing the reading pleasure. Other works may systematically identify all proverbs but this has not been our purpose.

Gilberte Dubé
Eugénie Fortin

Usage guide

Each entry is composed of several characteristics within those depicted in the following:

3

He went *bananas* (*or* crazy, berserk, haywire)! *or* He went off the deep end! *or* He flew off the handle! *or* He blew a gasket! *or* He blew his stack! *or* He freaked out! *or* He hit the ceiling! *or* He hit the roof! *or* He cracked up! *or* He flipped!: — 1, 4

a) Il a perdu le contrôle *[de lui-même]*! **b)** Il a piqué une crise! **c)** Il est sorti de ses gonds! **d)** Il ne se maîtrisait plus! **e)** Il a explosé! **f)** Il a perdu la boule (*ou* la tête)! **g)** Il est devenu fou! *[sens propre]* **h)** {*Fr*} Il a disjoncté! **i)** {*Fr*} Il a pété les boulons! [*Example*: **After the accident, he went berserk when he learned of his wife's death** = Après l'accident, il est devenu fou quand il a appris la mort de sa femme] — 2, 5, 4, 5, 6, 7

1) an expression followed or not by other expressions similar in meaning separated by ***ou*** in French and ***or*** in English;

2) one or more expressions with similar meaning identified as a), b), c) ... in the second language;

3) ***bananas***: word for alphabetical order in large italicized bold print;

4) (*or* bananas, crazy, haywire) and (*ou* la tête): another expression or other expressions obtained by changing only one or more words;

5) *[de lui-même]* and *[sens propre]*: brackets used with finer italic print to clarify or explain a closer meaning;

6) {*Qc*}, {*Fr*}, {*Bel*}: abbreviations identifying expressions used particularly in Quebec {*Qc*}, in France {*Fr*} or in Belgium {*Bel*};

7) an example illustrating the usage;

> **There wasn't a *blessed* thing wrong with that car:**
>
> Il n'y avait pas une sacrée (*ou* foutue, putain de *(vulg.)* pièce défectueuse sur cette voiture — (8) (9)

8) underlined word(s) indicating the exact word or words being translated;

9) *(rude)*, *(grossier)*, *(vulgaire)*, *(vulg.)*, *(gross.)*: indication of expressions mostly used in a rude or discourteous sense;

> **Now he could *kick* himself:**
>
> Maintenant, il s'en mord les doigts [*mais* **Later he will live to *regret* it** *[au futur]* = Plus tard, il s'en mordra les doigts] } (10)

10) supplementary information about an expression entry placed between brackets [ ];

> **By *hook*** *or* **by *crook*** *or* **One way or another!** *or* **Somehow or other!:** — (11)
>
> D'une manière ou d'une autre!

11) an expression underlined showing that all the words underlined are needed to make up the expression disregarding the use of *or* or *ou*;

I *smell* a rat!:

Il y a quelque chose de louche! [***Voir*** **Something's *fishy!***] — (12)

12) *[See...]*, *[Voir...]*: an indication of cross references identified by the word in large italicized bold print to find other expressions of similar meaning in at least one of the two languages;

The cooking of an *egg*: la cuisson des œufs

sunnyside up: au plat {*Qc*} au miroir
over: tourné
over light: tourné légèrement
over hard: tourné bien cuit
scrambled: brouillé
poached: poché
omelet: omelette
soft boiled egg: {*Qc*} 4 minutes
soft boiled egg: {*Fr*} à la coque *[jaune liquide]*
soft boiled egg: mollet *[jaune crémeux]*
hard boiled egg: {*Qc*} à la coque *[jaune dur]*
hard boiled egg: {*Fr*} dur

(13)

13) a list of choices useful under a similar situation or need.

(14)

C'est dans le *besoin* qu'on (re)connaît ses vrais amis:

A friend in need is a friend indeed

14) a part of a word in parenthesis showing that we can use or not use this portion, so **connaît** or **reconnaît**;

(15)

C'est *bonnet* blanc (et) blanc bonnet:

What you gain on one hand you lose on the other [*See* **C'est du *pareil* au même**]

15) a word in parenthesis showing that we can use or not use this word;

16

Mon grille-pain est *«brisé»* *(angl.)*:

My toaster is on the fritz

16) *(angl.)*: an indication that this expression is an anglicism;

17

Il *connaît* la musique *[figuré]* *ou* Il connaît les ficelles *ou* Il est au courant:

a) He knows the ropes b) He knows the score

17) *[figuré]* or *[figurately]*: an indication that the sentence is used figurately.

Note: The alphabetical order has not been strictly adhered to in order to facilitate finding the expressions of your choice. Verbs have been listed alphabetically according to their use in the infinitive form such as: **take, took, taken** and **taking** are all classified under **take** as well as **voyons, voyez, verrions, verriez, vois, voit...** under **voir**.

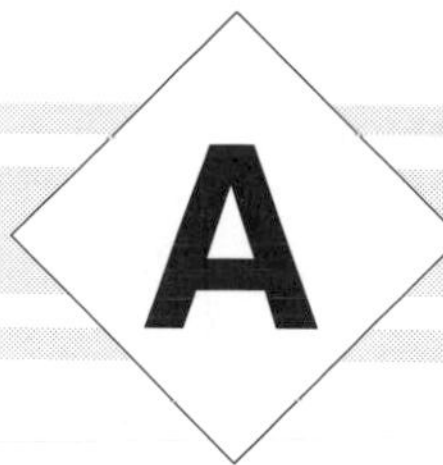

It's not *above* him to cheat!:

Il est bien capable de tricher!

Keep me *abreast* of the news:

Tiens-moi au courant *[au fur et à mesure]* [*mais* **Keep me *posted*** = Tiens-moi au courant *[de l'essentiel]*]

***Absence* makes the heart grow fonder!:**

Loin des yeux, près du cœur!

He's *absent-minded* *or* He's scatterbrained:

a) C'est une tête en l'air (*ou* Il est tête en l'air) **b)** C'est une tête de linotte (*ou* {*Fr*} de moineau, {*Fr*} de piaf) [*Voir* ***narrow-minded*** *et* ***broad-minded***]

He's *AC-DC* *or* He's bisexual:

a) Il est bisexuel **b)** {*Qc*} Il est aux deux **c)** {*Fr*} Il est à voile et à vapeur

Don't do it on my *account*!:

a) {*Qc*} Fais-le pas pour moi! **b)** Ne fais pas ça pour moi!

***-ache* *or* sore:**

a) Des élancements **b)** Mal *[dans le sens de douloureux]*

[verb] **to ache**:

[verbe] **a)** Faire mal **b)** Élancer

[nouns] **neckache, backache, toothache, headache, earache**:

[noms] des élancements dans le cou, dans le dos, mal aux dents, mal à la tête, mal aux oreilles *[ce sont les seuls organes pour lesquels on utilise le suffixe – ache. Pour tous les autres, on utilise "sore".]* [*Exemple*: **Do you have sore feet?** = As-tu mal aux pieds? *ou* Est-ce que t'as mal aux pieds? *Mais on pourrait également dire.* "**Do your feet ache?** "*[le verbe] ou* "**Are your feet sore?**"]

It *achieved* nothing!:

C'était un coup d'épée dans l'eau! [*Voir* **It didn't *get* me anywhere!**]

It's a tough *act* to follow:

a) Il est difficile de prendre la relève **b)** Il n'est pas facile d'en faire autant

Get (*or* Put) your *act* together!:

Ressaisis-toi! [*Voir* ***Get* it together**]

The kid *acts up* every time his mother talks:

L'enfant fait des scènes (*ou* pique des crises) dès que sa mère ouvre la bouche

***Actions* speak louder than words!:**

a) Les gestes comptent (*ou* parlent) plus que les mots! **b)** Les actes pèsent plus que les mots! **c)** Grand parleur, petit faiseur!

It doesn't *add* up!:

a) Il y a quelque chose qui cloche! **b)** Il y a quelque chose qui ne va pas! **c)** Cela n'a pas de sens!

***Admit* it!:**

Avoue-le! [*Voir* ***Say* it!**]

She left without further *ado*:

Elle est partie sans demander son reste (*ou* partie sans plus de cérémonies)

This story made much *ado* for nothing *or* This story made a lot of fuss for nothing:

Cette histoire a fait beaucoup de bruit pour rien

To be the devil's *advocate*:

Se faire l'avocat du diable

***After* you!:**

a) À vous l'honneur! **b)** Après vous! **c)** Après toi!

Not him *again*!:

Encore lui! *[négatif]*

I have something *against* her! *or* I have it in for her:

a) J'ai une dent contre elle! **b)** J'en ai après elle! **c)** Je lui en veux!

You're still under *age* *or* You're still a minor:

a) Tu n'as pas encore l'âge "légal" (*ou* pas encore ta majorité) **b)** Tu es encore mineur(e)

In this day and *age*,...:

a) Par les temps qui courent,... **b)** À notre époque,...

I didn't see him in a dog's *age* *or* It's ages since I last saw him:

a) Ça fait une éternité que je ne l'ai pas vu **b)** Ça fait une paye que... **c)** Ça fait des siècles que... **d)** Ça fait un bail que...

Not in a dog's *age*! *or* Not on your life! *or* Never in a dog's age! *or* Never in a pig's eye!:

a) Jamais de la vie! **b)** {Qc} Jamais dans cent ans! **c)** Pour rien au monde!

It's *ages* since I last saw him:

Ça fait une éternité que je ne l'ai pas vu [*Voir* **I didn't see him in a dog's *age***]

We should come to a friendly *agreement*:

a) On devrait s'arranger à l'amiable **b)** Nous devrions trouver un arrangement (*ou* une solution)

You'll be *ahead* of the game:

Tu auras une longueur d'avance

I was so busy, I didn't have time to come up for *air*:

J'étais si pressé que je n'avais même pas le temps de respirer

That's a lot of hot *air*!:

a) Tout ça, c'est du vent! **b)** Tout ça, ce sont des mensonges! **c)** {*Fr*} Tout ça, c'est du pipeau! **d)** Tout ça, c'est de la foutaise!

To leave the door *ajar*:

Laisser la porte entrouverte

Practically *all* *or* Almost all:

Presque tout

... and that's not *all*!:

... et ce n'est pas tout!

I knew it *all* along:

Je l'ai toujours su

I'm *all* for it!:

{Qc} Je suis avec toi cent milles à l'heure! *[dans le sens que je suis tout à fait d'accord]*

I'm *all* in! *or* I'm bushed! *or* I'm all pooped out! *or* I'm completely wiped out!:

a) Je suis épuisé (*ou* vidé, exténué)! **b)** {*Fr*} Je suis nase!

I'm going and that's *all* there is to it!:

J'y vais, un point c'est tout (*ou* point final)!

It's right up (*or* right down) my *alley*:

a) C'est dans mes cordes **b)** C'est tout à fait mon rayon

Do you think I'm an *amateur*?:

Me prends-tu pour un débutant?

He has *ants* in his pants! *or* He's got itchy feet!:

a) Il a la bougeotte! **b)** Il ne reste pas en place!

***Anything* goes! *or* No holds barred!:**

Tout est permis!

I don't want *anything* whatsoever:

Je ne veux rien du tout

It whets my *appetite*!:

Ça m'ouvre l'appétit!

I worked up a good *appetite*:

Ça m'a ouvert (*ou* aiguisé) l'appétit

The bad *apple*:

a) Le mauvais élément **b)** La pomme pourrie du panier

An *apple* a day keeps the doctor away:

a) Une pomme par jour éloigne le médecin
b) Une pomme par 24 h éloigne le docteur
c) Une pomme, au besoin, tient le médecin au loin)

An *apple* doesn't fall far from the tree:

C'est bien le fils de son père [*Voir* **He's a *chip* off the old block**]

He's the *apple* of my eye!:

a) C'est mon favori (*ou* mon préféré)!
b) C'est mon chouchou!

***April* Fool:**

Poisson d'avril

We were walking *arm* in arm:

On marchait bras dessus bras dessous

***As* is:**

Tel quel

He *asked* for it! *or* **He had it coming!** *or* **It served him right!:**

a) Il a couru après! **b)** Il l'a bien mérité (*ou* cherché)! *[négatif]* **c)** {*Fr*} C'est bien fait pour ses pieds (*ou* sa gueule *(grossier)*)!

If anyone *asks* for it, they'll get it!:

a) Si on me cherche, on va me trouver!
b) Quand on me cherche, on me trouve!

It's not *asking* the impossible! *or* **It's not asking that much!:**

a) Ce n'est pas la mer à boire! **b)** Ce n'est pas trop demander! **c)** Ce n'est pas demander l'impossible!

I hope he won't <u>fall on his *ass*</u>! *(rude) or* **I hope he won't <u>hit a brick wall</u>!:**

J'espère qu'il ne va pas <u>se casser la gueule</u>! *(vulg.)*

You can kiss my *ass*! *(rude)***:**

Baise-moi le cul! *(vulg.)*

He doesn't know his *ass* from his elbow! *(rude)***:**

Il ne comprend rien ni du cul ni de la tête! (*vulg.*) [*Voir* **He doesn't *understand* a thing!**]

If you accept this work, <u>you'll have your *ass* in a sling</u>! *(rude) or* **If you accept this work, <u>you'll stay stuck with it</u>!:**

Si tu acceptes ce travail, {*Qc*} <u>c'est toi qui vas rester pris avec</u> (*ou* <u>c'est toi qui vas être dans la merde</u> *(vulg.)*)!

The students <u>were *astounded*</u> when they learned of their exam results:

Les étudiants <u>sont tombés de haut</u> (*ou* <u>tombés des nues</u>) en apprenant leurs résultats

I'll go <u>to the *automatic*</u> teller:

Je vais aller au guichet automatique (*ou* {*Fr*} au distributeur automatique, {*Fr*} à la tirette)

***Attaboy*!:**

Bravo! Vas-y mon gars!

I'll give you my undivided *attention*:

Vous aurez toute mon attention

Don't try to *avoid* the issue:

Ne cherche pas de faux-fuyants (*ou* d'échappatoire)

He's going to get a rude *awakening*:

a) Il va revenir vite à la réalité *[dans le sens d'avoir une mauvaise surprise]* **b)** Le réveil sera rude

It's *awesome*!:

a) C'est à couper le souffle! **b)** C'est impressionnant!

I have an *axe* to grind with you *or* **I have a bone to pick with you:**

J'ai un compte (*ou* un problème) à régler avec toi

She had her *baby*:

Elle a accouché

Would you *babysit* my kids? *or* Would you mind the kids for me?:

a) Voudrais-tu garder mes enfants? **b)** Voudrais-tu être mon baby-sitter?

Get off my *back*! *or* Buzz off! *or* Lay off! *or* Get out of here! *or* Get out of my hair! *or* Go lay an egg! *or* Go lay a brass egg! *or* Go fly a kite! *or* Get lost! *or* Go jump in the lake! *or* Go look around the corner see if I'm there!:

a) {*Qc*} Achale-moi pas (*ou* Ne m'achale pas) **b)** Fiche-moi la paix (*ou* Fous-moi la paix) **c)** Laisse-moi tranquille! **d)** {*Fr*} Me fais pas chier! *(vulg.)* **e)** {*Fr*} Lâche-moi les basquettes! **f)** Va te faire cuire un œuf! **g)** Va voir là-bas si j'y suis!

Oh my aching *back*!

[exclamation de dégoût, dédain ou déplaisir] **a)** {*Qc*} Ça n'a pas de bon sens! **b)** {*Qc*} Ça n'a pas d'allure! **c)** {*Qc*} Ouach! **d)** Beurk! **e)** Pouah! **f)** Ce n'est pas croyable!

To walk *back* and forth:

Marcher de long en large

To drive *back* and forth:

a) {*Qc*} Conduire aller-retour **b)** {*Fr*} Conduire à l'aller et au retour

You scratch my *back* and I'll scratch yours! *or* One good turn deserves another! *or* One hand feeds the other! *or* One hand washes the other!:

a) C'est un échange de bons procédés! **b)** Un service en attire un autre! **c)** À charge de revanche! **d)** Renvoie-moi l'ascenseur!

***Back* it up with money *or* Put your money where your mouth is:**

{*Qc*} Arrête d'en parler et mets de l'argent dessus

I know Montréal <u>like the *back* of my hand</u>:

Je connais Montréal sur le bout des doigts (*ou* <u>comme ma poche, par cœur</u>)

What's in the *back* of your mind?:

a) Qu'est-ce que tu as derrière la tête? **b)** Qu'est-ce que tu mijotes?

He turned his *back* on me:

a) Il m'a tourné le dos **b)** Il m'a trahi

***Back* to the salt mines! *or* Back to work!:**

a) Retournons au travail! **b)** Retournons au boulot (*ou* {*Fr*} au turbin, {*Fr*} au turf, {*Fr*} au charbon)! **c)** Remettons-nous à la tâche!

When his *back* was against the wall, he paid:

a) Quand il se retrouva le dos au mur, il paya **b)** Mis au pied du mur, il a finalement payé

There's a lot of *backbiting* at the job:

a) {*Fr*} Il y a beaucoup de langues de vipère au travail **b)** Il y a beaucoup de coups bas qui se donnent au travail **c)** Les couteaux volent bas au travail

I'll have to *backtrack*:

Il va falloir que je revienne sur mes pas (*ou* sur ma décision)

We're more *backward* than the United States on...:

On est plus en retard que les États-Unis sur...

He bent over *backwards* trying to finish his work:

Il s'est échiné (*ou* épuisé) à terminer son travail [*Voir* **He *broke* his back trying...**]

The one who earns the *bacon* *or* The breadwinner:

a) Le soutien de famille **b)** {*Fr*} Celui qui fait bouillir la marmite

It's too *bad*!:

a) C'est dommage! **b)** Dommage!

It's just too *bad* for him! *or* That'll fix him!:

a) {*Qc*} Ben bon pour lui! *[ironie]* **b)** Tant pis pour lui!

That's too *bad*! *[meaning sorry for what happened to you]***:**

a) {*Qc*} C'est bien de valeur! *[ce qui vous arrive]* **b)** C'est bien dommage (*ou* regrettable)!

Things go from *bad* to worse:

a) Les choses vont de mal en pis **b)** Les choses empirent (*ou* se dégradent)

She *bad-mouths* everybody!:

a) {*Qc*}*55D Elle parle contre tout le monde!* **b)** Elle en a après tout le monde! **c)** Elle dénigre tout le monde!

You're *bad-tempered*!:

a) Tu as un caractère de cochon (*ou* de chien)! **b)** Tu as un sale caractère!

He's an old *bag*!:

{*Qc*} C'est un vieux malcommode! [*Voir* **He's an old *buzzard*!**]

She's an old *bag*!:

C'est une vieille chipie! [*Voir* **She's an old *battle-axe*!**]

It's in the *bag*! *or* I've got it made! *or* It's all sewed up!:

a) C'est sûr et certain! **b)** L'affaire est dans le sac (*ou* dans la poche)! **c)** L'affaire est conclue! **d)** {*Qc*} L'affaire est ketchup!

She came *bag* and baggage:

a) Elle arriva avec ses cliques et ses claques **b)** ... avec armes et bagages

I *bailed* him out:

a) J'ai payé sa caution **b)** Je l'ai tiré d'embarras

I *bailed* out before it was too late:

Je me suis retiré avant qu'il ne soit trop tard

A *baker*'s dozen:

Treize à la douzaine

To be on the *ball*:

Être à la hauteur de la situation

I was behind the eight *ball*:

J'étais en mauvaise posture

That's the way the *ball* bounces!:

Ainsi va la vie! [*Voir* **Those are the *breaks*!**]

The *ball* is in your court:

La balle est dans ton camp

To start (*or* to get) the *ball* rolling:

a) {*Qc*} Partir le bal *[figuré]* **b)** Ouvrir la discussion

Keep the *ball* rolling!:

Ne laisse pas tomber! [*Voir* **Don't *cop* out!**]

This work is a *ball-buster* *[men only] (rude)***:**

{*Qc*} C'est un travail à s'arracher les couilles *[expression masculine seulement]* (*vulg.*)

It's just a lot of *baloney* (*or* malarkey, crap, nonsense, bullshit *(rude)*)! *or* That's hogwash! *or* It's for the birds!:

a) {*Qc*} Ça n'a pas de bon sens **b)** {*Qc*} Ça (n')a pas d'allure **c)** Ça ne veut rien dire! **d)** C'est de la foutaise!

He's full of *baloney*! *or* He's full of coke!:

a) C'est un gros plein de soupe! **b)** {*Fr*} C'est un gros tas!

He's *bananas*!:

Il est cinglé! *[sens propre]* [*Voir* **He's *crazy*!**]

He went *bananas* (*or* crazy, berserk, haywire)! *or* He went off the deep end! *or* He flew off the handle! *or* He blew a gasket! *or* He blew his stack! *or* He freaked out! *or* He hit the

ceiling! *or* **He hit the roof!** *or* **He cracked up!** *or* **He flipped!:**

a) Il a perdu le contrôle *[de lui-même]*! **b)** Il a piqué une crise! **c)** Il est sorti de ses gonds! **d)** Il ne se maîtrisait plus! **c)** Il a explosé! **f)** Il a perdu la boule (*ou* la tête)! **g)** Il est devenu fou! *[sens propre]* **h)** *{Fr}* Il a disjoncté! **i)** *{Fr}* Il a pété les boulons! [*Exemple*: **After the accident, he went berserk when he learned of his wife's death** = Après l'accident, il est devenu fou quand il a appris la mort de sa femme]

A one-armed *bandit*:

Une machine à sous

It went over with a *bang*! *or* **It went over big!:**

a) Ça a fait *{Fr}* un tabac (*ou* un malheur)! **b)** Ça a eu un grand succès! **c)** *{Fr}* Ça a marché du feu de Dieu!

I get a *bang* (*or* a kick) out of dancing:

J'adore (*ou* aime) danser

The car is all *banged* up!:

L'auto est toute bosselée (*ou* cabossée, *{Qc}* bossée)

There's no use *banging* your head against the wall, he'll never agree!:

a) Ça ne sert à rien de te cogner (*ou* de te frapper) la tête contre les murs, il n'acceptera jamais! **b)** Ça ne sert à rien de discuter avec lui, il... **c)** Tu auras beau faire des pieds et des mains, il...

You have *banker*'s hours:

Tu as un horaire de fonctionnaire

Barely *or* **Scarcely** *or* **Hardly:**

À peine

A *barfly*:

a) L'habitué d'un bar (*ou* des bars) **b)** *{Fr}* Un pilier de comptoir

He drives a hard *bargain*!:

Il est dur en affaires!

He got more than he *bargained* for! *or* **He got more than he could shake a stick at!** *or* **He got his money's worth and then some!:**

a) Il en a eu plus que pour son argent! **b)** Il en a eu plein la vue!

He *barged* in:

a) Il est intervenu dans la conversation sans y être invité **b)** Il est entré dans la maison sans y être invité

He is *barhopping*:

Il va d'un bar à l'autre

His *bark* is worse than his bite:

a) C'est un dur au cœur tendre **b)** Il fait plus de bruit que de mal

You're *barking* up the wrong tree!:

Tu frappes (*ou* Vous frappez) à la mauvaise porte!

He's got you over a *barrel*!:

Il te tient à sa merci! [*Voir* **He's got you *cornered*!**]

I'll get him with both *barrels*:

a) *{Qc}* Je l'attends avec une brique et un fanal **b)** Je l'attends de pied ferme

I gave it to him with both *barrels*!:

a) Je ne le lui ai pas envoyé dire! **b)** *{Qc}* J'y ai pas envoyé dire!

He gave it to me with both *barrels*:

Il m'a engueulé comme du poisson pourri! [*Voir* **He gave me a *bawling* out!**]

You're off *base*! *or* **You're out in left field!** *or* **You're all wet!** *or* **You're off track!:**

a) Tu n'y es pas du tout! **b)** *{Qc}* Tu n'es pas dedans du tout! **c)** *{Qc}* Tu es à côté de la "track"! **d)** *{Fr}* Tu es complètement à côté de la plaque! **e)** *{Fr}* Tu es complètement largué!

We had a *bash*! *or* **We had a blast!:**

a) *{Qc}* On a eu tout un party! **b)** *{Fr}* On a fait une fête (*ou* une bringue) à tout casser! **c)** *{Fr}* On a fait la nouba!

He's gonna *bash* his face in *or* **He's gonna smash his face in:**

Il va lui arranger le portrait

He went up to *bat* for me:

a) Il m'a défendu **b)** Il s'est battu pour moi

He has *bats* in the belfry! *or* **He has a screw loose!** *or* **He lost his buttons!:**

a) Il a des araignées au plafond! *[fou]* **b)** Il est fou! *[sens propre]*

I must go to the *bathroom*:

Je dois aller au petit coin [*Voir* **I must go to the *restroom***]

She's an old *battle-axe*! *or* **She's an old hag!** *or* **She's an old bag!:**

C'est une vieille chipie! [*Voir aussi* **He's an old *buzzard*!**]

He's a little *batty*:

Il est un peu cinglé

He *bawled* me out *or* **He gave me hell:**

a) Il m'a engueulé (*ou* disputé, {*Qc*} chicané, {*Fr*} enguirlandé) **b)** {*Qc*} Il m'a mené le diable

He gave me a *bawling* out! *or* **He gave me a call-down!** *or* **He chewed me out!** *or* **He raked me over the coals!** *or* **He gave it to me with both barrels** *or* **He jumped down my throat!** *or* **He let me have it!:**

a) Il m'a engueulé comme du poisson pourri! **b)** Il m'a passé un drôle de savon! *[figuré]* **c)** {*Fr*} J'en ai pris pour mon grade! **d)** {*Fr*} J'en ai pris plein la gueule *(grossier)*!

I don't give a hill of *beans*!:

Je m'en moque comme de l'an 40! [*Voir* **I don't *care*!**]

He doesn't know *beans* about it *or* **He doesn't know which end is up** *or* **He doesn't know the first thing about it:**

a) Il ne connaît rien à ça **b)** Il n'y connaît rien

It will be pork and *beans* for a while:

a) Ça va être une période de vaches maigres pour un temps **b)** On va devoir se serrer la ceinture pendant un certain temps

Don't *beat* around the bush *or* **Give it to me straight:**

a) {*Qc*} Vas-y (*ou* N'y va) pas par quatre chemins **b)** Dis-le sans détour (*ou* carrément, franchement, {*Fr*} franco) **c)** Ne tourne pas autour du pot

I *beat* him at his own game:

Je l'ai battu à son propre jeu

They *beat* him to death!:

Ils l'ont battu à mort!

Let's *beat* it! *or* **Let's go!** *or* **Let's split!:**

a) Fichons (*ou* Foutons) le camp! **b)** Disparaissons! **c)** {*Fr*} Cassons-nous! **d)** {*Fr*} Décanillons! **e)** Barrons-nous! **f)** Déguerpissons!

It *beats* me! *or* **It's beyond me!:**

a) Ça me dépasse! **b)** Je n'y comprends rien! **c)** {*Fr*} Je suis complètement largué!

Can you *beat* that?:

a) Peux-tu faire plus? **b)** Peux-tu faire mieux? **c)** {*Qc*} C'est-tu assez fort? **d)** {*Qc*} Ça se peut-tu! *[incrédulité] [c) et d) expressions fautives, à titre indicatif seulement]*

They *beat* the living daylights out of him! *or* **They beat the shit out of him** *(rude)*!:

a) {*Qc*} Ils lui ont sacré toute une volée! **b)** Ils lui ont foutu (*ou* fichu) une bonne raclée (*ou* {*Fr*} une dérouillée)!

She's a *beaut*!:

a) Elle est vulgaire! **b)** {*Qc*} C'est tout un moineau! *[sens négatif]*

Beauty is in the eye of the beholder

a) La beauté se trouve dans les yeux de la personne qui la contemple **b)** {*Fr*} Il n'y a pas de laides amours **c)** L'amour est aveugle

She's a real *beauty*! *or* **She's a heartbreaker!:**

a) Elle est belle à se damner! **b)** Elle est belle à couper le souffle! **c)** Elle fait des ravages *[dans les cœurs]*! **d)** Elle fait tourner les têtes! **e)** Elle est belle à croquer!

He's at my *beck* and call!:

Je l'ai dans ma poche [*Voir* **I've got him in my *pocket***]

He's crazy as a *bedbug*! *(nice)*

a) {*Qc*} Il est fou sans bon sens! *[plaisant]* **b)** Il est complètement fou!

He's happy as a *bedbug*! *or* **He's happy as a pig in shit** *(rude)*

Il est heureux comme un poisson dans l'eau!

We'll make a *bee*:

{Qc} On va faire une corvée *[tous ensemble]* [*Ne pas confondre avec* **What a *drag*!** = Quelle corvée pénible!]

A spelling *bee*:

Un concours d'orthographe (*ou* d'épellation)

***Beef* it up!:**

a) Donne-lui du goût! *[nourriture]* **b)** Étoffe-le! *[travail de recherche]* **c)** Accentue-la! *[couleur]* **d)** Accélère! *[vitesse]*

The bird was flying <u>in a *beeline*</u> toward its nest:

L'oiseau retournait <u>tout droit</u> vers son nid

He's a *beggar*:

C'est un mendiant [*Voir* ***hobo*, *homeless***]

Everything has a *beginning*!:

Il y a un commencement à tout!

You can *believe* half of what you see and none of what you hear!:

Il faut en prendre et en laisser! [*Voir* **You have to *take* some and leave some!**]

I can hardly *believe* my eyes! *or* I can't believe my eyes!:

a) Je n'en crois pas mes yeux! **b)** Je n'arrive pas à y croire!

You'd better *believe* it! *or* And how! *or* You can say that again! *or* You bet!:

a) C'est le cas de le dire! **b)** Et comment! *[exclamation]* **c)** À qui le dites-vous!

They're always *bellyaching* (*or* squawking, kicking, bitching) *or* They're always moanin' and groanin':

Ils bougonnent (*ou* {Qc} chicanent, ronchonnent, rouspètent, marmonnent, se plaignent) tout le temps

You'll have that under your *belt*:

a) Ce sera toujours ça de pris (*ou* de fait) **b)** {Fr} C'est toujours ça que les Allemands (*ou* les Boches, les Russkofs) n'auront pas

You always *bend* my ear *or* You keep harping on it:

a) Tu m'en rebats les oreilles **b)** Arrête (*ou* Cesse) de rabâcher **c)** Tu reviens toujours sur le même sujet

He's <u>*bent* on</u> doing something:

a) Il est <u>résolu à</u> faire quelque chose **b)** Il est <u>bien décidé à</u> faire...

She's all *bent* out of shape!:

Elle est en furie (*ou* {Fr} en pétard)

He's on a *bender*!:

a) {Qc} Il est parti sur la brosse! *[ivre]* **b)** {Fr} Il est allé se cuiter!

He went *berserk*!:

Il est devenu fou! [*Voir* **He went *bananas*!**]

<u>I was *beside* myself</u> with my daughter; I didn't know what to do:

a) <u>J'étais dans tous mes états</u>; je ne savais plus quoi faire de ma fille **b)** J'étais hors de moi; je ne savais...

At the very *best*,...:

a) En mettant les choses au mieux,... **b)** Dans le meilleur des cas,...

You *bet*! *or* By all means! *or* Of course!:

a) Bien sûr! **b)** Ah! ça oui!

I'd *bet* my bottom dollar! *or* I'd bet my life on it!:

a) J'en mettrais ma main au feu! *[tant j'en suis certain]* **b)** {Qc} Je gagerais jusqu'à mon dernier dollar

***Better* luck next time!:**

a) {Qc} Meilleure chance la prochaine fois! **b)** La prochaine fois sera la bonne!

His *better* half:

a) Sa tendre moitié **b)** Sa conjointe **c)** Sa compagne **d)** Sa partenaire

***Better* safe than sorry!:**

a) Deux précautions valent mieux qu'une! **b)** On n'est jamais trop prudent!

***Between* you and me and the lamppost,...:**

a) De toi à moi,... **b)** {Qc} Entre toi et moi puis la corde à linge,... **c)** Entre nous,...

It's *beyond* me!:

Ça me dépasse! [*Voir* **It *beats* me!**]

To *bid* (*or* To quote) on a job:

a) {*Qc*} Soumissionner sur un ouvrage **b)** Faire une offre de service **c)** Faire un devis

It went over *big*:

Ça a eu un grand succès! [*Voir* **It went over with a *bang*!**]

You're too *big* for your boots!:

a) Tu es vaniteux! **b)** Tu es prétentieux!

She's a *bimbo* (*or* a slut, a whore, a hustler *(rude)*)!:

C'est une putain (*ou* une pute *(vulg.)*)

To go on a *binge*:

a) Faire un excès (*ou* des folies) **b)** {*Fr*} Manger à s'en faire péter la sous-ventrière **c)** S'en mettre plein la panse (*ou* {*Fr*} la lampe) **d)** En prendre jusqu'à ce que ça nous sorte par les oreilles *[nourriture/boisson]*

She eats like a *bird*:

Elle a un appétit d'oiseau

It's for the *birds*!:

C'est de la foutaise! [*Voir* **It's just a lot of *baloney*!**]

An early *bird*

Un lève-tôt [*voir aussi* A night ***hawk***]

He's (*or* She's) a funny bird:

a) {*Qc*} C'est un drôle de moineau [*positif*] **b)** C'est un drôle d'oiseau

The early *bird* gets the worm!:

L'avenir appartient à celui qui se lève tôt!

She'll have a *bird* if she knows:

Elle va être fâchée si elle l'apprend

A *bird* in the hand is worth two in the bush:

Un tiens vaut mieux que deux tu l'auras

***Birds* of a feather flock together! *or* They're two of a kind!**

a) Ils sont du même bois! **b)** Qui se ressemble s'assemble! **c)** {*Fr*} Ils sont de la même veine!

They're *bird-brained*:

Ils ont une cervelle d'oiseau (*ou* {*Fr*} de moineau, {*Fr*} de piaf)

He's in his *birthday* suit:

a) Il est tout nu **b)** Il est en costume d'Adam **c)** Il est à poil

He did the whole *bit*! *or* He pulled out all the stops!:

a) {*Qc*} Il a fait ça en grand! **b)** Il y a mis le paquet!

Every little *bit* helps:

Les petits ruisseaux font les grandes rivières

It's a *bit* much! *or* It's farfetched!:

a) C'est exagéré! **b)** C'est tiré par les cheveux! **c)** {*Fr*} C'est un peu fort de café! **d)** {*Fr*} C'est tarabiscoté!

What a *bitch*!:

a) Quelle vache! **b)** Quelle salope! *(grossier)*

They're always *bitching*:

Ils bougonnent tout le temps [*Voir* **They're always *bellyaching***]

She's so *bitchy*!:

Elle est vraiment vache!

I made him an offer but he didn't *bite*:

{*Qc*} Je lui ai fait une proposition mais il n'a pas mordu

We should have a *bite* right now:

Nous devrions casser la croûte (*ou* {*Fr*} casser la graine) dès maintenant

To *bite* the dust:

a) Mordre la poussière *[figuré]* **b)** Être congédié **c)** Se passer la corde au cou *[se marier]* [*Voir* **To get *hitched***]

Don't *bite* the hand that feeds you:

a) Ne mords pas la main qui te nourrit **b)** Aie au moins la reconnaissance du ventre

She has quite a *bite* to chew! *or* She has her hands full! *or* She has her work cut out for her!:

Elle a du pain sur la planche!

She fought till the *bitter* end:

Elle a lutté (*ou* persévéré) jusqu'à la fin (*ou* jusqu'à son dernier souffle)

She *blabs* all the time *or* He yacks all the time *or* He's a real chatterbox:

a) C'est un vrai moulin à paroles **b)** {*Fr*} C'est une vraie pipelette

He's a real *blabber-mouth*:

C'est un gueulard *(grossier)* [*Voir* **He's a big *mouth***]

Put it down in *black* and white:

a) Mets-moi ça sur (le) papier **b)** Mets-moi ça par écrit **c)** Écris-le noir sur blanc

To *black out* *(2 words)*:

a) Tourner de l'œil **b)** S'évanouir **c)** Perdre connaissance **d)** Tomber dans les pommes (*ou* {*Fr*} les vapes)

A *blackout* *(1 word)*:

Une panne d'électricité

We had a *blast*!:

{*Qc*} On a eu tout un party! [*Voir* **We had a *bash*!**]

There wasn't a *blessed* thing wrong with that car:

Il n'y avait pas une sacrée (*ou* foutue, putain de *(vulg.)*) pièce défectueuse sur cette voiture

He's a big *blimp* *(rude)*:

Il est très gras [*Voir* **He's *overweight***]

A *blind* date:

Un rendez-vous amoureux arrangé *[avec quelqu'un qu'on ne connaît pas]*

My computer is on the *blink* (*or* on the fritz, on the bum):

Mon ordinateur ne marche pas (*ou* est en panne)

He's a *blob*! *or* He's a flat tire! *or* He's boring as can be!:

a) {*Qc*} Il est ennuyant (*ou* {*Qc*} plate)! **b)** {*Fr*} Il est chiant *(vulg.)* (*ou* {*Fr*} emmerdant)!

It's a real *blockbuster*!:

C'est un truc à tout casser!

She's a dumb but beautiful *blonde*!:

a) Elle est belle mais elle n'a rien dans la tête! **b)** Elle a un beau cul mais pas grand chose dans le ciboulot (*ou* cervelle) *(grossier)*! **c)** Elle pense avec son cul! *(grossier)*

My *blood* boiled! *or* I saw red!:

a) Mon sang n'a fait qu'un tour! *[de colère]* **b)** J'ai vu rouge [*mais* **My *heart* skipped a beat** = Mon sang n'a fait qu'un tour *[de peur ou d'amour]* *ou* {*Fr*} Mon cœur a cessé de battre *[de peur]*]

***Blood* is thicker than water:**

La voix du sang est la plus forte

What's bred in the *blood* will come out in the flesh!:

Bon sang ne saurait mentir!

He's a *bloody* fool to think that...:

a) Il est vraiment fou de penser que... [*ex.:* que je vais entrer dans sa combine] **b)** {*Qc*} C'est un maudit fou s'il pense que...

He knows *bloody* well that...:

Il sait très bien (*ou* parfaitement, pertinemment) que...

Take care, if not you'll come to *blows*:

Faites attention, sinon vous allez en venir {*Qc*} aux coups (*ou* aux mains)

It was a *blow* below the belt when he got accused of stealing!:

C'était un coup bas que de l'accuser de vol!

It's *blowing* like mad:

a) {*Qc*} Il fait un vent à écorner les bœufs **b)** {*Fr*} Il fait un vent à décorner les bœufs (*ou* les cocus)

It will *blow* over! *or* It will work out!:

a) Ça va se calmer! **b)** Ça va s'apaiser!

To *blow* the lid off:

a) Dénoncer un scandale **b)** Exploser de rage

***Blow-out*:**

Éclatement d'un pneu

It/He came right out of the *blue*:

a) C'est venu de nulle part **b)** Il est arrivé à l'improviste

Even if you talk until you're *blue* in the face, he still won't understand!:

a) Même si tu te tues à lui expliquer, il ne comprendra pas! b) Même si tu t'évertues à lui expliquer,...

He's *bluffing*!:

a) Il n'est pas sérieux! b) Il bluffe!

I made a *blunder*! *or* I pulled a boner! *or* I put my foot in it! *or* I put my foot in my mouth!:

a) J'ai fait une gaffe! b) J'ai mis les pieds dans {Qc} les plats (*ou* {Fr} le plat)! c) {Fr} Je me suis emmêlé les pinceaux!

She's got A's across the *board*! *or* She's got straight A's!:

a) {Qc} C'est une bolée! b) C'est la meilleure! c) Elle est première partout!

***Board* of Education *or* School Board:**

{Qc} Commission scolaire

These two were in the same *boat*:

Ces deux-là étaient logés à la même enseigne (*ou* dans la même galère, dans le même bateau)

He missed the *boat*!:

a) Il a manqué le bateau! b) Il a laissé passer sa chance! c) {Fr} Il a loupé (*ou* raté) le coche!

Don't rock the *boat*! *or* Don't make waves!:

a) {Qc} (Ne) Brasse pas ma cage! b) Ne fais pas trop de vagues (*ou* de remous)! c) Ne déplace pas trop d'air! d) Laisse couler! e) {Fr} Laisse pisser le mérinos

Over my dead *body*:

a) Je vais me défendre jusqu'à la mort b) Il faudra me passer sur le corps

It's *bogus*!:

a) C'est dégueulasse! b) C'est écœurant!

It *boils* down to...:

Ça revient à dire que...

I have a *bone* to pick with you *or* I have an axe to grind with you:

J'ai un compte (*ou* un problème) à régler avec toi

She's a bag of *bones*:

Elle n'a que la peau et les os [*Voir* **She's a *rackabones***]

He made no *bones* about it:

Il n'y est pas allé de main morte [*Voir* **He really laid it on the *line***]

What a *bone-head* (*or* yoyo, dope, dopey)!:

Quel idiot! *[sens propre]*

I pulled a *boner*!:

J'ai fait une gaffe! [*Voir* **I made a *blunder*!**]

He didn't say *boo*!:

a) {Qc} Il ne s'est pas ouvert la trappe! b) Il n'a pas dit un mot!

I made a *boo-boo*:

J'ai fait une erreur *[familier]* [*mais* **He *slipped up* by not mentioning her name** – Il a fait une bêtise (*ou* commis une erreur) en ne mentionnant pas son nom]

What *boobs*! *or* What knockers!:

a) Quels nichons (*ou* {Fr} nibards)! b) {Qc}*Quelle belle paire!* c) Quels pare-chocs! [*Voir* **She has big *breasts***]

If you play with him, you'll have to go by the *book*:

Si tu joues avec lui, il faudra appliquer strictement le règlement

I know you like a *book*:

Je te connais {Qc} comme si je t'avais tricoté (*ou* {Fr} comme si je t'avais fait)

His little black *book*:

[Pour un homme] Son carnet d'adresses et de numéros de téléphone de conquêtes féminines

I'm *booked*!:

a) Je suis très pris! b) Je suis très occupé!

That's one for the *books*!:

a) Ça mérite d'être rapporté! *[bon ou mauvais]* b) C'est pas croyable! c) C'est à dormir debout! d) C'est invraisemblable!

She's a *bookworm*:

a) C'est un rat de bibliothèque b) Elle a toujours le nez fourré dans les livres

It's way out in the *boondocks*!:

C'est au diable vert (*ou* diable Vauvert)! [*Voir* **It's a long *way* off!**]

He's *boring* as can be:

{*Qc*} Il est ennuyant! [*Voir* **He's a *blob*!**]

He was *boring* me stiff:

a) Il me cassait les pieds *[= ennuyer]* **b)** Il m'ennuyait souverainement **c)** {*Fr*} Il me cassait les bonbons (*ou* les burnes) *(grossier)*

He was *born* under a lucky star:

Il est né sous une bonne étoile

He was *born* with a silver spoon in his mouth:

a) Son père est né avant lui *[dans le sens qu'il est riche]* **b)** {*Fr*} Il est né avec une cuillère en argent dans la bouche

I wasn't *born* yesterday!:

a) Je ne suis pas tombé (*ou* né) de la dernière pluie! **b)** Je ne suis pas né d'hier! **c)** Tu me prends pour un cave (*ou* {*Fr*} pour une bille)?

To *borrow* *or* **To take out a loan:**

Faire un emprunt [*mais* **To give a *loan*** *or* **To *lend* money** = prêter de l'argent]

The job has been *botched up*! *or* **It's a half-assed job!** *(vulg.)* *or* **It's a sloppy job!:**

a) {*Qc*} Le travail a été "botché"! **b)** Le travail a été bâclé! **c)** {*Qc*} C'est une job de trou de cul! *(vulg.)* **d)** {*Qc*} Le travail a été fait "à-brouche-te-brouche"! **e)** C'est un travail cochonné!

Don't *bother* to call:

a) Ce n'est pas la peine d'appeler **b)** {*Qc*} Donne-toi pas la peine de téléphoner

He hits the *bottle*:

a) Il aime se soûler **b)** Il aime prendre un coup **c)** {*Qc*} Il aime se paqueter la fraise **d)** {*Fr*} Il aime picoler (*ou* {*Fr*} écluser, {*Fr*} pinter)

He scraped the *bottom* of the barrel:

Il a dû se contenter des miettes

My *bowels* didn't move today:

Je ne suis pas allé à la selle aujourd'hui

My *bowels* don't move:

Je suis constipé

Oh *boy*!:

a) {*Qc*} Wow! *[admiratif]* **b)** Ah non! *[négatif]* **c)** Super! *[admiratif]*

That's nothing to *brag* about:

a) Ça ne vaut pas la peine de s'en vanter **b)** Il n'y a pas de quoi se vanter

Believe me, he didn't *brag* about it!:

Crois-moi, il ne s'en est pas vanté!

He has brawn but no *brains*:

Il a de gros bras mais pas de tête

I want to pick your *brains*:

a) J'ai besoin de tes lumières (*ou* de tes connaissances) **b)** Éclaire-moi...

I beat my *brains* to... *or* **I rack my brains to...:**

a) Je me creuse les méninges pour... **b)** Je me creuse la cervelle (*ou* la tête) pour...

A *brainstorm*:

a) Une idée de génie **b)** Une idée du tonnerre

After all that *brainstorming*, we came up with a plan:

Après tout ce remue-méninges, on en est arrivé à une solution

He's been *brainwashed*:

a) Il s'est fait bourrer le crâne **b)** Il a subi un lavage (*ou* un lessivage) de cerveau

A *brainwashing*:

a) Un endoctrinement **b)** Un bourrage de crâne **c)** Un lavage (*ou* un lessivage) de cerveau

A *brand* name:

Une marque commerciale

A *brand-new* (*or* **spanking-new**) **car:**

Une voiture flambant neuve *[qui sort de l'usine]*

To get down to *brass* tacks:

En venir aux choses sérieuses

I know which side my *bread* is buttered on:

Je sais où réside mon intérêt

His *breadbasket*:

a) Son gros ventre **b)** {*Fr*} Son bide

He's the *breadwinner* *or* **He earns the bacon:**

a) Il est le soutien de famille **b)** {*Fr*} Il fait bouillir la marmite

Break – broke – broken

I'm flat *broke*! *or* **I'm in the red!:**

a) Je n'ai pas un sou! **b)** {*Qc*} Je suis cassé! **c)** Je suis dans le rouge! **d)** Je suis à sec (*ou* fauché)! **e)** {*Qc*} J'arrive en dessous! **f)** {*Fr*} Je suis raide! **g)** {*Fr*} J'ai plus une thune (*ou* un radis)!

My car *broke* down! *or* **My car has conked out!** *or* **My car is out of whack!** *or* **My car went on the bum!:**

Ma voiture est tombée en panne (*ou* {*Qc*} a "brisé" *(angl.)*)

He will *break* even *or* **He will come out even:**

a) Il va rentrer dans son argent (*ou* dans ses fonds) **b)** Il va s'en tirer sans gains ni pertes **c)** Il va atteindre le seuil de rentabilité

He *broke* his back trying to finish his work *or* **He busted a gut trying...** *or* **He bent over backwards trying...** *or* **He put himself out trying...:**

a) Il s'est échiné (*ou* épuisé) à terminer son travail **b)** Il s'est {*Qc*} fendu (*ou* {*Fr*} mis) en quatre pour... **c)** {*Fr*} Il s'est crevé la paillasse pour...

I *broke* off with him:

J'ai coupé les ponts avec lui

The cup *broke* to bits:

a) {*Qc*} La tasse est tombée en morceaux **b)** La tasse s'est brisée [*mais* **This person has fallen apart** = C'est une personne brisée par la vie]

Those are the *breaks*! *or* **That's life!** *or* **It's just one of those things!** *or* **That's the way it goes!** *or* **That's the way things are!** *or* **That's the way the cookie crumbles!** *or* **That's the way the ball bounces!** *or* **Win a few, lose a few!:**

a) C'est la vie! **b)** C'est comme ça! **c)** Ainsi va la vie! **d)** À la guerre comme à la guerre!

She has big *breasts* *or* **She has a big bust:**

a) Elle a de gros seins **b)** Elle a une grosse poitrine [*Voir* **What *boobs*!**]

Don't hold your *breath*!:

a) Tu peux toujours attendre! **b)** Ça va arriver la semaine des quatre jeudis!

Don't waste your *breath*! *or* **Save your breath!:**

a) Ne gaspille pas ta salive! **b)** Pas la peine de perdre ta salive!

It took my *breath* away!:

a) J'en ai eu le souffle coupé! *[admiration]* **b)** {*Fr*} J'en suis resté baba!

Let's take a *breather*:

a) Faisons une pause **b)** Arrêtons-nous un moment

It was *breathtaking*! *or* **It was awesome!:**

a) C'était à couper le souffle! **b)** C'était époustouflant! (*ou* sensass, impressionnant, super, {*Fr*} dément, génial)

What's *bred* in the blood will come out in the flesh!:

Bon sang ne saurait mentir!

He's too big for his *breeches*! *or* **He thinks he's God's gift!** *or* **He thinks he's great!** *or* **He thinks the world revolves around him!** *or* **He's all wrapped up in himself!:**

a) Il se prend pour le nombril du monde! **b)** {*Qc*} Il se prend pour un autre! **c)** Il pète plus haut {*Qc*} que le trou (*ou* {*Fr*} que son cul *(vulg.)*)! **d)** {*Fr*} Il a les chevilles qui enflent! **e)** {*Fr*} Il a la grosse tête!

The exam was a *breeze*!:

a) L'examen était facile comme tout! **b)** {*Fr*} L'examen était fastoche!

They shoot the *breeze* *or* **They chew the fat** *or* **They chew the rag** *or* **They shoot the bull:**

a) Ils bavardent **b)** Ils parlent de tout et de rien **c)** {*Fr*} Ils taillent une bavette

I hope he won't hit a *brick* wall! *or* **I hope he won't fall on his ass!** *(rude)*:

a) J'espère qu'il ne va pas se casser la gueule *(vulg.)*! **b)** ... qu'il (ne) va pas frapper un mur

Don't burn your *bridges*!:

Ne coupe pas les ponts!

Don't cross a *bridge* before you get to it!:

a) *{Qc}* On traversera la rivière quand on sera rendu au pont! **b)** On verra en temps et lieu! **c)** Chaque chose en son temps!

A lot of water has flowed under the *bridge* since then!:

Il en a depuis coulé de l'eau sous les ponts!

He's not too *bright*! *or* **He's a dummy!:**

a) C'est un arriéré! **b)** Il n'est pas très intelligent! **c)** *{Qc}* Il n'est pas vite sur ses patins! **d)** Il est un peu limité!

We got up *bright* and early:

On s'est levé de bon matin (*ou* au petit matin)

There will be *brighter* days:

Il y aura des jours meilleurs (*ou* des jours plus heureux)

We *brought* him down to earth!:

On l'a ramené sur terre! *[dans le sens qu'on a dégonflé son ego]* [*Voir* **We *cut* him down to size!**]

He's *broad-minded*:

Il a l'esprit large [*Voir aussi* ***absent-minded*** *et* ***narrow-minded***]

A new *broom* sweeps clean:

Tout nouveau tout beau

To *brown-nose*:

Lécher les bottes de quelqu'un

A *brown-noser*:

a) *{Qc}* Un téteux **b)** Un lèche-cul (*ou* lèche-bottes)

We were just *browsing*! *ou* **We were just bumming around!:**

On ne faisait que flâner!

He was covered with *bruises*:

Il était couvert de bleus

He *brushed* me off!:

a) Il m'a envoyé promener (*ou* balader, chier *(grossier)*)! **b)** Il m'a rabroué!

I gave him the *brush-off*! *or* **I sent him to kingdom come!** *or* **I told him where to get off!:**

a) Je l'ai envoyé promener! **b)** Je l'ai envoyé au diable! **c)** Je lui ai dit d'aller se faire voir!

He gave his friend the *brush-off* *or* **He gave his friend a cold shoulder:**

a) Il a reçu son ami comme un chien dans un jeu de quilles **b)** Il a réservé un accueil glacial à son ami

He's out for a *buck*:

{Qc} Il veut faire un coup d'argent

She wants to make a fast *buck*:

Elle veut faire de l'argent facile

To make a fast *buck*:

a) Gagner de l'argent rapidement *[malhonnêtement]* **b)** *{Qc}* Faire un coup d'argent

To have *buck* teeth:

Avoir des dents de lapin (*ou* des dents proéminentes)

It's coming down in *buckets* *or* **It's raining cats and dogs:**

a) *{Qc}* Il pleut à boire debout **b)** Il pleut des clous **c)** *{Fr}* Il tombe des cordes (*ou* *{Fr}* des hallebardes) **d)** Il pleut à verse

My *buddy*:

a) Mon grand copain **b)** *{Qc}* Mon grand chum **c)** *{Fr}* Mon pote

They're *buddy-buddies*:

Ils sont copain-copain [*Voir* **They're like two *peas* in a pod!**]

To *bug* a room:

a) Poser des micros clandestins **b)** *{Fr}* Placer des mouchards

It put a *bug* in my ear *or* **It started me thinking:**

a) Ça m'a mis la puce à l'oreille **b)** Ça a éveillé mes soupçons

He really *bugs* me with his problems:

a) Il m'emmerde à la fin avec ses problèmes *(grossier)* **b)** *{Qc}* Il m'achale vraiment avec... **c)** *{Fr}* Il me fait chier avec... *(vulg.)* **d)** *{Fr}* Il me gonfle avec...

You're a *bugger*!:

a) *{Qc}* T'es donc bien tannant! *[après que quelqu'un nous eut joué un tour]* **b)** *{Qc}* Ça prend bien toi pour faire ça! *[après un coup douteux]*

They shoot the *bull*:

Ils parlent de tout et de rien [*Voir* **They shoot the *breeze***]

To take the *bull* by the horns:

a) Prendre le taureau par les cornes **b)** Prendre son courage à deux mains

***Bullshit*! *(rude) or* Horse shit! *(rude) or* Stupidity!:**

a) Foutaise! **b)** Conneries *(grossier)* **c)** C'est de la merde (*ou* {*Qc*} marde)! *(vulgaire)*

It's just a lot of *bullshit*!:

C'est de la foutaise! [*Voir* **It's just a lot of *baloney*!**]

A *bullshit* artist *(rude)*:

Un sacré menteur

He's a *bum*:

C'est un vagabond [*Voir* **He's a *hobo***]

My car went on the *bum*!:

Ma voiture est en panne! [*Voir* **My car *broke* down!**]

To *bum* a dollar:

{*Qc*} Quémander un dollar

To *bum* a ride:

{*Qc*} Quémander un "lift" *[déplacement en voiture]*

To *bum* around *or* To fool around:

Se promener ici et là sans but

It's a *bummer*:

a) C'est une déception **b)** C'est une sale affaire

We were just *bumming* around! *or* We were just browsing!:

On ne faisait que flâner!

It's a useless *bunch*!:

C'est une bande de minables (*ou* de ratés, de bons à rien, {*Fr*} de nullos)!

I love the whole *bunch* of you *or* I love each and everyone of you:

Je vous aime tous autant que vous êtes

He has a *bundle* *or* He's loaded:

Il possède (*ou* Il a) beaucoup d'argent

To make a *bundle*:

Gagner une grosse somme d'argent

***Bundle* up!:**

Emmitoufle-toi bien!

She has money to *burn*!:

Elle a beaucoup d'argent! [*Voir* ***Many***]

I'm *burned* (*or* burnt) up! *or* I'm good and mad! *or* I'm hopping mad!:

a) Je suis très en colère! **b)** Je suis furieux! **c)** Je suis hors de moi!

Put it on the back *burner* *or* Put it on the shelf for a while:

a) {*Qc*} Mets ça sur la tablette un bout de temps **b)** Laisse dormir (*ou* reposer, décanter) ça quelque temps

To *burst* out crying:

Fondre en larmes

To *burst* out laughing:

Éclater de rire

It's *buried* and forgotten:

C'est oublié depuis longtemps

Stop beating around the *bush*! *or* Get to the point! *or* Stop pussyfooting!:

a) Arrête (*ou* Cesse) de tourner autour du pot! **b)** Viens-en aux faits! **c)** Va droit au but!

I'm *bushed*!:

Je suis épuisé! [*Voir* **I'm *all* in!**]

He means *business*!:

a) Il est sérieux! **b)** Il ne plaisante pas!

Mind your own *business*! *or* It's none of your business! *or* Keep your nose clean! *or* Never you mind!:

a) Mêle-toi de tes affaires (*ou* de tes oignons)! **b)** Ce n'est pas tes oignons (*ou* {*Qc*} tes affaires)! **c)** Ne te mêle pas de ça! **d)** Mêle-toi de ce qui te regarde!

She gave me the *business*! *or* She screwed me! *or* She set me up:

a) {*Qc*} Elle m'a passé un sapin! **b)** Elle m'a joué un sale tour!

It's *business* as usual! *or* Life goes on as usual!:

a) Le monde continue de tourner! **b)** La vie continue!

Business **is off!:**

Les affaires marchent au ralenti!

He ***busted*** **a gut trying to finish his work:**

Il s'est {*Qc*} fendu (*ou* {*Fr*} mis) en quatre pour terminer son travail [*Voir* **He** ***broke*** **his back trying...**]

She ***busted*** **her gut laughing when...:**

Elle s'est tordue de rire quand...

Get out of my way, ***buster*****!:**

Ôte-toi de là, bonhomme!

She's very ***busty*****!:**

a) Elle a une grosse poitrine! **b)** {*Qc*} Elle est bien meublée! **c)** Il y a du monde au balcon!

He's a real ***busybody*****!** *or* **He's nosy (***or* **nosey)!:**

a) C'est une vraie fouine! **b)** Il fourre son nez partout! **c)** Il s'occupe des affaires de tout le monde!

Don't try to ***butter*** **me up!:**

a) N'essaie pas de m'envoyer des fleurs! *[pour obtenir quelque chose]* **b)** N'essaie pas de m'amadouer (*ou* de me manipuler)!

He ***buttered*** **up his secretary so she would finish the work earlier** *or* **He sweet-talked his secretary so...:**

Il a {*Qc*} enjôlé (*ou* embobiné, entortillé, emberlificoté) sa secrétaire pour qu'elle finisse le travail plus tôt

A little ***butterball*****:**

a) {*Qc*} Un petit baril *[une personne courte et grasse]*
b) {*Fr*} Un pot à tabac

To have ***butterfingers*** *or* **To be clumsy** *or* **To be all thumbs:**

a) {*Qc*} Avoir les mains pleines de pouces
b) Être maladroit (*ou* empoté, gauche)

To have ***butterflies*** **in the stomach:**

a) {*Qc*} Avoir des papillons (*ou* un nœud) dans l'estomac **b)** Avoir l'estomac noué

She's got a few ***buttons*** **missing** *or* **She has a screw-loose** *or* **She's a little screwy:**

a) Elle est un peu fêlée **b)** Elle est un peu dérangée **c)** {*Qc*} Il lui manque un bardeau **d)** Il lui manque une case **e)** {*Fr*} Elle est fêlée de la callebasse **f)** {*Fr*} Elle yoyote du ciboulot

To ***buy*** **in bulk:**

Acheter en vrac

Buzz **off!:**

Fiche-moi la paix! [*Voir* **Get off my** ***back*****!**]

He's an old ***buzzard*** **(***or* **an old bag)!:**

C'est un vieux schnock (*ou* un vieux grincheux, {*Qc*} un vieux malcommode, {*Qc*} un vieux chiâleux, {*Qc*} un vieux ciboire (*vulg.*)) [*Voir aussi* **She's an old** ***battle-axe*****!**]

By **and large,...:**

a) Généralement parlant,... **b)** Dans l'ensemble,...

Let ***bygones*** **be bygones!:**

Oublions le passé! [*Voir* **I have no hard** ***feelings*****!**]

I haven't gone out all week; I have <u>*cabin* fever</u> (*or* I feel <u>cooped up</u>):

Je n'ai pas mis le nez dehors de toute la semaine; j'ai <u>besoin de m'aérer</u> (*ou* <u>besoin de sortir</u>, <u>besoin d'air</u>)

He's pretty *cagey*:

a) Il est soupçonneux **b)** Il est aux aguets

They're in *cahoots*!:

a) Ils sont de mèche! **b)** Ils sont de connivence!

That takes the *cake*!:

C'est le bouquet! [*Voir* **That *tops* it all!**]

It sells like hot *cakes*:

Ça se vend (*ou* Ça part) comme des petits pains chauds

It's a piece of *cake*! *or* It's a cinch! *or* It's easy as pie! *or* It's easy as falling off a log! *or* It's like taking candy from a baby!:

a) C'est une affaire de rien! **b)** C'est du gâteau! **c)** *{Qc}* Il n'y a rien là! **d)** C'est simple comme bonjour! **e)** C'est du tout cuit! **f)** C'est du nanan! **g)** C'est facile (*ou* *{Fr}* fastoche)!

You can't eat your *cake* and have it:

On ne peut pas tout avoir [*Voir aussi* **You can't have it both *ways***]

She's a *call* girl:

C'est une prostituée (*ou* une poule de luxe)

He gave me a *call-down*!:

Il m'a engueulé comme du poisson pourri! [*Voir* **He gave me a *bawling* out!**]

He's in the *can*! *or* He's in the slammer!:

Il est en prison (*ou* *{Fr}* en taule, *{Fr}* au placard)!

It's like taking *candy* from a baby!:

C'est une affaire de rien! [*Voir* **It's a piece of *cake*!**]

It's in the *cards*!:

C'est prévisible!

I don't *care*! *or* I couldn't care less! *or* I don't give a hill of beans! *or* I don't give a damn! *or* I don't give a darn! *or* I don't give a hang! *or* What the heck do I care! *or* It's no skin off my back! *or* It's no skin off my nose! *or* It doesn't matter to me! *or* I don't give a hoot!:

a) Je m'en fiche! **b)** Je m'en moque (*ou* m'en fous) comme de ma première chemise! **c)** Je m'en moque comme de l'an 40! **d)** Je m'en balance! **e)** Qu'est-ce que tu veux que ça me fasse! **f)** Ça ne me fait ni chaud ni froid! **g)** *{Fr}* Je m'en bats l'œil! **h)** *{Fr}* Je m'en tape! **i)** *{Fr}* Je n'en ai rien à secouer (*ou* à foutre)! **j)** Ça ne me dérange pas du tout! **k)** Ça ne me fait rien! **l)** *{Qc}* Ça ne me fait pas un pli sur la différence! **m)** Peu importe! **n)** Je m'en moque éperdument! **o)** Ça ne m'intéresse pas!

<u>For all I *care*</u>, he could drop dead *or* <u>As far as I'm concerned</u>, he...:

a) <u>En ce qui me concerne</u>, il peut bien disparaître **b)** <u>Quant à moi</u>,... **c)** *{Qc}* <u>Tant qu'à moi</u>,... **d)** <u>Pour ma part</u>,...

She's a *carpenter*'s dream!:

Elle est plate comme une planche à pain! [*Voir* **She's *flat* as an ironing board!**]

She's dangling the *carrot* in front of my nose:

Elle essaie de m'amadouer avec ses belles promesses

She's a *carrot* top *or* She has red hair:

C'est une rousse (*ou* une rouquine, {*Qc*} une rougette)

He *carries* a lot of weight!:

Il a beaucoup d'influence! [*Voir* **He has a lot of *clout*!**]

Don't put the *cart* before the horse:

On ne doit pas mettre la charrue avant les bœufs

Just in *case*!:

Juste au cas où!

It's an open and shut *case*!:

a) C'est sans discussion! **b)** Ça ne souffre aucune discussion!

Give me some hard (*or* cold) *cash*!:

Donne-moi de l'argent liquide (*ou* du liquide)!

They are only *castles* in the air!:

Ce ne sont que châteaux en Espagne!

He was like a *cat* on a hot tin roof:

Il se débattait comme un beau diable [*Voir* **He was *struggling* like a bastard**]

They let the *cat* out of the bag *or* They spilled the beans:

a) Ils ont vendu la mèche **b)** Ils ont lâché (*ou* craché) le morceau

You won't *catch* me again!:

a) Tu ne m'y reprendras plus! **b)** Tu ne m'auras pas une deuxième fois!

I'm just beginning to *catch* on:

Je commence seulement à saisir (*ou* à comprendre)

Did you *catch* on?:

As-tu saisi (*ou* compris) ça?

He hit the *ceiling*!:

Il a piqué une colère! [*Voir* **He went *bananas*!**]

He's a *chain-smoker*:

Il fume comme une cheminée (*ou* comme {*Qc*} un engin, {*Fr*} un sapeur)

They took no *chances*:

a) Elles ont mis toutes les chances de leur côté **b)** Elles n'ont pas pris de risques

If by *chance* you meet her,... *or* If you run into her,...:

Si, par hasard, tu la rencontres,...

He's quite a *character*!:

C'est un drôle de numéro!

What a *character*! *or* What an oddball! *or* What a goofball! *or* What a crackpot!:

a) Quel excentrique! **b)** Quel drôle de numéro! **c)** Quel phénomène! **d)** Quel drôle d'oiseau!

To *charge* in:

Foncer dans le tas

***Charity* begins at home:**

Charité bien ordonnée commence par soi-même

To *chase* around:

Courir les filles (*ou* les femmes, les jupons, {*Fr*} le guilledou, {*Fr*} la gueuse)

He's a real *chatterbox*:

C'est un vrai moulin à paroles [*Voir* **She *blabs* all the time**]

I got it dirt *cheap*:

Je l'ai eu vraiment bon marché

He's a *cheap-skate* *or* He's a penny pincher *or* He's a tightwad:

a) C'est {*Qc*} un séraphin (*ou* un radin, un grippe-sou, un avare, {*Fr*} un rapiat) **b)** {*Qc*} Il fend une cenne en quatre

It never pays to *cheat*!:

Bien mal acquis ne profite jamais!

She *cheats* on her husband:

a) Elle trompe son mari **b)** {*Qc*} Elle joue dans le dos de son mari **c)** {*Fr*} Elle fait cocu son mari

He gave me a rubber *check* *or* **He gave me a check NSF [*Not sufficient funds*]:**

a) Il m'a donné un chèque sans provision (*ou* {*Qc*} sans fonds) **b)** {*Qc*} Il m'a donné un chèque qui a rebondi **c)** {*Fr*} Il m'a donné un chèque en bois

***Cheer* up!** *or* **Keep your chin up!:**

a) Courage! **b)** Garde le moral! **c)** {*Fr*} Haut les cœurs!

A "big *cheese*" ***[an important person]*:**

"Une grosse légume" ***[une personne très influente]***

It's a *cheesy* portion!:

C'est trop petit! ***[comparé à ce que ça devrait être]***

It's not a bowl of *cherries*!:

Ce n'est pas de tout repos! [*Voir* **It's not a bed of *roses*!**]

Get it off your *chest*!:

Vide-toi le cœur!

You bite off more than you can *chew*:

a) Tu as les yeux plus gros que la panse (*ou* que le ventre) **b)** {*Qc*} Tu en as trop pris sur tes épaules

He *chewed* me out!:

Il m'a engueulé comme du poisson pourri! [*Voir* **He gave me a *bawling* out!**]

They *chew* the rag (*or* **the fat):**

Ils bavardent [*Voir* **They shoot the *breeze***]

All I have is *chicken* feed:

a) Je n'ai que de la menue monnaie **b)** {*Qc*} Je n'ai que du petit change **c)** {*Fr*} Je n'ai que des pièces jaunes **d)** {*Fr*} Je n'ai que de la ferraille!

When *chickens* have teeth:

Quand les poules auront des dents

To *chicken* out *or* **To have cold feet:**

a) Avoir peur **b)** Se dégonfler **c)** Se débiner **d)** {*Fr*} Avoir les jetons (*ou* {*Fr*} la pétoche, {*Fr*} les foies)

He's in his second *childhood*:

Il est retombé (*ou* retourné) en enfance

It gave me the *chills* *or* **It gave me goose bumps** (*or* **goose pimples):**

a) J'en ai eu des frissons **b)** J'en ai eu la chair de poule

Keep your *chin* up! *or* **Cheer up!:**

a) Courage! **b)** Garde le moral! **c)** {*Fr*} Haut les cœurs! **d)** Ne te laisse pas abattre!

Not for all the tea in *China*:

a) Pas pour tout l'or du monde **b)** Pour rien au monde

When the *chips* are down,...:

a) Quand tout va mal,... **b)** Quand un coup dur arrive,...

He's in the *chips*!:

Il est très riche! [*Voir* **He's filthy *rich*!**]

He's a *chip* off the old block *or* **An apple doesn't fall far from the tree** *or* **He's the spitting image of his father:**

a) C'est le portrait tout craché de son père **b)** C'est bien le fils de son père

I have a *chip* on my shoulder:

a) J'en ai gros sur le cœur (*ou* {*Fr*} sur la patate) ***[au sens de vengeance]*** **b)** {*Qc*} J'ai une crotte sur le cœur

To *chisel* down *or* **To haggle over the price:**

Obtenir une réduction de prix à force de marchander (*ou* de {*Qc*} barguiner, {*Fr*} barguigner)

He's a *chiseler*:

C'est un profiteur (*ou* un filou, un arnaqueur)

You had a little *chitchat* yesterday:

a) Vous avez un peu bavardé hier **b)** Vous avez fait un brin de causette hier

You must *chomp* at the bit:

Tu dois ronger ton frein

She's very *choosy* (*or* **picky, fussy, finicky):**

Elle est très pointilleuse

His *choppers* *(rude)* *or* **His denture** *or* **His false teeth:**

a) Son dentier **b)** Son ratelier

This child is *chubby* and well built:

Cet enfant est bien en chair (*ou* enrobé, grassouillet) et {Qc} bien pris

***Chuck* it out!:**

a) {Qc} Débarrasse-toi-z'en! (*ou* Débarrasse-t-en!) **b)** Jette-le!

It's up the *chute*! *or* It's down the drain!:

C'est tombé à l'eau! *[figuré]*

It's a *cinch*!:

C'est une affaire de rien! [*Voir* **It's a piece of *cake*!**]

They run in *circles*! *or* They're going nowhere fast!:

Ils tournent en rond!

She's a *city* slicker!:

C'est une fille de la ville!

He *clammed* up on this subject:

a) {Qc} Il se l'est fermée à ce sujet **b)** Il a refusé de discuter de cette question

We have to *clamp* (*or* crack) down on taxes:

a) Les taxes, on doit y mettre le holà **b)** On doit mettre un frein aux taxes **c)** On doit mettre la pédale douce sur...

She is *classy*:

a) Elle est élégante **b)** {Fr} Elle est classe

He's *clean* cut *[expression for men only]*:

a) C'est un jeune homme b.c.b.g. *[bon chic, bon genre]* **b)** Il a belle allure et il est gentil **c)** {Fr} C'est un N.A.P. (*ou* A.N.P.) [*pour Neuilly-Auteuil-Passy*] [*mais* **She's *primp* and proper** = Elle est chic et élégante]

To make a *clean* sweep:

a) Faire table rase **b)** Faire le grand ménage *[dans une entreprise]*

Let's *clean* the slate and start over!:

On efface tout et on recommence! [*Voir* **I have no hard *feelings*!**]

She made a *clean* up when she... *or* She cleaned up when she...:

a) Elle a fait un gros {Qc} coup d'argent (*ou* gros profit, gros gain) quand... **b)** {Fr} Elle a décroché le pompon quand...

He sent (*or* took) me to the *cleaners* *or* He took me for all I was worth:

a) Il m'a {Qc} lavé (*ou* {Fr} lessivé, dépouillé)! **b)** Il m'a pris jusqu'à mon dernier sou! **c)** Il m'a mis sur la paille!

He could take you to the *cleaners*!:

Il pourrait te dépouiller complètement! [*Voir* **He could *steal* you blind!**]

It's *clear* as daylight!:

C'est clair comme de l'eau de roche!

It's *clear* as mud!:

a) Je n'y comprends rien! **b)** C'est le brouillard total! **c)** {Fr} J'y pige que dalle!

I want to *clear* my conscience:

Je veux en avoir le cœur net

His last song *clicked*! *or* He made a hit with his last song!:

Sa dernière chanson a bien marché (*ou* {Fr} a été un tube, a eu du succès)!

It was like *clockwork*!:

Tout allait comme sur des roulettes! [*Voir* **Everything was *hunky-dory!***]

It was a *close* call, I almost got caught by the police:

a) J'ai bien failli me faire arrêter par la police **b)** Je suis passé bien près de me...

It was a *close* shave!:

a) Il était moins une! **b)** On l'a échappé belle! **c)** {Fr} C'était limite! **d)** {Fr} C'était ric-rac!

A *close-out* sale:

Une vente de {Qc} fermeture (*ou* de liquidation)

She's on a *cloud*!:

Elle est aux anges! [*Voir* **She's *walking* on air!**]

You are in the *clouds*!:

a) Tu es dans la lune! **b)** Tu es dans les nuages! **c)** Tu rêvasses!

She's on *cloud* nine!:

Elle nage dans le bonheur! [*Voir* **She's *walking* on air!**]

You mustn't *cloud* the issue in this matter:

Tu ne dois pas brouiller les pistes (*ou* les cartes) dans cette affaire

He has a lot of *clout*! *ou* He carries a lot of weight!:

a) Il a beaucoup d'influence! **b)** Il a le bras long! **c)** Il est très important *[pour l'entreprise]*!

I'll take the *cloverleaf* (*or* the interchange):

Je vais prendre l'échangeur *[sur l'autoroute]*

I don't have a *clue*! *or* I don't have the faintest idea! *or* I don't have the foggiest! *or* I don't have the slightest idea! *or* I don't have an inkling!:

a) Je n'en ai pas la moindre idée! **b)** Je n'en sais absolument (*ou* fichtrement) rien!

He hasn't a *clue* how to go about it!:

Il s'y prend comme un pied (*ou* {*Fr*} comme un manche)!

To be *clumsy*:

Être maladroit [*Voir* **To have *butterfingers***]

He's the *cock* of the roost *[familiar]*:

C'est lui qui mène (*ou* qui dirige) [*Voir* **He *runs* the show**]

It's a *cock-and-bull* story!:

C'est une histoire à dormir debout! [*Voir* **Your story doesn't *hold* water!**]

It's *cockeyed*:

a) {*Qc*} C'est pas d'équerre! **b)** {*Qc*} C'est croche! **c)** C'est de travers!

***C.O.D.* *[Cash On Delivery]*:**

a) Payable sur (*ou* à la) livraison **b)**Un envoi contre remboursement

He's full of *coke*! *or* He's full of baloney!:

C'est un gros plein de soupe!

It's freezing *cold*! *or* It's colder than a witch's tit *(rude)*!:

a) Il fait un froid de canard (*ou* froid sibérien, froid de loup)! **b)** {*Qc*} Il fait froid comme chez le diable!

***Cold* cuts:**

a) Charcuterie **b)** Viandes froides

A blue *collar* worker:

a) {*Qc*} Un col bleu **b)** Un ouvrier

You can *combine* business with pleasure:

Tu peux joindre l'utile à l'agréable

He's as dumb as they *come*! *or* He's too stupid for words!:

{*Qc*} Il est épais (*ou* {*Qc*} niaiseux, {*Fr*} lourd) comme ça (ne) se peut pas!

Jack is as low as they *come* and Harold is as good as they come:

Jack est le dernier des derniers et Harold est le meilleur de tous *[as they come = de tous ceux de sa catégorie ou de tous ceux qui sont là]*

He had it *coming*!:

Il l'a bien mérité! [*Voir* **He *asked* for it!**]

I saw him *coming* a mile away!:

Je le voyais venir avec ses gros sabots!

I didn't hear you, *come* again!:

Je ne t'ai pas compris, répète!

How is it *coming* along?:

a) Comment ça se déroule *[dans tel projet]*? **b)** Comment ça va *[dans tel projet]*?

They get us *coming* and going:

a) Il n'y a pas de porte de sortie **b)** Ils nous ont de partout **c)** {*Qc*} Ils nous ont de tous bords, tous côtés

A bad penny always *comes* back!:

a) Ça finit toujours par nous revenir! *[quelque chose de négatif]* **b)** On finit toujours par payer!

***Come* back to your senses *or* Come down to earth:**

Reviens sur terre

He didn't *come* clean with me:

a) Il ne m'a pas tout avoué (*ou* dit, confessé) **b)** Il n'a pas vidé son sac

If you want to gain anything, you have to *come* down a peg or two (*or* you have to give and take):

Si tu veux arriver à tes fins, tu devras mettre de l'eau dans ton vin (*ou* tu devras faire des concessions)

It all *comes* down to say he's loaded:

Ça revient à dire qu'il est riche

***Come* down to earth *or* Come back to your senses:**

Reviens sur terre

***Come* hell or high water!:**

a) À tout prix! (*ou* À n'importe quel prix!) **b)** Contre vents et marées! **c)** Coûte que coûte!

Wait til it all *comes* out! *or* Wait til the shit hits the fan! *(rude)*:

Tu vas voir quand ça va se savoir (*ou* quand on le saura)

To *come* out even *or* To break even:

S'en tirer sans gains ni pertes

When it *comes* right down to it,...:

a) Finalement,... **b)** En définitive,... **c)** Au bout du compte,...

All *comes* to he who waits! *or* Every dog has its day!:

a) Tout vient à point à qui sait attendre! **b)** À chacun son heure de gloire!

I was so busy, I didn't have time to *come* up for air:

J'étais si pressé que je n'avais même pas le temps de respirer (*ou* de souffler)

***Come* what may! *or* No matter what! *or* Through thick and thin!:**

Advienne que pourra!

To make a *comeback*:

a) Revenir à la scène **b)** Faire un retour

***Comfort* comes first!:**

Il aime prendre ses aises!

My copy machine is out of *commission*:

Mon photocopieur est hors d'usage (*ou* {*Fr*} est nase)

What a *commotion*!:

a) Quel branle-bas! **b)** Quelle agitation!

He's a *company* man:

C'est un homme dévoué à la compagnie (*ou* {*Fr*} à la société)

They *complicate* the issue:

Ils cherchent midi à quatorze heures

A *con* artist:

Un fraudeur

As far as I'm *concerned*, he could drop dead:

Quant à moi,... [*Voir* **For all I *care*,...**]

My car has *conked* out!:

Ma voiture est en panne! [*Voir* **My car *broke* down!**]

I want to clear my *conscience*:

Je veux en avoir le cœur net

***Control* yourself! *or* Hold your horses!:**

a) {*Qc*} Modère tes transports! **b)** Prends ton mal en patience! **c)** {*Qc*} Respire par le nez! **d)** Modère tes ardeurs! **e)** {*Fr*} Cool!

I had to keep the *conversation* going:

a) J'ai dû faire les frais de la conversation **b)** J'ai dû alimenter la conversation sans répit

I was absolutely *convinced* of it:

J'y ai cru dur comme fer

What's *cooking*? *or* What gives? *or* What's up? *or* What's going on? *or* How's tricks?:

a) Qu'est-ce qui se passe? (*ou* Que se passe-t-il?) **b)** {*Qc*} C'est quoi l'affaire? **c)** {*Qc*} Qu'est-ce qui se brasse? **d)** Quoi de neuf?

She *cooked* her own goose!:

a) Elle est allée trop loin! **b)** Elle en a trop fait! *[dans le sens de "je ne veux plus rien savoir d'elle"]*

She's a hot *cookie* *or* She's got hot pants:

a) Elle est portée sur la bagatelle (*ou* sur la chose) **b)** Elle a le sang chaud *[sensuellement]* *[mais si le sang s'échauffe par la colère, on dit alors:* **She's (*or* He's) *hotheaded*]**

That's the way the *cookie* crumbles!:

Ainsi va la vie! [*Voir* **Those are the *breaks*!**]

Keep your *cool*!:

Garde ton sang-froid! [*Voir* **Don't blow a *gasket*!**]

He's *cool* as a cucumber:

a) Il garde son sang-froid **b)** Il a des nerfs d'acier

***Cool* it!:**

Ne t'énerve pas! [*Voir* **Take it *easy*!**]

I haven't gone out all week; I feel *cooped up*:

Je n'ai pas mis le nez dehors de toute la semaine; j'ai besoin d'air [*Voir* **... I have *cabin* fever**]

Don't *cop* out! *or* **Don't let up!** *or* **Don't give up!** *or* **Keep the ball rolling!** *or* **Hang in there!:**

a) {Qc} Lâche pas! **b)** N'abandonne pas! **c)** Ne laisse pas tomber! **d)** Accroche-toi! **e)** Tiens bon! **f)** Tiens le coup!

He's a *copy* cat:

a) Il copie **b)** Il singe

That's a *corker*!:

Ce n'est pas piqué des vers (*ou* {Fr} des hannetons)!

I ate four ears of *corn*:

J'ai mangé quatre épis de blé d'inde (*ou* de maïs)

***Corn* on the cob:**

{Qc} Du blé d'inde (*ou* Du maïs) en épis

Go look around the *corner* see if I'm there!:

Va voir ailleurs si j'y suis! [*Voir* **Get off my *back*!**]

You're *cornered*! *or* **You have no way out!:**

a) Tu es fait! **b)** Y a pas moyen d'en sortir!

He's got you *cornered*! *or* **He's got you over a barrel!:**

a) Il t'a coincé! **b)** Il t'a mis au pied du mur! **c)** Il te tient à sa merci!

To *corner* the market:

Monopoliser (*ou* Accaparer) le marché

It's not just around the *corner*:

Ce n'est pas demain la veille

It's just around the *corner*!:

a) C'est imminent! **b)** C'est sur le point de se produire!

We cut *corners*:

On prend des raccourcis

The film is *corny*:

a) Le film est à l'eau de rose **b)** Le film est un vrai mélo

What a *corny* joke!:

{Qc} Quelle farce plate!

He's so sick that he's a living *corpse*:

Il est si malade qu'il a l'air d'un cadavre ambulant

It *costs* him an arm and a leg *or* **He has to pay through the nose** *or* **It costs him a pretty penny:**

a) Ça lui coûte très cher **b)** Ça lui coûte les yeux de la tête **c)** {Qc} Ça lui coûte un bras **d)** Ça lui coûte la peau des fesses (*ou* {Fr} du cul (*vulg.*))

***Cough* it up!:**

a) Donne-le-moi maintenant! **b)** Donne-le-moi tout de suite!

***Cough* up the money!:**

a) Crache l'argent! **b)** Par ici la monnaie! **c)** {Fr} Aboule l'oseille! **d)** {Fr} Amène le pèze!

***Count* me out:**

a) Ne m'inclus pas *[dans une réunion, une sortie,...]* **b)** Je n'assisterai (*ou* n'irai) pas à...

Don't *count* your chickens before they're hatched:

Ne vends pas la peau de l'ours avant de l'avoir tué

Of *course*! *or* **You bet!** *or* **By all means!:**

a) Bien sûr! **b)** Ah! ça oui!

A *cozy* place / A *cozy* chair:

Un endroit confortable / Une chaise confortable

To *crack* a joke:

a) Faire une farce **b)** {*Fr*} Raconter des craques (*ou* {*Bel*} des carabistouilles)

We have to *crack* (*or* clamp) down on taxes:

a) Les taxes, on doit y mettre le holà **b)** On doit mettre un frein aux taxes **c)** On doit mettre la pédale douce sur...

A *crackdown*:

a) Une descente de police **b)** Un coup de force *[au nom de la loi]*

A *crack* house:

{*Qc*} Une piquerie

What a *crackpot*!:

Quel excentrique! [*Voir* **What a *character*!**]

I've got to get *cracking*:

a) Il faut que je me grouille **b)** {*Qc*} Il faut que j'embraye **c)** {*Fr*} Il faut que je me magne

Let's get *cracking*!:

Commençons! [*Voir* **Let's *get* going!**]

The teacher *cracked* the whip:

a) Le professeur a serré la vis *[dans le sens qu'il est plus sévère]* **b)** Le professeur a repris les choses en main

He *cracked* up!:

Il est sorti de ses gonds! [*Voir* **He went *bananas*!**]

She *cracked* up! *or* She was in stitches! *or* She laughed her head off!:

a) Elle riait aux éclats! **b)** Elle a éclaté (*ou* pouffé) de rire! **c)** {*Qc*} Elle était pliée en deux! **d)** {*Qc*} Elle était crampée!

It's not what it's *cracked* up to be!:

Les apparences sont trompeuses! [*Voir* **Don't *judge* a book by its cover!**]

Don't *cramp* my style:

a) Laisse-moi faire comme je l'entends **b)** Laisse-moi agir à ma guise

I didn't mean to *cramp* your style:

a) Je n'ai pas voulu te déranger (*ou* te déplaire) **b)** Je n'ai pas voulu refroidir tes ardeurs **c)** Je n'ai pas voulu te faire perdre tes moyens

She's very *cranky*! *or* She's so grouchy!:

a) {*Qc*} Elle est tellement marabout! **b)** Elle est tellement grognon! **c)** Elle est d'une humeur si exécrable (*ou* massacrante)!

It's just a lot of *crap*!:

C'est de la foutaise! [*Voir* **It's just a lot of *baloney*!**]

I took a *crash* course in English:

J'ai suivi un cours accéléré en anglais

He *crashed* in the party!:

Il est venu à la soirée sans être invité!

They're *crawling* out of the woodwork:

a) Ils sortent de partout **b)** Il en sort de partout

I could have *crawled* under the table:

J'aurais voulu rentrer sous terre *[tellement j'étais gêné]* [*Voir* **I could have *died***]

He's *crazy*! *or* He's bananas! *or* He's cuckoo! *or* He has rocks in his head!:

a) Il est fou! *[sens propre]* **b)** Il est cinglé! *[sens propre]* **c)** {*Fr*} Il est chtarbé (*ou* chtarpé, {*Fr*} taré, {*Fr*} givré)

He went *crazy*!:

Il est sorti de ses gonds! [*Voir* **He went *bananas*!**]

I hit my *crazy* bone:

Je me suis cogné sur le bout du coude

They are the *cream* of the crop:

a) Ils sont les meilleurs du groupe **b)** Ils représentent la crème du groupe

He's up the *creek* without a paddle *or* He's in a predicament *or* He's up to his neck:

a) Il est dans de beaux (*ou* de sales) draps **b)** {*Qc*} Il est mal pris **c)** Il est dans une situation difficile

What a *creep*!:

a) Quel salaud! **b)** Quelle ordure!

***Crepes* *or* Crêpes:**

Des crêpes minces [*Voir* ***Flapjacks*** = des crêpes épaisses]

We're working with a skeleton *crew*:

On travaille avec un personnel réduit au minimum

He's got a *crew-cut*:

Il s'est fait couper les cheveux en brosse

I'm so tired, I'm going to *croak*!:

a) {*Qc*} Je suis fatigué mort! **b)** Je suis mort de fatigue!

It's a *crock* of shit! *(rude)*:

C'est de la merde! *(vulg.)* *[dans le sens de: Ce n'est pas vrai du tout!]*

To be *cross-eyed*:

a) {*Qc*} Avoir les yeux croches **b)** Loucher

To be caught in the *crossfire*.

Être pris entre deux feux [*Voir* **To be between *hell* and high water**]

I'll *crown* him if... *[figurately]*:

Je vais le tuer si... *[figuré]*

I'll be *crowned* if... *[figurately]*

Je vais me faire tuer si... *[figuré]*

To *cruise* *or* To flirt *or* To be on the prowl:

a) Flirter **b)** Faire la cour **c)** {*Qc*} Cruiser **d)** {*Fr*} Draguer

It's a *crummy* house *or* It's a lousy house:

C'est une maison complètement délabrée

He has a *crush* on her:

Il a le béguin pour elle [*Voir* **He *fell* for her**]

To burst out *crying*:

Fondre en larmes

She *cried* like a baby:

Elle a pleuré comme une Madeleine (*ou* comme un enfant)

I was *crying* my eyes out *or* I was crying my heart out:

a) Je pleurais à fendre l'âme **b)** Je pleurais à chaudes larmes **c)** Je pleurais toutes les larmes de mon corps

For *crying* out loud!:

Pour l'amour du ciel! [*Voir* **I'll be *doggoned*!**]

He's *cuckoo*!:

Il est fou! *[sens propre]* [*Voir* **He's *crazy*!**]

Put it on the *cuff*:

a) Mets-le sur mon compte **b)** Fais-moi crédit

It's not my *cup* of tea:

a) Ce n'est pas à mon goût **b)** Ce n'est pas ma tasse de thé

I parked along the *curb*:

J'ai stationné le long du trottoir

My *curiosity* got the best of me:

Ça a piqué (*ou* éveillé) ma curiosité

***Curiosity* killed the cat!:**

La curiosité est un vilain défaut!

It was all *cut* and dried:

a) C'était déjà tout décidé **b)** Tout était déjà arrangé

These are *cut* and dried opinions!:

Ce sont des opinions toutes faites!

We *cut* him down to size! *or* We brought him down to earth! *or* We put his nose out of joint!:

On l'a ramené sur terre! *[dans le sens qu'on a dégonflé son ego]*

***Cut* it out! *or* Cut that out!:**

Arrête ça!

That *cuts* no ice!:

Ça ne m'impressionne pas!

Don't *cut* off your nose to spite your face:

Ne scie pas la branche sur laquelle tu es assis

A *cutback* on production:

Une baisse de production

He's a *cutthroat*:

a) {*Qc*} Il joue dans le dos **c)** C'est un Judas (*ou* {*Fr*} un faux-cul, {*Fr*} un faux-derche)

A *cutting* board:

Une planche à couper (*ou* à découper)

I don't give a *damn*!:

Je m'en moque comme de l'an 40! [*Voir* **I don't *care*!**]

I'll be *damned* if...:

Que le diable m'emporte si...

***Damned* it!** *(rude) and* **Darn it!:**

Darn it!: {*Qc*} Mozus! (*ou* Gosh!)

Damned it!: {*Qc*} Câlisse! *(grossier)*
{*Qc*} **Sacrament!** *(grossier)*
{*Qc*} **Tabarnack!** *(grossier)*
{*Fr*} **Bordel de merde!** *(grossier)*

It's *dandy*! *or* **It's jim-dandy!:**

C'est épatant!

To keep something in the *dark*:

Garder (*ou* Tenir) quelque chose secret

I don't give a *darn*!:

Je m'en fiche! [*Voir* **I don't *care*!**]

It's *darn* good!:

a) {*Qc*} C'est bon en crime! **b)** C'est super!

You're *darn* tooting!:

a) Tu as parfaitement raison! **b)** Et comment donc!

I did my *darndest* to help you!:

J'ai fait l'impossible pour t'aider!

To have a heavy *date*:

Avoir un rendez-vous amoureux important

It just *dawned* on me that she's not happy *or* **It just struck me that...:**

Je viens juste de réaliser (*ou* Je viens juste de me rendre compte) qu'elle n'est pas heureuse

Every other *day*:

Tous les deux jours

In olden *days*,... *or* **In the good old days,...** *or* **In times gone by,...:**

a) Dans l'ancien temps,... **b)** Jadis,... **c)** Autrefois,...

Those were the good old *days*!:

C'était le bon vieux temps!

In the horse-and-buggy *days*:

Dans le bon vieux temps

No two *days* are the same!:

Les jours se suivent mais ne se ressemblent pas!

The *day* before and the *day* after:

La veille et le lendemain [*mais* **two days later** = le surlendemain]

Take one *day* at a time!:

Prends une chose à la fois!

It's all in a *day*'s work:

Ça fait partie de la routine quotidienne

It's my *day* off:

C'est mon jour de congé

From one *day* to the next:

Du jour au lendemain

He could drop *dead*:

a) Il peut bien disparaître (*ou* crever) **b)** {*Fr*} Il peut bien crever la bouche (*ou* la gueule) ouverte

He's *dead* and buried:

Il est bel et bien mort

The bar was *dead* as a doornail:

a) Il n'y avait pas un chat au bar **b)** Il n'y avait pas âme qui vive au bar

The dog was *dead* as a doornail!:

Le chien était raide mort!

He's a *dead* beat:

C'est un paresseux (*ou* un fainéant, un poids mort, {*Fr*} une feignasse, {*Fr*} un feignant, {*Fr*} un cossard)

He's a *dead* duck:

Il est ruiné (*ou* lessivé, {*Fr*} ratiboisé)

He's *dead* to the world! *or* **He sleeps like a log!** *or* **He's a heavy sleeper!:**

a) Il dort comme une bûche (*ou* une marmotte, un loir)! **b)** Il dort profondément!

This music makes us *deaf*!:

Cette musique nous écorche les oreilles!

He's *deaf* as a doornail:

Il est sourd comme un pot

There is none so *deaf* as he who will not listen:

Il n'est pire sourd que celui qui ne veut pas entendre

I got a dirty *deal*:

Je me suis fait jouer (*ou* fait avoir) dans cette affaire

It's no small *deal*:

Ce n'est pas de la petite bière (*ou* {*Fr*} de la bibine, {*Fr*} de la gnognotte) [*Voir aussi* **That's small *potatoes***]

To find a good *deal* *or* **To strike a bargain:**

Tomber sur une bonne affaire

You got involved in a nasty *deal*:

Tu t'es laissé embarquer dans une sale histoire (*ou* sale affaire)

It's a raw *deal*:

a) C'est un marché de dupe **b)** C'est un sale coup

Give me a fair *deal* (*or* **a fair shake)!:**

Sois honnête avec moi!

It's a shady *deal* *or* **It looks like monkey business to me:**

a) C'est une affaire louche **b)** Ça me semble une affaire louche

Give me a square *deal*:

Propose-moi une affaire honnête

Big *deal*!:

{*Qc*} Qu'est-ce que ça peut faire!?! [*Voir* **What the *heck*!**]

It's no big *deal*! *or* **There's nothing to it!:**

Ce n'est pas grave!

He's a big *deal*!:

Il joue à "l'important"! [*Voir* **He goes big *time*!**]

I want to be in on that *deal*:

Je veux être dans (*ou* sur) le coup

What's the *deal*? *or* **What's the big idea?:**

a) Pour quelle raison? **b)** Qu'est-ce qui te prend? **c)** À quoi ça rime? **d)** Quel est le but de tout ça? **e)** Quel est ton motif?

The *deal* is on!:

L'affaire est en marche (*ou* en cours)!

Don't make a big *deal* out of it! *or* **Don't make a fuss over it!** *or* **Don't make a federal case out of it!** *or* **Don't make an issue out of it!:**

a) {*Qc*} Fais-en pas tout un plat! **b)** N'en fais pas un drame (*ou* une affaire d'État)!

If there's a problem, <u>you'll have to *deal* with me</u>:

S'il y a un problème, <u>tu auras affaire à moi</u>

Now I'll *deal* with that:

Maintenant, j'en fais mon affaire

He died a natural *death* *or* **He died of natural causes:**

Il est mort de sa belle mort

Until *death* do us part:

Jusqu'à ce que la mort nous sépare

At *death*'s door,...:

a) À l'article de la mort,... **b)** À la dernière extrémité,...

She looks like *death* warmed over!:

a) Elle est blanche {*Qc*} comme un drap! (*ou* {*Fr*} comme un linge!) **b)** Elle a l'air d'une morte!

One who pays his *debts* is rich!:

Qui paye ses dettes s'enrichit!

I'm up to my ears with *debts*:

Je suis endetté jusqu'au cou

You did a good *deed*:

Tu as fait une bonne action

I was there at the *delivery*:

J'ai assisté à l'accouchement

A *dent*:

{*Qc*} Une bosse (*ou* {*Fr*} un chtard, {*Fr*} un gnon) *[sur une automobile]*

His *denture* *or* His choppers *(rude)* *or* His false teeth:

a) Son dentier **b)** Son ratelier

There's no *denying*, she's very charming:

Il n'y a pas à dire, elle est tout à fait charmante

She feels *depressed*!:

Elle broie du noir! [*Voir* **She's down in the *dumps*!**]

He explained everything in *details*:

Il a tout expliqué de long en large [*Voir* **He explained everything from *start* to finish**]

Please give me further *details* on... *or* Please give me more information about...:

Veuillez me donner plus de renseignements sur...

Give me a *deuce*!:

a) Donne-moi deux dollars **b)** Donne-moi "un deux"

To be between the *devil* and the deep blue sea:

Être pris entre deux feux [*Voir* **To be between *hell* and high water**]

A little *dew*:

Un peu de rosée *[sur le gazon le matin]*

The *die* is cast!:

a) Le sort en est jeté! **b)** Les dés sont jetés!

I could have *died* *or* I wanted to sink into the ground *or* I could have crawled under the table:

J'aurais voulu rentrer sous terre *[tellement j'étais gêné]*

We're *dying* to go to this show:

Nous brûlons d'envie d'assister à ce spectacle

It doesn't make the slightest *difference* *or* You end up with the same thing *or* What you gain on one hand you lose on the other *or* It's six of one and half a dozen of the other:

a) C'est du pareil au même **b)** Plus ça change, plus c'est pareil **c)** C'est bonnet blanc, blanc bonnet **d)** {*Fr*} Kif-kif! (*ou* Kif-kif bourricot!)

Can you *dig* it up for me?:

Peux-tu le chercher pour moi? *[ce qu'on ne va pas trouver facilement]*

To *dilly-dally* *or* To goof off *or* To drag one's feet:

a) Se traîner les pieds **b)** Lambiner **c)** Traînasser (*ou* {*Fr*} Traînailler) **d)** Perdre son temps

They are a *dime* a dozen:

a) Ça ne vaut pas cher **b)** Ça ne vaut pas un clou (*ou* {*Fr*} un kopeck, {*Fr*} un liard, {*Fr*} tripette)

She's a *ding-a-ling*:

Elle est un peu fofolle

***Dinner*:**

[*Voir* ***Meals***]

He plays *dirty*:

a) Il n'est pas honnête **b)** Il fait des coups par derrière (*ou* {*Qc*} par en dessous)

In *disgrace*:

Dans le déshonneur

From a *distance*:

De loin

He took the *ditch* *[car accident]*:

a) {*Qc*} Il est rentré dans le décor **b)** {*Qc*} Il a pris le fossé [*Voir aussi* **He came in the *picture* at the end of the conversation**]

I was in a *dither*! *or* I had my heart in my mouth!:

a) J'étais dans tous mes états! **b)** J'étais tout à l'envers! **c)** J'étais sens dessus dessous! **d)** {*Fr*} J'étais au trente-sixième dessous!

I get *dizzy*:

a) Je me sens étourdi **b)** La tête me tourne [*mais* **I can't take *heights*** = J'ai le vertige]

What do you *do* for a living?:

a) Qu'est-ce que tu fais dans la vie? **b)** Qu'est-ce que tu fais comme travail?

You're *done* for!:

a) {*Qc*} Ton chien est mort! **b)** {*Qc*} Tu es fait à l'os! **c)** Tu es fait comme un rat! **d)** Tu es fichu!

It's no use crying over spilt milk; what is *done* is done!:

Ça ne sert à rien de pleurer sur le passé; ce qui est fait est fait!

That *does* it!:

C'est le comble! [*Voir* **That *tops* it all!**]

She has *done* it again!:

Elle a encore fait des siennes!

If you want something *done* well, do it yourself:

On n'est jamais si bien servi que par soi-même

***Do* your thing! *or* *Do* your stuff!:**

Fais ce que tu dois faire!

It takes some *doing*!:

a) Il faut le faire! *[admiratif]* **b)** C'est tout un exploit! *[admiratif]* **c)** Ça, c'est quelque chose!

He's a real horse *doctor*!:

C'est un médecin brutal!

You have to *doctor* it up!:

a) Il faut l'améliorer! **b)** Il faut l'embellir!

Finally a day off! Just what the *doctor* ordered!:

Enfin un jour de congé! Exactement ce qu'il me faut!

I've gotta see a man about a *dog* *[for men only]*:

Je dois aller {*Qc*} à la toilette (*ou* {*Fr*} aux toilettes)

You're going to the *dogs*!:

a) Tu t'en vas à la dérive! **b)** Tu gâches ta vie!

They fight like cats and *dogs*!:

a) Ils se battent comme chiens et chats! **b)** {*Fr*} ... comme des chiffonniers!

Every *dog* has its day! *or* All comes to he who waits!:

a) Tout vient à point à qui sait attendre! **b)** À chacun son heure de gloire!

What I live is a *dog*'s life!:

Je mène une vie de chien (*ou* {*Fr*} de con *(grossier)*)!

I stepped in some *dog*'s mess:

J'ai marché sur une crotte de chien

I'll be *doggoned*! *or* Holy smoke! *or* Holy Moses! *or* Holy mackerel! *or* Good grief! *or* For crying out loud! *or* For God's sake! *or* For Pete's sake!:

a) {*Qc*} Ah ben Seigneur! **b)** Dieu du ciel! **c)** Seigneur Dieu! **d)** Bon sang! **e)** Pour l'amour du ciel! **f)** Nom de Dieu!

I'll be in the *doghouse* if I don't get there in time:

a) Je vais me le faire reprocher si je n'arrive pas à temps **b)** Je vais me faire réprimander si... **c)** {*Fr*} Je vais me faire appeler Arthur si...

Give me the *do-hickey* (*or* the gizmo, the thingamagig, the whatchamacallit)!:

Donne-moi le machin-chouette (*ou* {*Qc*} le machin-truc, {*Qc*} la patente, le truc, {*Qc*} la bébelle, le gadget, l'affaire, le bidule, le machin, *{Fr}* le truc-muche, *{Qc}* le gu-gus, le machin-chose, *{Qc}* la gogosse)

She got all *dolled* up *or* She got all dressed up *or* She got all spruced up:

a) Elle s'est mise *{Qc}* sur son 36 (*ou* *{Fr}* sur son 31) **b)** Elle est tirée à quatre épingles

He's a *door* mat:

C'est un bonasse

I got the inside *dope* *or* I got a hot tip:

J'ai eu un tuyau

What a *dope* (*or* dopey, bone-head, yoyo)!:

Quel idiot! *[sens propre]*

He does it on the *double*!:

a) Il fait ça en quatrième vitesse (*ou* *{Fr}* à la vitesse grand V)! **b)** Il fait ça à toute allure (*ou* à toute vitesse)!

He has *double* standards:

Il a deux poids, deux mesures

I've been *double-crossed*:

Je me suis fait rouler (*ou* *{Fr}* baiser, fourrer *(grossier)*, entuber, *{Qc}* enfirouaper, duper, berner)

He *double-crossed* me!:

a) Il m'a doublé! **b)** *{Qc}* Il m'a joué dans le dos! *[en affaires]* **c)** *{Fr}* Il m'a entubé!

It's a *double-edged* sword:

C'est une arme à double tranchant

Beyond the shadow of a *doubt*:

a) Sans l'ombre d'un doute **b)** Sans aucun doute

There's no *doubt* about it!:

Il n'y a pas de doute!

When in *doubt*, don't!:

Dans le doute, abstiens-toi!

He's in the *dough*!:

Il est plein aux as! [*Voir* **He's filthy *rich*!**]

She feels *down* and out!:

Elle se sent très déprimée! [*Voir* **She's down in the *dumps*!**]

He's *down* to earth!:

a) Il est réaliste! **b)** Il a les pieds sur terre!

What a *drag*! *or* What a hassle!:

a) Quelle corvée! **b)** Quel embarras! **c)** *{Fr}* Quelle chiasse! *(vulg.)*

It's down the *drain*! *or* It's up the chute!

a) C'est tombé à l'eau! *[figuré]* **b)** C'est foutu (*ou* fichu)!

Do I have to *draw* him a picture? *or* Do I have to spell it out for him?:

a) Dois-je lui faire un dessin? **b)** Dois-je lui mettre les points sur les "i"?

I *dread* seeing him:

Je crains de le voir

She's *dressed* any old way!:

Elle est débraillée! [*Voir* **She looks *dumpy*!**]

She got all *dressed* up:

Elle est tirée à quatre épingles [*Voir* **She got all *dolled* up**]

Do you get the *drift*?:

a) Tu comprends? **b)** Tu me suis?

I didn't get the *drift*:

{Qc} Je n'ai pas compris l'affaire [*Voir* **I *missed* the point**]

To *drink* like a fish:

Boire comme un trou

Have a *drink* on the house!:

Prends un verre aux frais de la maison (*ou* de la princesse)!

He's got plenty of *drive*:

Il pète le feu [*Voir* **He's full of *get-up-and-go***]

What are you *driving* at? *or* What are you getting at?:

a) À quoi veux-tu en venir? **b)** Où veux-tu en venir?

He *drives* me up the wall!:

a) *{Qc}* Il me fait grimper dans les rideaux! **b)** Il me rend fou! **c)** *{Fr}* Il me fait tourner en bourrique! **d)** *{Fr}* Il me fait devenir chèvre! **e)** Il me fait sortir de mes gonds!

He's a back-seat *driver*:

Il est toujours en train de donner des conseils au conducteur

I'm so tired, I'm ready to *drop*:

Je suis si fatigué que je ne tiens plus debout

It's a *drop* in the bucket!:

C'est une goutte d'eau dans l'océan!

They *drop* off one after the other!:

Ils tombent comme des mouches!

They decided to *drop* out of sight for a while:

Ils ont décidé de disparaître de la circulation pour un bout de temps

A *dropout*:

a) {Qc} Un décrocheur *[de l'école ou de la société]* **b)** Un marginal

He *drowns* his sorrows:

Il noie son chagrin *[dans l'alcool]*

It's not what it's *drummed* up to be!:

L'habit ne fait pas le moine! [*Voir* **Don't *judge* a book by its cover!**]

He's dead *drunk* *or* He's stewed to the eyeballs *or* He's stewed to the gills:

a) Il est complètement soûl (*ou* fin soûl) **b)** {Qc} Il est soûl comme une botte **c)** Il est ivre mort **d)** {Fr} Il est rond comme une queue de pelle **e)** {Fr} Il est plein comme une outre **f)** {Fr} Il est bourré comme un coing

He's not *dry* behind the ears:

a) {Qc} Il n'a pas encore le nombril sec **b)** {Fr} On lui pincerait le nez, il en sortirait encore du lait

We have to pay our *dues*! *or* Give to Caesar what belongs to Caesar!:

Rendons à César ce qui est à César!

He's no *dumbbell* *or* He's nobody's fool:

a) Il ne se laisse pas avoir **b)** Il n'est pas bête **c)** Il n'est pas idiot

A *dumbwaiter*:

Un monte-charge

I was *dumbfounded*:

J'en étais bouche bée [*Voir* **You *floored* me**]

He's a *dummy*!:

Il n'est pas très intelligent! [*Voir* **He's not too *bright*!**]

She's down in the *dumps*! *or* She feels down in the dumps! *or* She feels down and out! *or* She feels depressed!:

a) Elle broie du noir! **b)** Elle se sent très déprimée! **c)** Elle déprime!

She looks *dumpy*! *or* She's dressed any old way!:

a) {Qc} Elle est habillée comme la chienne à Jacques! **b)** Elle est débraillée!

Let's go *Dutch*! *or* It's a Dutch treat!:

Chacun paie sa part!

I'm in *dutch*! *or* I'm in hot water! *or* I'm in a fix! *or* I'm in a jam! *or* I'm in a pickle! *or* I'm in a tight spot! *or* I'm in a tough spot!:

a) Je suis dans le pétrin! **b)** {Qc} Je suis dans l'eau bouillante! **c)** Je suis dans l'embarras! **d)** {Fr} Je suis dans la mouise!

I love *each* and everyone of you *or* **I love the whole bunch of you:**

Je vous aime tous autant que vous êtes

To *each* his own!:

Chacun pour soi!

I'm all *ears*!:

Je suis tout ouïe!

He's an *ear* bender:

Il nous casse (*ou* rebat) les oreilles

Your *ears* must have been burning!:

Les oreilles ont dû {*Qc*} te siler (*ou* {*Fr*} te siffler)!

She *earns* next to nothing!:

a) Elle gagne trois fois rien! **b)** Elle gagne à peu près rien! **c)** {*Fr*} Elle gagne des clopinettes!

Where on *earth* have you been?:

a) Où diable étiez-vous? **b)** Au nom du Ciel, où étais-tu?

***Ease* up a bit!:**

Mets la pédale douce! [*Voir* **Take it *easy*!**]

He got off *easy*:

Il s'en est bien sorti (*ou* tiré)

Take it *easy*! *or* **Easy does it!** *or* **Keep your shirt on!** *or* **Cool it!** *or* **Ease up a bit!:**

a) Calme-toi! **b)** Vas-y mollo! **c)** Doucement! **d)** {*Qc*} Énerve-toi pas! **e)** Reste calme! **f)** Mets la pédale douce! **g)** Mets un bémol!

I take it *easy*:

a) Je me la coule douce **b)** Je me repose **c)** Je fais les choses au ralenti

It's *easy* as pie! *or* **It's easy as falling off a log!:**

C'est simple comme bonjour! [*Voir* **It's a piece of *cake*!**]

Easy come *easy* go *[money]***:**

Son argent est aussitôt gagné, aussitôt dépensé

That's *easy* for you to say...:

Tu as beau jeu de dire...

She's *easy* going:

Elle est facile à vivre

It's *easier* said than done:

C'est plus facile à dire qu'à faire

To take the *easy* way out:

Choisir la solution de facilité

I could *eat* a horse! *or* **I'm starving!** *or* **I'm famished!:**

a) J'ai une faim de loup! **b)** J'ai l'estomac dans les talons! **c)** {*Fr*} J'ai les crocs! **d)** {*Fr*} J'ai la dalle en pente! **e)** Je meurs de faim! **f)** Je suis affamé!

I had to *eat* crow:

J'ai été obligé de faire des excuses humiliantes

I made him *eat* crow:

Je lui ai fait ravaler ses paroles

He's *eating* me out of house and home!:

a) Il dévalise mon frigidaire! **b)** Son appétit va me mettre à la rue!

I'll *eat* my hat (*or* my socks) if he arrives on time!:

a) Ça m'étonnerait beaucoup qu'il arrive à l'heure! **b)** {*Qc*} Je mange mes bas (*ou* mon chapeau) s'il arrive à l'heure!

I have him *eating* out of the palm of my hand:

Il mange dans ma main *[figuré]* [*Voir* **I've got him in my *pocket***]

***Eating* whets the appetite:**

L'appétit vient en mangeant

What's *eating* you? *or* **What's got into you?:**

a) Quelle mouche t'a piqué? **b)** Qu'est-ce qu'il te prend? **c)** {*Qc*} Qu'est-ce qui te ronge?

He's *eavesdropping*!:

Il écoute aux portes!

You're all on *edge*!:

a) Tu as les nerfs à fleur de peau! **b)** Tu as les nerfs en pelote!

He has an *edge* on her:

Il a un avantage sur elle

I feel so *edgy*!:

Je me sens tellement nerveux!

The cooking of an *egg*: la cuisson des œufs

sunnyside up: au plat, {*Qc*} au miroir
over: tourné
over light: tourné légèrement
over hard: tourné bien cuit
scrambled: brouillé
poached: poché
omelet: omelette
soft boiled egg: {*Qc*} 4 minutes
soft boiled egg: {*Fr*} à la coque *[jaune liquide]*
soft boiled egg: mollet *[jaune crémeux]*
hard boiled egg: {*Qc*} à la coque *[jaune dur]*
hard boiled egg: {*Fr*} dur

He's a good *egg*! *or* **He's a nice guy!:**

a) C'est un bon gars! **b)** C'est un chic type!

She's a tough *egg*! *or* **She's as hard as nails!** *or* **She's hard-boiled!:**

a) Elle n'a pas froid aux yeux! **b)** C'est une dure à cuire! **c)** {*Qc*} C'est une "tough!"

Go lay an *egg* (*or* a brass egg)!:

Va te faire cuire un œuf! [*Voir* **Get off my *back*!**]

Do you want an *egg* in your beer?:

Veux-tu que j'aille te décrocher la lune? *[dans le sens que tu en veux plus que ce que je suis capable de t'offrir]*

Put an *egg* in your shoe and beat it!:

Fous le camp! [*Voir* ***Make* yourself scarce!**]

I got a goose *egg* on my test:

{*Qc*} J'ai eu un gros zéro (*ou* {*Fr*} un zéro pointé) à mon examen

He came back *empty-handed*:

Il est revenu bredouille (*ou* les mains vides)

He doesn't know which *end* is up:

Il n'y connaît rien [*Voir* **He doesn't know *beans* about it**]

The *end* justifies the means:

La fin justifie les moyens

We don't make *ends* meet:

On n'arrive pas à joindre les deux bouts

You'll never hear the *end* (*or* the last) of it:

Vous n'avez pas fini d'en entendre parler

It's not the *end* of the world!:

a) Ce n'est pas la fin du monde! **b)** Ça pourrait être pire!

He will *end up* sick (*or* in jail...):

Il va finir par tomber malade (*ou* se retrouver en prison...)

You *end* up with the same thing:

C'est du pareil au même [*Voir* **It doesn't make the slightest *difference***]

You're your own worst *enemy*:

Tu es ton plus grand ennemi

I don't *enjoy* having to go to the hospital:

Ça ne m'amuse pas de devoir aller à l'hôpital

She has money *enough* and to spare (*or* to burn)!:

Elle a beaucoup d'argent! [*Voir* ***Many***]

You were green with *envy*:

a) Tu étais vert de jalousie **b)** Tu avais le regard brillant d'envie

I'll only run a few *errands*:

Je vais seulement faire quelques commissions (*ou* courses)

I want you to fight this project *every* inch of the way:

Je veux que tu combattes ce projet d'un bout à l'autre

***Every* now and then, he works overtime:**

a) De temps en temps, il fait des heures supplémentaires **b)** À l'occasion, il fait...

***Every* other thing, she wants to go home:**

a) À la moindre petite chose, elle veut retourner chez elle **b)** Pour un oui ou pour un non, elle...

***Every* single time that...:**

{*Qc*} À chaque fois *[sans exception]* que...

As one might *expect*,...:

a) Comme de raison,... **b)** Comme prévu,... **c)** Comme on pouvait s'y attendre,...

She's *expecting*:

a) Elle est enceinte **b)** Elle attend un bébé

You learned it at your own *expense*:

Vous l'avez appris à vos dépens (*ou* à vos frais)

It's a common *expression* *or* It's an everyday expression:

Ça se dit couramment

She goes from one *extreme* to the other:

Elle passe d'un extrême à l'autre

In a pig's *eye*! *or* My eye! *or* My foot!:

a) Mon œil! *[Exclamation d'incrédulité]* **b)** Ben voyons!

To look someone straight in the *eye*:

a) Regarder quelqu'un dans le blanc des yeux **b)** Regarder quelqu'un bien en face

He gets thinner before your very *eyes* *or* He gets thinner by the minute:

Il maigrit à vue d'œil

The *eyes* are the windows of the soul:

Les yeux sont le miroir (*ou* le reflet) de l'âme

I could do it with my *eyes* closed! *or* I could do it standing on my head!:

Je pourrais le faire les yeux fermés!

In the *eyes* of the law:

a) Aux yeux de la loi **b)** Au regard de la loi

To keep an *eye* on things *or* To keep tabs on things:

a) Avoir un œil sur tout **b)** Tout surveiller

He keeps an *eye* (*or* keeps tabs) on his wife:

Il surveille sa femme

He has an *eye* on a job (*or* on her):

a) Il vise un poste **b)** Il a des vues sur elle

I've never laid *eyes* on him:

Je ne l'ai jamais vu de ma vie

Keep your *eyes* peeled! *[for a danger]*:

a) Garde l'œil ouvert! *[face à un danger]* **b)** Sois vigilant!

Her *eyes* were filled with tears:

Ses yeux étaient embués de larmes

I've had it up to my *eyeballs*! *or* I've had more than enough!:

a) Ça me sort par les oreilles! **b)** {*Qc*} J'ai mon voyage!

I talked to him *eyeball* to eyeball:

a) Je lui ai parlé dans le blanc des yeux **b)** {*Qc*} Je lui ai parlé dans le casque

I got an *eyeful*:

a) J'en ai eu plein la vue! *[beau]* **b)** Je me suis rincé l'œil!

It's an *eye-sore*!:

a) C'est laid! **b)** C'est moche! **c)** {*Fr*} C'est craignos!

It's staring you in the *face*:

a) Ça saute aux yeux **b)** Ça crève les yeux **c)** C'est évident **d)** Tu vois bien!

Your *face* dropped after his call:

a) Tu avais le visage long après son appel **b)** Tu avais la binette (*ou* la mine) longue...

He's gonna smash his *face* in *or* He's gonna bash his face in:

a) Il va lui abîmer le portrait **b)** Il va lui casser la figure (*ou* la gueule)

Let's *face* it!:

a) Regardons les choses en face! **b)** Soyons réalistes!

He has a *face* like a bulldog!:

a) {Qc} Il a l'air bête! **b)** Il est d'une humeur de chien!

To *face* the music:

Faire face à la musique

To find ourselves *face* to face with somebody:

Se retrouver nez à nez avec quelqu'un

I'll be *faced* with...:

a) J'aurai à faire face à... **b)** Je serai confronté à...

Stick to the *facts*!:

a) Tenez-vous-en aux faits! **b)** {Qc} Tiens-toi-z'en aux faits! **c)** Tiens-t'en aux faits!

I know for a *fact* that...:

Je suis sûr et certain que...

***Fag* *or* Faggot:**

Homosexuel [*Voir* ***Gay***]

I want to be *fair* and square:

Je veux jouer franc jeu [*Voir* **I want everything up *front***]

***Fair* enough!:**

a) C'est très bien! *[acceptation]* **b)** Ça va!

All's *fair* in love and war:

En amour comme à la guerre, tous les coups sont permis

I feel <u>*fair* to middling</u> *or* I feel <u>so so</u>:

Je me sens <u>comme ci comme ça</u> (*ou* <u>couci-couça</u>)

Fall – fell – fallen

He *falls* all over her *or* He worships the ground she walks on:

a) Il est à genoux devant elle **b)** Il est à ses pieds

To *fall* apart *or* To fall to pieces:

a) Se casser la figure *[figuré]* **b)** Être démoli **c)** {Fr} Ramasser une bonne gamelle *[figuré]*

He *fell* for her *or* He has a crush on her:

a) {Qc} Il est tombé en amour avec elle **b)** {Fr} Il en pince pour elle **c)** Il a le béguin pour elle **d)** Il est très attiré par elle

He *fell* for it *or* He fell right into the trap:

a) {Fr} Il a marché à fond la caisse **b)** Il a tout cru (*ou* avalé, gobé) **c)** Il est tombé dans le panneau

It's easy as *falling* off a log!:

C'est du gâteau! [*Voir* **It's a piece of *cake*!**]

This year's production <u>*fell* short</u> of last year's:

La production de cette année est moindre que (*ou* est inférieure à) celle de l'année dernière

To *fall* to pieces:

Se casser la figure [*Voir* **To *fall* apart**]

At this meeting, we were among *familiar* faces (*or* we were among friends):

Lors de cette rencontre, on était en pays de connaissance

***Familiarity* breeds contempt:**

La familiarité engendre le mépris

The *family* jewels:

a) Les testicules **b)** Les bijoux de famille **c)** Les couilles *(vulgaire)* **d)** {*Fr*} Les bonbons **e)** {*Fr*} Les noix **f)** {*Fr*} Les roubignoles

I'm *famished*!:

Je meurs de faim [*Voir* **I could *eat* a horse!**]

It tickles my *fancy*!:

a) {*Qc*} Ça me fait un petit velours! **b)** Ça me plaît! **c)** {*Fr*} C'est du petit Jésus en culotte de velours! *[nourriture/vin]*

I couldn't reason with him, he was too *far* gone:

Je ne pouvais pas le raisonner, il était trop abattu (*ou* ivre, fâché)

So *far* so good:

Jusqu'ici, ça va!

It's *farfetched*:

C'est tiré par les cheveux [*Voir* **It's a *bit* much!**]

***Faster*! *or* Step on it! *or* Step it up! *or* Give it the gun! *or* Step lively! *or* Make it snappy! *or* Shake a leg! *or* Shake it up! *or* Get a move on! *or* Hurry up!:**

a) Va plus vite! **b)** Dépêche-toi! **c)** Dépêchez-vous! **c)** {*Fr*} Magne-toi le train! **d)** Grouille-toi!

The *fat* cats:

a) Les riches **b)** Les richards **c)** {*Qc*} Les gens pleins comme des boudins **d)** Les gens pleins aux as **e)** {*Fr*} Les rupins **f)** {*Fr*} Les bourges (*ou* bourgeois)

He lives off the *fat* of the land:

a) Il vit de ses rentes **b)** {*Qc*} Son argent est fait

It would be doing him a *favor* to pay him a visit:

a) Ce serait une charité à faire que de lui rendre visite **b)** Ce serait une bonne action que...

You could've knocked me over with a *feather*!:

J'étais sidéré! [*Voir* **You *floored* me!**]

I'm *fed* up! *or* I'm sick and tired of it! *or* I've had it! *or* I'm sick of it! *or* I have it up to here! *or* I can't stand (*or* take) it any longer!:

a) Je n'en peux plus! **b)** J'en ai ras-le-bol (*ou* {*Fr*} ras-le-ciboulot, {*Fr*} ras-la-casquette)! **c)** J'en ai jusque là! *[avec un geste de la main au-dessus de la tête]* **d)** J'en ai assez! **e)** J'en ai par-dessus la tête de ça!

You shouldn't make a *federal* case out of it *or* You shouldn't raise a stink *or* You shouldn't raise hell:

Tu ne devrais pas en faire {*Qc*} tout un plat (*ou* en faire un drame, en faire une affaire d'État)

Don't make a *federal* case out of it!:

{*Qc*} Fais-en pas une affaire d'État! [*Voir* **Don't make a big *deal* out of it!**]

All I have is chicken *feed*:

a) Je n'ai que de la menue monnaie **b)** {*Qc*} Je n'ai que du petit "change" (*angl.*)

Did you get some *feedback*?:

As-tu eu des réactions (*ou* des échos)?

I *feel* bad *or* I'm ill at ease:

Je me sens mal à l'aise

I *feel* bad about it:

Je me sens mal là-dedans

***Feel* free! *or* Be my guest!:**

Ne te gêne pas!

I *feel* good about myself:

Je me sens bien dans ma peau

I *feel* great! *or* I feel like a million!:

Je me sens en pleine (*ou* super, grande) forme!

I *feel* like dancing:

a) J'ai envie de danser **b)** {Qc} J'ai le goût de danser

I don't really *feel* like going there tonight:

a) Ça ne me chante pas vraiment d'aller là-bas ce soir **b)** Ça ne me tente pas vraiment... **c)** Je n'ai pas vraiment envie de...

If you *feel* like it, you can come with me:

a) Si le cœur vous en dit, vous pouvez venir avec moi **b)** Si ça vous dit (*ou* vous chante), vous...

I *felt* my way around:

J'y suis allé à tâtons

I *feel* out of place:

a) Je me sens comme un chien dans un jeu de quilles **b)** ... comme un éléphant dans un magasin de porcelaine

I *feel* out of sorts *or* I feel lousy *or* I feel rotten *or* I am under the weather *or* I don't feel so hot *or* I don't feel quite myself:

a) Je file un mauvais coton **b)** Je ne suis pas dans mon assiette

Stop *feeling* sorry for yourself!:

Arrête de t'apitoyer (*ou* de pleurnicher) sur ton sort!

I don't *feel* up to par:

Je ne me sens pas d'attaque

I have no hard *feelings*! *or* Let bygones be bygones! *or* Let's clean the slate and start over!:

a) Sans rancune! **b)** Oublions le passé! **c)** Oublions ça! **d)** Faisons une croix là-dessus! **e)** On remet les compteurs à zéro! **f)** On oublie (*ou* efface) tout et on recommence!

***Feet*:**

[*Voir* ***Foot***]

***Fell*:**

[*Voir* ***Fall***]

To be on the *fence* *or* To be sitting on the fence:

a) Ne pas se mouiller **b)** Ménager la chèvre et le chou

They're *few* and far between:

Ils sont très rares

Bosses like him are *few* and far between:

Des patrons comme lui, ça ne court pas les rues (*ou* on n'en trouve pas tous les jours)

He's fit as a *fiddle*! *or* He's fine and dandy!:

a) Il a bon pied bon œil! **b)** Il est en grande forme! **c)** Il se porte comme un charme! **d)** Il est frais et dispos! [*mais* **She's *fresh* as a daisy** = Elle est fraîche comme une rose]

***Fiddlesticks*!:**

Ça n'a pas d'importance!

You're out in left *field*!:

Tu n'y es pas du tout! [*Voir* **You're off *base*!**]

We go *fifty-fifty* *or* We split even:

Nous sommes (*ou* Nous partageons) moitié-moitié

To *fight* an obvious point:

Enfoncer une porte ouverte

You can't *fight* city hall! *or* If you can't fight 'em, join 'em!:

On ne peut pas se battre contre des moulins à vent!

Give me a ball park *figure*:

Donne-moi un aperçu *grosso modo*

I *figured* it out by myself!:

J'ai découvert le pot aux roses!

That *figures*!:

Ça explique tout!

He can't *fill* her shoes!:

a) Il ne peut pas la remplacer! **b)** Il ne peut pas prendre sa place!

***Fill* me in *(on what happened)*!:**

a) Éclaire-moi *(sur ce qui s'est passé)*! **b)** Mets-moi au courant *(de ce qui est arrivé)*! **c)** {Fr} Affranchis-moi! **d)** Mets-moi au parfum!

That will *fill* the bill:

Ça va compléter *[ce qui manque]*

To have a *filthy* mouth:

Parler grossièrement (*ou* vulgairement)

He has solid *financial* backing:

Il a les reins solides financièrement

To *find* fault with:

a) Trouver à redire **b)** *{Qc}* Chercher la bête noire **c)** *{Fr}* Chercher la petite bête

It's so easy to *find* fault with somebody else:

C'est si facile de critiquer les autres

I'm *fine*!:

Ce sera tout! ***[À la fin d'un repas, si on m'offre autre chose et que j'ai terminé]***

He's *fine* and dandy!:

Il se porte comme un charme! [*Voir* **He's fit as a *fiddle*!**]

She let it slip through her *fingers*:

Elle l'a laissé glisser (*ou* filer) entre ses doigts

Keep your *fingers* crossed:

Croise les doigts

There's something wrong but <u>I can't put my *finger* on it</u>!:

Il y a quelque chose qui cloche, mais <u>je n'arrive pas à mettre le doigt dessus</u>!

Don't lay a *finger* on me!:

a) Ne lève pas la main sur moi! **b)** Ne me touche pas!

She doesn't lift a *finger* to help:

a) Elle ne lève pas le petit doigt pour aider **b)** *{Fr}* Elle ne se remue pas les fesses pour aider ***(vulg.)*** **c)** Pas moyen de lui faire donner un coup de main

She's very *finicky*:

Elle est très pointilleuse [*Voir* **She's very *choosy***]

He'll never set the world on *fire*!:

a) Il ne sortira jamais du rang! **b)** Il n'a pas inventé les boutons à quatre trous (*ou {Fr}* le fil à couper le beurre, *{Fr}* l'eau chaude, la poudre à canon)

It spread like wild *fire*:

Ça s'est répandu comme une traînée de poudre

If you play with *fire*, you might get burned!:

Qui s'y frotte s'y pique!

I got *fired* *[by disagreement]* or I got laid off *[by lack of work]* or I got my pink slip *[by disagreement or lack of work]*:

a) J'ai été congédié **b)** J'ai été remercié de mes services **c)** J'ai été mis à pied **d)** *{Qc}* J'ai eu mon bleu **e)** J'ai été licencié **f)** J'ai été viré (*ou* saqué)

I couldn't get to *first* base with her on...:

Je n'ai pas réussi à lui faire accepter que... (*ou* accepter telle chose)

***First* come first served!:**

Premier arrivé, premier servi!

***First* things first:**

Il faut parer au plus pressé

He drinks like a *fish*:

Il boit comme un trou

There are lots (*or* plenty) of good *fish* in the sea:

Un de perdu, dix de retrouvés

I have other *fish* to fry:

a) J'ai d'autres chats à fouetter **b)** J'ai d'autres soucis en tête

Something's *fishy*! *or* I smell a rat! *or* There's something in the wind!:

a) Il y a quelque chose de louche! **b)** Il y a anguille sous roche! **c)** Il y a quelque chose dans l'air!

He' not *fit* to be... *[a leader or...]*:

a) Il n'a pas les compétences pour être... ***[un meneur ou...]*** **b)** Il n'a pas les capacités pour... **c)** Il n'est pas fait pour...

He was *fit* to be tied *or* He was as mad as a wet hen:

Il était fou furieux

I'm in a *fix*!:

Je suis dans l'embarras! [*Voir* **I'm in *dutch*!**]

That'll *fix* him! *or* It's just too bad for him!:

a) *{Qc}* Ben bon pour lui! ***[ironie]*** **b)** Tant pis pour lui!

I was *flabbergasted*!:

J'en suis resté bouche bée! [*Voir* **You *floored* me!**]

He's *flakey*! *or* He's a screwball!:

Il est excentrique! (*ou* bizarre, étrange)

She's my old *flame*!:

a) C'est mon ex! **b)** {*Qc*} C'est mon ancienne blonde!

***Flapjacks* *or* Pancakes *or* Griddlecakes *or* Johnnycakes:**

Des crêpes épaisses [*mais* ***Crepes*** (*or* **Crêpes**) = des crêpes minces]

To have hot *flashes*:

a) {*Qc*} Avoir des chaleurs *(ménopause)* **b)** Avoir des bouffées de chaleur **c)** {*Fr*} Avoir des vapeurs

She's *flat* as an ironing board! *or* She's a carpenter's dream!:

a) Elle est plate comme une planche à repasser (*ou* une planche à pain)! **b)** {*Fr*} Elle est plate comme une limande!

I told him *flat out*:

Je lui ai dit carrément

He's a *flat* tire!:

{*Fr*} Il est emmerdant! *(grossier)* [*Voir* **He's a *blob*!**]

He's my own *flesh* and blood:

a) C'est la chair de ma chair **b)** C'est ma propre progéniture **c)** C'est le sang de mon sang

It's *flimsy*!:

a) Ce n'est pas solide! **b)** {*Qc*} C'est branlant! **c)** {*Fr*} C'est de bric et de broc!

It's a *flimsy* excuse!:

a) C'est une excuse qui ne tient pas debout! **b)** {*Fr*} ... qui ne tient pas la route

He *flipped*!:

Il a perdu la boule! [*Voir* **He went *bananas*!**]

I just *flipped* through the book:

J'ai seulement feuilleté le livre

To *flirt*:

Faire la cour [*Voir* **To *cruise***]

You *floored* me! *or* You could've knocked me over with a feather! *or* I was flabbergasted! *or* I was dumbfounded! *or* I was stunned!:

a) J'en étais stupéfait (*ou* estomaqué, sidéré)! **b)** Je n'en revenais pas! **c)** J'en avais les jambes coupées! **d)** J'en suis resté bouche bée! **e)** {*Fr*} Je suis resté comme deux ronds de flan!

This play was a *flop*:

a) Cette pièce a été un fiasco **b)** {*Fr*} Cette pièce a fait un bide (*ou* {*Fr*} un four)

You could have heard a *fly*! *or* You could have heard a pin drop!:

On aurait pu entendre une mouche voler!

He wouldn't hurt a *fly*:

Il ne ferait pas de mal à une mouche

She's *flying* (*or* riding) high!:

Elle est au septième ciel! [*Voir* **She's *walking* on air!**]

There's always a *fly* in the ointment:

a) Y a toujours quelque chose qui ne marche pas (*ou* qui cloche) **b)** Il y a toujours une ombre au tableau

To *fly* off the handle:

a) Sortir de ses gonds **b)** Se fâcher

There's no *flies* on him:

Tu ne réussiras pas à l'embêter

I'd love to be a *fly on the wall* to be able to see if...:

Je voudrais bien être une petite souris pour voir si...

A *fly-by-night* company:

Une compagnie véreuse

Hand out these *flyers*:

Distribue {*Qc*} ces circulaires (*ou* ces publicités, ces prospectus)

Sorry, I was in a *fog*!:

Excuse-moi, j'étais dans la lune (*ou* dans les nuages)!

I don't have the *foggiest*!:

Je n'en sais absolument rien! [*Voir* **I don't have a *clue*!**]

The business *folded* up:

a) L'entreprise a fermé ses portes **b)** {*Qc*} L'entreprise a mis la clé dans la porte

***Folks*:**

a) Parenté **b)** Famille **c)** Entourage [*mais* ***Relatives*** = famille et parenté seulement]

She *follows* me like a shadow! *or* She tags along everywhere I go!:

a) Elle me suit partout! **b)** Elle ne me lâche pas d'une semelle!

He's nobody's *fool*:

Il ne se laisse pas berner (*ou* avoir, entourlouper)

Don't take me for a *fool*!:

Ne me prends pas pour un imbécile (*ou* un crétin)!

To *fool* around *or* To bum around:

Se promener ici et là, sans but

Don't *fool* around when you should be working *or* Don't lie down on the job:

Ne perds pas ton temps alors que tu devrais travailler

Stop *fooling* (*or* horsing) around and get back to work!:

Arrête tes conneries *(vulg.)*, (*ou* tes singeries, {*Qc*} tes farces plates) et remets-toi au travail!

My *foot*! *or* My eye! *or* In a pig's eye!:

a) Mon œil! *[exclamation d'incrédulité]* **b)** Ben voyons!

He got off on the wrong *foot*:

Il est parti du mauvais pied *[en affaires ou ailleurs]* [*mais* **To *get* up on the wrong side of the bed** = Se lever du pied gauche *ou* Se lever du mauvais pied]

He's got itchy *feet*! *or* He has ants in his pants!:

a) Il a la bougeotte! **b)** Il ne reste pas en place!

To have cold *feet*:

Se dégonfler [*Voir* **To *chicken* out**]

This time, I'll put my *foot* down!:

Cette fois-ci, je vais me fâcher!

He put his *foot* down:

a) Il a été catégorique **b)** Il a mis les points sur les "i" (et {*Qc*} les barres sur les "t")

He put his best *foot* forward:

Il a fait bonne impression [*Voir* **He put up a good *front***]

I wouldn't set a *foot* in his house!:

Pas question que je mette les pieds chez lui!

He has one *foot* in the grave (and one on a banana peel):

Il a un pied dans la tombe

I put my *foot* in it! *or* I put my foot in my mouth!:

J'ai fait une gaffe! [*Voir* **I made a *blunder*!**]

You always put your *foot* in your mouth! *or* You always put your foot in it!:

a) Tu as le don de mettre les pieds {*Qc*} dans les plats (*ou* {*Fr*} dans le plat)! **b)** Tu as le don de gaffer!

To *foot* the bill:

Payer la facture *[au propre et au figuré]*

I've got itchy *feet* to go to California! *or* I'm itching to go to California!:

a) Je meurs d'envie d'aller en Californie! **b)** L'envie me démange d'aller...

To be six *feet* under *or* To push up daisies:

Être six pieds sous terre

I'm *footloose* and fancy free *or* I'm free as a bird:

Je suis libre comme l'air

***Forever*:**

Pour toujours

***Forever* and a day:**

Pour l'éternité

***Forewarned* is forarmed!:**

Un homme averti en vaut deux!

***Fork* it over!:**

Donne-le-moi!

and so *forth*...:

a) ainsi de suite... **b)** etc.

It got *fouled* up:

a) Ça a tout foutu en l'air **b)** Ça a tout flanqué par terre

A *four-letter* word:

a) {*Qc*} Fuck! [**A four-letter word = Fuck** juron très grossier en anglais] **b)** {*Fr*} Les cinq lettres [= merde]

He's very *foxy*!:

a) {*Qc*} Il est très ratoureux! **b)** C'est un fin renard! **c)** Il est rusé comme un renard!

He's a *fraidy-cat* *or* He's a scared-cat:

a) C'est une poule mouillée **b)** {*Fr*} C'est un couard

I'm in a good *frame* of mind:

Je suis de bonne humeur [*Voir* **I'm in a good *mood***]

He *freaked* out!:

Il a perdu la boule (*ou* la tête)! [*Voir* **He went *bananas*!**]

I'm *free* as a bird *or* I'm footloose and fancy free:

Je suis libre comme l'air

It was a *free-for-all*!:

C'était la mêlée générale!

A *freeloader* *or* A sponger *or* A moocher *or* A parasite:

a) Un pique-assiette **b)** Un parasite **c)** {*Qc*} Un siphonneux **d)** Une sangsue **e)** {*Fr*} Un tapeur

Don't be *fresh*! *or* Don't be such a wise guy!:

a) {*Qc*} Fais pas ton frais! **b)** {*Qc*} Fais pas ton jars! *[garçon]* **c)** Ne fais pas ta mijaurée! *[fille]*

Let's get some *fresh* air:

Allons (*ou* Sortons) prendre l'air

She 's *fresh* as a daisy:

Elle est fraîche comme une rose [*Voir aussi* **He's fit as a *fiddle***]

I'm *fresh* out of... [milk *or*...]:

Je viens tout juste de manquer de... [lait *ou*...]

He made a *fresh* start:

Il est reparti du bon pied

Don't get *fresh* with me!:

Ne sois pas insolent avec moi!

I want to *freshen* up:

Je veux me rafraîchir

Good *Friday*:

Vendredi saint

He's not your bosom *friend*!:

Ce n'est pas ton ami intime (*ou* ami de cœur)

A friend in need is a *friend* indeed:

C'est dans le besoin qu'on (re)connaît ses vrais amis

He *frightened* the living daylights out of me!:

Il m'a flanqué une peur bleue! [*Voir* **He *scared* me stiff!**]

My toaster went <u>on the *fritz*</u> (*or* <u>on the blink</u>, <u>on the bum</u>):

Mon grille-pain est "brisé" *(angl.)*

I have a *frog* in my throat!:

J'ai un chat dans la gorge!

I knew that <u>*from* way back</u>:

Je le savais <u>depuis longtemps</u>

I want everything up *front* *or* I want to be fair and square *or* I want to set the record straight:

a) Je veux mettre cartes sur table **b)** Je veux jouer franc jeu **c)** Je veux mettre les choses au point

He put up a good *front* *or* He put his best foot forward:

a) Il a fait bonne impression **b)** Il a fait bonne figure **c)** Il s'est montré sous son meilleur jour

It was splashed all over the *front* page:

a) Ça a fait la manchette des journaux **b)** Ça a fait les gros titres des journaux **c)** Ça a fait la une des journaux

He's nutty as a *fruitcake*!:

[gentil mais familier] **a)** {*Qc*} Il est "fou comme la merde"! *(vulg.)* **b)** Il est complètement fou!

What the *fuck*! *(very rude)*:

{Qc} Câlisse de tabarnack! ***[équivalent approximatif]*** (*très vulg.*)

To *fuck* *(rude)*:

Fourrer (*vulg.*) [*Voir* **To have a *quickie***]

He's an old *fuddy-duddy*!:

Il est très pointilleux et vieux jeu!

We have a *full* house!:

Nous affichons complet!

I have a *full* house *[in playing cards]*:

J'ai un full *[aux cartes]*

You're *full* of beans! *or* You're a hot one!:

Tu es fou! *[gentil]*

He's *full* of coke! *or* He's full of baloney!:

C'est un gros plein de soupe!

He's *full* of shit! *(rude)*:

a) {Qc} C'est un gros plein de merde! *(vulg.)*
b) {Fr} C'est un gros tas! *(grossier)*

It's good clean *fun*:

C'est une farce innocente

It's not all *fun* and games:

Ce n'est pas toujours drôle

We're having *fun* like a barrel of monkeys!:

On s'amuse comme des fous!

I did it for the *fun* of it:

Je l'ai fait juste pour le plaisir

It's your *funeral*!:

C'est ton problème!

I feel *funny* about...:

Je suis gêné de...

He belongs on a *funny* farm:

Il devrait être à l'asile

It's too *funny* for words!:

C'est extrêmement drôle (*ou* hilarant)!

Don't make such a *fuss*!:

Ne fais donc pas tant d'histoires (*ou* d'embarras, de manières)!

It's nothing to make a *fuss* about!:

Il n'y a pas de quoi fouetter un chat! [*Voir* **There's *nothing* to it!**]

She made a big *fuss* about the bill:

Elle a fait du grabuge à cause de la facture [*Voir* **She made a big *stink* about the bill**]

Don't make a *fuss* over it!:

N'en fais pas un drame! [*Voir* **Don't make a big *deal* out of it!**]

This person makes a lot of *fuss* over nothing:

Cette personne fait beaucoup de bruit pour rien [*mais* **This story made much *ado* for nothing** = Cette histoire a fait beaucoup de bruit pour rien]

You're a *fussbudget*!:

a) Tu es un emmerdeur *(grossier)* (*ou* un empêcheur de tourner en rond, {Fr} un chieur (*vulg.*)!) **b)** {Qc} T'es ben fatigant!

She's very *fussy*:

Elle est très pointilleuse [*Voir* **She's very *choosy***]

Who knows what the *future* will bring! *or* Who knows what tomorrow might bring! *or* Who knows what lies ahead!:

a) Qui sait ce que l'avenir nous réserve!
b) Qui sait de quoi demain sera fait!

He has a gift for *gab*:

Il a le don de parler pour ne rien dire [*mais* **He's a good *speaker*** – C'est un bon conférencier (*ou* orateur) *ou* **He's a smooth *talker*** (*or* **smooth *politician***) = C'est un beau parleur]

What you *gain* on one hand you lose on the other:

Plus ça change, plus c'est pareil [*Voir* **It doesn't make the slightest *difference***]

She *galls* me!:

a) Elle m'horripile! **b)** Elle m'exaspère!

She has money *galore*!:

Elle a beaucoup d'argent! [*Voir* ***Many***]

It's all in the *game*!:

Ça fait partie du jeu!

Don't *gang* up on me:

Ne vous liguez pas contre moi *[pluriel]*

I have to *gas* up:

Je dois faire le plein

He blew a *gasket*!:

Il a perdu la boule (*ou* la tête)! [*Voir* **He went *bananas*!**]

Don't blow a *gasket*! *or* Don't blow your stack! *or* Don't blow your top! *or* Keep your cool!:

a) Ne perds pas patience! **b)** Garde ton calme (*ou* ton sang-froid)!

From what I *gather*,...:

a) D'après ce que je crois comprendre,... **b)** Si j'ai bien compris,...

It's so *gaudy*!:

a) C'est tellement de mauvais goût! **b)** {*Qc*} Ça a l'air tellement cheap! **c)** {*Qc*} C'est tellement quétaine! **d)** C'est tellement tapageur (*ou* voyant)!

He was *gawking* at me:

Il me fixait intensément

Gay **(*or* faggot, queer, fag)** *[man]* *or* **Lesbian, (*or* queer)** *[woman]*:

Homme: homosexuel, tapette *[irrespectueux]*, gay

Femme: homosexuelle, lesbienne

What a *geek*! *or* What a jerk! *or* What a heel!:

a) Quel mufle! **b)** Quel chameau!

***Get* a load of him!:**

Regarde-le donc, lui!

***Get* a load of that!:**

Regarde donc ça!

***Get* a load of this!:**

Écoute un peu!

***Get* a move on!:**

Grouille-toi! [*Voir* ***Faster*!**]

I *got* a slap in the face:

J'ai reçu une giffle

To *get* ahead:

Prendre de l'avance

She sure knows how to *get* around!:

Elle est débrouillarde (*ou* dégourdie)!

There's no *getting* around it:

a) On ne peut pas y échapper **b)** On ne peut pas faire autrement

To *get* around to writing:

Trouver le temps d'écrire

What are you *getting* at? *or* **What are you driving at?:**

Où veux-tu en venir?

I see what she's *getting* at!:

Je vois où elle veut en venir!

He will *get* away with it!:

Il va s'en tirer à bon compte!

He won't *get* away with it!:

Il ne l'emportera pas au paradis!

He *gets* away with murder:

On lui pardonne tout

I'll *get* back at him:

Je vais me venger

After losing everything, he's *getting* back on his feet:

Après avoir tout perdu, il se remet lentement

Let's *get* back to business!:

Revenons à nos moutons!

I *get* by!:

Je me débrouille!

We *got* by on our own:

On s'est organisé (*ou* arrangé) tout seul

I've gotta *get* going!:

Il faut que j'y aille!

Let's *get* going! *or* **Let's get on with it!** *or* **Let's get the show on the road!** *or* **Let's get cracking!:**

a) Commençons! **b)** Allons-y! **c)** Faisons-le!

You don't know what you're *getting* into *or* **You don't know what you're in for:**

a) Tu ne sais pas où tu mets les pieds **b)**... où ça va te mener **c)** *{Fr}* ... dans quoi tu t'embringues **d)**... dans quoi tu t'embarques

What's *got* into you?:

Quelle mouche t'a piqué? [*Voir* **What's *eating* you?**]

I don't *get* it!:

Je ne comprends (*ou* saisis) pas l'affaire!

He just doesn't *get* it!:

Il ne comprend rien à rien! [*Voir* **He doesn't *understand* a thing!**]

You're gonna *get* it *or* **You'll pay for it:**

Tu ne perds rien pour attendre *[négatif]*

I've *got* it made!:

L'affaire est dans la poche! [*Voir* **It's in the *bag*!**]

Let's *get* it over with! *or* **Let's wrap it up!:**

a) Terminons! **b)** Finissons-en!

***Get* it together!** *or* **Put (*or* Get) your act together!** *or* **Snap out of it!** *or* **Get a grip on yourself!** *or* **Get with it!** *or* **Get your shit together!** *(rude)* *or* **Shape up!:**

a) Prends-toi en main! **b)** Reprends-toi! **c)** Ressaisis-toi! **d)** Sors-en! **e)** Remue-toi un peu!

***Get* lost!:**

Va te faire cuire un œuf! [*Voir* **Get off my *back*!**]

You *got* me! *or* **Search me!:**

a) Je n'en sais rien! **b)** Mystère et boule de gomme!

It didn't *get* me anywhere! *or* **A lot of good that did!** *[ironic]* *or* **It achieved nothing!:**

a) Ça ne m'a rien donné! **b)** Ça ne m'a mené nulle part! **c)** C'était un coup d'épée dans l'eau! **d)** *{Fr}* Ça a compté pour des prunes!

We *got* nowhere fast!:

a) On n'a abouti nulle part! **b)** On n'a abouti à rien!

Tell her where to *get* off:

Remets-la à sa place

I told him where to *get* off!:

Je l'ai envoyé promener! [*Voir* **I gave him the *brush-off*!**]

When the chips are down, *get* on the ball:

Dans les coups durs, attelle-toi à la tâche

We *got* on to something:

On a trouvé quelque chose qui en valait la peine

Let's *get* on with it!:

Faisons-le! [*Voir* **Let's *get* going!**]

I don't know how to *get* out of...:

Je ne sais pas comment me sortir (*ou* me libérer) de...

***Get* out of here!:**

Fiche-moi la paix! [*Voir* **Get off my *back*!**]

***Get* out of my hair!:**

Laisse-moi tranquille! [*Voir* **Get off my *back*!**]

What will you *get* out of it?:

Qu'allez-vous (*ou* Que vas-tu) en retirer?

You'll never *get* over it!:

a) Tu ne t'en consoleras jamais! **b)** Tu n'en reviendras jamais! **c)** Tu ne reprendras jamais le dessus!

***Get* that straight! *or* Get that through your head!:**

a) Enfonce-toi bien ça dans la tête! **b)** Dis-toi bien ça! **c)** Mets-toi bien ça dans le crâne!

You *get* the idea?:

a) Tu comprends l'idée? **b)** As-tu saisi l'astuce? **c)** Tu vois ce que je veux dire?

***Get* this!:**

Écoute bien! *[dans le sens de: J'ai une grande nouvelle à t'apprendre]*

***Get* this straight, if you don't do this...:**

a) Comprends-moi bien! Si tu ne fais pas ça,... **b)** Dis-toi bien que si...

We must *get* to the bottom of it:

a) Il faut tirer cette affaire au clair **b)** Il faut élucider cette affaire

A family *get-together*:

Une réunion de famille

To *get* up on the wrong side of the bed:

a) Se lever du pied gauche **b)** Se lever du mauvais pied [*mais* **He got off on the wrong *foot*** = Il est parti du mauvais pied *(en affaires ou ailleurs)*]

He gradually *got* used to...:

a) Il s'est lentement accoutumé à... **b)** Il s'est lentement fait à l'idée que...

I didn't *get* what you said:

Je n'ai pas saisi ce que tu as dit [*Voir* **I *missed* the point**]

***Get* with it!:**

Ressaisis-toi! [*Voir* ***Get* it together!**]

***Get* with it!:**

a) Embarque! **b)** Vois-y! **c)** Implique-toi! **d)** Engage-toi!

***Got* you! *or* Gotcha!:**

a) J'ai compris! **b)** J'ai saisi! **c)** J'ai pigé!

Don't let it *get* you down:

Ne te laisse pas décourager

You *got* your wires crossed somewhere:

a) Tu as tout compris de travers **b)** Il y a un malentendu quelque part

He's full of *get-up-and-go* *or* He's full of vim and vigor *or* He's got plenty of drive *or* He's full of pep *or* He has a lot of zip:

a) Il pète le feu **b)** Il a de l'énergie à revendre **c)** {*Fr*} Il est gonflé (*ou* {*Fr*} remonté) à bloc **d)** Il est débordant d'énergie **e)** Il a beaucoup d'allant **f)** {*Fr*} C'est un battant

I get *giddy* *or* I have the giggles:

J'ai le fou rire

What *gives*?:

Qu'est-ce qu'il se passe? [*Voir* **What's *cooking*?**]

I *give* all I've got *or* I spare no expense:

J'y mets le paquet [**I spare no expense** *pour l'argent et* **I give all I've got** *pour les efforts*]

If you want to gain anything, you have to *give* and take (*or* you have to come down a peg or two):

Si tu veux arriver à tes fins, tu devras mettre de l'eau dans ton vin (*ou* tu devras faire des concessions)

I *gave* it all I've got!:

J'y ai mis toute mon attention (*ou* mon énergie)!

***Give* me a hand!:**

Donne-moi un coup de main!

Don't *give* me that!:

a) Arrête tes salades! **b)** Ne me raconte pas de blagues! **c)** Arrête ton char (*ou* ton cirque)

I'd *give* my right arm to...:

Je vendrais mon âme au diable pour...

I *give* up! *[in guessing]*:

Je donne ma langue au chat! [*mais* ***Stop* trying** = Abandonne (*ou* Renonce)!]

Don't *give* up!:

{*Qc*} Lâche pas! [*Voir* **Don't *cop* out!**]

***Give* me the gizmo!:**

Donne-moi le machin-chouette! [*Voir* **Give me the *do-hickey*!**]

You look at the world with rose-colored *glasses*!:

a) {*Qc*} Tu rêves toujours en couleurs! **b)** Tu vois constamment la vie en rose!

It's so *gloomy* (*or* dreary)! *or* It's such a gloomy (*or* dreary) day!:

Il fait si sombre! *ou* C'est une journée si sombre!

Why do you look so *gloomy* (*or* so glum)?:

Pourquoi fais-tu une telle tête d'enterrement?

She has a *gloomy* disposition:

a) Elle a tendance à être triste **b)** Elle est portée à la tristesse

You have to handle her with kid *gloves*:

a) {*Qc*} Il faut la prendre avec des gants blancs
b) Elle n'est pas à prendre avec des pincettes

Go – went – gone

Let's *go*!:

Fichons (*ou* Foutons) le camp! [*Voir* **Let's *beat* it!**]

You let yourself *go*!:

Tu te laisses aller!

She's always on the *go*:

a) Elle est toujours sortie **b)** Elle est toujours sur la brèche (*ou* {*Fr*} sur le pont)

When the *going*'s rough, the tough get *going*:

Les forts [*personnes fortes*] ne se laissent pas abattre

***Go* ahead! *or* *Go* for it! *or* Snap to it!:**

a) Vas-y! **b)** Fais-le! **c)** T'as le feu vert! **d)** Fonce!

Give him the *go* ahead!:

Donne-lui le feu vert!

He *went* all out to...:

Il a tout fait pour...

He answers the questions as he *goes* along:

Il répond aux questions au fur et à mesure

I *go* along with this idea:

J'accepte cette idée

You can't *go* around saying things like that:

Tu ne peux pas répandre de pareilles idioties

I wouldn't *go* as far as to say that...:

Je n'irais pas jusqu'à dire que...

There's no *going* back:

a) On ne peut pas revenir en arrière **b)** On ne peut pas reculer

***Go* for it!:**

Vas-y! [*Voir* ***Go* ahead!**]

How *goes* it?:

Comment ça va? [*Voir* ***How* are you?**]

***Go* jump in the lake!:**

Va te faire pendre ailleurs! [*Voir* **Get off my *back*!**]

They're *going* nowhere fast! *or* They run in circles!:

a) Ils tournent en rond! **b)** Ils n'en sortent pas!

He *went* off the deep end!:

Il est sorti de ses gonds! [*Voir* **He went *bananas*!**]

What's *going* on?:

Quoi de neuf? [*Voir* **What's *cooking*?**]

When you find out <u>what's been *going* on</u>...:

Quand vous découvrirez <u>le pot aux roses</u> (*ou* <u>la vérité</u>),...

She's *going* on 38:

Elle va sur ses 38 ans

He *went* out like a light:

[Quand il s'est endormi] **a)** {*Qc*} Il est tombé comme une poche **b)** Il s'est écroulé comme une masse

I *went* out on a limb!:

a) {*Qc*} J'ai risqué! **b)** Je me suis risqué!

She's *going* out tonight:

Elle sort ce soir [*Voir* **She's *stepping* out tonight**]

We'll give it a quick *going* over:

{*Qc*} On va faire les coins ronds

Don't *go* overboard! *or* **Don't go too far!:**

a) Ne dépasse pas les bornes! **b)** N'en fais pas trop! **c)** N'abuse pas! **d)** {*Fr*} Fais gaffe!

He's going to *go* places! *or* **He'll go places!:**

a) Il va faire son chemin! **b)** Il va réussir! **c)** Il ira loin!

It's a *going* proposition:

C'est une affaire qui tient toujours

They *go* steady:

Ils sortent ensemble *[dans le sens où ils ont un lien amoureux]*

<u>You must *go* straight ahead</u> regardless of the others:

<u>Fais ce que tu as à faire</u> sans t'occuper des autres

Go to hell! *or* **You should live so long!**

{*Qc*} Va chez le diable!

It *goes* to show you!:

{*Qc*} C'est bien (*ou* ben) pour dire!

It *goes* to show you that...:

Ça prouve que...

That's *going* too far!:

Ça dépasse les bornes! [*Voir* **That *tops* it all!**]

Don't *go* too far!:

Ne dépasse pas les bornes! [*Voir* **Don't *go* overboard!**]

What *goes* up must come down! *or* **Don't throw stones if you live in a glass house!:**

a) Ça va lui retomber sur le nez! **b)** Ça va lui retomber dessus!

You get my *goat*!:

a) Tu me provoques! **b)** Tu me cherches!

She has <u>*gobs* of</u> make-up:

Elle porte <u>une tonne</u> (*ou* ***beaucoup) de*** {*Qc*} make-up (*ou* de maquillage)

***God* helps those who help themselves!:**

Aide-toi et le ciel t'aidera!

It's *God*'s honest truth!:

a) C'est la franche (*ou* pure) vérité! **b)** C'est la vérité vraie!

He thinks he's *God*'s gift!:

Il se prend pour le nombril du monde! [*Voir* **He's too big for his *breeches*!**]

This singer is *God*'s gift to women *or* **This singer is the idol of all women:**

Ce chanteur est la coqueluche (*ou* l'idole) de toutes les femmes

***God* only knows!** *or* **It's anybody's guess!:**

Dieu seul le sait!

It's a *godsend*!:

C'est un cadeau (*ou* un don) du Ciel!

I'll see you next week <u>*God willing*</u>:

Je te verrai la semaine prochaine <u>si Dieu le veut</u>

She's a *go-getter*!:

C'est une fonceuse!

Let's go while the *going*'s good! *or* **Let's strike the iron while it's hot!** *or* **Let's make hay while the sun shines!:**

Il faut battre le fer quand (*ou* pendant, tant qu') il est chaud!

It needs a good *going-over*:

Ça a besoin d'être sérieusement révisé (*ou* d'être scruté à la loupe, d'être passé au peigne fin)

To give someone a good *going-over* *or* To give someone a good licking:

a) Donner une volée à quelqu'un **b)** Passer quelqu'un à tabac **c)** Tabasser quelqu'un

Everything you touch turns to *gold*:

Tu ramasses l'argent à la pelle

She's as good as *gold*:

Elle est sage comme une image

She's a *gold* digger *or* She's an opportunist:

a) C'est une aventurière **b)** C'est une opportuniste

It's a *golden* opportunity:

a) C'est une occasion en or **b)** *{Fr}* C'est une super occase

For *good*!:

a) Pour toujours! **b)** Pour de bon!

It's pretty *good*!:

a) C'est assez bien! **b)** Ce n'est pas mal!

I never had it so *good*!:

Ça n'a jamais aussi bien été!

I'm *good* and mad!:

Je suis très en colère! [*Voir* **I'm *burned*** (*or* **burnt**) **up!**]

I'll go when I'm *good* and ready:

a) J'irai quand j'en aurai envie **b)** J'irai quand ça me chantera (*ou* plaira)

I easily made the bike as *good* as new:

a) Je n'ai pas eu de mal à remettre à neuf la bicyclette **b)** *{Fr}* J'ai retapé le vélo facilement; il est comme neuf

He's *good* at it!:

a) Il est bon dans ce qu'il fait! **b)** C'est un bon! **c)** C'est un pro! **d)** Il est bon là-dedans!

We have to return *good* for evil:

Il faut rendre le bien pour le mal

What's *good* for the goose is good for the gander!:

a) Il n'y a pas deux poids, deux mesures!
b) Ce qui est bon pour l'un est bon pour l'autre!

***Good* grief!:**

Dieu du ciel! [*Voir* **I'll be *doggoned*!**]

***Good* Lord!:**

Seigneur! *[exclamation]*

He's *good-natured*:

a) Il est facile à vivre **b)** Il est accommodant

That's a *good* one!:

a) {Qc} C'en est toute une! *[une nouvelle]*
b) {Qc} C'en est une bonne! *[une nouvelle]*
c) Celle-là, elle est bonne!

***Good* riddance!:**

Bon débarras!

A lot of *good* that did! *[ironic]*:

Ça ne m'a mené nulle part! [*Voir* **It didn't *get* me anywhere!**]

It's too *good* to be true:

C'est trop beau pour être vrai

She's Miss *Goody* two shoes:

Elle est trop parfaite

It *goofs* everything up! *or* That screws everything up!:

a) {Qc} Ça vient mêler toutes les cartes! **b)** Ça fout (*ou* fiche) tout par terre! **c)** Ça fout (*ou* fiche) tout en l'air! **d)** Ça gâte la sauce!

To *goof* off:

Se traîner les pieds [*Voir* **To *dilly-dally***]

What a *goofball*!:

Quel drôle d'oiseau! [*Voir* **What a *character*!**]

It gave me *goose* bumps (*or* goose pimples):

J'en ai eu la chair de poule [*Voir* **It gave me the *chills***]

She's a real *gossip*:

a) C'est une vraie commère (*ou* pie) b) *{Fr}* C'est une vraie concierge

Got – *Gotten*:

[*Voir* **Get**]

It's up for *grabs*!:

C'est à qui veut le prendre!

How's that *grab* you?:

Comment prends-tu ça?

To make the *grades*:

a) Satisfaire aux exigences b) Remplir les conditions

He took it with a *grain* of salt! *or* He laughed it off!:

a) {Qc} Il a pris ça avec un grain de sel! b) Il a pris ça en riant (*ou* avec humour)! c) Il n'a pas pris ça au pied de la lettre!

A *grandfather* clause:

a) Un droit ancestral b) Un droit acquis *[surtout municipal]*

I heard it on the *grapevine*! *or* I got wind of it! *or* I learned it by word of mouth!:

a) La rumeur a couru (*ou* s'est répandue)! b) Je l'ai appris par la bande! c) Je l'ai appris par le bouche à oreille! d) J'ai eu vent de la chose!

The *grass* is always greener on the other side of the fence:

a) L'herbe est toujours plus verte sur le terrain du voisin b) C'est toujours plus beau chez le voisin

He's knee-high to a *grasshopper*!:

Il est haut comme trois pommes!

He must have turned over in his *grave*!:

Il a dû se retourner dans sa tombe!

He'll take it to his *grave*:

a) Il est la discrétion même b) C'est une vraie tombe

He had one foot in the *grave* and the other on a banana peel:

Il avait un pied dans la tombe

She's digging her own *grave* with her teeth:

a) Elle mange mal b) Elle creuse sa tombe avec ses dents

She got all the *gravy*!:

Elle en a eu tous les bénéfices!

It's not all *gravy*!:

a) Ce n'est pas que du profit! *[en affaires]* b) Ce n'est pas toujours rose!

This place is a *greasy* spoon:

C'est un petit restaurant malpropre

He thinks he's *great*!:

Il se prend pour le nombril du monde [*Voir* **He's too big for his *breeches*!**]

I don't understand anything about it, it's all *Greek* to me!:

Je n'y comprends rien; pour moi, c'est du chinois (*ou* *{Fr}* du javanais)!

***Griddlecakes*:**

Des crêpes épaisses [*Voir* ***Flapjacks***]

We have to *grin* and bear it! *or* You have to make the best of it!:

Il faut faire contre mauvaise fortune bon cœur!

She had a *grin* from ear to ear!:

Elle avait la bouche fendue jusqu'aux oreilles! *[grand sourire]*

It's a *grind* to pick up the kids every day:

C'est une corvée d'aller chaque jour chercher les enfants

Keep your nose to the *grindstone* (*or* to the grind):

a) Travaille sans relâche *[sans lever le nez]* b) Ne te laisse pas distraire

Get a *grip* on yourself!:

Reprends-toi! [*Voir* **Get it together!**]

She's pretty *groovy*:

a) {Qc} Elle est pas mal "au boutte"! *[positif]* b) Elle est dans le coup (*ou* dans le vent) c) {Fr} Elle est sensass!

She's so *grouchy*!:

Elle est tellement grognon! [*Voir* **She's very *cranky*!**]

You're on shaky *ground* *or* You tread on dangerous ground *or* You're skating (*or* walking) on thin ice:

a) Vous vous aventurez sur un terrain glissant **b)** Tu avances en terrain dangereux (*ou* miné)

You're *grounded*!:

Tu n'as plus le droit de sortir!

We have *grown* apart during the last year:

Nous nous sommes éloignés l'un de l'autre depuis un an

Money doesn't *grow* on trees!:

a) L'argent ne tombe pas du ciel! **b)** L'argent ne pousse pas dans les arbres!

Did you bring any *grub*?:

As-tu apporté {*Qc*} ton lunch (*ou* de la bouffe, quelque chose à manger, {*Fr*} ta gamelle, {*Fr*} ton casse-dalle)?

It's anybody's *guess*! *or* God only knows!:

Dieu seul le sait!

Your *guess* is as good as mine!:

a) Je n'en sais pas plus que toi! **b)** Tu en sais autant que moi!

Be my *guest*! *or* Feel free!:

Ne te gêne pas!

You're so *gullible*!:

a) Tu es tellement crédule! **b)** Tu gobes (*ou* avales) n'importe quoi!

He *gulped* down his food:

{*Qc*} Il a avalé son repas tout rond

He *gummed* up the works! *or* He screwed up the works!:

Il a gâché (*ou* bousillé) le travail!

It took a lot of *gumption* to get there:

a) {*Qc*} Ça a pris bien du nerf pour en arriver là **b)** Ça a demandé bien des efforts (*ou* de l'énergie) pour...

Give it the *gun*!:

Va plus vite! [*Voir* ***Faster***]

You have to stick to your *guns* *or* You have to hold your own:

a) Tu ne dois pas en démordre **b)** {*Qc*} Tu dois tenir ton bout

To be *gung* ho:

Être tout feu tout flamme

It had a lot of *gunk* on it:

C'était très gluant

You have *guts*! *or* You have a lot of spunk!:

a) Tu as du culot! **b)** Tu as du cran! **c)** Tu as du cœur au ventre!

He didn't have the *guts* (*or* the heart) to...:

Il n'a pas eu le courage (*ou* le culot, le front, l'audace, le toupet, le cœur) de...

She's very *gutsy*!:

a) Elle est très courageuse! **b)** Elle a du punch!

He's a nice *guy*! *or* He's a good egg!:

a) C'est un bon gars! **b)** C'est un chic type!

Hi *guys*!:

a) {*Qc*} Salut la gang! ***[même s'il s'agit seulement de femmes]*** **b)** Salut les gars (*ou* {*Fr*} les potes)!

You *gypped* me! *or* You ripped me off!:

a) Tu m'as volé! ***[de l'argent]*** **b)** Tu m'as escroqué (*ou* arnaqué)!

Don't make it a *habit*!:

Une fois n'est pas coutume!

I tried to kick the *habit*:

J'ai essayé de perdre l'habitude

I'm in the *habit* of...:

J'ai l'habitude de...

She's an old *hag*!:

C'est une vieille chipie! [*Voir* **She's an old *battle-axe*!**]

I won't *haggle* over it!:

Je ne vais pas me battre pour ça!

You're always in my *hair*:

Tu es toujours sur mon dos

She has red *hair* *or* **She's a carrot top:**

C'est une rousse (*ou* une rouquine, {*Qc*} une rougette)

He gets in my *hair*!:

a) Il est dans mes jambes! **b)** Il me dérange!

You are splitting *hairs*!:

Tu coupes les cheveux en quatre!

Did he come to the shop? No, I haven't seen *hair* nor hide of him!:

Est-il venu à la boutique? Non, il n'a pas montré le bout de son nez! (*ou* Non, il ne s'est pas montré!)

They found neither *hair* nor hide of it:

Ils n'en ont pas trouvé la moindre trace

He came within a *hair* of getting it *or* **He came within an inch of getting it:**

a) Il est passé (*ou* venu) à un cheveu du succès **b)** Il est passé à deux doigts du succès **c)** Il s'en est fallu d'un cheveu qu'il réussisse

I was tearing my *hair* out to figure out...:

Je m'évertuais à trouver comment...

It made my *hair* stand on end!:

Ça m'a fait dresser les cheveux sur la tête!

My *hairdo*:

Ma coiffure *[façon de me coiffer]*

I asked for a raise but it was a little *hairy*:

J'ai demandé une augmentation, mais c'était un peu délicat

His better *half*:

Sa tendre moitié (*ou* sa conjointe, sa partenaire, sa femme, sa compagne)

***Half* a load is better than none!** *or* **At least it's something!:**

a) C'est toujours ça de pris! **b)** C'est toujours mieux que rien! **c)** {*Fr*} C'est toujours ça que les Allemands (*ou* les Boches, les Russkofs) n'auront pas!

That's *half* the battle!:

a) Le plus dur est fait! **b)** Le plus dur est derrière nous!

It's a *half-assed* job! *(rude)*:

Le travail a été bâclé! [*Voir* **The job has been *botched* up!**]

He's *half-cocked*:

a) Il est à moitié ivre **b)** Il est à moitié soûl

He's just a *half-pint*!:

Il est petit pour son âge! [*Voir* **He's a *shrimp*!**]

Meet me *halfway*!:

a) Coupons la poire en deux! **b)** Faisons chacun la moitié du chemin!

There're no *halfways* about it with him! *or* **He doesn't spare anything!:**

Il n'y va pas avec le dos de la cuillère!

There's no *halfway* about it!:

Il n'y a pas à revenir là-dessus! [*Voir* **There's no *ifs* and buts about it!**]

He's *halfway* through:

Il en a la moitié de fait

He played right into my *hands*!:

Il a fait exactement ce que je voulais!

He waited on her *hand* and foot!:

a) Il était aux petits soins pour elle! **b)** Il était aux petits oignons pour elle!

To *hand* down:

a) Transmettre *[une coutume]* **b)** Donner à un autre *[un vêtement]*

She has her *hands* full!:

Elle a beaucoup de pain sur la planche! [*Voir* **She has quite a *bite* to chew!**]

An iron *hand* in a velvet glove:

Une main de fer dans un gant de velours

***Hand-in-hand*:**

Main dans la main

It goes *hand-in-hand* with...:

Ça va de pair avec...

He was caught the *hand* in the bag! *or* **He was caught red-handed!:**

Il s'est fait prendre la main dans le sac (*ou* prendre en flagrant délit, prendre sur le fait)!

***Hand* in your report!:**

Remets ton rapport!

He's wearing *hand-me-downs*:

Il porte des vêtements usagés (*ou* {*Qc*} des vêtements de seconde main)

***Hands* off!:**

a) Bas les pattes! **b)** Touche pas à ça! **c)** Pas touche!

I'd like to lay my *hands* on it:

a) J'aimerais mettre la main dessus **b)** J'aimerais me le procurer

***Hand* out these flyers:**

Distribue ces circulaires (*ou* ces prospectus, {*Qc*} ces publicités)

He makes money *hand* over fist!:

a) {*Qc*} Il fait de l'argent comme de l'eau (*ou* à tour de bras)! **b)** Il fait des affaires d'or!

***Hand* over the rest of the money!:**

{*Qc*} Remets la "balance" *(angl.)* (*ou* le solde) de l'argent

He was living from *hand* to mouth:

a) Il vivait au jour le jour **b)** Il tirait le diable par la queue

Cold *hands*, warm heart!:

Mains froides, cœur chaud!

One *hand* washes the other! *or* **You scratch my back and I'll scratch yours!** *or* **One good turn deserves another!:**

a) Un service en attire un autre! **b)** C'est un échange de bons procédés! **c)** À charge de revanche!

He flew off the *handle*!:

Il a piqué une crise *[de colère]*! [*Voir* **He went *bananas*!**]

I'll *handle* it for you:

Je vais m'en occuper

Can you *handle* that?:

Peux-tu t'occuper de ça?

It's a *handmade* blanket:

C'est une couverture faite à la main

I don't want any *hand-out*:

Je ne veux pas de charité

It's *handy*!:

a) C'est pratique! **b)** C'est bien commode!

It will come in *handy*:

Ça va être utile

He's very *handy* around the house *or* **He's a jack-of-all-trades:**

a) C'est un homme à tout faire (*ou* un bricoleur émérite) **b)** C'est un touche-à-tout

I don't give a *hang*!:

Je m'en moque (*ou* m'en fous) comme de ma première chemise! [*Voir* **I don't *care*!**]

Finally, I was left *hanging* *or* **I was left holding the bag:**

{*Qc*} Finalement, je suis resté pris avec

Why don't you *hang* around for a while?:

Pourquoi ne restes-tu pas un peu?

***Hang* in there!:**

Accroche-toi! [*Voir* **Don't *cop* out!**]

Do you get the *hang* of it?:

Comprends-tu (*ou* Piges-tu) comment on fait ça?

I got the *hang* of it:

a) {*Qc*} J'ai pris le tour **b)** J'ai trouvé le truc *[pour le faire facilement]*

***Hang* on!** *or* **Hold it!:**

Attends un peu!

***Hang* on a minute!** *or* **Can you hang on?:**

a) *[Au téléphone]* Un moment s'il-vous-plaît! **b)** Peux-tu attendre un moment (*ou* un instant, une minute)?

I was *hanging* on his every word:

J'étais pendu (*ou* suspendu) à ses lèvres

I *hang* out at the bar:

a) Je me tiens au bar **b)** Je traîne au bar

To *hang* up:

Raccrocher *[le téléphone]*

She's *hung* up on John! *or* **She's stuck on John!:**

a) Elle a Jean dans la peau! **b)** Elle est mordue de Jean!

It's my *hangout*:

a) C'est ma retraite favorite **b)** C'est mon lieu de prédilection

He has a *hangover* *or* **He feels like the morning after the night before:**

a) Il a la gueule de bois **b)** Il a mal aux cheveux **c)** {*Qc*} C'est le lendemain de la veille

There's a lot of *hanky-panky*!:

Il y a beaucoup de tricherie (*ou* de magouilles, {*Fr*} de truandage)!

Her closet is *haphazard*!:

{*Qc*} Son garde-robe (*ou* {*Fr*} Sa penderie) est sens dessus dessous!

It didn't *happen* just like that; everything has a reason! *or* **It didn't happen by chance** (*or* **by luck, by accident)!:**

a) {*Qc*} Y a pas de hasard! **b)** Le hasard n'existe pas!

You just *happened* to be sick!?!:

Comme par hasard, tu étais malade!

I'm *happy* as a lark:

Je suis gai comme un pinson

He's *happy-go-lucky*!:

a) C'est un sacré luron! **b)** {*Fr*} C'est un joyeux drille!

She takes it *hard*!:

a) Elle le prend mal! **b)** Elle prend ça mal!

She's as *hard* as nails!:

C'est une dure à cuire! [*Voir* **She's a tough *egg*!**]

She's *hard-boiled*!:

Elle n'a pas froid aux yeux! [*Voir* **She's a tough *egg*!**]

Don't give me a *hard* luck story! *or* **Don't give me a sob story!:**

a) Ne me fais pas pleurer! *[ironique]* **b)** Arrête, tu vas me faire pleurer! *[ironique]* **c)** N'essaie pas de te faire plaindre!

She has a *hard* row to hoe:

Elle a une tâche difficile à accomplir

I find it *hard* to believe!:

a) {*Qc*} J'ai de la misère à le croire! **b)** J'ai du mal à le croire!

She's playing *hard* to get:

Elle joue à l'indépendante

He's *hard up* for a job:

Il a grandement (*ou* absolument) besoin d'un travail

He's *hard up* since he lost his job:

Il est dans le besoin depuis qu'il a perdu son emploi

She'll learn the *hard* way:

Elle va l'apprendre à dure école (*ou* à ses dépens)

She does everything the *hard* way:

Elle se complique la vie

You keep *harping* on it:

Tu reviens toujours sur la même chose [*Voir* **You always *bend* my ear**]

You *harvest* what you sow:

a) On récolte ce qu'on sème **b)** Qui sème le vent récolte la tempête

Without a *hassle*:

a) Sans problème **b)** {*Fr*} Sans tintouin **c)** Sans emmerdement *(grossier)*

What a *hassle*! *or* What a drag!:

a) Quel embarras! **b)** Quelle corvée! **c)** {*Fr*} Quelle chiasse! *(vulg.)*

Stop *hassling* the waiter!:

a) Arrête de casser les pieds au serveur! **b)** Arrête d'importuner (*ou* {*Qc*} d'achaler) le serveur!

***Haste* makes waste!:**

Rien ne sert de courir, il faut partir à point!

It's old *hat*! *or* It's old-fashioned!:

a) C'est démodé! **b)** C'est vieux jeu!

Keep it under your *hat*!:

a) Garde ça pour toi! **b)** C'est confidentiel!

You're talking through your *hat*!:

Tu parles à tort et à travers! [*Voir* **You don't know what you're *talking* about**]

To pass the *hat*:

a) {*Qc*} Passer le chapeau **b)** Faire la quête

My *hat*'s off to you!:

a) Je te lève mon chapeau! **b)** Chapeau! **c)** Chapeau bas!

I *hate* to tell you but...:

Ça m'ennuie de vous (*ou* te) dire que...

It'll be a long *haul*:

Ce sera à long terme

To make a big *haul* *or* To make a killing:

a) Réussir un fameux coup de filet **b)** Ramasser le paquet **c)** Obtenir un grand succès **d)** {*Fr*} Décrocher la timbale **e)** Réussir une opération lucrative

He *hauled* off and hit him:

a) Il s'est mis à lui taper dessus **b)** Il s'est mis à le tabasser **c)** Il s'est mis à lui casser la gueule

Have – had

I was *had*!:

Je me suis fait avoir! [*Voir* **I got *taken*!**]

She *had* him over:

Elle l'a invité à la maison

I won't *have* it! *or* No way! *or* I don't put up with that!:

a) {*Qc*} Je ne le prends (*ou* {*Fr*} supporte) pas! **b)** {*Qc*} J'endure (*ou* Je n'endure) pas ça!

He let me *have* it!:

Il m'a engueulé comme du poisson pourri! [*Voir* **He gave me a *bawling* out!**]

I've *had* it!:

Je n'en peux plus! [*Voir* **I'm *fed* up!**]

I *have* it up to here!:

J'en ai ras-le-bol! [*Voir* **I'm *fed* up!**]

I *have* it in for her!:

J'ai une dent contre elle! [*Voir* **I have something *against* her!**]

They *had* it out!:

Ils se sont engueulés!

The *haves* and the have-nots:

Les riches et les pauvres

A night *hawk*:

a) Un couche-tard **b)** Un oiseau de nuit **c)** Un noctambule [*mais* **An early *bird*** = un lève-tôt]

It went *haywire*! *or* **It didn't pan out!:**

Ça n'a pas marché (*ou* pas réussi)!

He went *haywire*!:

Il a perdu la boule (*ou* la tête)! [*Voir* **He went *bananas*!**]

He's soft in the *head*!:

Ça ne tourne pas rond dans sa tête! (*ou* chez lui!)

Use your *head*!:

Réfléchis un peu!

That's using your *head*! *or* **You have something there!:**

Ce n'est pas bête!

It went to his *head*!:

Ça lui est monté à la tête! *[dans le sens qu'il se prend pour un autre]*

It'll put something in his (*or* her) *head* *ou* **That will knock some sense into him (*or* her):**

Ça va lui mettre du plomb {*Qc*} dans la tête (*ou* {*Fr*} dans la cervelle)

Get that through your *head*!:

Mets-toi bien ça dans le crâne! [*Voir* ***Get* that straight!**]

Off the top of my *head*, I'd say that...:

Si mes souvenirs sont exacts, je dirais que...

Try to keep your *head* above water:

a) Essaie de survivre **b)** Essaie de garder la tête hors de l'eau

He was *head* and shoulders above the others! *or* **No one else could hold a candle to him!:**

Personne ne lui arrivait à la cheville!

Two *heads* are better than one:

Deux têtes valent mieux qu'une

I will *head* back:

a) Je vais rebrousser chemin **b)** Je vais faire demi-tour

I *headed* off my cold with vitamins:

J'ai évité le rhume en prenant des vitamines

<u>It doesn't make *heads* or tails</u>!:

a) Ça n'a ni queue ni tête! **b)** C'est de la bouillie pour les chats!

He's <u>*head* over heels</u> in love with her!:

a) {*Qc*} Il est en amour <u>par-dessus la tête</u> avec elle! **b)** Il l'aime comme un fou!

Get a *head* start:

Prends une longueur d'avance

I butted *heads* with Karl *or* **I locked horns with Karl:**

a) {*Qc*} Je me suis pris aux cheveux avec Karl **b)** J'ai affronté Karl

A *head-shrinker* *or* **A "shrink":**

Un psychiatre

I made a lot of *headway*:

J'ai fait beaucoup de progrès

I'm *healthy* as a horse:

J'ai une santé de fer

She has <u>a *heap* of</u> clothes on her bed:

Elle a <u>un tas de</u> vêtements sur son lit

She has <u>*heaps* of</u> friends:

Elle a <u>beaucoup</u> d'amis [*Voir* ***Many***]

You could have *heard* a pin drop! *or* **You could have heard a fly!:**

On aurait pu entendre voler une mouche!

I don't want to *hear* it! *or* **None o'that stuff!:**

Je ne veux rien savoir!

***Hear* me out!** *or* **Bear with me!:**

Écoute-moi jusqu'au bout!

We haven't *heard* the last (*or* the end) of it:

On n'a pas fini d'en entendre parler

It's just *hearsay*!:

C'est seulement du ouï-dire!

These people are good-*hearted* (*or* kind-*hearted*):

Ces gens <u>ont le cœur sur la main</u> (*ou* <u>ont bon cœur</u>)

She's soft-*hearted*:

Elle a le cœur tendre

She's a girl after my own *heart*:

a) Elle me plaît beaucoup **b)** C'est une fille comme je les aime

Have a *heart*! *or* Be a sport!:

a) Sois chic! **b)** Sois sympa! **c)** Sois compréhensif! **d)** Pitié! **e)** Sois gentil!

You give yourself *heart* and soul to...:

Tu te donnes corps et âme pour...

He has a *heart* from here to Cleveland:

{Qc} Il a le cœur grand comme un autobus

My *heart* goes out to you:

Tu as (*ou* Vous avez) toute ma sympathie

Absence makes the *heart* grow fonder!:

Loin des yeux, près du cœur!

I had my *heart* in my mouth!:

J'étais dans tous mes états! [*Voir* **I was in a *dither*!**]

He has a *heart* of gold!:

a) Il a un cœur d'or! **b)** Il est bon comme du bon pain!

He has a *heart* of stone:

a) Il a un caillou à la place du cœur **b)** Il a un cœur de pierre

I've set my *heart* on it!:

Je le veux à tout prix!

Eat your *heart* out!:

Tant pis pour toi!

My *heart* skipped a beat when...:

a) Mon sang n'a fait qu'un tour *[de peur]* quand... **b)** Mon cœur a arrêté de battre *[de peur ou d'amour]* quand... [*mais si mon sang n'a fait qu'un tour de colère, on dit alors:* **I *saw* red!** *ou* **My *blood* boiled!**]

I didn't have the *heart* (*or* the guts) to...:

Je n'ai pas eu le cœur (*ou* le courage, le culot, l'audace, le front, le toupet) de...

We are a *heartbeat* away from the results:

On est à un cheveu du succès

She's a *heartbreaker*!:

Elle est belle à vous couper le souffle! [*Voir* **She's a real *beauty*!**]

He's *heartbroken*:

Il a le cœur brisé

We had a *heart-to-heart* talk:

On a eu une conversation à cœur ouvert

You come from *heaven*!:

C'est le ciel qui vous envoie!

What the *heck*! *or* Big deal!:

a) {Qc} Pis!?! (*ou* {Qc} Pis après!?!) **b)** Et alors? **c)** Qu'est-ce que ça peut faire!?!

What the *heck* do I care!:

Je m'en fiche! [*Voir* **I don't *care*!**]

She has a *heck* of a lot of money!:

Elle a beaucoup d'argent [*Voir* ***Many***]

What a *heck* of a time we had!:

Quel bon moment *(ou* mauvais moment *[selon l'intonation]* nous avons passé!

For the *heck* of it!:

a) Juste pour rire! **b)** {Qc} Juste pour le "fun"! **c)** Sans raison! **d)** Comme ça!

I got the *heebie-jeebies*!:

J'ai eu le trac! [*Voir* I got the ***jitters***!]

What a *heel*!:

Quel chameau! [*Voir* **What a *geek*!**]

I can't take *heights*:

J'ai le vertige [*mais* **I get *dizzy*** *or* **I get *giddy*** = Je me sens tout étourdi *ou* La tête me tourne]

I don't like to catch *hell*:

J'aime (*ou* Je n'aime) pas me faire engueuler (*ou* {Qc} faire mener le diable)

He gave me *hell*:

Il m'a engueulé [*Voir* **He *bawled* me out!**]

It'll happen when *hell* freezes over! *or* It's scarcer than hens' teeth!:

Ça arrivera le jour où les poules auront des dents!

I'll pay that bill when *hell* freezes over! *or* I'm not going to pay that bill, no way in hell!:

a) Jamais, au grand jamais, je ne paierai cette facture! **b)** Je ne paierai pas cette facture! Jamais de la vie!

All *hell*'s going to break loose!:

Ça va barder!

The road to *hell* is paved with good intentions:

L'enfer est pavé de bonnes intentions

What a *hell* (*or* heck) of a time I had to start my car this morning!:

C'était l'enfer pour faire démarrer mon auto (*ou* ma voiture) ce matin!

What a *hell* of a mess!:

a) Quel désordre épouvantable! **b)** {*Fr*} Quel boxon!

He did it for the *hell* of it:

Il l'a fait juste pour faire rire

To be between *hell* and high water *or* To be between the devil and the deep blue sea *or* To be caught in the crossfire:

a) Être pris entre deux feux **b)** {*Fr*} Avoir le cul entre deux chaises **c)** {*Qc*} Être assis entre deux chaises

To go through *hell* *or* high water:

a) En baver **b)** Manger de la vache enragée **c)** {*Fr*} En chier *(vulg.)*

To get the *hell* out of there! *or* To run as fast as your legs can carry you!:

a) Fuir à toutes jambes! **b)** Prendre la poudre d'escampette! **c)** Prendre ses jambes à son cou!

If you don't study this week, it'll be *hell* to pay when you take the test!:

Si tu n'étudies pas cette semaine, ça va te coûter cher lors de l'examen

So *help* me, if you do that I will tell your mother:

Je te le jure, si tu fais ça, je vais le dire à ta mère

God *helps* those who help themselves!:

Aide-toi et le Ciel t'aidera!

Her papers were *helter-skelter* on the table:

Ses papiers étaient pêle-mêle (*ou* éparpillés) sur la table

She *hemmed* and hawed:

Elle a tourné autour du pot

You're a wet *hen*!:

Tu es une femmelette! [*Voir* **You're a *sleaze*!**]

He's *henpecked* *or* His wife wears the pants:

a) Sa femme le mène par le bout du nez
b) C'est sa femme qui porte la culotte

That's *her* for you! / That's *him* for you!:

Ça, c'est bien elle! / Ça, c'est bien lui!

I may be *here* today but gone tomorrow!:

Je suis comme un petit oiseau sur la branche!

Do you want to play *hide-and-seek*?:

Veux-tu jouer {*Qc*} à la cachette (*ou* {*Fr*} à cache-cache)?

He left me *high* and dry:

a) Il m'a laissé en plan **b)** Il m'a abandonné
c) Je me suis retrouvé le bec à l'eau *[à cause de lui]*

He thinks he's *high* and mighty!:

a) Il se donne de grands airs! **b)** Il pense qu'il est capable de tout faire!

I looked *high* and low *or* I looked in every nook and cranny:

J'ai cherché dans tous les coins et recoins

He's *high* as a kite:

Il a un coup dans le nez

He lives *high* on the hog:

a) Il mène la grande vie **b)** Il vit au-dessus de ses moyens

He's a *highbrow*!:

{*Qc*} Il fait son grand jars! [*Voir* **He goes big *time*!**]

He's *highfaluting*! *or* He's a high-hat! *or* He's a stuffed shirt! *or* He's hoity-toity!:

a) Il est prétentieux! **b)** Il est hautain! **c)** Il est méprisant

He's a *high-roller* *or* He's rolling high *or* He spends money like water:

a) Il est très dépensier **b)** Il dépense l'argent comme de l'eau **c)** Il jette l'argent par les fenêtres

Go take a *hike*!:

a) Ôte-toi de mes jambes! **b)** Va donc faire un tour! **c)** Va-t-en!

He's over the *hill*!:

a) Il se fait vieux! **b)** Il n'a plus 20 ans!

That's *him* for you! / That's *her* for you!:

Ça, c'est bien lui! / Ça, c'est bien elle!

She can't take a *hint*!:

a) Elle ne comprend pas à demi-mot! **b)** Elle ne comprend pas les allusions

To make a *hit*:

Remporter un succès

He made a *hit* at the party:

a) Il s'est fait remarquer à cette soirée **b)** Il a fait grosse impression lors de cette soirée

That remark *hit* home!:

a) Cette remarque l'a piqué au vif! **b)** Le coup a porté!

I *hit* it off with him right away:

a) Je me suis tout de suite lié d'amitié avec lui **b)** Je me suis tout de suite bien entendu avec lui

***Hit* me with that again! *or* Pass that by me again!:**

a) Répète-moi ça! **b)** Tu peux me répéter ça?

I was so tired that I *hit* the hay (*or* *hit* the sack) early:

J'étais si fatigué que je me suis couché tôt

You *hit* the nail on the head!:

a) {Qc} C'est en plein ça! **b)** Tu as tapé en plein dans le mille!

To *hit* the road:

Prendre la route

Let's *hit* the road!:

a) En route! **b)** Partons!

He *hit* the roof!:

Il est sorti de ses gonds! [*Voir* **He went *bananas*!**]

You'll see when everything *hits* the roof!:

Tu vas voir quand ça va se savoir! [*Voir* **Wait til the *shit* hits the fan!** *(rude)*]

That *hit* the spot! *or* That's just what I needed!:

Ça a fait mon bonheur!

He made a *hit* with his last song! *or* His last song clicked!:

Sa dernière chanson a bien marché (*ou* {Fr} a été un tube, a eu du succès)!

It came off without a *hitch*:

Ça s'est passé sans accroc (*ou* sans anicroche)

To get *hitched* *or* To bite the dust *or* To tie the knot:

Se passer la corde au cou *[se marier]*

He's a *hobo* (*or* a bum, a tramp, a vagrant):

C'est un vagabond (*ou* un clochard, un mendiant, un bon à rien)

I put my watch in *hock* to buy a bike:

J'ai mis ma montre en gage (*ou* au clou) pour acheter une bicyclette

That's *hogwash*!:

C'est de la foutaise! [*Voir* **It's just a lot of *baloney*!**]

He's *hoity-toity*!:

Il est hautain! [*Voir* **He's *highfaluting*!**]

No one else could *hold* a candle to him! *or* He was head and shoulders above the others!:

Personne ne lui arrivait à la cheville!

No *holds* barred! *or* Anything goes!:

Tout est permis!

***Hold* it! *or* Hang on!:**

Attends un peu!

I couldn't get *hold* of him:

Je ne pouvais pas le joindre

Get a *hold* of yourself!:

a) Domine-toi! **b)** Tiens-toi un peu!

You *hold* that against her:

a) Tu lui en veux pour ça b) *{Fr}* Tu en as après elle à cause de ça

Finally, I was left *holding* the bag *or* I was left hanging:

{Qc} Finalement, je suis resté pris avec

She was left *holding* the bag!:

a) C'est elle qui a été blâmée (*ou* réprimandée)! b) C'est elle qui a porté le chapeau!

Your story doesn't *hold* water! *or* Your story doesn't make sense! *or* Your story makes no sense! *or* It's a cock-and-bull story!:

a) Ton histoire ne tient pas debout! b) Ton histoire ne rime à rien! c) C'est une histoire à dormir debout!

Don't *hold* your breath! *or* It's not just around the corner!:

Ce n'est pas demain la veille!

***Hold* your horses!:**

Modère tes ardeurs! [*Voir* ***Control* yourself!**]

You have to *hold* your own:

Tu ne dois pas en démordre [*Voir* **You have to stick to your *guns***]

***Hold* your tongue! *or* Be quiet! *or* Shut up! *or* Keep your trap shut! *or* Shut your mouth! *or* Shut your face! *or* Pipe down!:**

a) *[doux]* Tiens ta langue! b) *[doux]* Tais-toi! c) *[sévère]* Ferme-la! d) *[grossier]* Ta gueule!

I need that like a *hole* in the head!:

Je n'ai absolument pas besoin de ça!

It's just a *hole-in-the-wall*:

{Qc} C'est grand comme le fond de ma poche (*ou* *{Qc}* comme ma gueule *(plus grossier)*, comme un mouchoir de poche)

***Holy* cow!:**

a) Ça parle au diable! b) Tu parles d'une affaire!

***Holy* smoke! *or* Holy Moses! *or* Holy mackerel!:**

Dieu du ciel! [*Voir* **I'll be *doggoned*!**]

A man's *home* is his castle:

a) Sa maison est son royaume b) Sa maison est son refuge

She's a *homebody*:

a) Elle est casanière b) Elle n'aime pas sortir c) Elle mène une vie pépère

It's a *home-cooked* meal:

C'est un repas fait (à la) maison (*ou* un repas maison)

It's a *homemade* pie:

C'est une tarte faite (à la) maison (*ou* une tarte maison)

He's a *homeless*:

C'est un sans-abri [*Voir aussi* ***hobo*, *begger***]

He's on the *homestretch*:

a) Il en est à la dernière étape b) Il est dans la dernière ligne droite

***Honest* to goodness! *or* Honest to God!:**

Je te jure!

In all *honesty*,... *or* To be honest with you,...:

a) En mon âme et conscience,... b) En toute honnêteté,...

***Honey*:**

a) Mon chéri b) Ma chérie

He got me off the *hook*!:

a) Il m'a sorti du pétrin! b) Il m'a tiré d'affaire

By *hook* or by crook! *or* One way or another! *or* Somehow or other!:

D'une manière ou d'une autre!

He's *hooked* on drugs:

a) C'est un drogué b) *{Fr}* Il est accro

I don't give a *hoot*!:

Je m'en fiche comme de ma première chemise! [*Voir* **I don't *care*!**]

I'm *hoping* against hope that...:

J'espère contre toute attente (*ou* en dépit de tout) que...

I'm *hopping* mad!:

Je suis très en colère! [*Voir* **I'm *burned*** (*or* burnt) **up!**]

Don't get on your high *horses*!:

Ne monte pas sur tes grands chevaux!

Stop *horsing* (*or* fooling) around and get back to work!:

Arrête tes conneries *(grossier)*, (*ou* tes singeries, {*Qc*} tes farces plates) et remets-toi au travail!

I heard it straight from the *horse*'s mouth:

a) Je l'ai appris de bonne source **b)** Je l'ai appris de première main

***Horse* shit! *(rude)*:**

C'est de la merde (*ou* {*Qc*} marde)! *(vulgaire)* [*Voir* ***Bullshit*! *(rude)***]

The film is <u>not so *hot*</u>! *or* It's a <u>crummy</u> film!:

Le film est <u>bien ordinaire</u> (*ou* <u>bien quelconque</u>)!

She was all *hot* and bothered!:

a) Elle était en nage! **b)** Elle était dans tous ses états

I got a *hot* tip (*or* some inside dope):

J'ai eu un tuyau *[sur les courses ou à la bourse]*

She's *hotheaded*!:

a) Elle est soupe au lait! **b)** Elle est prompte à s'emporter! **c)** Elle a le sang chaud! *[de colère]* [*mais si elle a le sang chaud parce qu'elle est sensuelle, on dirait*: **She's a hot *cookie*** *or* **She's got hot *pants***]

He's a *hot-rod*!:

C'est un fou du volant!

It's on the *house*!:

a) C'est gratuit! **b)** {*Fr*} C'est gratos!

The cat is *housebroken*:

Le chat est propre *[litière]*

A *household* word:

a) Un terme d'usage courant **b)** Un terme usuel

And *how*!:

À qui le dites-vous! [*Voir* **You'd better *believe* it!**]

<u>*How* about</u> a coffee or...:

<u>Veux-tu</u> un café ou...

***How* about if...:**

Qu'est-ce que tu dirais si...

***How* about that? *or* How does it strike you?:**

Qu'est-ce que tu en penses?

***How* are you? *or* How goes it? *or* How's the world treating you?:**

a) Comment ça va? **b)** Ça va?

***How* did it go?:**

Comment ça s'est passé?

That's a fine *how-do-you-do*!:

Tu parles d'un accueil (*ou* d'un bonjour)! *[négatif]*

A big bear *hug*:

Une vigoureuse accolade

What a *humdinger*!:

a) C'est super (*ou* sensationnel)! *[positif]* **b)** C'est terrible! [*positif*]

I have <u>a *hunch*</u> that something will happen:

J'ai <u>le pressentiment</u> que quelque chose va arriver

How are you? I am <u>*hunky-dory*</u>!:

Comment ça va? Je vais <u>tout à fait bien!</u>

Everything was *hunky-dory*! *or* Everything was looking great! *or* It was smooth sailing! *or* It was all peaches and cream! *or* It went like clockwork!:

a) Tout baignait (*ou* baignait dans l'huile)! **b)** Tout était parfait! **c)** {*Fr*} Tout était nickel! **d)** Tout allait comme sur des roulettes!

***Hurry* up!:**

Dépêche-toi! [*Voir* ***Faster*!**]

She's a *hustler* *(rude)*!:

C'est une putain (*ou* une pute *(vulg.)*)! [*Voir* **She's a *bimbo*!**]

I

You're skating (*or* walking) on thin *ice*:

Tu t'aventures sur un terrain glissant (*ou* dangereux) [*Voir* **You're on shaky *ground***]

The road was sheer *ice*:

a) {*Qc*} La route était sur la glace bleue (*ou* noire, vive) **b)** {*Fr*} La route était verglacée

That's the *icing* on the cake *or* That's the frosting on the cake:

a) C'est le plus beau de l'affaire **b)** {*Qc*} C'est la cerise sur le sundae

What's the big *idea*?:

Pour quelle raison? [*Voir* **What's the *deal*?**]

I don't have the faintest *idea*! *or* I don't have the slightest idea!:

Je n'en ai pas la moindre idée! [*Voir* **I don't have a *clue*!**]

Don't get any *ideas*:

Ne te fais pas d'idées

<u>I played with the *idea*</u> of building a house:

<u>J'ai beaucoup réfléchi</u> à l'idée de construire une maison

This singer is the *idol* of all women *or* This singer is God's gift to women:

Ce chanteur est la coqueluche (*ou* l'idole) de toutes les femmes

There's no *ifs* and buts about it! *or* There's no two ways about it! *or* There's no halfway about it!:

a) Il n'y a pas de "mais"! **b)** {*Qc*} Il n'y a pas de ni ci ni ça! **c)** Il n'y a pas à revenir là-dessus!

I'm *ill* at ease *or* I feel bad:

Je me sens mal à l'aise

***Ill* gotten, *ill* spent! *or* It never pays to cheat!:**

Bien mal acquis ne profite jamais!

He's the spitting *image* of his father:

C'est le portrait tout craché de son père [*Voir* **He's a *chip* off the old block**]

Can you *imagine* that!:

A-t-on idée!

Don't budge an *inch*!:

Ne cède pas d'un pouce!

Give him an *inch*, he'll take a yard!:

a) {*Qc*} Donne-lui un pouce, il va prendre un pied! **b)** {*Fr*} Donne-lui le petit doigt, il va te prendre un bras!

He fought this project <u>every *inch* of the way</u>:

Il a combattu ce projet <u>d'un bout à l'autre</u>

He came <u>within an *inch*</u> of getting it:

Il est venu <u>à un cheveu</u> du succès [*Voir* **He came within a *hair* of getting it**]

We're terribly *indebted* to him:

Nous lui devons une fière chandelle

He (*or* She) is an *Indian* giver:

C'est une personne qui reprend ses cadeaux

You mustn't *indulge* in wishful thinking:

Tu ne dois pas prendre tes désirs pour des réalités

Please give me more *information* about... *or* Please give me further details on...:

Veuillez me donner plus de renseignements sur...

For your *information*, I didn't go there:

Pour ton information (*ou* ta gouverne), je ne suis pas allé là-bas

I don't have an *inkling*!:

Je n'en ai pas la moindre idée! [*Voir* **I don't have a *clue*!**]

I got some *inside* dope (*or* a hot tip):

J'ai eu un tuyau *[sur les courses ou à la bourse]*

It's an *inside* job!:

a) C'est un coup monté de l'intérieur **b)** C'est un coup commis par quelqu'un de la maison.

An *installment* plan:

Des modalités de paiement

For *instance*,... *or* For example,...:

Par exemple,...

She was *instrumental* in our success:

Elle a contribué à notre succès

He added *insult* to injury when he said...:

Il a porté (*ou* poussé) l'insulte à son comble quand il a dit...

I'll take the *interchange* (*or* the cloverleaf):

Je vais prendre l'échangeur *[sur l'autoroute]*

He (*or* She) is an *introvert*:

C'est une personne introvertie (*ou* renfermée)

He has a very high *I.Q.* (*or* *IQ*):

Il a un Q.I. *[quotient intellectuel]* très élevé

You have too many *irons* in the fire:

a) Tu cours trop de lièvres en même temps
b) {*Fr*} Tu as trop de fers au feu en...

I have to *iron* out a few things:

Je dois clarifier (*ou* corriger) certaines choses

Let's strike the *iron* while it's hot!:

Il faut battre le fer quand il est chaud! [*Voir* **Let's *go* while the going's good!**]

He *isolated* himself:

Il a fait le vide autour de lui

That's not the *issue*:

Là n'est pas la question [*Voir* **That's beside the *point***]

Don't make an *issue* out of it!:

N'en fais pas une affaire d'État! [*Voir* **Don't make a big *deal* out of it!**]

I've got *itchy* feet to go to California! *or* I'm itching to go to California!:

a) Je meurs d'envie d'aller en Californie! **b)** L'envie me démange d'aller...

He's got *itchy* feet! *or* He has ants in his pants!:

a) Il a la bougeotte! **b)** Il ne reste pas en place!

Give me just an *itsy-bitsy* piece:

Donne-moi juste une lichette [*Voir* **Give me just a *tiny* piece**]

***Izzatso*?! *(Is that so?!)*:**

a) Vraiment? **b)** Non?

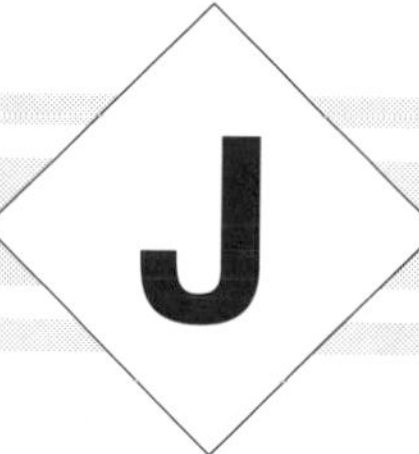

He's a *jackass* *(rude)*:

C'est {Qc} un trou-de-cul *(vulgaire)*

He's a *jack-of-all-trades* *or* He's very handy around the house:

a) C'est un homme à tout faire **b)** C'est un touche-à-tout **b)** C'est un bricoleur émérite

She hit the *jackpot*:

a) Elle a gagné le premier prix **b)** Elle a décroché le gros lot (*ou* {Fr} le pompon)

He landed in *jail*:

Il s'est retrouvé en prison

I have an old *jalopy*:

a) J'ai une vieille bagnole (*ou* {Fr} chignole, {Fr} caisse, {Fr} tire) b) {Qc} J'ai un vieux bazou

I'm in a *jam*!:

Je suis dans le pétrin! [*Voir* **I'm in *dutch*!**]

A *jam* session:

Une réunion de musiciens de jazz

The parking lot was *jammed*!:

{Qc} Le stationnement (*ou* Le parking) était plein à craquer!

It's all *jammed* up:

C'est complètement bloqué

A *jaywalker*:

Un piéton non respectueux des feux de circulation

... and all that *jazz*:

a)... et patati et patata **b)**... et tout le reste

What a *jerk*!:

Quel mufle! [*Voir* **What a *geek*!**]

The *jet* lag:

Le décalage horaire *(au sens de ses effets sur nous)* [*mais* **The *time* difference** – le décalage horaire *[au sens des différents fuseaux horaires]*]

I'll be back in a *jiffy*:

a) Je reviens tout de suite **b)** Je reviens dans une seconde

I'll do it in a *jiffy* (*or* in two shakes of a lamb's tail, in short order):

Je vais le faire en un clin d'œil (*ou* en un tournemain, en moins de deux, en deux temps trois mouvements, en un rien de temps, {Fr} en deux coups de cuillère à pot)

It's *jim-dandy*! *or* It's dandy!:

C'est épatant!

I got the *jitters*! *or* I got the heebie-jeebies! *ou* I got stage fright!:

J'ai eu le trac!

It doesn't *jive*!:

Ça ne va pas ensemble!

We don't *jive*!:

Nous ne travaillons pas bien ensemble!

It's the first requirement of the *job*:

C'est l'abc (*ou* {Fr} le b.a.-ba) du métier

***Johnnycakes*:**

Des crêpes épaisses [*Voir* ***Flapjacks***]

A *joint* of dope:

Un joint de marijuana (*ou* de haschich)

It's no *joke*!:

a) Ce n'est pas une blague! **b)** {*Qc*} C'est ben vrai! **c)** {*Qc*} C'est pas des farces!

That's no *joke*!:

a) {*Qc*} Ça, c'est pas un cadeau! **b)** Ce n'est pas une petite affaire!

The *joke*'s on me! *or* The laugh's on me!:

C'est moi le dindon de la farce!

***Jolts* of pain *or* Shooting pain *or* Throbbing pain:**

Des élancements ***[de douleur]***

To keep up with the *Joneses*:

a) Ne pas vouloir être en reste **b)** {*Qc*} Compétitionner avec ses voisins **c)** {*Qc*} Jouer au voisin gonflable

One man's *joy* is another man's sorrow! *or* One man's meat is another man's poison!:

Le malheur des uns fait le bonheur des autres!

Don't *judge* a book by its cover! *or* Looks are deceiving! *or* It's not what it's cracked (*or* drummed) up to be!:

a) Les apparences sont trompeuses! **b)** L'habit ne fait pas le moine! **c)** On ne juge pas un livre à sa couverture!

What a *jughead*!:

Quel crétin! [*Voir* **What a *moron!***]

He *jumped* bail:

Il s'est enfui alors qu'il était en liberté provisoire

He *jumped* town

Il a quitté la ville précipitamment

Don't *jump* down my throat:

Ne m'engueule pas!

He was always *jumping* from one subject to another:

Il sautait (*ou* passait) continuellement du coq à l'âne

To *jump* off the deep end *or* To lose control:

a) Perdre les pédales **b)** Perdre son sang-froid

She almost *jumped* out of her skin!:

Elle a eu une peur bleue! [*Voir* **She was *scared* stiff!**]

Don't *jump* out of the frying pan into the fire:

N'aggrave pas la situation

Don't *jump* the gun! *or* Don't jump to conclusions!:

a) {*Qc*} Ne saute pas aux conclusions! **b)** N'en tire pas de conclusions!

Don't be so *jumpy*!:

a) Ne sois pas si paquet de nerfs! **b)** Ne sois pas si nerveux!

A *junk-yard*:

a) {*Qc*} Une cour à débarras (*ou* une cour à "scrap" (***angl.***)) **b)** {*Fr*} Une casse ***[ferrailleur]***

Do you *kapitch*?:

Comprends-tu? [*Voir* **Do you get the *message*?**]

It went *kaput*!:

a) {*Qc*} C'est "brisé" (*ou* cassé)! **b)** {*Qc*} Ça a fait défaut!

I want it for *keeps*:

a) Je le veux pour de bon **b)** Je veux le garder

You can't *keep* a good man down!:

a) Un homme de valeur reprend toujours le dessus! **b)** On ne peut pas écraser (*ou* abattre) un homme de valeur!

You don't *keep* anything to yourself!:

a) Tu es un vrai panier percé! **b)** Tu ne sais pas tenir ta langue!

The pot calls the *kettle* black!:

Qui se ressemble s'assemble! [*Voir* ***Birds* of a feather flock together!**]

You're off *key*!:

a) {*Qc*} Tu fausses! **b)** Tu chantes faux!

I put the *kibosh* on that!:

J'ai mis fin à ça!

Just for *kicks*:

Juste pour le plaisir

They're always *kicking*:

Ils rouspètent tout le temps [*Voir* **They're always *bellyaching***]

I lost my watch, I know it's *kicking* around somewhere:

J'ai perdu ma montre, je sais qu'elle traîne quelque part

Now he could *kick* himself:

Maintenant, il s'en mord les doigts [*mais* **Later he will live to *regret* it** *[au futur]* = Plus tard, il s'en mordra les doigts]

To *kick* in a few bucks:

a) Contribuer financièrement **b)** Faire un don

I could *kick* myself!:

a) Comme je suis bête! **b)** Comme je m'en veux! **c)** Je m'en mords les doigts!

I get a *kick* (*or* a bang) out of dancing:

a) J'adore (*ou* aime) danser **b)** {*Fr*} Je prends mon pied quand je danse

To *kick* the bucket:

a) Passer l'arme à gauche **b)** {*Fr*} Casser sa pipe

To *kick* the habit:

Se débarrasser d'une mauvaise habitude

To expect a *kickback*:

Espérer un pot-de-vin (*ou* une ristourne)

You *kid* the pants off her:

Tu la rends (*ou* la pousses) à bout

No *kidding*! *or* Are-you kidding?:

a) Sans blague! **b)** Es-tu sérieux?

All *kidding* aside,...:

Blague à part,...

I'm *kidding* you!:

a) Je te raconte des blagues! **b)** Je fais des farces, ce n'est pas vrai!

You're *kidding* yourself:

Tu te mets (*ou* te fourres) le doigt dans l'œil *[on rajoute parfois "jusqu'au coude"]*

Kiddo *or* **Kid:**

Un enfant

It's *kidstuff*:

Ce sont des enfantillages (*ou* {*Fr*} des gamineries)

To make a *killing*:

Faire un grand succès [*Voir* **To make a big *haul***]

The heat's *killing* me!:

Je suis écrasé de chaleur!

It *kills* me to see him drinking:

a) {*Qc*} Ça me fait mourir (*ou* fait mal) de le voir boire **b)** Ça me dérange beaucoup de...

Don't *kill* me with kindness!:

N'en fais pas trop! [**Don't *smother* me!** = Ne m'étouffe pas *[figuré]*]

She tries to *kill* me with kindness but I still don't want to make friends with her:

Elle fait des pieds et des mains pour moi, mais je ne veux quand même pas devenir son amie

He's a *kill-joy*! *or* **He's a party-pooper!** *or* **He's a stick in the mud!:**

a) C'est un rabat-joie! **b)** {*Qc*} C'est un casseux de party (*ou* de veillée)

They're two of a *kind*!:

Ils sont du même bois! [*Voir* ***Birds* of a feather flock together!**]

Be so *kind* as to help me:

Ayez l'amabilité (*ou* la gentillesse) de m'aider

I'm *kind* of happy that...:

Je suis plus ou moins heureux que...

It takes all *kinds* to make a world:

a) Tous les goûts sont dans la nature **b)** On en voit de toutes sortes

I sent him to *kingdom* come!:

Je l'ai envoyé au diable! [*Voir* **I gave him the *brush-off*!**]

He's *kinky*!:

C'est un vicieux!

To *kiss* and make up:

Faire la paix (*ou* Se réconcilier) *[avec son conjoint]*

To *kiss* somebody good-bye:

Dire adieu à quelqu'un

If you lend him your scissors, you can *kiss* them goodbye!:

Si tu lui prêtes tes ciseaux, tu peux faire une croix dessus (*ou* {*Qc*} (oublie-les, tu pourras toujours courir après)!

He left with the whole *kit* and caboodle (*or* the whole stock and barrel, the whole shebang, the whole shooting match):

Il est parti avec tout son barda (*ou* avec toutes ses affaires, avec tout son bataclan, {*Qc*} avec toute sa trâlée)

They took everything but the *kitchen* sink:

Ils ont tout emporté sauf les murs

Go fly a *kite*!:

Va voir là-bas si j'y suis! [*Voir* **Get off my *back*!**]

You have the *knack* of getting on my nerves:

Tu as le don de me {*Qc*} tomber sur les nerfs (*ou* {*Fr*} mettre les nerfs en pelote)

I *knock* around in my old car:

Je me balade ici et là dans ma vieille bagnole (*ou* {*Fr*} vieille chignole)

She got *knocked* up!:

Elle s'est fait mettre enceinte (*ou* {*Fr*} en cloque)! *[péjoratif]*

He *knocked* him out cold:

Il l'a assommé *[physiquement]*!

Don't *knock* it! *or* **It's nothing to sneeze at!:**

a) Ce n'est pas à dédaigner! **b)** Ne crache pas dessus!

***Knock* it off!:**

a) Tais-toi! **b)** N'en parle plus! **c)** Arrête de faire ça!

I *knocked* myself out ***[to please her or on that job]*:**

J'ai travaillé jusqu'à épuisement ***[pour lui plaire ou sur cet ouvrage]***

That will *knock* some sense into him *or* It'll put something in his (*or* her) head:

Ça va lui mettre du plomb {*Qc*} dans la tête (*ou* {*Fr*} dans la cervelle)

My *knockabout* coat:

Mon manteau de tous les jours

What *knockers*:

Quels nichons! [*Voir* **What *boobs*!**]

To tie the *knot* *or* To bite the dust *or* To get hitched:

Se passer la corde au cou ***[se marier]***

How should I *know*!:

Comment veux-tu que je le sache!

What do you *know*! *or* You don't say!:

Ce n'est pas possible!

You never *know*! *or* You never can tell!:

a) On ne sait jamais! **b)** Il ne faut jurer de rien!

I *know* for a fact that...:

Je suis sûr et certain que...

I don't *know* him from Adam:

Je ne le connais ni d'Ève ni d'Adam

He doesn't *know* from a hole in the ground!:

Il ne comprend rien à rien! [*Voir* **He doesn't *understand* a thing!**]

He *knows* his onions (*or* his stuff):

Il connaît son sujet à fond

He *knows* his stuff *or* He knows what he's talking about:

Il connaît son affaire

He doesn't *know* his way out of a paper bag!:

{*Qc*} Il a les deux pieds dans la même bottine!

He has the *know-how*:

Il a le savoir-faire

I don't *know* if I'm coming or going! *or* I don't know which way to turn!:

Je ne sais pas où donner de la tête!

He *knows* it in and out:

Il connaît ça comme le fond de sa poche

He doesn't *know* the first thing about it!:

Il n'y connaît rien! [*Voir* **He doesn't know *beans* about it**]

He *knows* what he's talking about *or* He knows his stuff:

Il connaît son affaire

I didn't *know* what hit me!:

a) Ça m'a fichu un coup! **b)** J'en ai eu le souffle coupé!

You *know* what I mean!:

Tu sais ce que je veux dire!

He *knows* what's what:

Il sait de quoi il retourne

Who *knows* what lies ahead!:

Qui sait de quoi demain sera fait! [*Voir* **Who knows what the *future* will bring!**]

You don't *know* what you're in for:

Tu ne sais pas où tu mets les pieds [*Voir* **You don't know what you're *getting* into**]

You don't *know* what you're up against:

a) Tu ne sais pas ce qui t'attend **b)** {*Qc*} Tu vas frapper un nœud

What he doesn't *know* won't hurt him:

a) Toute vérité n'est pas bonne à dire **b)** Ce qu'il ne sait pas ne lui fera pas de mal

He's a *know-it-all*! *or* He's a smart Alleck! *or* He's a smarty-pants!:

a) {*Qc*} C'est un ti-Jos-connaissant! **b)** {*Qc*} Il se pense plus fin que les autres! **c)** {*Qc*} C'est un fin-fin! **d)** C'est un je-sais-tout!

Not to my *knowledge*!:

a) Pas à ma connaissance! **b)** Pas que je sache!

What a *knucklehead*!:

Quel crétin! [*Voir* **What a *moron*!**]

It's not very *kosher*:

a) Ce n'est pas très catholique **b)** {*Qc*} C'est un peu croche

We started at the bottom of the *ladder* *or* **We started on the bottom rung:**

On a commencé au bas de l'échelle

The *landbord*:

Le propriétaire [*mais* **the tenant** = le locataire]

A stretch of *land*:

Une grande étendue de terre

I *landed* a good job this morning:

J'ai réussi à trouver un bon emploi ce matin

Give him time to *land* on his feet *or* **Give him time to turn around** *or* **Give him time to sort it out:**

Laisse-lui le temps de se retourner *[figuré]* (*ou* de souffler)

By and *large*,...:

Généralement parlant (*ou* Dans l'ensemble),...

Next to the *last*:

L'avant-dernier

Finally, *last* but not least,...:

Finalement, une dernière chose mais non la moindre,...

To *latch* on to something:

S'accrocher à quelque chose

Better *late* than never!:

Mieux vaut tard que jamais!

Don't make me *laugh*! *or* **Don't give me that!:**

a) Ne me fais pas rire! **b)** Ne me fais pas rigoler!

They *laughed* all the way to the bank!:

{*Qc*} Ils ont fait un gros coup d'argent!

She *laughed* her head off!:

Elle a éclaté de rire! [*Voir* **She *cracked* up!**]

The *laugh*'s on me! *or* **The joke's on me!:**

C'est moi le dindon de la farce!

He *laughed* it off!:

Il a pris ça en riant! [*Voir* **He took it with a *grain* of salt!**]

He who *laughs* last, laughs best!:

Rira bien qui rira le dernier!

I *laughed* right in his (*or* her) face:

Je lui ai ri au nez

She was the *laughing* stock at the party!:

{*Qc*} Elle a été la risée du party!

I *laughed* to death!:

J'étais mort(e) de rire!

He *laughed* to himself *or* **He was laughing under his breath:**

Il riait dans sa barbe

To *launder* money:

Blanchir de l'argent

You don't have to do your dirty *laundry* in public:

Tu ne dois pas laver ton linge sale en public *[figuré]*

There's no *law* against it!:

a) Ce n'est pas interdit par la loi! **b)** Ce n'est pas défendu!

Not everybody is a *lawyer*!:

Il n'y a pas de sot métier!

Go *lay* an egg (*or* a brass egg)!

Va te faire voir! [*Voir* **Get off my *back*!**]

To *lay* a fart *(Past tense: laid)*:

a) Faire un pet **b)** Péter

He *laid* down the law!:

a) Il lui a mis les points sur les "i" {*Qc*} les barres sur les "t")! **b)** Il l'a rappelé à l'ordre!

He *laid* it on pretty thick:

a) {*Qc*} Il y allait pas mal fort! *[dans le sens qu'il exagérait]* **b)** Il y allait un peu fort!

***Lay* off!:**

Fiche-moi la paix! [*Voir* **Get off my *back*!**]

A *lay-off*:

a) Une mise à pied **b)** Un congédiement **c)** Un licenciement **d)** Une "rationalisation des effectifs"

I got *laid* off:

J'ai été remercié de mes services [*Voir* **I got *fired***]

We had a 3 hour *lay* over in Chicago:

On a fait une escale de trois heures à Chicago

A *lazy* Susan:

{*Qc*} Une suzanne *[plateau tournant]*

It went down like a *lead* balloon!:

a) Ça a foiré! **b)** Ça a échoué lamentablement!

To turn over a new *leaf*:

a) Tourner la page **b)** Entreprendre quelque chose de nouveau

The news *leaked* out that...:

La nouvelle a transpiré que...

It caught on by *leaps* and bounds:

Ça a progressé à pas de géant

I *learned* my lesson!:

Ça m'a donné une bonne leçon!

I've *learned* the ropes:

J'en connais les rudiments

I'm a little *leary* about...:

Je me méfie un peu de...

At the very *least*,...:

Au bas mot,...

Not in the *least* bit! *or* Not in the slightest! *or* Not by a damn sight! *or* Not by a long shot!:

a) Pas le moins du monde! **b)** Loin de là! **c)** Tant s'en faut!

When *least* expected, we sold the house:

Alors qu'on s'y attendait le moins, on a réussi à vendre la maison

It's the *least* he can do for him:

Il lui doit bien ça

At *least*, it's something! *or* Half a load is better than none!:

a) C'est toujours ça de pris! **b)** Mieux vaut ça que rien du tout!

That's the *least* of my worries!:

C'est le cadet (*ou* le moindre) de mes soucis!

***Leave* it to me!:**

a) Fais-moi confiance! **b)** Laisse-moi faire!

***Leave* me out of it!:**

a) Laisse-moi en dehors de tout ça! **b)** Ne me mêle pas à ça!

Where did I *leave* off? *or* Where was I?:

Où en étais-je?

I told her all the details but I *left* out the price:

Je lui ai donné tous les détails mais je n'ai pas mentionné le prix

***Leave* well enough alone:**

Le mieux est l'ennemi du bien

It makes no *leave-of-mind*!:

Ce n'est pas important!

A *left-handed* compliment:

Un compliment maladroit

My *legs* feel like jelly *or* My legs feel like a rag:

a) J'ai les jambes (molles) comme du coton **b)** {*Qc*} ... comme de la guenille

I bought a *lemon*:

a) {*Qc*} J'ai acheté un "citron" (*ou* {*Fr*} une chignole pourrie) **b)** J'ai acheté de la cochonnerie (*ou* de la camelote)

To *lend* money *or* To give a loan:

Prêter de l'argent [*mais* **To *borrow*** (*or* **To take out a *loan***) = Faire un emprunt]

She goes to great *lengths* to help *or* She goes to a lot of trouble to help:

Elle se donne beaucoup de mal pour aider

You can't change the spots on a *leopard*!:

a) Chassez le naturel, il revient au galop! **b)** Qui a bu boira!

***Lesbian*:**

Lesbienne [*Voir* ***Gay***]

One must choose the *lesser* of two evils:

Entre deux maux, il faut choisir le moindre

I could hardly get out of bed, *let* alone go to work:

J'ai eu toutes les misères du monde à sortir du lit, sans parler d'aller travailler

She *let* her hair down to her friend:

a) Elle s'est confiée (*ou* révélée) à son ami(e) **b)** Elle s'est ouverte à son amie

He *let* him have the floor:

Il l'a laissé prendre la parole

***Let* it go at that!:**

a) Restons-en là! *[dans le sens de "acceptons le projet tel qu'il est, même s'il n'est pas parfait"]* **b)** N'en fais pas plus!

***Let* it slide! *or* Let it go!:**

a) Laisse aller! **b)** Laisse faire!

She *let* me down!:

Elle m'a laissé tomber!

I'll *let* myself out:

Pas besoin de me raccompagner *[dans le sens: je vais retrouver par moi-même la porte de sortie]*

I had to *let* off steam!:

a) Il fallait que je me défoule! **b)** Je devais me défouler!

Don't *let* on that you know:

a) Ne montre pas que tu le sais **b)** Ne laisse pas voir que tu le sais

***Let* the world say what it will!:**

a) {*Qc*} Fais ton affaire et laisse dire! **b)** Les chiens aboient, la caravane passe! **c)** Bien faire et laisser braire

Don't *let* up!:

N'abandonne pas! [*Voir* **Don't *cop* out!**]

What a *let-down*!:

Quelle déception!

It was a real *let-down* when we saw it!:

Ça nous a fait l'effet d'une douche froide quand nous avons vu ça!

In closing a *letter*: Pour terminer une lettre:

Best regards = Meilleures salutations
Best regards = Amicalement
Yours truly = Croyez à l'expression de mes meilleurs sentiments
Respectfully = Recevez mes salutations distinguées
Yours truly = Recevez mes salutations distinguées
Affectionately yours = Avec toute mon affection
Affectionately yours = Affectueusement
Cordially = Cordialement
Love = Je t'embrasse
Love and kisses= Gros baisers
Best regards to= Meilleures salutations à
My best wishes = Mes amitiés
Sincerely yours= {*Qc*} Sincèrement vôtre
Truly yours = Bien à vous
Yours truly = Bien à vous

I will obey to the *letter*:

Je vais obéir au pied de la lettre

We're on the same *level*:

a) Nous sommes à égalité **b)** Nous sommes égaux (*ou* sur un même pied)

I want to be on the *level* with you *or* I want to level with you:

a) Je veux être honnête avec toi **b)** Je veux être clair avec toi

She's a *level-headed* person:

C'est une personne pondérée (*ou* modérée)

To give someone a good *licking*:

Passer quelqu'un à tabac [*Voir* **To give someone a good *going-over***]

They put the *lid* on that:

Ils ont tenu (*ou* gardé) ça sous silence

It was only a little white *lie*:

a) C'était seulement un pieux mensonge **b)** Ce n'était qu'un...

You're living a *lie*:

Tu vis dans le mensonge

It's a pack of *lies*!:

C'est un tissu de mensonges!

Don't *lie* down on the job *or* Don't fool around when you should be working:

Ne perds pas ton temps alors que tu devrais travailler

He *lies* like a trooper *or* He lies like a rug *or* He lies like nobody's business:

Il ment comme un arracheur de dents (*ou* comme il respire)

He *lied* through his teeth:

a) {Qc} Il en a conté une petite vite *[un mensonge]* **b)** Il a menti effrontément

That's *life*!:

C'est comme ça! [*Voir* **Those are the *breaks*!**]

Not on your *life*!:

Jamais de la vie! [*Voir* **Not in a dog's *age***]

Get a *life*!:

{Qc} Fais-toi une vie!

***Life* goes on as usual! *or* It's business as usual!:**

a) Le monde continue à tourner! **b)** La vie continue!

He's the *life* of the party:

C'est le boute-en-train (*ou* {Fr} le rigolo) {Qc} du party (*ou* de la fête)

***Life*'s ups and downs:**

Les hauts et les bas de la vie

You're a *life* saver!:

Tu me sauves la vie!

Where there's *life*, there's hope!:

Tant qu'il y a de la vie, il y a de l'espoir!

Have you started a new *life* with him?:

As-tu refait ta vie avec lui?

***Lighten up*, will you!:**

Vois les choses du bon côté!

You'll do it whether you *like* it or not!:

Tu vas le faire, que ça te plaise ou non (*ou* de gré ou de force)!

The sky's the *limit*!:

Il n'y a pas de limites!

It's off *limits*!:

a) C'est interdit! **b)** C'est défendu!

It was out of *line*!:

C'était déplacé (*ou* malvenu, incorrect)!

Drop me a *line*:

Écris-moi un mot

I put my business on the *line*:

J'ai mis mon entreprise en danger

Lay it on the *line*:

Dis-le franchement

He really laid it on the *line* *or* He made no bones about it:

a) Il n'y est pas allé par quatre chemins **b)** Il n'a pas mâché ses mots **c)** Il n'y est pas allé avec le dos de la cuillère **d)** Il n'y est pas allé de main morte

You have to toe the *line*:

a) Tu dois te plier aux directives **b)** Tu dois obéir

He gave me quite a *line*:

Il m'a raconté toute une histoire [*Voir* **He gave me quite a *snow* job**]

It's along those *lines*:

a) C'est dans cet ordre-là
b) C'est à peu près ça

I draw the *line* here:

C'est la limite que je me fixe

That's the missing *link*:

C'est le chaînon manquant

***Liquor* store *or* Package store:**

{*Qc*} Magasin de la Société des alcools [*ou* au Canada, tout autre magasin du genre géré par l'État]

He's on the black *list* *or* He's on the shit list *(rude)*:

Il est sur la liste noire

***Listen* here! *or* See here!:**

Écoute-moi bien!

A *litterbug*:

Personne qui jette ses déchets partout

***Little* did I know that it would happen!:**

J'étais loin de me douter que ça arriverait!

You *live* and learn:

a) On en apprend tous les jours **b)** On apprend à tout âge

To *live* from hand to mouth:

a) Vivre au jour le jour **b)** Tirer le diable par la queue

He *lives* high on the hog:

a) Il mène la grande vie **b)** Il vit au-dessus de ses moyens

He'll never *live* it down:

Il ne vivra jamais assez vieux pour se faire pardonner ça

To *live* it up:

a) Vivre au maximum **b)** {*Fr*} Vivre à cent à l'heure **c)** {*Qc*} Vivre à cent milles à l'heure

He's been *living* it up since his wife died:

a) Il fait les quatre cents coups depuis la mort de sa femme **b)** {*Fr*} Il mène une vie de barreau de chaise depuis... **c)** {*Fr*} Il mène une vie de patachon depuis...

He *lives* off the fat of the land:

a) Il vit de ses rentes **b)** {*Qc*} Son argent est fait

I'm *living* on a shoestring:

Je vis avec trois fois rien

He *lives* on easy street:

Il vit dans l'aisance [*Voir* **He leads the life of *Riley***]

You should *live* so long! *or* Go to hell!:

a) Va chez le diable! **b)** Va au diable!

Do they *live* together? *or* Do they shack up together? *[familiar]*:

a) Vivent-ils ensemble? **b)** Cohabitent-ils?

To make a *living*:

Gagner son pain

***Lo* and behold, we're finished!**

Et voilà, nous avons terminé!

Get a *load* of him!:

Regarde-le donc, lui!

That's a *load* off my mind!:

Ça m'enlève un poids des épaules (*ou* un poids de la conscience)

Take a *load* off your feet!:

a) Assieds-toi! b) {*Qc*} Assis-toi!

He's *loaded*:

a) Il est soûl **b)** Il est ivre

He's *loaded*!:

Il est plein aux as! [*Voir* **He's filthy *rich*!**]

It's a *loaded* question!:

a) C'est une question insidieuse! **b)** C'est une question piège!

To take out a *loan* *or* To borrow:

Faire un emprunt

To give a *loan* *or* To lend money:

Prêter de l'argent

A *loan* shark:

Un usurier

He picked the *lock*:

Il a crocheté la serrure

I *locked* horns with Karl:

J'ai affronté Karl [*Voir* **I butted *heads* with Karl**]

I sold it to him <u>*lock*, stock and barrel</u>:

Je lui ai tout vendu <u>en bloc</u>

Long **johns:**

Sous-vêtements (*ou* caleçons) longs

In the *long* run,...:

À la longue,...

I won on a *long* shot *(at the races)*!:

J'ai gagné sur un coup bien risqué *[aux courses]*! [*mais* **I won in the *long* run** = J'ai fini par gagner *ou* À la longue, j'ai gagné]

I won't help you in a *long* shot:

Il y a très peu de chance que je t'aide

We're not finished by a *long* shot!:

On est loin d'avoir fini!

Long **time no see!:**

Ça fait longtemps que je ne t'ai vu!

I took the *long* way around and he went direct:

J'ai pris le chemin le plus long et il a pris le chemin le plus court

It's a *long-drawn-out* affair!:

C'est une affaire qui dure depuis bien trop longtemps (*ou* qui n'en finit plus)!

It *looks* as if butter wouldn't melt in his mouth:

On lui donnerait le bon Dieu sans confession

It *looks* as if it's a mistake:

Ça a tout l'air d'être une erreur

He *looked* at her down his nose:

Il la regardait avec dédain

Look **before you leap:**

a) Ne t'engage pas les yeux fermés **b)** Ne te lance pas à l'aveuglette

She *looks* good on this picture:

Elle est à son avantage sur cette photo

Everything was *looking* great!:

Tout était parfait! [*Voir* **Everything was *hunky-dory*!**]

What does that make me *look* like?:

De quoi ai-je l'air maintenant? *[dans le sens de cela me fait perdre la face]*

To *look* like a million:

Avoir l'air très chic (*ou* très élégant)

He *looks* like a picture:

a) Il est beau comme un dieu (*ou* une image)
b) Il est beau comme le jour

It *looks* like funny business!:

Ça a l'air louche!

Look **me straight in the eye:**

a) Regarde-moi droit dans les yeux **b)** Regarde-moi dans le blanc des yeux

He's a pessimist; he always *looks* on the dark side:

Il est pessimiste; il voit toujours les choses en noir

To *look* the other way on...:

Fermer les yeux sur...

He *looks* the part:

Il a le physique de l'emploi

Look **what the cat brought in!:**

Mais regarde donc qui arrive? *[positif]*

Look **what the cat dragged in!**

Ah non! Regarde qui arrive! [*négatif*]

He *looks* up to his father:

Il admire son père

Looks **are deceiving!:**

Les apparences sont trompeuses! [*Voir* **Don't *judge* a book by its cover!**]

If *looks* could kill, I'd be dead!:

Si ses yeux étaient des pistolets, je serais mort!

By the *looks* of him, I'd say he's...:

Rien qu'à le voir, je dirais qu'il...

Loosen **up!:**

a) Relâche un peu! **b)** Sois moins strict!

Give me the *loot*!:

Donne-moi le magot

To *lose* control *or* To jump off the deep end:

a) Perdre les pédales **b)** Perdre son sang-froid

It got *lost* in the shuffle:

Ça s'est perdu en cours de route

This politician is *losing* momentum:

Ce politicien est en perte de vitesse

I *lose* out on that deal:

Je suis perdant dans ce marché

To *lose* track:

Perdre le fil

The *lost-and-found* department:

a) {Qc} Le département des objets perdus **b)** Les objets trouvés

It's a *lost* cause:

C'est une cause perdue

He's a *loud-mouth*:

C'est une grande gueule [*Voir* **He's a big *mouth***]

I feel *lousy*:

Je suis mal en train

It's a *lousy* break:

C'est de la malchance

It's a *lousy* house *or* It's a crummy house:

C'est une maison complètement délabrée

He's a *lousy* speaker:

Il ne vaut pas cher comme conférencier

What *lousy* weather!:

Quel temps dégueulasse! *(grossier)*

We had a *lousy* weekend:

Ce fut un week-end {Qc} ennuyant (*ou* {Fr} ennuyeux)

You can't live on *love*!:

Tu ne peux pas vivre d'amour et d'eau fraîche!

All's fair in *love* and war!:

En amour comme à la guerre, tous les coups sont permis!

It was *love* at first sight!:

Ça a été le coup de foudre!

There's no *love* lost between them:

a) Ces personnes se détestent **b)** Ces gens ne peuvent pas se sentir

I wouldn't do it for *love* nor money! *or* I wouldn't touch it with a ten foot pole!:

a) Je ne le ferais pas pour tout l'or du monde! **b)** Je ne le ferais sous aucun prétexte! **c)** Je ne le ferais pour rien au monde!

What *lovebirds* they are!:

a) Qu'ils sont beaux ces amoureux! **b)** Quels beaux tourtereaux!

They are *lovey-dovey*:

a) Ils se caressent tout le temps **b)** Ils se font des mamours

To *lower* the boom:

a) {Qc} Donner le coup final b) {Fr} En mettre un dernier coup *[pour terminer quelque chose]*

Tough *luck*! *or* That's tough!:

Tant pis!

I'm out of *luck*!:

Je n'ai plus aucune chance!

I'm in *luck*! *or* I'm lucky!:

a) {Qc} Je suis chanceux! **b)** J'ai de la chance!

Don't push your *luck*!:

a) {Qc} (Ne) Pousse pas! **b)** {Qc} Ne tire pas trop sur la corde! **c)** Ne force pas ta chance! **d)** Ne tente pas le diable!

I *lucked* out!:

J'ai eu de la chance!

I thank my *lucky* stars:

a) Je remercie le bon Dieu **b)** Je remercie le Ciel

I had a *lump* in my throat:

a) J'avais la gorge serrée (*ou* nouée) **b)** {Qc} J'avais un "motton" dans la gorge

It's the real McCoy:

a) C'est de l'authentique **b)** C'est du vrai de vrai

He works like *mad*:

a) Il travaille beaucoup **b)** *{Qc}* Il travaille très fort **c)** Il travaille comme un fou [*mais* **He's suffering like mad** = Il souffre le martyre]

I'm *mad* *or* I'm sore *or* I'm peeved *or* I'm ticked off *or* I'm teed off:

a) Je suis fâché(e) **b)** Je suis furieux (*ou* furieuse)

He was stark raving *mad*:

Il était fou de rage (*ou* fou de colère)

She was as *mad* as a wet hen *or* She was fit to be tied:

Elle était folle furieuse

It was a *madhouse*:

C'était une maison de fou *[dans le sens que tout allait trop vite]*

Everything fell into place like *magic* (*or* as if by *magic*):

Tout s'est mis en place comme par enchantement

She's an old *maid*!:

C'est une vieille fille!

You *make* a better door than a window!:

a) Tu n'es pas transparent! **b)** *{Fr}* Ton père n'est pas vitrier!

To *make* a go of the business:

Réussir en affaires

***Make* eyes at him if you really want your weekend off *or* Play up to him if you really want your weekend off:**

a) Fais-lui du charme si tu veux vraiment prendre *{Qc}* ta fin de semaine de congé (*ou* *{Fr}* ton week-end) **b)** Fais-lui les yeux doux si...

To *make* good *or* To make out:

Réussir

Let's *make* hay while the sun shines!:

Il faut battre le fer quand il est chaud! [*Voir* **Let's go while the *going*'s good!**]

To *make* love *or* To have sex:

Faire l'amour [*Voir* **To have a *quickie***]

I hope I've *made* myself quite clear:

J'espère que je me suis bien fait comprendre

I'll show him what I'm *made* of *or* I'll show him what's what:

Il va voir de quel bois je me chauffe

I'll show them what I'm *made* of! *or* I'll show them what I can do!:

Je vais leur montrer de quoi je suis capable!

To *make* out:

a) Prospérer **b)** Réussir

She sure *made* out at the party:

a) *{Qc}* Elle est tombée dans l'œil de tous les hommes lors de cette soirée **b)** Elle a tapé dans l'œil de...

Your story doesn't *make* sense! *or* **Your story makes no sense!:**

Ton histoire ne tient pas debout! [*Voir* **Your story doesn't *hold* water!**]

I'll *make* sure I've something to fall back on:

Je dois assurer mes arrières

You have to *make* the best of it! *or* **We have to grin and bear it!:**

Il faut faire contre mauvaise fortune bon cœur

You're *making* too much of it:

Ce n'est pas la peine d'en faire un drame

***Make* yourself at home!:**

a) Fais comme chez toi! **b)** Mets-toi à ton aise! **c)** Où y a de la gêne, y a pas de plaisir!

***Make* yourself scarce!** *or* **Put an egg in your shoe and beat it!:**

a) Détale! **b)** Décampe! **c)** *{Fr}* Tire-toi! **d)** Fous le camp! **e)** *{Qc}* Sacre ton camp!

A *make-over*:

Un changement radical *[maquillage, coiffure, vêtements]*

It's just a lot of *malarkey*!:

C'est de la foutaise! [*Voir* **It's just a lot of *baloney*!**]

Every *man* for himself! *or* **Run for your life!:**

a) Chacun pour soi! **b)** Sauve qui peut!

To do the horizontal *mambo*:

S'envoyer en l'air [*Voir* **To have a *quickie***]

I *manage* on $100 a week:

Je me débrouille (*ou* m'arrange) avec cent dollars par semaine

I *manage* to get along by myself *or* **I get by:**

Je me débrouille par moi-même

***Many*:** beaucoup

heaps of = des tas de
a bunch of = un tas de
an awful lot of = énormément de
a lot of = beaucoup de
A whole lot of = beaucoup de
pretty much = pas mal de
quite a lot of = pas mal de
quite a few of = pas mal de
barrels of = en veux-tu? En voilà!
loads of = beaucoup de
tons of = beaucoup de
wads of money = de l'argent à profusion
a great deal of = énormément de
a heck of a lot of = énormément de
a batch of = une série (production) de
a mess of = en pagaille
oodles of = (en avoir) à profusion
piles of = des piles de
plenty of = beaucoup de, plein de
(money) galore = beaucoup d'(argent)
enough and to spare = à revendre, beaucoup
money to burn = de l'argent en quantité
stacks of = des piles de
more than enough = plus qu'assez

It put them on the *map*:

a) *{Qc}* Ça les a mis sur la carte **b)** Ça les a fait connaître

He doesn't have all his *marbles*:

Il n'a pas tous ses esprits

A *markdown*:

Une baisse de prix

She has a good *marriage*:

a) Elle est bien mariée **b)** Elle est heureuse en ménage

He left with the whole shooting *match*:

Il est parti avec tout son barda [*Voir* **He left with the whole *kit* and caboodle**]

They're a good *match*:

Ils vont bien ensemble

I have found my *match*:

J'ai trouvé chaussure à mon pied *[quelqu'un de ma force ou l'âme-sœur]*

If you come, you'll meet your *match*!:

Si tu viens, tu vas trouver à qui parler! *[colère]*

He's no *match* for her:

Il ne lui convient pas

He's no *match* for his opponent:

Il ne fait pas le poids face à son adversaire

Use your gray *matter*!:

a) Sers-toi de ta matière grise! **b)** Fais marcher tes neurones (*ou* tes méninges)!

It's no laughing *matter*:

Il n'y a pas de quoi rire

It's a *matter* of days:

C'est une question de jours

As a *matter* of fact, you can come with me:

En fait, tu peux venir avec moi

It's a *matter* of life and death:

C'est une question de vie ou de mort

It doesn't *matter* to me!:

Ça ne me fait ni chaud ni froid! [*Voir* **I don't *care*!**]

No *matter* what! *or* Through thick and thin! *or* Come what may!:

Advienne que pourra!

Meals: repas

breakfeast: {*Qc*} déjeuner
{*Fr*} petit déjeuner
lunch: {*Qc*} dîner
{*Fr*} déjeuner
dinner: {*Qc*} dîner *[lors de réception]*
{*Fr*} dîner *[au restaurant, chez des amis]*
supper: {*Qc*} souper *[à la maison]*
{*Fr*} dîner (*ou* souper) *[à la maison]*

He's a good *meal* ticket:

a) {*Qc*} C'est un bon pourvoyeur
b) {*Qc*} C'est une vache à lait

I did it without *meaning* to:

Je l'ai fait sans faire exprès (*ou* sans arrière-pensée, sans malice, sans y voir à mal)

By all *means*,...:

Je vous en prie,...

By all *means*! *or* You bet! *or* Of course!:

a) Bien sûr! **b)** Ah! ça oui!

By any *means*:

Par tous les moyens

Is that all it *means* to you?:

C'est tout l'effet que ça te fait?

In the *meantime*,... *or* Meanwhile,...:

a) Pendant ce temps-là,... **b)** Entre-temps,... **c)** En attendant,...

He doesn't *measure* up!:

Il n'est pas à la hauteur!

One man's *meat* is another man's poison! *or* One man's joy is another man's sorrow:

Le malheur des uns fait le bonheur des autres!

What a *meathead*!:

Quel nigaud! [*Voir* **What a *moron*!**]

Stop *meddling*!:

Arrête (*ou* Cesse) de te mêler de ce qui ne te regarde pas!

Give her a dose of her own *medicine*:

Rends-lui la monnaie de sa pièce

You have to find a happy *medium*:

Il faut trouver un juste milieu

There's more to this than *meets* the eye:

Ce n'est pas aussi simple que ça en a l'air

U.S. is a *melting* pot:

Aux États-Unis, on trouve de nombreuses communautés ethniques

If your *memory* serves you right...:

a) Si votre mémoire ne vous fait pas défaut,...
b) Si votre mémoire ne vous joue pas de tours,...

She thinks she's the cat's *meow*!:

a) Elle se prend pour une autre! **b)** Elle se pense meilleure que les autres

It has landed us in a fine *mess*:

Ça nous a mis dans de beaux (*ou* sales) draps

She's *messing* around with her neighbor *or* She shacks up with her neighbor:

Elle couche avec son voisin

Don't *mess* around with me, tell me the truth:

Ne me fais pas perdre mon temps, dis-moi la vérité

To *mess* up all the time:

Faire souvent des erreurs

Do you get the *message*? *or* Get the picture? *or* Do you kapitch?:

a) Comprends-tu? **b)** Comprenez-vous?

It's a *Mickey-Mouse* job:

a) C'est un travail d'amateur **b)** Ce n'est pas solide

It was there, suspended in *mid-air*:

C'était là, suspendu entre ciel et terre

I don't want to be caught in the *middle*:

a) Je ne veux pas être coincé entre les deux **b)** Je ne veux pas me faire prendre entre les deux

I was caught in the *middle*:

J'étais pris entre deux feux

I was smack in the *middle* of...:

J'étais en plein milieu de...

She's *miffed*!:

Elle est froissée (*ou* vexée)!

***Might* is right!:**

La raison du plus fort est toujours la meilleure!

That's putting it *mildly*!:

C'est peu dire!

I've been through the *mill*!:

a) J'en ai vu de toutes les couleurs! **b)** J'en ai vu des vertes et des pas mûres!

It slipped my *mind*!:

a) {*Qc*} Ça m'est parti de l'idée! **b)** Ça m'est sorti de l'esprit!

She can't make up her *mind*!:

a) Elle ne sait pas sur quel pied danser! **b)** Elle ne sait pas à quel saint se vouer!

He has a one-track *mind*:

a) Il n'a qu'une idée en tête **b)** Il a une idée fixe **c)** Il ne pense qu'à ça

You have a dirty *mind*:

Tu as l'esprit mal tourné

You're gonna (*or* going to) tell him what's on your *mind*:

Vous allez lui dire ce que vous avez sur le cœur

To set my *mind* at ease, I'll... *or* To be quite sure, I'll...:

Par acquit de conscience, je vais...

A sound *mind* in a healthy body:

Un esprit sain dans un corps sain

Sorry! My *mind* was miles away!:

a) Désolé! J'étais bien loin! **b)** Excusez-moi! J'avais la tête ailleurs! (*ou* J'étais ailleurs!)

She changes her *mind* like the weather:

Cette fille est une vraie girouette ***[dans le sens qu'elle change souvent d'idée]***

Don't *mind* me!:

a) Ne t'occupe pas de moi! **b)** Ne te gêne pas pour moi!

It's *mind* over matter:

C'est la victoire de l'esprit sur la matière

I'm not a *mind* reader!:

a) Je ne suis pas devin! **b)** {*Fr*} Je ne suis pas Mme Soleil!

Would you *mind* the kids for me? *or* Would you babysit my kids?:

Voudrais-tu garder mes enfants?

***Mind* the step *or* Watch the step:**

Attention à la marche

Great *minds* think alike!:

Les grands esprits se rencontrent!

I have a good *mind* to travel:

a) J'ai bien envie de voyager **b)** Je crois bien que je vais voyager

No one in his right *mind* would pay that price!:

Aucune personne sensée ne payerait ce prix-là!

It's *mind-boggling*!:

C'est inconcevable!

You're still a *minor* *or* You're still under age:

a) {Qc} Tu n'as pas encore l'âge "légal" **b)** Tu es encore mineur(e) **c)** Tu n'as pas encore ta majorité

He gets thinner by the *minute* or He gets thinner before your very eyes:

Il maigrit à vue d'œil

He gave me a *mischievous* look:

Il m'a regardé d'un air espiègle

I feel *miserable* (or terrible) about it:

a) J'en suis vraiment navré **b)** Je le regrette profondément

***Misery* loves company!:**

Misère partagée est à moitié soulagée!

She's always been a *misfit*:

Elle n'a jamais su s'intégrer (*ou* s'adapter)

He's *misled* (or taken in) by her sweet talk:

Il se laisse abuser (*ou* embobiner) par ses belles paroles

He doesn't *miss* a thing! or He never misses a trick!:

a) Rien ne lui échappe! **b)** Il a l'œil!

She didn't want to *miss* a trick:

Elle ne voulait rien manquer

A *miss* is as good as a mile:

Rater, c'est rater, même si c'est de justesse!

To *miss* out on...:

Manquer une bonne occasion de...

I *missed* the point or I didn't get the drift or I didn't get what you said:

a) Je n'ai pas compris ce que tu as dit **b)** Je n'ai pas saisi ce que tu as dit **c)** Je n'ai pas pigé le problème

I *missed* you!:

Tu m'as manqué!

I'm from *Missouri*, I have to be shown or I have to see it to believe it:

Je suis comme saint Thomas, j'ai besoin de voir pour croire

Make no *mistake*, I'll get it!:

a) Crois-moi, je vais l'obtenir! **b)** Que ça te plaise ou non, je vais l'obtenir!

If I'm not *mistaken*,...:

a) Si je ne m'abuse,... **b)** Si je ne me trompe,...

Unless I'm *mistaken*, I think you said...:

Sauf erreur, je crois que vous avez dit...

There's no *mistaking* where he's been:

On peut le suivre à la trace

Don't get *mixed* up with the wrong people:

Surveille tes relations

They're always *moanin'* and groanin':

Ils se plaignent tout le temps [*Voir* **They're always *bellyaching***]

A piece of pie à la *mode*:

Un morceau de tarte {Qc} avec de la crème glacée (*ou* {Fr} avec de la glace)

Slow as *molasses*:

Lent comme une tortue

He's rolling in *money*!:

Il est très riche! [*Voir* **He's filthy *rich*!**]

Don't throw good *money* after bad:

a) Arrête de t'enfoncer **b)** Il faut arrêter les frais *[dans une mauvaise affaire]*

***Money* burns a hole in his pocket:**

a) L'argent lui fond dans les mains **b)** L'argent lui file entre les doigts

***Money* can't buy happiness or Money isn't everything:**

L'argent ne fait pas le bonheur

***Money* doesn't grow on trees:**

L'argent ne pousse pas dans les arbres

***Money* is the root of all evil:**

L'argent est la source de tous les maux

He spends *money* like it's going out of style:

a) Il dépense l'argent sans compter **b)** Il ne regarde pas à la dépense

***Money* makes the world go round:**

C'est l'argent qui fait tourner (*ou* qui mène) le monde

***Money* talks!:**

L'argent ouvre bien des portes!

He has more *money* than Carter has liver pills:

Il a plus d'argent qu'il ne peut en dépenser

He has *money* to burn!:

Il est plein aux as! [*Voir* **He's filthy *rich*!**]

You got your *money*'s worth! *or* It was worth every penny!:

Tu en as eu pour ton argent!

He got his *money*'s worth and then some!:

Il en a eu plein la vue! [*Voir* **He got more than he *bargained* for!**]

He's a *money-bag*!:

Il est très riche! [*Voir* **He's filthy *rich*!**]

It looks like *monkey* business to me *or* It's a shady deal:

a) Ça me semble une affaire louche **b)** C'est une affaire louche

He has a *monkey* on his back:

a) Il est esclave de... *[la drogue ou autre chose]* **b)** Il est dépendant de...

Don't make a *monkey* out of me!:

Ne me tourne pas en ridicule!

He always throws a *monkey* wrench into our plans:

Il nous met toujours des bâtons dans les roues

He likes to *mooch* on everyone *or* He's a parasite:

Il vit aux dépens (*ou* aux crochets) des autres

A *moocher*:

Un parasite [*Voir* **A *freeloader***]

I'm in a good *mood* *or* I'm in a good frame of mind:

a) Je suis dans de bonnes dispositions **b)** Je suis de bonne humeur **c)** Je me sens bien

Once in a blue *moon*:

a) Très rarement **b)** En de très rares occasions

He does a lot of *moonlighting*:

a) {*Qc*} Il fait beaucoup de travail en dessous de la couverte **b)** Il fait beaucoup de travail au noir

That's *more* like it! *or* Now you're talking!:

a) Ça, c'est parler! **b)** Super!

I've had *more* than enough!:

Ça me sort par les oreilles! [*Voir* **I have it up to my *eyeballs*!**]

The *more*, the merrier!:

Plus on est de fous, plus on rit!

The *more* you have, the more you want!:

Plus tu en as, plus tu en veux!

To do a *morner* *[in the morning]*:

Prendre son pied [*Voir* **To have a *quickie***]

He feels like the *morning* after the night before:

{*Qc*} C'est le lendemain de la veille [*Voir* **He has a *hangover***]

What a *moron*! *or* What a nincompoop! *or* What a noodle head! *or* What a meathead! *or* What a knucklehead! *or* What a jughead!:

a) {*Qc*} Quel Newfie! **b)** Quel nono! **c)** Quelle nouille! **d)** Quel nigaud! **e)** Quel crétin! **f)** Quel enfoiré!

***Mother* nature:**

Dame nature

He makes a *mountain* out a molehill:

a) Il fait une montagne avec des riens **b)** Il se noie dans un verre d'eau

He's a big *mouth* *or* He's a real blabbermouth *or* He's a loud-mouth:

a) C'est une grande gueule **b)** C'est un gueulard

I learned it by word of *mouth*!:

Je l'ai appris par le bouche à oreille! [*Voir* **I heard it on the *grapevine*!**]

She bad-*mouths* everybody!:

a) {Qc} Elle parle contre tout le monde! **b)** Elle dénigre tout le monde! **c)** Elle en a après tout le monde!

Put your money where your *mouth* is *or* **Back it up with money:**

{Qc} Arrête d'en parler et mets de l'argent dessus

I should have kept my big *mouth* shut!:

a) J'aurais dû me taire! **b)** J'aurais dû la fermer!

It makes my *mouth* water!:

a) J'en ai l'eau à la bouche! **b)** Tu me mets l'eau à la bouche! **c)** J'en salive d'avance!

He was her *mouthpiece*:

Il était son porte-parole

I made the first *move* to stop him:

J'ai pris les devants pour l'arrêter

They *moved* heaven and earth to go there:

Ils ont remué ciel et terre pour y aller [*Voir* **They went the whole nine *yards* to get there**]

That's too *much*!:

a) C'est vraiment trop! **b)** Trop, c'est trop! **c)** C'en est trop!

So *much* for that!:

Voilà qui est réglé!

***Much* obliged!** *or* **Thanks a million!** *or* **Thanks a bunch!:**

Merci mille fois!

His name is *mud*!:

a) Il a mauvaise réputation! **b)** {Qc} Il a perdu son nom!

I'll do it or my name is *mud*!:

Je vais le faire ou je ne m'appelle pas ______ ____________ *[mon nom]*!

***Mum*'s the word!:**

Motus et bouche cousue!

She screamed blue *murder*!:

Elle a crié à tue-tête [*Voir* **She *yelled* bloody murder!**]

Nab **(*or* Nail) him if you can:**

Attrape-le si tu peux

I don't want to be a *nag* but...:

Je ne veux pas {*Qc*} t'écœurer (*ou* t'agacer) avec ça mais...

He was stark *naked* *or* He came out without a stitch on:

a) {*Qc*} Il était flambant nu **b)** Il était nu comme un ver

That's the *name* of the game:

C'est dans l'ordre des choses

He called me all the *names* under the sun (*or* all the names in the book):

a) {*Qc*} Il m'a crié tous les noms possibles **b)** Il m'a injurié de toutes les façons possibles **c)** Il m'a abreuvé d'injures

He's *narrow-minded*:

a) Il a l'esprit étroit (*ou* fermé, bouché) **b)** Il tient à ses opinions toutes faites [*Voir aussi* ***absent-minded*** et ***broad-minded***]

It's going to get *nasty*!:

a) Ça va faire du vilain (*ou* du grabuge, {*Fr*} du tintouin)! **b)** Ça va mal tourner!

He's *nasty* (*or* mean):

Il est méchant (*ou* désagréable, déplaisant)

He's good-*natured*:

a) Il a un bon naturel **b)** Il est accommodant

He's up to his *neck*:

Il est dans une situation difficile [*Voir* **He's up the *creek* without a paddle**]

I tried to save her (*or* his) *neck*:

J'ai essayé de sauver sa peau (*ou* sa tête)

We were *neck* and neck in this race:

Nous étions à égalité dans cette course (*ou* épaule contre épaule)

She doesn't live in this *neck* of the woods:

Elle ne demeure pas dans les parages (*ou* dans les environs)

He stuck his *neck* out for me:

Il s'est mis la tête sur le billot (*ou* {*Qc*} sur la bûche) pour moi

That's all I *need*!:

C'est le comble! [*Voir* **That *tops* it all!**]

That's exactly what I *need*!:

a) Ça tombe pile! **b)** Ça tombe à pic!

A friend in *need* is a friend indeed:

C'est dans le malheur qu'on (re)connaît ses vrais amis

It's like looking for a *needle* in a haystack:

C'est comme chercher une aiguille dans une botte de foin

He's always *needling* me about...:

{*Qc*} Il m'achale toujours pour... *[quelque chose]*

It's a *needy* family:

C'est une famille dans le besoin (*ou* famille démunie)

It's a rough (*or* tough) *neighborhood*:

C'est un quartier dangereux (*ou* mal famé)

It costs <u>in the *neighborhood* of</u> $10. *or* **It costs <u>roughly</u> $10.:**

Cela coûte <u>environ</u> dix dollars

What *nerve*!:

a) Quel culot! *[négatif]* **b)** Quel toupet!

He was getting on my *nerves*:

a) Il me cassait les pieds *(= agacer)* **b)** Il me {Qc} tombait (*ou* {Fr} portait) sur les nerfs

This situation is *nerve-racking* (*or* **nerve-wracking):**

Cette situation {Qc} me tombe (*ou* {Fr} me porte) sur les nerfs

She's (*or* **He's) a *nervous* wreck:**

C'est un paquet (*ou* une boule) de nerfs

It was *nervy*! *or* **He had the nerve to do it!:**

a) {Qc} Ça prenait du culot! **b)** Il a eu le front (*ou* le toupet) de le faire!

He's feathering his *nest*:

Il se prépare une vie plus facile

He has a *network* of friends:

Il a toute une collection d'amis

Have your pet spayed or <u>*neutered*</u>:

Fais castrer ou <u>stériliser</u> ton animal

***Never* mind!** *or* **Don't worry!:**

a) {Qc} Laisse faire! **b)** Ne t'en fais pas!

***Never* you mind!:**

Mêle-toi de ce qui te regarde! [*Voir* **Mind your own *business*!**]

***Never* you mind!:**

Ne t'inquiète pas de ça! *[dans le sens de protection: je vais m'en occuper]*

<u>*Nevertheless*</u>, he's wrong! *or* **<u>All the same</u> he's wrong!** *or* **He's wrong <u>anyway!</u>:**

<u>N'empêche</u> qu'il a tort!

What's *new*?:

Quoi de neuf?

He's bad *news*!:

a) C'est un vrai fauteur de troubles! **b)** C'est un provocateur

I have *news* for him! *or* **He has another thing coming!:**

{Qc} J'ai des petites nouvelles pour lui! *[menace]*

No *news*, good news!:

Pas de nouvelles, bonnes nouvelles!

It was *next* to nowhere *or* **It was a far-out place** *or* **It was way out in God's country:**

C'était dans un trou (*ou* un coin) perdu

You're as *nice* as pie!:

{Qc} Tu es une vraie soie! [*Voir* **You're a *peach*!**]

It was *nice* while it lasted! *or* **All good things have to come to an end!** *or* **Nothing lasts forever!:**

a) Tout a une fin! **b)** Les meilleures choses ont une fin! *[***Nothing lasts forever peut aussi se dire dans le cas d'un coup dur***]*

It happened just in the *nick* of time:

C'est arrivé juste à temps

Let me put in my *nickel*'s worth *or* **Let me put my two cents worth:**

a) Laisse-moi y mettre mon grain de sel
b) Laisse-moi donner mon opinion
c) Laisse-moi dire ce que j'ai à dire

What a *nifty* (*or* **a swell) guy!:**

Quel gars super (*ou* gars épatant)!

Let's make a *night* of it!:

a) Faisons la noce (*ou* {Fr} la bringue, {Fr} la bamboula)! **b)** Faisons les quatre cents coups!

What a *nincompoop*!:

Quelle nouille! [*Voir* **What a *moron*!**]

Stop your *nit-picking*!:

a) Arrête de couper les cheveux en quatre!
b) Arrête de chercher {Qc} la bête noire (*ou* {Fr} la petite bête)!

He drives his car <u>like *nobody*'s business</u>!:

Il conduit son auto <u>comme pas un</u> (*ou* <u>les yeux fermés</u>, <u>comme un as</u>)!

He's *nobody*'s fool:

Il n'est pas bête [*Voir* **He's no *dumbbell***]

To *nod* in agreement:

Faire signe que oui [*mais* **to *shake* your head** = faire signe que non]

***None* o'that stuff! *or* I don't want to hear it!:**

Je ne veux rien savoir!

***Nonsense*!:**

Ça n'a pas de sens!

It's just a lot of *nonsense*!:

C'est de la foutaise! [*Voir* **It's just a lot of *baloney*!**]

What a *noodle* head!:

Quel nono! [*Voir* **What a *moron*!**]

I looked in every *nook* and cranny! *or* I looked high and low!:

J'ai cherché dans tous les coins et recoins!

To do a *nooner*:

Faire l'amour *[sur l'heure du midi]* [*Voir* **To have a *quickie***]

***Nope*! *or* No!:**

Non!
– **How much did it cost?**
– **$100?**
– **Right on the *nose*! *or* Right on!:**
a) Exactement (*ou* Pile, Touché)! **b)** En plein dans le mille!

It's five o'clock on the *nose* (*or* sharp)!:

Il est cinq heures tapantes (*ou* pile)!

He leads her (*or* him) by the *nose*:

Il la (*ou* le) mène par le bout du nez [*Voir* **He got her (*or* him) under his *thumb***]

He has to pay through the *nose*:

Ça lui coûte les yeux de la tête [*Voir* **It *costs* him an arm and a leg**]

Keep your *nose* clean!:

Mêle-toi de ce qui te regarde! [*Voir* **Mind your own *business*!**]

We put his *nose* out of joint!:

On l'a ramené sur terre! *[dans le sens qu'on a dégonflé son ego]* [*Voir* **We *cut* him down to size!**]

Don't cut off your *nose* to spite your face:

Ne scie pas la branche sur laquelle tu es assis

Don't turn your *nose* up at it!:

a) Ne lève pas le nez là-dessus! **b)** Ne fais donc pas tant le difficile!

He's *nosy* (*or* nosey)!:

C'est une vraie fouine! [*Voir* **He's a *busybody*!**]

It ended on a sour *note*:

a) Ça s'est terminé sur une note amère **b)** Ça a mal fini

That's *nothing*! *or* No sweat! *or* It's no trouble!:

Ce n'est rien du tout!

***Nothing* hurts like the truth!:**

a) Il n'y a que la vérité qui blesse! **b)** La vérité choque!

***Nothing* lasts forever!:**

Tout a une fin! [*Voir* **It was *nice* while it lasted!**]

***Nothing* new under the sun!:**

Rien de nouveau sous le soleil!

It's *nothing* of the sort!:

Il n'y a rien de tel!

There's *nothing* to it! *or* That's nothing to write home about! *or* It's nothing to make a fuss about!:

a) Il n'y a pas de quoi fouetter un chat! **b)** Il n'y a rien d'extraordinaire! **c)** Ça ne vaut pas la peine d'en parler!

There's *nothing* to it! *or* It's no big deal!:

Ce n'est pas grave!

***Nothing* ventured, nothing gained!:**

Qui ne risque rien n'a rien!

... as if *nothing* was the matter!:

... comme si de rien n'était!

Sit up and take *notice*!:

Prends-en bonne note!

***Nowadays*,...:**

De nos jours,...

It just came out of *nowhere*:

À brûle-pourpoint

Numbers = des nombres

100 = **one hundred** = cent
1000 = **one thousand** = mille
= un millier
1 000 000 = **one million** = un million
1 000 000 000 = **one billion** = un milliard

I've got your *number*!:

a) Je sais à qui j'ai affaire! *[en ce qui vous (ou te) concerne]* **b)** Je vois clair dans ton petit jeu

You're just a *number*:

a) Tu es seulement (*ou* n'es qu') un numéro
b) Tu n'as aucune importance

Your *number*'s up! *or* **It's all over!:**

a) Les carottes sont cuites! **b)** Tu es fait! **c)** Ton compte est bon! **d)** Ton heure est venue!

You're a *nut*!:

Tu es fou! *[gentil]*

He's just plain *nuts*!:

Il est complètement fou! *[sens propre]*

To be *nuts* about...:

a) Raffoler de... **b)** Adorer... **c)** Être fou de...

He's *nuts* about (*or* over) her:

Il est follement épris (*ou* amoureux) d'elle

He's a tough *nut* to crack!:

a) Il est difficile à cerner! **b)** Il est fermé comme une huître!

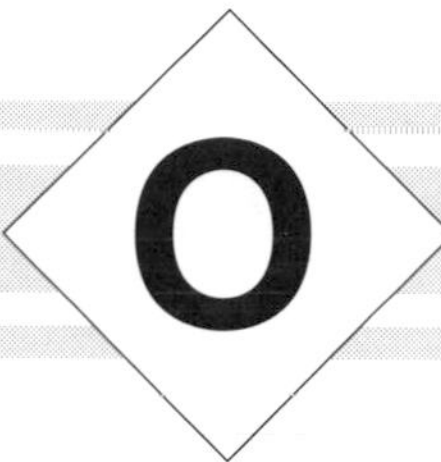

He's *obese*:

Il est obèse [*Voir* **He's *overweight***]

He's *obnoxious*!:

a) Il est bête comme ses pieds (*ou* {*Fr*} comme une oie)! **b)** Il est odieux! **c)** Il est con {*Fr*} comme la lune (*ou* {*Fr*} comme un manche)!

It's *obvious*!:

a) Ça va de soi! **b)** Ça va sans dire!

It never *occurred* to me that...:

a) Il ne m'est jamais venu à l'idée que... **b)** Je n'ai jamais pensé que...

What an *oddball*!:

Quel drôle de numéro! [*Voir* **What a *character*!**]

I'll sell *odds* and ends:

Je vais vendre mon bric-à-brac

I can't tell you *offhand* *or* I can't tell you off the top of my head:

Je ne peux pas te le dire juste comme ça (*ou* à brûle-pourpoint)

He's *off-the-wall*!:

a) Il est timbré! **b)** {*Qc*} Il est "flyé"!

Every so *often*,...:

a) De temps en temps,... **b)** Assez souvent,...

More *often* than not...:

a) Plus souvent qu'autrement... **b)** Le plus souvent, ... **c)** La plupart du temps, ...

***Okey-doke*!**

a) Okay! **b)** OK!

It's *old* as the hills!:

C'est vieux comme le monde!

He's *old* as the hills:

Il est vieux comme la terre

He's *old* enough to look after himself:

a) Il est majeur et vacciné **b)** Il est assez vieux pour savoir ce qu'il fait

It's *old-fashioned*! *ou* It's old hat!:

a) C'est démodé! **b)** C'est vieux jeu!

As you're getting *older*,...:

En vieillissant,...

The deal is *on*!:

L'affaire est en marche (*ou* en cours)!

I'm *on* to you!:

a) Je surveille tes manigances! **b)** Je t'ai à l'œil!

***Once* and for all,...:**

Une bonne fois pour toutes,...

***Once* in a while does no harm! *or* Just once will not hurt!:**

Une fois n'est pas coutume!

***Once* is enough!:**

Une fois suffit!

She did it *once* too often!:

Elle l'a fait une fois de trop!

She's (*or* He's) *one* in a million!:

a) C'est un oiseau rare! *[positif]* **b)** C'est un trésor (*ou* une perle)!

One **of these days,...:**

a) Un de ces quatre matins,... **b)** *{Fr}* Un de ces quatre,...

One **out of ten /** ***One*** **out of a hundred:**

Un sur dix / Un sur cent

He had ***one*** **too many!:**

Il a pris un verre de trop!

A ***one-armed*** **bandit:**

Une machine à sous

I worked like a ***one-armed*** **paper hanger:**

J'ai eu beaucoup de mal à effectuer ce travail

A ***one-night*** **stand:**

Une aventure d'un soir

He has a ***one-track*** **mind:**

a) Il n'a qu'une idée en tête **b)** Il a une idée fixe **c)** Il ne pense qu'à ça

I'll give you a ***one-way*** **ticket:**

Je vais t'offrir un aller simple pour le cimetière (*ou {Fr}* pour l'enfer)

He has ***oodles*** **of money!:**

Il est très riche! [*Voir* **He's filthy** ***rich*****!**]

Oops-a-daisy**!:**

Hop là (*ou* Hop)!

In my ***opinion*****,...:**

D'après moi,... [*Voir* **From where I** ***sit*****,...**]

It's a golden ***opportunity*****:**

a) C'est une occasion en or **b)** *{Fr}* C'est une super occase

Opportunity **knocks but once:**

a) Il faut (savoir) saisir la chance quand elle se présente **b)** Il faut saisir la balle au bond

Opportunity **makes the villain:**

L'occasion fait le larron

A back ***order*****:**

a) Une commande retardée **b)** Une commande en rupture de stocks

That's a tall ***order*****!:**

C'est beaucoup demander!

That's ***out*****!** *or* **It's out of the question:**

a) Il n'en est pas question! **b)** C'est hors de question!

Did you notice her ***outfit*****?:**

As-tu remarqué sa toilette (*ou* son ensemble, son accoutrement *[négatif]*)?

In their ***outfit*** (*or* **their business), they don't allow...:**

Dans leur entreprise, ils ne permettent pas que...

The opposition ***outnumbered*** **us!:**

L'opposition nous a écrasés (*ou* terrassés, *{Fr}* laminés)!

It's all ***over*****!:**

Ton heure est venue! [*Voir* **Your** ***number*****'s up!**]

It's ***over*** **and done with!:**

a) *{Qc}* C'est final! **b)** On n'en parle plus! **c)** C'est du passé! **d)** *{Qc}* C'est fini, n-i ni!

Over **my dead body:**

Je vais me défendre jusqu'au bout (*ou* jusqu'à la mort)

He's ***over*** **the hill:**

a) Il a dépassé 50 ans **b)** Il est sur le retour (*ou* sur le déclin) **c)** Il vieillit physiquement

Don't go ***overboard*****!** *or* **Don't go too far!:**

a) Ne dépasse pas les bornes! **b)** N'en fais pas trop! **c)** N'abuse pas!

They went ***overboard*****!:**

Ils ont dépensé au-delà de leurs moyens!

We mustn't go ***overboard*****!:**

Il ne faut pas être plus catholique que le pape (*ou {Fr}* plus royaliste que le roi)!

Don't ***overdo*** **a good thing:**

Il ne faut pas abuser des bonnes choses

We ***overdid*** **it last night:**

a) Nous avons fait quelques abus hier soir **b)** Nous avons forcé la note hier soir

I slept ***overnight*** **at...** *but* **He worked all night:**

J'ai passé la nuit chez... *mais* Il a travaillé toute la nuit

It's an *overnight* delivery:

{*Qc*} C'est une livraison du jour au lendemain (*ou* une livraison de nuit)

A job *overseas*:

Un emploi outre-mer

He's *overweight* *or* **He's a big blimp** *(rude) or* **He's obese:**

a) Il est obèse **b)** Il est trop gras **c)** {*Fr*} C'est un gros lard (*grossier*)

I was *overwhelmed* with joy!:

J'étais transportée de joie!

I made it on my *own*:

J'en suis venu à bout par moi-même

He went there on his *own*:

Il est allé là de son propre chef (*ou* de sa propre initiative)

I'm on my *own*:

a) Je suis à mon compte **b)** Je vole de mes propres ailes **c)** Je suis autonome

You have to be on your *own*!:

Tu dois devenir ton propre maître! [*Voir* **You have to *paddle* your own canoe!**]

He *owned* up to his mistake:

Il a avoué (*ou* reconnu) son erreur

We were *pacing* up and down in the waiting room:

Nous faisions les cent pas dans la salle d'attente

Let's *pack* up and go!:

Prenons nos cliques et nos claques (*ou* Prenons notre barda) et partons!

She sent him *packing*:

a) Elle l'a mis à la porte (*ou* mis dehors) **b)** Elle l'a envoyé promener(*ou* balader)

It's a prize *package*:

C'est quelque chose de vraiment excellent

It's no prize *package*!:

a) Ce n'est pas fameux! **b)** Ça ne vaut pas grand chose!

Good things come in small *packages*!:

{*Qc*} Dans les petits pots, les meilleurs onguents!

***Package* store *or* Liquor store:**

Magasin de la Société des alcools (au Québec)

Come over to my *pad*:

Viens à mon appartement (*ou* dans ma chambre) *[utilisé surtout chez les jeunes]*

You have to *paddle* your own canoe! *or* You have to stand on your own two feet! *or* You have to be on your own!:

a) Tu dois voler de tes propres ailes! **b)** Tu dois te débrouiller par toi-même! **c)** Tu dois devenir ton propre maître!

Shooting *pain* *or* Throbbing pain *or* Jolts of pain:

Des élancements *[de douleur]*

No brain no *pain*!:

Il est trop fou pour s'en rendre compte!

He's a *pain*!:

a) {*Qc*} Il tombe sur les nerfs! **b)** Il tape (*ou* {*Fr*} porte) sur les nerfs

It's a *pain*! *or* It's a pain in the ass! *(rude)* *or* It's a pisser!:

C'est (une tâche) détestable (*ou* épouvantable)!

You're a *pain* in the neck! *or* You're a pain in the ass! *(rude)*:

a) Tu es un casse-pieds! **b)** {*Qc*} Tu es bien achalant!

We're going to *paint* the town red:

On va faire la tournée des grands ducs

They're *palsy-walsy*!:

Ils s'entendent comme larrons en foire! [*Voir* **They're like two *peas* in a pod!**]

It didn't *pan* out! *or* It went haywire!:

Ça n'a pas marché (*ou* pas réussi)!

***Pancakes*:**

Des crêpes épaisses [*Voir* ***Flapjacks***]

Don't push the *panic* button!:

a) Ne panique pas! **b)** Pas de panique! **c)** Du calme!

His wife wears the pants *or* He's henpecked

a) C'est sa femme qui porte la culotte **b)** Sa femme le mène par le bout du nez

She's got hot *pants*:

Elle a le sang chaud *[sensuellement]* [*Voir* **She's a hot *cookie***]

He's got hot *pants* *or* He's a womanizer:

a) C'est un chaud lapin **b)** C'est un coureur (*ou* coureur de jupons) **c)** C'est un homme à femmes **d)** *{Fr}* C'est un dragueur impénitent **e)** C'est un séducteur

He got caught with his *pants* down:

a) Il s'est fait surprendre dans une situation très embarrassante **b)** *{Qc}* Il s'est fait prendre les culottes à terre

It's a *paperback*, not a hard-cover book:

C'est un livre à la couverture brochée (*ou* souple) et non un livre à la couverture cartonnée

That's *par* for the course!:

a) Ce n'est pas étonnant! **b)** Ça n'a rien d'étonnant!

A *parasite*:

Un pique-assiette [*Voir* **A *freeloader***]

The students spent the best *part* of their time doing...:

Les étudiants passaient le plus clair de leur temps à... (*ou* la majeure partie de...)

To make a *party* *or* To have a party *or* To throw a party:

Organiser une fête (*ou* *{Qc}* un party, *{Fr}* une boum, *{Fr}* une surpatte)

It was a rowdy *party*:

C'était une soirée tapageuse (*ou* bruyante, agitée)

He's a *party-pooper*!:

C'est un rabat-joie! [*Voir* **He's a *kill-joy*!**]

To make a *pass*:

Faire des avances très directes à une femme (*ou* à un homme)

It's a *passing* fancy!:

C'est une passade!

Don't *pass* it up!:

a) Ne rate pas cette occasion! **b)** Ne passe pas à côté!

The *passing* mark *[at school]*:

La note de passage *[à l'école]*

He's *passed* on *or* He passed away:

a) Il est mort **b)** Il est décédé

***Pass* that by me again! *or* Hit me with that again!:**

a) Répète-moi ça! **b)** Peux-tu me répéter ça?

It's easy to *pass* the buck to someone else:

a) C'est facile de refiler *{Qc}* la faute (*ou* *{Fr}* le bébé) à un autre **b)** C'est facile de mettre ça sur le dos d'un autre **c)** C'est facile de blâmer un autre **d)** *{Fr}* C'est facile de se défausser

I *passed* up the chance to...:

a) *{Qc}* J'ai raté la chance de... **b)** J'ai laissé passer (*ou* filer) l'occasion de...

I wouldn't put it *past* him:

Je l'en crois tout à fait capable

I have it down *pat*:

Je connais ça sur le bout des doigts (*ou* *{Fr}* bout des ongles)

To *pat* (*or* To pet) a dog:

Caresser un chien [**To pat** = donner des petites tapes amicales; **To pet** = flatter]

It's all *patched* up! *[émotions]*:

a) Tout est arrangé! **b)** On a fait la paix!

He has the *patience* of a saint:

Il a une patience d'ange

You'll *pay* for it *or* You're gonna get it:

Tu ne perds rien pour attendre *[négatif]*

I *paid* him back in the same way:

Je lui ai rendu la monnaie de sa pièce

It doesn't always *pay* to be nice:

La gentillesse ne paie pas toujours

They're like two *peas* in a pod! *or* They're buddy-buddies! *or* They're palsy-walsy!:

a) Ils s'entendent comme larrons en foire (*ou* *{Fr}* comme lardons en poêle)! **b)** Ils sont copain-copain (*ou* ami-ami)! **c)** {*Fr*} Ils sont copains comme cochons!

They're like two *peas* in a pod!

Ils se ressemblent comme deux gouttes d'eau!

***Pea-brain*!:**

a) Petite tête! **b)** Tête de linotte! **c)** {*Fr*} Tête de piaf!

You're a *peach*! *or* You're as nice as pie!:

a) {*Qc*} Tu es une vraie soie! **b)** {*Qc*} Tu es fin comme une mouche! **c)** Tu es un amour (*ou* un chou)!

It was all *peaches* and cream!:

Tout baignait (*ou* baignait dans l'huile)! [*Voir* **Everything was *hunky-dory*!**]

Go *pedal* your papers elsewhere:

Occupez-vous de ce qui vous regarde et fichez-moi la paix

To *pee*:

a) Faire pipi **b)** Pisser

***Peek-a-boo*!:**

Coucou!

A *peeping* Tom:

Un voyeur

My pet *peeve*:

Ma bête noire

I'm *peeved*:

Je suis furieux (*ou* furieuse) [*Voir* **I'm *mad***]

I took him (*or* her) down a *peg* or two:

a) Je lui ai rabattu le caquet **b)** Je l'ai remis à sa place

It costs him a pretty *penny*:

Ça lui coûte très cher [*Voir* **It *costs* him an arm and a leg**]

A *penny* for your thoughts!:

À quoi penses-tu?

He's a *penny* pincher:

C'est un grippe-sou [*Voir* **He's a *cheapskate***]

You're *penny-wise* and pound foolish:

Tu fais des économies de bouts de chandelles

Him! Of all *people*!:

Lui! Je ne l'aurais jamais cru!

It will *pep* (*or* perk) me up:

Ça va me stimuler

Give her a *pep* talk:

Encourage-la

He's full of *pep*:

Il est débordant d'énergie [*Voir* **He's full of *get-up-and-go***]

***Per* se** [*pronounced "say"*]**:**

a) En soi **b)** Comme tel

The teacher's *pet*:

Le chouchou du professeur

To *pet* a dog:

Flatter un chien [*Voir* **To *pat* a dog**]

She was *petrified*!:

Elle était terrifiée!

That's *phoney*!:

a) C'est du faux! **b)** C'est de l'imitation! **c)** C'est du toc!

He's a *phoney*:

a) Il ne se montre pas sous son vrai jour **b)** C'est un charlatan **c)** C'est un faux jeton!

***Phooey*!:**

Balivernes! [*exclamation pour exprimer le mépris*]

Don't *pick* on me!:

a) Ne m'agace pas! **b)** {*Qc*} Ne me tombe pas sur le dos!

***Pick* on somebody your size:**

Ne t'en prends pas à plus petit que toi

To *pick* out of the hat:

Tirer au sort

To *pick* up the broken pieces:

a) Ramasser (*ou* Recoller) les pots cassés **b)** {*Qc*} Ramener les affaires

You have to *pick* up the pieces and go on:

Tu dois sauver ce que tu peux (*ou* sauver ce qui peut l'être) et continuer

To *pick* up the tab:

Payer l'addition

To work *pick-and-shovel*:

Faire un travail physique épuisant

I'm in a *pickle*!:

Je suis dans l'embarras! [*Voir* **I'm in *dutch*!**]

She's very *picky*:

Elle est très pointilleuse [*Voir* **She's very *choosy***]

It's no *picnic*!:

Ce n'est pas facile!

Get the *picture*?:

Comprends-tu? [*Voir* **Do you get the *message*?**]

She's pretty as a *picture*!:

Elle est belle (*ou* jolie) comme un cœur!

Where do I come into the *picture*?:

a) Quand est-ce que j'entre en jeu? **b)** Où est-ce que je me situe dans tout ça?

He's <u>out of the *picture*</u>:

a) Il n'est plus sur le coup **b)** Il n'a plus rien à voir là-dedans

He <u>came in the *picture*</u> at the end of the conversation:

a) {*Qc*} Il est <u>entré dans le décor</u> à la fin de la conversation **b)** On a <u>parlé de lui</u> à la fin de la conversation [*mais si on a un accident de voiture*: Il est <u>rentré dans le décor</u> *ou* {*Qc*} Il a <u>pris le fossé</u> = **He <u>took the *ditch*</u>**]

A *picture* is worth a thousand words!:

Une image vaut mille mots!

She's the *picture* of health:

Elle est l'image même de la santé

It will fall to *pieces*:

Ça va tomber en ruine

I gave him a *piece* of my mind!:

Je lui ai dit ma façon de penser! [*Voir* **I *told* him a thing or two!**]

She went to *pieces* when she heard the news:

Ça l'a bouleversée quand elle a appris la nouvelle

A guinea *pig*:

Un cobaye

I'm stuffed as a *pig*!:

J'ai mangé comme un cochon (*ou* un porc)!

Never in a *pig*'s eye!:

Pour rien au monde! [*Voir* **Not in a dog's *age*!**]

Give me a *piggy* back ride:

Fais-moi faire un tour sur tes épaules

He's *pigheaded*:

C'est une tête de cochon (*ou* {*Fr*} de lard, de pioche)

This house looks like a *pigpen*:

Cette maison ressemble à une vraie soue

He's a *pill*:

Il n'est pas {*Qc*} endurable (*ou* supportable)

Don't *pin* it on me!:

Ne me mets pas ça sur le dos!

I had *pins* and needles in my legs:

J'avais des fourmis dans les jambes

We're always on *pins* and needles with her:

a) Avec elle, il faut toujours être sur nos gardes. **b)** Avec elle, il faut toujours marcher sur des œufs.

I got my *pink* slip:

J'ai été licencié [*Voir* **I got *fired***]

Put the ring <u>on your *pinkie*</u>:

Passe la bague <u>à ton petit doigt</u>

I try to *pinpoint* the problem:

a) J'essaie de mettre le doigt sur le problème **b)** J'essaie de bien définir (*ou* bien cerner) le problème

She's a *pin-up* girl!:

C'est un vrai mannequin!

Put that in your *pipe* and smoke it!:

a) Si ça ne te plaît pas, c'est le même prix! **b)** {*Fr*} Mets ça dans ta poche avec ton mouchoir par-dessus! **c)** {*Qc*} Mets ça dans ta pipe puis fume!

***Pipe* down!:**

Tiens ta langue! [*Voir* ***Hold* your tongue!**]

He's always *pipe* dreaming!:

Il se fait toujours des illusions

You're a *pipsqueak*:

Tu es insignifiant (*ou* {*Fr*} un foutriquet)

He doesn't have a pot to *piss* in! *(rude)*:

{*Qc*} Il n'a même pas un pot pour pisser dedans! *(vulg.)* [*Voir* **He is as *poor* as a church mouse!**]

That *pisses* me off! *(rude) or* That gets my goat!:

a) Ça m'écœure! **b)** Ça me fait suer! **c)** Ça me fait chier! *(vulg.)*

It's a *pisser*!:

C'est (une tâche) détestable! [*Voir* **It's a *pain*!**]

We made a *pit* stop:

On a fait un bref arrêt

He'll go *places*! *or* He's going to go places!:

a) Il va faire son chemin! **b)** Il va réussir! **c)** Il ira loin!

It was a far-out *place*:

C'était dans un trou perdu [*Voir* **It was *next* to nowhere**]

He who leaves his *place* loses it!:

Qui va à la chasse perd sa place!

I avoid him like the *plague*:

Je le fuis comme la peste

I gave it to you on a silver *platter*:

Je te l'ai apporté sur un plateau d'argent

He gets everything on a silver *platter*:

a) Il a toujours tout sur un plateau (d'argent) **b)** Il a toujours tout tout cuit (*ou* rôti) dans le bec

He *plays* hard to get:

Il fait l'indépendant

He *played* hooky:

a) Il a séché les cours **b)** Il a fait l'école buissonnière

***Play* up to him if you really want your weekend off:**

Fais-lui du charme si tu veux vraiment {*Qc*} ta fin de semaine (*ou* {*Fr*} ton week-end) de congé [*Voir* ***Make* eyes at him if...**]

He's a hopeless *player* *or* He's a pathetic player:

a) Il joue comme un pied **b)** Il joue vraiment mal

She's hard to *please*:

Elle est difficile à contenter (*ou* à satisfaire)

I do as I damn well *please*:

Je fais juste ce que je veux

You're *plumb* lazy:

Tu es très paresseux

He was *plumb* relieved:

Il était vraiment soulagé

A *plunging* neckline:

Un décolleté plongeant

I have a *plush* apartment:

J'ai un appartement luxueux

I've got him in my *pocket* *or* I have him eating out of the palm of my hand *or* He's at my beck and call:

a) Je l'ai dans ma poche **b)** Il mange dans ma main *[figuré]* **c)** Je fais ce que je veux de lui **d)** {*Fr*} Je l'ai à ma botte (*ou* {*Fr*} à ma pogne)

Stick to the *point*:

Ne t'écarte (*ou* Ne vous écartez) pas du sujet

Get to the *point*!:

Viens en aux faits! [*Voir* **Stop beating around the *bush*!**]

That's beside the *point* *or* That's not the issue:

a) C'est en dehors du sujet **b)** Là n'est pas la question

She *pointed* out what the problem was:

Elle a mis le problème en évidence

There's no *point* telling you:

Ça ne sert à rien de te (*ou* vous) le dire

Give me a few *pointers*:

Donne-moi quelques tuyaux (*ou* renseignements)

She's a slow *poke*!:

a) Elle fait tout au ralenti! **b)** {Qc} Elle n'est pas vite sur ses patins! *[lenteur]*

What a *poker* face!:

Quel visage impassible(*ou* {Fr} impavide)!

He's a smooth *politician*:

C'est un beau parleur [*Voir* **He has a gift for *gab***]

I'm all *pooped* out!:

Je suis exténué! [*Voir* **I'm *all* in!**]

You're a *poor* sport:

Tu es mauvais perdant

He is as *poor* as a church mouse! *or* **He doesn't have a pot to piss in!** *(rude)*:

a) Il n'a même pas un pot pour pisser dedans! *(vulg.)* **b)** Il est pauvre comme Job! **c)** Il est fauché comme les blés! **d)** Il n'a pas un radis!

It *popped* up out of nowhere *or* **It came out of the clear blue sky:**

a) C'est arrivé à l'improviste **b)** C'est arrivé sans crier gare **c)** C'est arrivé comme un coup de tonnerre

We're in an awkward *position*:

Nous sommes dans une situation délicate

Keep me *posted*:

Tiens-moi au courant *[de l'essentiel]* [*mais* **Keep me *abreast* of the news** = Tiens-moi au courant *[au fur et à mesure]*]

She dropped him like a hot *potato*:

Elle l'a laissé tomber {Qc} comme une vulgaire patate (*ou* comme une vieille chaussette)

He's a hot *potato*:

Il est vraiment bizarre

He's a couch *potato*:

a) Il est toujours avachi devant la télé **b)** Il passe son temps dans son fauteuil

That's small *potatoes*:

C'est de la petite bière (*ou* {Fr} de la bibine, {Fr} de la gnognotte) [*Voir aussi* **It's no small *deal***: Ce n'est pas de la petite bière]

Stay for dinner; <u>we're having *potluck*</u>:

Reste dîner avec nous, ce sera <u>à la bonne franquette</u> (*ou* <u>en toute simplicité</u>, <u>à la fortune du pot</u>)

This young child still isn't *potty-trained*:

Ce tout petit n'est pas encore propre

More *power* to him!:

a) Tant mieux pour lui! **b)** Grand bien lui fasse!

I'm out of *practice*:

Je manque d'entraînement

***Practice* makes perfect:**

C'est en forgeant qu'on devient forgeron

He's in a *predicament*:

Il est dans de beaux (*ou* sales) draps [*Voir* **He's up the *creek* without a paddle**]

I'm <u>*pretty*</u> tired *or* **I'm <u>sort of</u> tired:**

Je suis <u>pas mal</u> fatigué

An ounce of *prevention* is worth a pound of cure! *or* **A stitch in time saves nine!:**

Mieux vaut prévenir que guérir!

It's the going *price*:

C'est le prix {Qc} régulier (*ou* courant, normal)

They're rock-buttom *prices*:

Ce sont les prix les plus bas

That's the *price* to pay for not keeping your word:

C'est le prix à payer pour n'avoir pas tenu parole

It's *priceless*:

C'est d'une valeur inestimable (*ou* {Fr} inappréciable)

It's my *pride* and joy:

C'est ma joie et ma fierté

He's in his *prime* *or* **He's in the prime of his life:**

Il est dans la force (*ou* la fleur) de l'âge

She's *primp* and proper:

Elle est chic et élégante

Read the fine *print* before...:

a) Lis tout ce qui est écrit en tout petit avant de... **b)** Lis toutes les clauses avant de...

She's too *prissy*:

Elle est trop hautaine

To keep a low *profile*:

Rester dans l'ombre

Since we talked, he keeps a low *profile*:

Depuis qu'on s'est parlé, il file doux *[dans le sens qu'il n'essaie pas d'attirer l'attention]*

He got to her with *promises*:

Elle s'est laissée endormir (*ou* bercer, avoir) par ses belles promesses

***Promises* are made to be kept!:**

Chose promise, chose due!

The *proof* of the pudding is in the eating:

On reconnaît un arbre à ses fruits

The *pros* and the cons:

Les pour et les contre

She's *proud* as a peacock:

Elle est fière comme un paon (*ou* comme un pape, *{Fr}* comme Artaban)

To be on the *prowl*:

Flirter [*Voir* **To *cruise***]

What a *prune* face!:

Quel visage ridé! [**prune** = pruneau]

She's quite *pudgy*:

Elle est plutôt *{Qc}* grassette (*ou* grassouillette, rondelette, enveloppée, ronde, *{Fr}* prospère, forte)

I *pulled* a fast one on her!:

a) Je lui ai joué un tour! **b)** *{Qc}* Je lui en ai passé une petite vite!

He will *pull* a few strings:

a) Il va user de son influence **b)** Il va tirer quelques ficelles **c)** *{Qc}* Il va utiliser ses connections **d)** Il va faire jouer ses relations

He *pulled* out all the stops! *or* **He did the whole bit!:**

a) Il y a mis le paquet! **b)** Il a fait les choses en grand!

Don't *pull* any punches, say what you have to say!:

N'y va pas avec le dos de la cuillère, dis ce que tu as à dire!

She *pulled* my leg!:

Elle m'a monté un bateau!

Don't try to *pull* the wool over my eyes! *or* **Don't try to put something over on me!:**

a) *{Qc}* Essaye (*ou* N'essaie) pas de m'en faire accroire! **b)** *{Qc}* Essaye (*ou* N'essaie) pas de m'en passer une vite!

He will *pull* through:

a) *{Qc}* Il va passer à travers **b)** Il va s'en sortir

He's a glutton for *punishment*:

C'est un masochiste

It's only *puppy* love:

C'est seulement un amour de jeunesse

On *purpose*:

a) Exprès b) Volontairement

When *push* comes to shove, he quits!:

a) Quand les choses deviennent plus difficiles, il craque! **b)** Quand les choses tournent mal, il ne tient pas le coup!

I'd *push for* getting a new car:

Je serais en faveur de l'achat d'une nouvelle voiture

That's *pushing* it!:

Tu pousses un peu fort! [*Voir* **That's going *some*!**]

Don't *push* the panic button!:

a) Ne panique pas! **b)** Pas de panique! **c)** Du calme!

He's *pushing* up daisies:

Il mange les pissenlits par les racines

I *pushed* with all my might!:

J'ai poussé de toutes mes forces!

I'm no *pushover* *[in sex or in general]*:

a) Je ne suis pas une femme facile *[mœurs]* **b)** Je ne suis pas dupe *[en général]* **c)** Je ne me laisse pas faire

She's very *pushy*:

Elle est très dominatrice

Stop *pussyfooting*!:

Viens-en aux faits! [*Voir* **Stop beating around the *bush*!**]

He was *pussyfooting* around the house:

Il fouinait partout autour de la maison

He *put* himself out to help her:

Il s'est fendu (*ou* mis) en quatre pour l'aider [*Voir* **He *broke* his back trying to...**]

***Put* it there!:**

[en tendant la main pour sceller une entente] Affaire conclue!

Don't try to *put* something over on me!:

{*Qc*} Essaye (*ou* N'essaie) pas de m'en faire accroire! [*Voir* **Don't try to *pull* the wool over my eyes!**]

***Put* up or shut up!:**

a) Agis ou bien ferme-la! **b)** Agissez ou bien fermez-la!

I don't *put* up with that!:

{*Qc*} J'endure (*ou* Je n'endure) pas ça! [*Voir* **I won't *have* it!**]

It's a *put-up* job!:

C'est un coup monté!

***Put* your heads together!:**

Concertez-vous!

Don't pick a *quarrel* with me!:

a) Ne cherche pas la chicane! **b)** Ne me cherche pas! **c)** Ne me cherche pas querelle!

***Queer*:**

Homosexuel [*Voir* ***Gay***]

It's out of the *question* *or* That's out!:

a) Il n'en est pas question **b)** C'est hors de question

It's a loaded *question*!:

a) C'est une question insidieuse! **b)** C'est une question piège!

It's a 64 thousand dollar *question*:

a) C'est une question difficile **b)** {*Qc*} C'est une question à cinq piastres **c)** {*Fr*} C'est une question à cent francs

There's something wrong, there's no *question* about it!:

Quelque chose ne va pas, ça ne fait aucun doute!

Ask me no *questions*, I'll tell you no lies:

{*Qc*} Ne me pose pas de questions, et je ne te raconterai pas de blagues

To have a *quickie* *or* To do the horizontal mambo *or* To do a morner *[in the morning]* *or* To do a nooner *[at noon]* *or* To have a roll in the hay *or* To fuck *(rude)* *or* To screw *(rude)* *or* To play hide a wienie:

a) S'envoyer en l'air **b)** Prendre son pied **c)** Baiser *(vulg.)* **d)** Faire une partie de jambes en l'air **e)** {*Fr*} Tirer sa crampe *(vulg.)* **f)** {*Qc*} Faire une petite vite **g)** Tirer un coup *(grossier)* **h)** Jouer aux fesses **i)** Fourrer *(vulgaire)* [*mais* **To *make* love *or* To have *sex* *or* To make *whoopie*** = Faire l'amour]

Be *quiet*!:

Tais-toi! [*Voir* ***Hold* your tongue!**]

***Quit* while you're ahead:**

Arrête pendant qu'il en est encore temps

Let's call it *quits*:

a) Abandonnons pour le moment **b)** Laissons tomber pour le moment

To *quote* (*or* bid) on a job:

a) {*Qc*} Soumissionner sur un ouvrage **b)** Faire une offre de service **c)** Faire un devis

It's a rat *race*:

a) C'est une course sans fin *[comme lutter pour gagner son existence]* **b)** *{Fr}* C'est un ratodrome

She's a *rackabones* *or* She's a bag of bones:

a) Elle est décharnée **b)** Elle est maigre comme un clou (*ou* comme un chicot) **c)** Elle n'a que la peau et les os

A *raging* toothache:

Un mal de dents carabiné [*mais* **A splitting headache** = Un mal de tête carabiné]

To go from *rags-to-riches*:

Passer de la pauvreté à la richesse

I *raided* the ice-box:

a) J'ai dévalisé le réfrigérateur **b)** J'ai dévalisé le frigidaire

It's *raining* cats and dogs:

{Qc} Il pleut à boire debout [*Voir* **It's coming down in *buckets***]

We'll take a *rain* check on it *or* It will be for another time:

a) Ce n'est que partie remise **b)** Ce sera pour une autre fois

It doesn't *rain*, but it pours!:

Un malheur n'arrive jamais seul!

Don't *rain* on my parade!:

a) Ne viens pas gâcher (*ou* assombrir) ma journée! **b)** Ne viens pas m'attrister!

I got a *raise* (*or* a pay raise):

J'ai eu une augmentation de salaire

You shouldn't *raise* a stink (*or* raise hell):

Tu ne devrais pas en faire un drame [*Voir* **You shouldn't make a *federal* case out of it**]

Stop *raising* Cain!:

Arrête ton boucan!

He *raked* me over the coals!:

Il m'a engueulé comme du poisson pourri! [*Voir* **He gave me a *bawling* out!**]

I got *raked* over the coals:

a) Je me suis fait réprimander **b)** On m'a poussé à bout **c)** J'ai été bombardé de questions

He is *rambunctious*:

Il est turbulent

It has been *rammed* down his throat:

a) Il a dû accepter contre son gré **b)** Il a été forcé d'accepter *[un désagrément]*

I *ransacked* my closet:

a) J'ai mis ma garde-robe sens dessus dessous **b)** {Qc} J'ai fouillé mon garde-robe de fond en comble

She *ranted* and raved because I took her car:

Elle a tempêté (*ou* fulminé, ragé) parce que j'ai pris sa voiture

He beat the *rap*:

a) Il s'en est tiré à bon compte **b)** Il s'en est tiré avec une peine (*ou* amende) réduite *[dans un procès]*

I'm *raring* to go:

Je ne demande qu'à commencer

The little *rascal* (*or* twerp, stinker):

[gentil] **a)** *{Qc}* Le petit tannant **b)** *{Qc}* Le petit vlimeux **c)** *{Fr}* La petite crapule **d)** *{Fr}* La petite canaille **e)** *{Fr}* Le petit fripon **f)** *{Qc}* Le pt'it criss *(vulg.)*

They *ratted* on him *or* **They blew the whistle on him:**

Ils l'ont dénoncé (*ou* mouchardé)

It's the *real* McCoy:

a) C'est de l'authentique **b)** C'est du vrai de vrai

It stands to *reason*! *or* **It makes sense!:**

a) *{Qc}* Ça a bien du bon sens! **b)** *{Qc}* Ça a bien de l'allure! **c)** Ça tombe sous le sens!

I'll pay you within *reason*:

Je vais te (*ou* vous) payer un prix raisonnable

All the more *reason* for me not to go:

À plus forte raison, je n'irai pas

It's just delaying the day of *reckoning*:

C'est seulement (*ou* Ce n'est que) reculer pour mieux sauter

Off the *record*,...:

Officieusement,...

I want to set the *record* straight:

Je veux mettre les choses au point [*Voir* **I want everything up *front***]

I'm in the *red*!:

Je suis fauché (*ou* à sec)! [*Voir* **I'm flat *broke***]

He got as *red* as a beet:

Il est devenu rouge comme une tomate (*ou* *{Fr}* comme une pivoine)

He went through a lot of *red* tape:

Il a dû se plier à bien des tracasseries administratives

He has been caught *red-handed*!:

Il s'est fait prendre la main dans le sac! [*Voir* **He was caught the *hand* in the bag!**]

We *refreshed* ourselves before leaving:

Nous avons fait un brin de toilette avant de partir

He could sell *refrigerators* to the Eskimos:

Il vendrait des frigidaires (*ou* des frigos, des réfrigérateurs) aux Esquimaux

In *regard* to your letter...:

En ce qui concerne ta (*ou* votre) lettre...

Give my *regards* to your wife:

a) Fais mes amitiés à ta femme **b)** Transmettez mes amitiés à votre femme

Later he will live to *regret* it:

Plus tard, il s'en mordra les doigts *[mais si on parle au présent*: **[Now] He could *kick* himself** = [Maintenant] Il s'en mord les doigts*]*

To have free *rein*:

a) Avoir carte blanche **b)** Avoir les pleins pouvoirs

***Relatives*:**

Famille (*ou* parenté) [*mais* **Folks** = famille (*ou* parenté, entourage)]

***Relatively* speaking,...:**

Toutes proportions gardées,...

It *remains* to be seen:

Ça reste à voir

He *remained* true to form *or* **He was still his old self:**

Il est resté égal à lui-même

Those *remarks* are out of place:

Ces propos ne sont pas de mise (*ou* de circonstance, *{Fr}* de saison)

With all due *respect*,...:

Malgré tout le respect que je vous dois,...

This document is good in every *respect*:

Ce document est bon à tous points de vue

I must go to the *restroom* (*or* **bathroom, washroom):**

a) Je dois aller au petit coin **b)** Je dois aller *{Qc}* / *{Bel}* à la toilette (*ou* *{Fr}* aux toilettes)

A *resumé*:

a) Un c.v. **b)** Un curriculum vitae

Early *retirement*:

a) Pré-retraite **b)** Retraite anticipée

Now, it's your turn to *return* a favor *or* **Now, you owe me one:**

a) C'est maintenant à toi de renvoyer l'ascenseur *[figuré]* **b)** {*Qc*} Tu m'en dois une!

He's filthy *rich*! *or* **He's rolling in money!** *or* **He has oodles of money!** *or* **He's a money-bag!** *or* **He's in the chips!** *or* **He's in the dough!** *or* **He's loaded!** *or* **He has money to burn!:**

a) Il est très riche! **b)** Il est plein aux as!

He's as *rich* as Rockefeller:

Il est riche comme Crésus

Let it *ride*!:

Laisse courir (*ou* tomber) pour le moment!

Give me a piggy back *ride*:

Fais-moi faire un tour sur tes épaules

We're going for a *ride* *or* **We're going for a spin:**

On s'en va faire une promenade (*ou* une balade, un tour) *[en voiture]*

He took me for a *ride*!:

Il m'a monté tout un bateau! [*Voir* **He gave me quite a *snow* job!**]

She's *riding* (*or* flying) high!:

Elle est au septième ciel! [*Voir* **She' *walking* on air!**]

That's all *right*! *or* **That's no problem!:**

a) Il n'y a pas de quoi! **b)** {*Qc*} C'est correct!

That's where you're *right*/wrong:

C'est là que vous avez (*ou* que tu as) raison/tort

OK! It's all *right* already!:

a) OK! C'est assez, laisse tomber! **b)** Ça suffit!

He's absolutely *right*:

Il a cent fois (*ou* mille fois) raison

It's *right* dab in the middle:

C'est en plein milieu

***Right* down to the nitty-gritty:**

Jusque dans le fin fond

He didn't know how *right* he was!:

Il ne croyait pas si bien dire!

It's *right* on:

Tu as le compas dans l'œil

– How much did it cost?
– $100?
– ***Right* on**! *or* ***Right* on the nose!**:

a) Exactement (*ou* Pile, Touché)! **b)** En plein dans le mille!

To answer *right* off the bat (*or* *right* on the spot):

Répondre du tac au tac (*ou* sur-le-champ, instantanément, immédiatement)

He leads the life of *Riley* *or* **He's sitting pretty** *or* **He lives on easy street:**

a) Il vit confortablement **b)** Il vit dans l'aisance **c)** Il a la belle vie **d)** Il vit dans la ouate **e)** Il a la vie facile

It doesn't *ring* a bell!:

Ça ne me dit (*ou* rappelle) rien!

You *ripped* me off! *or* **You gypped me!:**

a) Tu m'as volé! *[de l'argent]* **b)** Tu m'as arnaqué (*ou* escroqué)!

It's a *rip-off*!:

a) C'est du vol! **b)** C'est de l'arnaque!

***Rise* and shine!:**

a) Lève-toi! *[le matin]* **b)** Debout!

At your own *risks*:

À vos risques et périls

He put on the *ritz*:

Il a essayé de se faire valoir (*ou* de se mettre en valeur)

It's pretty *ritzy*!:

C'est la grande classe!

You *robbed* him of his dignity:

Tu lui as enlevé sa dignité

She *robbed* the cradle:

Elle l'a pris au berceau

A gin on the *rocks*:

Un gin {*Qc*} sur glace (*ou* {*Fr*} avec des glaçons, avec de la glace)

He has *rocks* in his head!:

Il est cinglé! *[sens propre]* [*Voir* **He's *crazy*!**]

You're off your *rocker*! (*or* your trolly!):

a) Tu es fou! *[amical]* **b)** Tu es cinglé! *[amical]* **c)** {*Fr*} Tu es trop!

To have a *roll* in the hay:

S'envoyer en l'air [*Voir* **To have a *quickie***]

***Rome* wasn't built in a day!:**

Rome n'a pas été bâtie en un jour!

If the *roof* doesn't leak, don't fix it!:

Ne cherche pas de problème où il n'y en a pas!

He doesn't even have a *roof* over his head:

Il n'a même pas de toit

I'm at the end of my *rope*:

a) Je suis au bout du rouleau **b)** Ma patience est à bout **c)** Je suis à bout de nerfs

I know the *ropes*:

Je connais les ficelles [*Voir* **I know the *score***]

I got *roped* in!:

Je me suis fait embobiner! [*Voir* **I got *taken*!**]

It's not a bed of *roses*! *or* It's not a bowl of cherries!:

a) {*Qc*} Ce n'est pas un jardin de roses! **b)** Ce n'est pas de tout repos!

She always comes up smelling *roses*!:

a) Elle finit toujours par s'en sortir! **b)**... par tirer son épingle du jeu! **c)**... par retomber sur ses jambes (*ou* ses pieds)!

There are no *roses* without thorns:

Il n'y a pas de roses sans épines

I feel *rotten*:

Je ne suis pas dans mon assiette [*Voir* **I *feel* out of sorts**] [*à l'opposé de* **I'm in great *shape*** = Je suis en pleine forme]

That's a *rotten* thing to say!:

C'est méchant de dire ça!

He's *rotten* to the core:

Il est pourri jusqu'à la moelle (*ou* jusqu'à l'os)

Things are *rough* all over!:

Les temps sont durs pour tout le monde!

It costs *roughly* $10. *or* It costs in the neighborhood of $10.:

Ça coûte environ dix dollars

***RRSP* (Registered Retirement Savings Plan):**

REER (Régime enregistré d'épargne retraite)

Don't *rub* it in! *or* Don't turn the knife in the wound!:

a) N'insiste pas! **b)** Pas besoin de me le rappeler! **c)** Ne me retourne pas le fer dans la plaie!

He *rubbed* me the wrong way:

Il m'a pris à rebrousse-poil

His bad habits *rubbed* off on her:

Ses mauvaises habitudes ont déteint sur elle

I *rubbed* shoulders with the big wheels:

J'ai côtoyé (*ou* fréquenté) des grosses légumes *[des gens importants]*

He pulled the *rug* out from under me:

Il m'a coupé l'herbe sous le pied

He bent the *rule*:

Il a fait {*Qc*} un accroc (*ou* une entorse) à la règle

***Rules* are made to be broken:**

C'est l'exception qui confirme la règle

Those are the *rules* of the game!:

Ce sont les règles du jeu!

He *runs* a tight ship:

a) Il contrôle bien son affaire **b)** Il tient fermement les rênes (*ou* {*Qc*} les guidons, la barre) de son entreprise

To *run* as fast as your legs can carry you!:

Fuir à toutes jambes! [*Voir* **To get the *hell* out of there!**]

They *ran* away (*or* ran off)!:

Ils ont filé à l'anglaise!

Give him a *run* for his money:

Donne-lui-en pour son argent

Run **for your life!** *or* **Every man for himself!:**

Sauve qui peut!

He *ran* like a bat out of hell!:

a) Il a couru {*Qc*} comme un perdu (*ou* {*Fr*} comme un dératé)! **b)** Il est parti en coup de vent! **c)** Il est passé à la vitesse de l'éclair!

You *run* like blazes! *or* **You run like a mad man!:**

Tu cours comme un fou!

He *runs* the show *or* **He's the cock of the roost** *[familiar]***:**

a) C'est lui qui mène (*ou* qui dirige) **b)** Il fait la pluie et le beau temps **c)** C'est lui qui tient tout

She gave me the *run-around*! *or* **She played me for a sucker!:**

Elle m'a fait marcher!

It's the general *run-of-the-mill*:

C'est très ordinaire (*ou* très courant)

He's just the general *run-of-the-mill*:

C'est seulement un gars ordinaire

I got the bum's *rush*!:

a) On s'est débarrassé de moi! **b)** Je me suis fait rapidement expédier (*ou* éconduire)!

It was at *rush* hour:

C'était à l'heure de pointe

I'm in a *rut*!:

Je suis enfoncé dans la routine!

She's always a sad *sack*:

Elle est toujours mécontente (*ou* de mauvaise humeur)

Finally, we arrived *safe* and sound:

Nous sommes finalement arrivés sains et saufs

I did it to be on the *safe* side (*or* to play it *safe*):

Je l'ai fait pour être sûr d'en avoir assez (*ou* pour plus de sécurité)

It was smooth *sailing*!:

Tout marchait comme sur des roulettes! [*Voir* **Everything was *hunky-dory*!**]

For God's *sake*! *or* For Pete's *sake*!:

Pour l'amour du Ciel! [*Voir* **I'll be *dog-goned*!**]

For pity's *sake*!:

a) Par pitié! **b)** De grâce!

I'll do the *same* for you some time:

Je vais un jour te rendre la pareille

"I'd like a coke!" ... "*Same* here"!:

"Je voudrais un coke"!... «Moi aussi»!

All the *same*, he's wrong! *or* Nevertheless he's wrong! *or* He's wrong anyway!:

N'empêche qu'il a tort!

It's the *same* old story:

C'est toujours la même chanson (*ou* histoire, refrain, ritournelle, rengaine)

It's all the *same* to me:

a) Ça m'est complètement égal **b)** Je m'en contrefiche

Do you like to dance? I'll *say*!:

Aimes-tu danser? Bien sûr! (*ou* {*Qc*} Ça s'donne!)

You don't *say*! *or* What do you know!:

Ce n'est pas possible!

Some things are better left not *said*! *or* The truth is sometimes better left unsaid!:

Toute vérité n'est pas bonne à dire!

You *said* a mouthful!:

Comme tu as dit vrai!

There's a lot to be *said* for this policy:

Cette politique se défend bien

What he *says* goes!:

C'est lui le patron! [*Voir* **He calls the *shots*!**]

Needless to *say*, he accepted the proposition:

Il va sans dire qu'il accepta cette proposition

I want to have my *say* in the matter:

a) Je veux avoir mon mot à dire **b)** Je veux avoir voix au chapitre

***Say* it! *or* Admit it!:**

a) Admets-le! **b)** Avoue-le! **c)** Il faut que tu l'admettes! **d)** Reconnais-le!

You *said* it!:

Tu l'as dit!

That doesn't *say* much for him:

Ça en dit long sur lui *[dans le sens que ça ne le met pas en valeur]*

To *say* sweet nothings:

Dire de petits mots tendres

No sooner *said* than done!:

Aussitôt dit, aussitôt fait!

It goes to *say* that... *ou* **It boils down to...:**

Ça revient à dire que...

You can *say* that again!:

À qui le dites-vous! [*Voir* **You'd better *believe* it!**]

What would you *say* to a trip to Florida? *or* **How about a trip to Florida?:**

Que dirais-tu d'un voyage en Floride?

Have some coffee?... *Say* when! *[to stop pouring]***:**

Veux-tu du café?... *[En le versant]* Arrête-moi (*ou* Tu m'arrêtes) quand tu en auras assez!

There's no *saying* when he'll come:

On ne peut pas dire quand il va arriver

***Says* who?:**

a) Sur l'ordre de qui? **b)** Par ordre de qui?

Who has the *say-so* around here?:

a) Qui est le patron ici? **b)** Qui est-ce qui commande ici?

He uses me as a *scapegoat*:

a) Il se sert de moi comme (d'un) bouc émissaire **b)** {*Fr*} Je sers de fusible

To be the *scapegoat* of the group:

Être le souffre-douleur du groupe

It's *scarcer* than hens' teeth! *or* **It'll happen when hell freezes over!:**

Ça arrivera le jour où les poules auront des dents!

My car skidded, I got a real *scare*!:

Ma voiture a dérapé, j'ai eu chaud (*ou* j'ai eu très peur)!

He *scared* me stiff! *or* **He scared the hell (*or* the life) out of me!** *or* **He frightened the living daylights out of me!:**

a) Il m'a flanqué une peur bleue! **b)** Il m'a fichu une de ces frousses! **c)** {*Qc*} Il m'a donné la chienne!

She was *scared* stiff! *or* **She was scared out of her wits!** *or* **She was scared to death!** *or* **She almost jumped out of her skin!:**

a) Elle a eu une peur bleue! **b)** {*Qc*} Elle a eu la chienne! **c)** Elle a eu la frousse! **d)** Elle a eu {*Fr*} les jetons (*ou* {*Fr*} la pétoche, {*Fr*} les foies)

To *scare* the pants off of him:

Terrifier quelqu'un

He's a *scared-cat* *or* **He's a fraidy-cat!:**

a) C'est une poule mouillée **b)** {*Fr*} C'est un couard **c)** C'est un poltron

He's *scatterbrained*!:

C'est une tête de linotte! [*Voir* **He's *absent-minded*!**]

School: École

Elementary School = école primaire
High School = école secondaire
Junior College = {*Qc*} cégep
College (*or* University) = université
Freshman = étudiant de 9e année {*É.-U.*}
= étudiant de Sec. III {*Qc*}
Sophomore = étudiant de 10e année {*É.-U.*}
= étudiant de Sec. IV {*Qc*}
Junior = étudiant de 11e année {*É.-U.*}
= étudiant de Sec. V {*Qc*}
Senior = étudiant de 12e année {*É.-U.*}

He's a freshman:

{*Qc*} Il est en Secondaire III

He's in his sophomore year:

{*Qc*} Il est en Secondaire IV

He went to the *school* of hard knocks:

Il a été à dure école

I know the *score* *or* **I know the ropes:**

a) Je suis au courant **b)** Je connais "la musique" **c)** Je connais les ficelles

He got away *scot-free*:

Il s'en est tiré sans condamnation

***Scram*!:**

a) Débarrasse le plancher! **b)** Va-t-en! **c)** {*Fr*} Barre-toi!

We had to *scrape* him off the ground:

On a dû le ramasser à la petite cuillère

To start from *scratch*:

Commencer à zéro

You *scratch* my back and I'll scratch yours!:
Un service en attire un autre! [*Voir* **One *hand* washes the other!**]

We didn't even *scratch* the surface yet!:
a) On n'en a même pas encore effleuré la surface! **b)** On a à peine effleuré le sujet!

She *screamed* bloody-blue murder!:
Elle a crié à tue-tête! [*Voir* **She *yelled* bloody murder!**]

To *screw* ***(rude)*:**
Fourrer *(vulg.)* [*Voir* **To have a *quickie***]

That *screws* everything up!:
Ça fout tout en l'air! [*Voir* **It *goofs* everything up!**]

She *screwed* me!:
{*Qc*} Elle m'a passé un sapin! [*Voir* **She gave me the *business*!**]

I got *screwed* on that deal:
Je me suis fait berner [*Voir* **I've been *double-crossed***]

You *screwed* up!:
Tu as tout raté!

He's *screwed* up!:
Il est foutu!

He *screwed* up the works! *or* **He gummed up the works!:**
Il a gâché (*ou* bousillé) le travail!

He put the *screws* to me!:
Il m'a sérieusement serré la vis!

He's a *screwball*! *or* **He's flakey!:**
Il est étrange (*ou* bizarre, excentrique)!

He has a *screw-loose* *or* **He's a little screwy:**
Il est un peu dérangé [*Voir* **He's got a few *buttons* missing**]

This relationship is beginning to come apart at the *seams*:
Cette relation commence à s'effriter

***Search* me!** *or* **You got me!:**
a) Je n'en sais rien! **b)** Mystère et boule de gomme! **c)** {*Qc*} Fouille-moi!

I took a back *seat*!:
a) J'ai laissé faire les autres! **b)** Je me suis retiré!

I don't want to play <u>*second* fiddle</u>:
a) Je ne veux pas être le <u>deuxième violon</u> (*ou* {*Fr*} <u>le second couteau</u>) **b)**... pas jouer de <u>rôle secondaire</u>

We'd like to have a <u>*second* opinion</u>:
Nous aimerions entendre (*ou* avoir) un <u>autre son de cloche</u> (*ou* une <u>autre opinion</u>)

See – saw – seen

I *see*!:
a) Je comprends! **b)** Je vois!

It's worth *seeing*!:
a) Ça vaut le coup d'œil! **b)** Ça mérite d'être vu! **c)** Ça vaut le détour!

We don't *see* eye to eye:
a) Nous ne voyons pas les choses de la même manière **b)** Il ne l'entend pas de cette oreille **c)** Nous avons une optique différente

***See* for yourself!:**
Vois (*ou* Constate) par toi-même!

***See* here!** *or* **Listen here!:**
Écoute-moi bien!

Go around the block to *see* if I'm there!:
Va voir ailleurs (*ou* voir là-bas) si j'y suis!

What you *see* is what you get:
On est comme on est

<u>As I *see* it,...</u>:
<u>À mon avis,...</u> [*Voir* **<u>From where I *sit*</u>,...**]

I *saw* it coming <u>a mile away</u> (*or* <u>a mile off</u>):
Je voyais venir ça <u>de loin</u> (*ou* <u>depuis longtemps</u>)

You ain't *seen* nothin' yet!:
Tu n'as encore rien vu!

When you've *seen* one, you've seen them all:
Une fois qu'on en a vu un, on les a tous vus

I *saw* red!:

Mon sang n'a fait qu'un tour! *[de colère]* [*Voir* **My *blood* boiled!**]

You've *seen* the last of me:

Vous n'êtes pas près de me revoir

I *see* the light!:

a) Je vois où tu veux en venir! **b)** Je viens de comprendre!

He didn't *see* the light:

Il n'a pas compris

You're *seeing* things:

Tu t'imagines des choses

I've *seen* worse!:

a) J'en ai vu d'autres! **b)** J'en ai vu de bien pires!

I'll *see* you! *or* See ya!:

À la prochaine!

***See* you in church! *or* *See* you later alligator!:**

Au revoir! *[amical, avec emphase]*

It *sells* like hot cakes!:

Ça se vend (*ou* Ça part) comme des petits pains chauds!

It makes *sense*!:

Ça tombe sous le sens! [*Voir* **It stands to *reason*!**]

It *served* him right!:

Il a couru après! [*Voir* **He *asked* for it!**]

He *served* time:

Il a fait de la prison

It *set* me back $500.:

a) {*Qc*} Ça m'a mis de court de 500$ **b)** {*Fr*} Ça m'a mis à découvert de 500$

She *set* me up:

Elle m'a joué un sale tour! [*Voir* **She gave me the *business*!**]

I'll *settle* the score with him:

Je vais lui régler son compte

It's all *sewed* up!:

L'affaire est conclue! [*Voir* **It's in the *bag*!**]

To have *sex* *or* To make love *or* To make whoopie:

Faire l'amour [*Voir* **To have a *quickie***]

She's a *sexpot*!:

a) Elle est très sexy! **b)** Elle a du sex-appeal!

Do they *shack* up together? *[familiar]* *or* Do they live together?:

a) Vivent-ils ensemble? **b)** Cohabitent-ils?

She *shacks* up with her neighbor *or* She's messing around with her neighbor:

Elle couche avec son voisin

Beyond the *shadow* of a doubt:

a) Sans l'ombre d'un doute **b)** Sans le moindre doute

Give me a fair *shake* (*or* a fair deal)!:

Sois honnête avec moi!

***Shake* a leg! *or* Shake it up!:**

Grouille-toi! [*Voir* ***Faster*!**]

He got more than he could *shake* a stick at:

Il en a eu plus que pour son argent! [*Voir* **He got more than he *bargained* for!**]

To *shake* and make up:

Faire la paix (*ou* Se réconcilier) *[entre collègues]* [**shake** = serrer la main]

I'll do it in two *shakes* of a lamb's tail:

Je vais le faire en moins de deux [*Voir* **I'll do it in a *jiffy***]

To *shake* your head:

Faire signe que non [*mais* **To nod in agreement** = faire signe que oui]

His position is *shaky* *or* He's sitting on the fence:

a) {*Qc*} Il branle dans le manche **b)** Il hésite

He's on *shaky* grounds at his job:

a) Son travail n'est pas assuré (*ou* pas stable) **b)** Son travail est précaire

It's a crying *shame* he left her:

C'est une honte qu'il l'ait laissée

***Shame* on you!:**

Tu n'as pas honte?

To be in *shape*:

Être en forme

I'm in great *shape*:

Je suis en pleine forme [*à l'opposé de* **I *feel* out of sorts** = Je ne suis pas dans mon assiette]

***Shape* up!:**

Reprends-toi! [*Voir* **Get it together!**]

It's *shaping* up!:

a) Ça commence à prendre tournure (*ou* à prendre forme)! **b)** Ça s'annonce bien!

Shape up or ship out!:

{*Qc*} Change ou fais de l'air!

A little *shaver*:

Un petit gars (*ou* petit garçon, petit bonhomme)

He's head of the whole *shebang*:

Il est à la tête de toute l'affaire (*ou* de toute l'entreprise)

He left with the whole *shebang*:

Il est parti avec toutes ses affaires [*Voir* **He left with the whole *kit* and caboodle**]

He's the black *sheep*:

a) C'est lui le mouton noir **b)** {*Fr*} C'est lui le mouton à cinq pattes **c)** {*Fr*} C'est lui le vilain petit canard

Put it on the *shelf* for a while:

Laisse dormir ça quelque temps [*Voir* **Put it on the back *burner***]

He took a *shellacking*:

Il a reçu une bonne raclée (*ou* {*Fr*} dérouillée, {*Fr*} trempe)

He works on a swing *shift*:

a) {*Qc*} Il travaille sur les shifts **b)** {*Qc*} Il travaille sur des horaires rotatifs **c)** {*Fr*} Il travaille en horaire décalé **d)** {*Fr*} Il fait les trois-huit

He just finished his *shift*:

Il vient juste de finir son quart de travail

***Shift* brain into gear before engaging mouth! *or* Think twice before speaking!:**

Tourne ta langue sept fois dans ta bouche avant de parler!

I'll pay you when my *ship* comes in!:

Je vais te payer quand j'aurai fait fortune!

It's in *shipshape*! *or* It's topnotch!:

C'est impeccable!

He's a stuffed *shirt*!:

{*Qc*} C'est une tête enflée! [*Voir* **He goes big *time*!** et **He's *highfaluting*!**]

He lost his *shirt* in that deal! *or* He got wiped out in that deal!:

Il y a laissé (*ou* perdu) sa chemise!

He'd give the *shirt* off his back:

Il donnerait jusqu'à sa chemise

Keep your *shirt* on!:

Calme-toi! [*Voir* **Take it *easy*!**]

He's full of *shit*! *(rude)*:

C'est un gros {*Qc*} plein de merde (*ou* gros tas de merde)! (*vulg.*)

Wait til the *shit* hits the fan! *(rude) or* Wait til it all comes out!:

Tu vas voir quand ça va se savoir (*ou* quand on le saura)

Get your *shit* together! *(rude)*:

Ressaisis-toi! [*Voir* **Get it together!**]

It sends *shivers* down my spine *or* It makes me shiver:

Ça me donne froid dans le dos *[figuré]*

I wouldn't like to be in her *shoes*!:

Je n'aimerais (*ou* ne voudrais) pas être à sa place!

The student was shaking in his *shoes*:

L'étudiant était dans ses petits souliers *[figuré]*

The *shoe* is on the other foot:

Les rôles sont inversés

***Shoemaker*'s children are the worst shod:**

Les cordonniers sont toujours les plus mal chaussés

She was all *shook-up*!:

Elle était toute bouleversée (*ou* remuée, retournée)

Don't *shoot* your mouth off!:

a) {*Qc*} Mets-en pas trop! *[pour te vanter comme pour te plaindre]* **b)** Ne gueule donc pas pour rien! **c)** N'en rajoute pas!

Let's *shop* around:

Comparons les prix *[d'un magasin à un autre]* [*mais* **Let's do some *window-shopping*** = Faisons du lèche-vitrines]

He did some *shoplifting* in the past:

Il a déjà commis des vols à l'étalage

Make it *short* and sweet!:

a) Parlons peu mais parlons bien! b) Fais vite!

I got the *short* end of the stick:

C'est moi qui ai tiré la courte paille

It's just *short of* insanity!:

a) {*Qc*} C'est sur le bord de la folie! **b)** Ça frise la folie! **c)** {*Fr*} C'est n'importe quoi!

I'll do it in *short* order:

Je vais le faire en un rien de temps [*Voir* **I'll do it in a *jiffy***]

I got *shortchanged*:

a) Je me suis fait avoir **b)** Je n'en ai pas eu pour mon argent

I won on a long *shot* *[at the races]***!:**

J'ai gagné sur un coup bien risqué *[aux courses]*! [*mais* **I won in the *long* run** = J'ai fini par gagner *ou* À la longue, j'ai gagné]

I won't help you in a long *shot*:

Il y a très peu de chance que je t'aide

We're not finished by a long *shot*!:

On est loin d'avoir fini!

Not by a long *shot*!:

Pas le moins du monde! [*Voir* **Not in the *least* bit!**]

He calls the *shots*! *or* **What he says goes!:**

a) C'est lui qui mène le jeu! **b)** C'est lui qui est aux commandes! **c)** C'est lui le boss (*ou* le patron)!

It gave me a *shot* in the arm:

a) Ça m'a remonté (*ou* {*Fr*} regonflé) le moral
b) Ça m'a redonné du courage

I say that but it's a *shot* in the dark!:

a) Je dis ça au pif! **b)** Je dis ça à tout hasard!

A *shotgun* wedding:

Un mariage précipité *[souvent obligé]*

He gave his friend a cold *shoulder*:

Il a reçu son ami comme un chien dans un jeu de quilles [*Voir* **He gave his friend the *brush-off***]

I told him straight from the *shoulder* *or* **I didn't pull any punches:**

Je le lui ai dit sans détour

The *shoulder* of the road:

L'accotement de la route

You have to put your *shoulder* to the wheel:

Tu dois t'atteler à la tâche

I rubbed *shoulders* with the big wheels:

J'ai côtoyé (*ou* fréquenté) des grosses légumes *[des gens importants]*

Let's *shove* off!:

Partons!

He has nothing to *show* for it:

Il n'est pas plus avancé pour autant

I'll *show* him what's what! *or* **I'll show him a thing or two!**

Il va voir de quel bois je me chauffe!

She's a real *show* off:

a) Elle veut se montrer **b)** Elle se pavane

Let's get the *show* on the road!:

Allons-y! [*Voir* **Let's *get* going!**]

That goes to *show* you! *or* **It's staring you in the face!:**

a) Tu vois bien! **b)** C'est évident! **c)** Ça saute aux yeux! **d)** Ça crève les yeux!

It was a real *showdown*:

C'était une véritable épreuve de force (*ou* un tournant décisif, la confrontation finale)

She wants a greenback *shower*:

Comme cadeaux de "shower" , elle désire de l'argent [**shower** = soirée avant un mariage ou une naissance]

He's a *shrimp*! *or* He's just a half-pint!:

a) {Qc} C'est juste un petit bout *[pour son âge]*! **b)** Il est petit pour son âge!

Ah *shucks*!:

a) {Qc} Oh! que c'est de valeur! **b)** Oh! que c'est dommage! **c)** {Qc} Ah! ben dis-moi pas!

I *shut* him (*or* her) up!:

Je lui ai cloué le bec!

***Shut* up! *or* Shut your mouth! *or* Shut your face!:**

Ferme-la! [*Voir* ***Hold* your tongue!**]

I need to get some *shuteye*:

J'ai besoin de piquer un petit roupillon [*Voir* **I need to *snooze* for a while**]

He's a *shyster*:

Il est sans scrupule (*ou* malhonnête)

It makes me *sick*:

Ça me rend malade

I'm *sick* of it! *or* I'm sick and tired of it!:

J'en ai par-dessus la tête de ça! [*Voir* **I'm *fed* up!**]

It's *sickening*!:

a) C'est déplaisant! **b)** C'est à vous rendre malade!

I know which *side* my bread is buttered on:

Je sais où est mon intérêt

There's two *sides* to every story:

a) {Qc} Il y a toujours deux côtés à une médaille **b)** Toute médaille a son revers

He always *sides* with his wife:

a) Il se range toujours du côté de sa femme **b)** Il défend toujours sa femme **c)** Il prend toujours le parti de... **d)** Il donne toujours raison à...

He's my *sidekick*:

C'est mon partenaire (*ou* mon assistant, mon ami, mon copain)

My *sideline* is...:

a) Mon deuxième travail est... **b)** Mon travail d'appoint est...

I got *sidetracked*:

J'ai été détourné de mon objectif

Not by a damn *sight*!:

Pas le moins du monde! [*Voir* **Not in the *least* bit!**]

You look a *sight*!:

a) {Qc} Tu fais dur! **b)** Tu as vraiment un drôle de look! **c)** {Fr} Tu as vraiment une drôle de dégaine!

You're a *sight* for sore eyes!:

Tu fais plaisir à voir! [*à l'opposé*: **You're a *sight*!** (*or* **You look a *sight*!**) = {Qc} Tu fais dur!]

He sets his *sights* high!:

a) Il a les dents longues! **b)** Il est ambitieux!

Don't lose *sight* of the fact that...:

Ne perdez pas de vue que...

Out of *sight* out of mind!:

Loin des yeux, loin du cœur!

***Silence* is gold**

La parole est d'argent mais le silence est d'or.

A *silent* partner:

a) {Qc} Un partenaire silencieux **b)** Un commanditaire **c)** Un bailleur de fonds

Don't get so excited, *simmer* down!:

Ne sois pas si excité, {Qc} reviens-en! (*ou* calme-toi!)

The English is *sinking* in:

Je commence à me faire à l'anglais

I wanted to *sink* into the ground:

J'aurais voulu rentrer sous terre *[tellement j'étais gêné]* [*Voir* **I could have *died***]

No *sirree*! *or* No sir!:

Non, monsieur!

He's a *sissy*!:

Il fait un peu tapette!

She's a *sissy*!:

C'est une peureuse!

From where I *sit*, he shouldn't have... *or* **As I see it, he...** *or* **In my opinion, he...:**

a) D'après moi, il n'aurait pas dû... b) À mon avis,... c) À mon sens,... d) Pour moi,...

You're a *sitting* duck!:

Tu es une proie facile (*ou {Fr}* un gogo, un pigeon)!

He's *sitting* on the fence *or* **His position is shaky:**

a) {Qc} Il branle dans le manche **b)** Il hésite **c)** Il n'arrive pas à se brancher

She's *sitting* on top of the world!:

Elle est aux anges! [*Voir* **She's *walking* on air!**]

He's *sitting* pretty:

Il vit dans l'aisance [*Voir* **He leads the life of *Riley***]

***Sit* up and take notice!:**

Prends-en bonne note!

It's *six* of one and half a dozen of the other:

C'est du pareil au même [*Voir* **It doesn't make the slightest *difference***]

I *sized* her up:

Je l'ai évaluée

That's about the *size* of it! *or* **That's where it's at!:**

Voilà où en sont les choses!

The parking lot is a real *skating* rink:

L'aire de stationnement est une vraie patinoire

You have *skeletons* in the closet:

Vous avez des choses à cacher

She's a hot *sketch*!:

C'est une boute-en-train!

His business is on the *skids*:

Son entreprise est sur une pente dangereuse (*ou* est en difficulté)

It's very *skimpy*:

C'est insuffisant (*ou* chiche)

He's under my *skin*:

Je l'ai dans la peau

I missed that by the *skin* of my teeth! *or* **I barely got off the hook!:**

a) Je l'ai échappé belle! **b)** Il s'en est fallu de peu! **c)** Il s'en est fallu d'un cheveu!

It's no *skin* off my back! *or* **It's no skin off my nose!:**

Je m'en fiche! [*Voir* **I don't *care*!**]

They're going *skinny-dipping*:

a) Ils vont se baigner à poil **b)** Ils vont se baigner tout nus

It came out of the clear blue *sky*:

C'est arrivé comme un coup de tonnerre [*Voir* **It *popped* up out of nowhere**]

The price is *sky-high*:

Le prix est exorbitant (*ou* démesuré)

Give me a *slab* of cake:

Donne-moi une tranche de gâteau

He's in the *slammer*! *or* **He's in the can!:**

Il est en prison (*ou {Fr}* en taule, *{Fr}* au placard)!

He just got a *slap* on the wrist:

Sa punition n'a pas été assez sévère

She's *slaphappy*:

Elle est insouciante

You're a *slave* driver!:

a) {Qc} Tu ambitionnes! *[sur moi ou sur nous dans le travail]* **b)** {Fr} Tu es un vrai négrier!

You're a *sleaze*! *or* **You're a sleaze-bag!** *or* **You're a wimp!** *or* **You're a wet hen!:**

a) Tu es une mauviette! **b)** Tu es une femmelette!

I didn't *sleep* a wink:

a) Je n'ai pas dormi de la nuit **b)** Je n'ai pas fermé l'œil

He *sleeps* like a log!:

Il dort comme une bûche! [*Voir* **He's *dead*** to the world!]

Let's *sleep* on it!:

a) La nuit porte conseil! **b)** Dors dessus!

Don't lose any *sleep* over it!:

a) Dors sur tes deux oreilles! **b)** Ne t'inquiète pas!

We *slept* til noon *or* **We slept all morning:**

Nous avons fait la grasse matinée (*ou* {*Fr*} la grasse mat')

He's a heavy *sleeper*!:

Il dort profondément! [*Voir* **He's *dead* to the world!**]

He has something up his *sleeve*:

Il a quelque chose derrière la tête

You wear your heart on your *sleeve*!:

a) Tu es un livre ouvert! **b)** Tu livres facilement tes sentiments!

She's a city *slicker*!:

C'est une fille de la ville!

Not in the *slightest*!:

Loin de là! [*Voir* **Not in the *least* bit!**]

She let him *slip* through her fingers:

Elle l'a laissé glisser (*ou* filer) entre ses doigts

They *slipped* away:

Ils ont filé à l'anglaise

The bargain *slipped* through his fingers:

L'affaire lui est passée sous le nez

He *slipped up* by not mentioning her name:

Il a fait une bêtise (*ou* commis une erreur) en ne mentionnant pas son nom [*mais* **I made a *boo-boo*** = J'ai fait une erreur *est plus familier*]

You're a *slob* *or* **You're sloppy:**

a) {*Qc*} Tu es traîneux **b)** Tu es mal habillé **c)** Tu es débraillé **d)** Tu es désordonné

It's a *sloppy* job!:

Le travail a été cochonné! [*Voir* **The job has been *botched* up!**]

Everything has *slowed* down!:

Tout marche (*ou* fonctionne) au ralenti!

He lives in the *slums*:

Il vit dans le quartier pauvre

She's a *slut*!:

C'est une putain! [*Voir* **She's a *bimbo*!**]

I was *smack* in the middle of...:

J'étais en plein milieu de...

He's a *smart* Alleck! *or* **He's a smarty-pants!:**

{*Qc*} Il se pense plus fin que les autres! [*Voir* **He's a *know-it-all*!**]

It's *smashing*! *or* **It's out of this world!:**

a) C'est merveilleux! **b)** C'est divin! **c)** C'est inouï! **d)** C'est extra (*ou* extraordinaire)! **e)** C'est excellent! **f)** C'est de toute beauté! **g)** C'est superbe! **h)** C'est formidable! **i)** C'est super!

He's gonna *smash* his face in *or* **He's gonna bash his face in:**

Il va lui abîmer le portrait

I *smell* a rat!:

Il y a quelque chose de louche! [*Voir* **Something's *fishy*!**]

It smells burnt like mad!:

Ça sent le brûlé à plein nez!

I don't want a *smidget*.

Je ne veux pas d'un tout petit morceau (*ou* d'une parcelle) de...

Wipe that *smile* off your face:

Arrête (*ou* Cesse) de sourire

It all went up in *smoke*:

Tout est parti en fumée

Where there's *smoke*, there's fire!:

Il n'y a pas de fumée sans feu!

She tries to *smooth* it over:

a) Elle essaie d'arrondir les coins (*ou* les angles) **b)** Elle essaie d'arranger les choses **c)** {*Fr*} Elle essaie de mettre de l'huile dans les rouages

Don't *smother* me!:

a) Ne m'étouffe pas! [*figuré*] **b)** Laisse-moi vivre! **c)** Lâche-moi! [*mais* **Don't *kill* me with kindness!** = N'en fais pas trop!]

I'll whip up a *snack*:

Je vais préparer un petit repas vite fait

She ran into a *snag* when she tried to get help:

Quand elle a demandé de l'aide, {Qc} elle a frappé un nœud (*ou* elle s'est heurtée à un mur)

He's always making *snap* decisions:

Il décide toujours tout sur un coup de tête (*ou* sur une impulsion)

***Snap* out of it!:**

Réveille-toi! [*Voir* **Get it together!**]

***Snap* to it! *or* Go ahead! *or* Go for it!:**

a) Vas-y! **b)** Fais-le! **c)** Tu as le feu vert! **d)** Fonce!

Make it *snappy*!:

Va plus vite! [*Voir* ***Faster*!**]

Go *sneaking* around to see if...:

Va donc tâter le terrain pour voir si...

It's nothing to *sneeze* at! *or* Don't knock it!:

a) Ce n'est pas à dédaigner! **b)** Ne crache pas dessus!

He *snitched* some money:

Il a volé (*ou* dérobé, {Qc} piqué, {Fr} chouravé) de l'argent

She's very *snoopy*!:

C'est une écornifleuse!

I need to *snooze* for a while *or* I need to get some shuteye:

a) J'ai besoin de faire un petit somme **b)** J'ai besoin de dormir un peu **c)** J'ai besoin de piquer un petit roupillon **d)** J'ai besoin de me taper une petite sieste

He gave me quite a *snow* job! *or* He gave me quite a line! *or* He took me for a ride!:

a) Il m'a monté tout un bateau *[figuré]* **b)** Il m'a conté toute une histoire **c)** Il m'a fait tout un baratin **d)** Il m'a raconté des salades

I am *snowed* under with work (*or* debts) *or* I am swamped with work (*or* debts):

a) Je suis débordé de travail (*ou* bourré de dettes) **b)** J'ai du travail par-dessus la tête (*ou* Je suis écrasé de dettes)

I'm *snug* as a bug in a rug!:

Je suis installé très confortablement!

***So* far so good:**

Jusqu'ici, ça va!

***So* much for that!:**

Voilà qui est réglé!

I feel *so* so *or* I feel fair to middling:

Je me sens comme ci comme ça (*ou* couci-couça)

It's *so* so!:

C'est comme ci comme ça!

He was *soaked* to the skin *or* He was soaking wet:

Il était trempé jusqu'aux os (*ou* jusqu'à la moelle)

No *soap*! *or* No way!:

a) {Qc} Pas d'affaires! **b)** Pas question! [*mais* ***Right*!** = D'accord!]

Don't give me a *sob* story!:

N'essaie pas de te faire plaindre! [*Voir* **Don't give me a *hard* luck story!**]

You're *sober* as a judge!:

a) Tu es sérieux comme un pape! **b)**Tu es on ne peut plus sobre! *[boisson]*

My boss is *soft-spoken* *or* My boss is even tempered:

Mon patron n'a jamais une parole plus haute que l'autre (*ou* un mot plus haut que...)

He's a millionnaire and then *some*:

Il est plus que millionnaire

That's going *some*! *or* That's pushing it!:

a) C'est la meilleure! **b)** Là, tu pousses (*ou* Tu y vas) un peu fort! **c)** Tu exagères!

That was *some* idea!:

a) {Qc} C'était toute une idée! *[admiratif]* **b)** C'était une excellente idée!

You have to go *some* to find that!:

Il faut que tu te lèves de bonne heure pour trouver ça! *[figuré]*

***Somehow* or other!:**

D'une manière ou d'une autre [*Voir* **By *hook* or by crook**!]

That's *something*!:

Ça, c'est fort (*ou* {*Fr*} fortiche)! *[admiratif]*

He's *something*!:

Il est extraordinairement adroit (*ou* habile)!

He's *something* else!:

a) C'est quelqu'un! **b)** C'est un sacré numéro (*ou* {*Qc*} tout un numéro)! **c)** Il est extraordinaire! **d)** {*Fr*} C'est un sacré loustic!

There's *something* in the wind!:

Il y a anguille sous roche! [*Voir* **Something's *fishy*!**]

***Something*'s got to give!:**

Il faut que quelque chose se passe!

***Somewhere* along the line, she'll make a mistake:**

a) À un moment donné, elle va commettre une erreur **b)** En cours de route, elle... **c)** Un jour ou l'autre, elle finira bien par commettre...

I can get it for a *song*:

a) Je peux l'avoir très bon marché **b)** {*Qc*} Je peux l'avoir pour une chanson **c)** Je peux l'avoir pour une bouchée de pain

She gave me a *song* and dance!:

Elle m'a donné toutes sortes de prétextes!

It's none too *soon*!:

Ce n'est pas trop tôt!

I'd just as *soon* pay you now:

a) J'aimerais autant te payer maintenant **b)** Je préférerais te...

No *sooner* said than done!:

Aussitôt dit, aussitôt fait!

The *sooner* the better!:

Le plus tôt sera le mieux!

***Sore* *or* – ache:**

[*Voir* ***-ache***]

I'm *sore*:

Je suis fâché(e) [*Voir* **I'm *mad***]

One man's joy is another man's *sorrow* *or* One man's meat is another man's poison:

Le malheur des uns fait le bonheur des autres

Give him time to *sort* it out:

Laisse-lui le temps de se retourner *[figuré]* [*Voir* **Give him time to *land* on his feet**]

I'm *sort of* tired *or* I'm pretty tired:

Je suis pas mal fatigué

There wasn't a *soul* outside:

Il n'y avait pas un chat (*ou* {*Fr*} un rat) dehors

It *sounds* as if they're having trouble *or* It looks like they're having trouble:

Ils ont l'air d'avoir des problèmes (*ou* des ennuis)

It *sounds* fishy!:

Ça semble louche!

We had a great meal from *soup* to nuts:

On a fait un excellent repas du début jusqu'à la fin (*ou* de l'entrée au dessert)

We had everything from *soup* to nuts:

On a fait un repas vraiment complet

He *souped* up his motor:

Il a augmenté la puissance de son moteur

What a *sourpuss*!:

Quel grognon (*ou* grincheux, {*Fr*} ronchon)!

Don't be such a *sourpuss*!:

Ne sois pas si {*Qc*} chiâleux (*ou* grincheux)!

You have to call a *spade* a spade:

a) Il faut appeler un chat un chat **b)** Il faut appeler les choses par leur nom **c)** Il ne faut pas avoir peur des mots

To give a child a good *spanking*:

Donner une bonne fessée à un enfant *[pour le corriger]*

A *spanking-new* (*or* brand-new) car:

Une voiture flambant neuve *[qui sort de l'usine]*

He doesn't *spare* anything! *or* There're no halfways about it with him!:

Il n'y va pas avec le dos de la cuillère!

Can you *spare me* ten minutes?:

Peux-tu m'accorder dix minutes?

I *spare* no expense *or* I give all I've got:

Je mets le paquet [**I spare no expense** *pour l'argent et* **I give all I've got** *pour les efforts*]

That's what *sparked* off the incident:

a) C'est ce qui a mis le feu aux poudres **b)** C'est ce qui a tout déclenché

Have your pet *spayed* or neutered:

Fais castrer **ou** stériliser ton animal

Think twice before *speaking*! *or* Shift brain into gear before engaging mouth!:

Tourne ta langue sept fois dans ta bouche avant de parler!

***Speak* of the devil, look who's coming!:**

a) Quand on parle du loup... **b)** {*Qc*} Ça parle au diable, regarde qui arrive!

***Speak* up!:**

Parle plus fort! *[dans le sens de: je ne t'entends pas]*

Her (*or* His) silence *speaks* volumes!:

Son silence en dit long!

He's a good *speaker*:

C'est un bon conférencier [*Voir* **He has a gift for *gab***]

Can you be more *specific*?:

Peux-tu être plus précis?

She's a *speed* ball:

a) Elle travaille rondement **b)** Elle travaille à toute vitesse

She has fallen under his *spell*:

a) Elle est tombée sous son charme **b)** Elle a succombé à son charme

Do I have to *spell* it out for him?:

Dois-je lui faire un dessin? [*Voir* **Do I have to *draw* him a picture?**]

My house is *spic* and span from top to bottom:

a) Ma maison est propre de la cave au grenier **b)** Ma maison brille comme un sou neuf

He *spilled* his guts out:

Il a fait des aveux complets

Finally, she *spilled* the beans *or* Finally, she let the cat out of the bag:

a) Finalement, elle a lâché (*ou* craché) le morceau **b)** Finalement, elle a vendu la mèche

We're going for a *spin*:

On s'en va faire une promenade *[en voiture]* [*Voir* **We're going for a *ride***]

To *spin* right around:

Faire un tête-à-queue *[en auto]*

A *spinal*:

Une épidurale

Keep your *spirits* up:

Ne te laisse pas abattre

Let's *split*!:

Barrons-nous! [*Voir* **Let's *beat* it!**]

We *split* even *or* We go fifty-fifty:

Nous sommes (*ou* Nous partageons) moitié-moitié

A *splitting* headache:

Un mal de tête carabiné [*mais* **A *raging* toothache** = Un mal de dents carabiné]

They're *splitting* up:

a) Ils se séparent **b)** {*Qc*} Ils se laissent

I *splurged* and bought a new dress (*or* car):

J'ai fait une folie; j'ai acheté une nouvelle robe (*ou* voiture)

These kids are *spoiled*:

Ces enfants sont trop gâtés (*ou* pourris, pourris-gâtés)

A *sponger*:

Un parasite [*Voir* **A *freeloader***]

It's *spooky*!:

a) {*Qc*} C'est "épeurant"! **b)** {*Fr*} Ça fout la trouille!

Be a *sport*!:

Sois gentil! [*Voir* **Have a *heart*!**]

You're a poor *sport*:

Tu es mauvais perdant

You got me out of a *spot*!:
Tu m'as enlevé (*ou* ôté) une épine du pied!

That hit the *spot*! *or* That made me happy!:
Ça a fait mon bonheur!

To answer right on the *spot* (*or* right off the bat):
Répondre du tac au tac (*ou* instantanément, immédiatement)

I'm in a tight *spot*! *or* I'm in a tough spot!:
Je suis dans le pétrin! [*Voir* **I'm in *dutch*!**]

A *spot* check:
Un sondage (*ou* Une vérification) au hasard

I have a soft *spot* for dogs:
J'ai un faible (*ou* un penchant) pour les chiens

It *spread* like wildfire:
Ça s'est répandu comme une traînée de poudre

Don't *spread* yourself too thin!:
a) Ne te disperse pas trop! **b)** Qui trop embrasse mal étreint!

She's no *spring* chicken!:
a) {Qc} Elle n'est plus un petit poussin du printemps! **b)** Elle n'a plus ses jambes de vingt ans!

She got all *spruced* up:
Elle est tirée à quatre épingles [*Voir* **She got all *dolled* up**]

She has a lot of *spunk*!:
Elle a beaucoup de cran!

She's very *spunky*!:
a) Elle est très énergique! **b)** Elle est très entreprenante!

On the *spur* of the moment,...:
Sur (*ou* Sous) l'impulsion du moment,...

What a *square*!:
a) {Qc} Quel vieux jeu! **b)** Qu'il est vieux jeu! ***[non de son époque]***

I didn't get a *square* meal for a week!:
Je n'ai pas pris de repas complet depuis une semaine!

He's like a *square* peg in a round hole:
Il n'est pas de taille pour cela

They're always *squawking*:
Ils rouspètent tout le temps [*Voir* **They're always *bellyaching***]

They *squealed to the cops* *or* They tipped off the cops:
Ils ont informé la police

What a tight *squeeze*!:
On est coincé!

He *stabbed* him in the back:
a) {Qc} Il a parlé dans son dos **b)** Il l'a poignardé dans le dos

He blew his *stack*!:
Il est sorti de ses gonds! [*Voir* **He went *bananas*!**]

Don't blow your *stack*:
Ne perds pas patience [*Voir* **Don't blow a *gasket***]

She's well *stacked*!:
Elle est bien roulée!

A *stag* party:
Une soirée entre hommes

It's still in the early *stages*:
a) C'est encore à l'état d'ébauche **b)** On en est encore au stade préliminaire **c)** On en est au tout début

His reputation is at *stake*:
Sa réputation est en jeu

He has a *stake* in the business:
Il a un intérêt (*ou* une part) dans l'affaire

I won't *stand* for it!:
a) Je ne tolérerai pas ça! **b)** Je ne laisserai pas passer ça!

I can't *stand* it any longer!:
J'en ai ras-le-bol! [*Voir* **I'm *fed* up!**]

I could do it *standing* on my head (*or* with my eyes closed)!:
Je pourrais le faire les doigts dans le nez (*ou* les yeux fermés)!

You have to *stand* on your own two feet!:

Tu dois te débrouiller par toi-même! [*Voir* **You have to *paddle* your own canoe!**]

It won't *stand* up in court:

Ça ne sera pas valable au tribunal

She *stood* me up three times:

a) Elle a manqué trois rendez-vous avec moi
b) *{Fr}* Elle m'a posé trois lapins d'affilée

He's born under a lucky *star*:

Il est né sous une bonne étoile

To *stare* wide-eyed:

Regarder avec de grands yeux

It's *staring* you in the face!:

Ça saute aux yeux! [*Voir* **That goes to *show* you!**]

He was *stark* raving mad:

Il était fou de rage (*ou* fou de colère)

She was all *starry-eyed*!:

Elle était absolument éblouie!

To get off to a flying *start*:

a) Débuter brillamment **b)** *{Fr}* Débuter en fanfare **c)** *{Qc}* Partir en grand **d)** Commencer en beauté

It *started* me thinking:

Ça m'a mis la puce à l'oreille [*Voir* **It put a *bug* in my ear**]

We *started* on the bottom rung *or* We started at the bottom of the ladder:

On a commencé au bas de l'échelle

To *start* (*or* To get) the ball rolling:

a) *{Qc}* Partir le bal *[figuré]* **b)** *{Qc}* Démarrer l'affaire **c)** Ouvrir la discussion

He explained everything from *start* to finish:

Il a tout expliqué du début jusqu'à la fin (*ou* d'un bout à l'autre) [*mais* **He explained everything in *details*** = Il a tout expliqué de long en large]

I'm *starving*!:

J'ai une faim de loup [*Voir* **I could *eat* a horse**]

She *stashed* away quite a lot of money:

Elle a caché pas mal d'argent

We *stayed* to ourselves:

On a fait bande à part

If you accept this work, you'll *stay* stuck with it!:

Si tu acceptes ce travail, *{Qc}* c'est toi qui vas rester pris avec! [*Voir...* **you'll have your *ass* in a sling**!]

She *stole* (*or* steals) the show:

Elle a volé (*ou* vole) la vedette

He could *steal* you blind! *or* He could take you to the cleaners!:

a) *{Qc}* Il pourrait te laver complètement!
b) Il pourrait te dépouiller (*ou* te lessiver) complètement!

I'm not made of *steel*!:

a) *{Qc}* Je ne suis pas fait en bois! **b)** *{Fr}* Je ne suis pas de bois!

He gave me a bum *steer*:

Il m'a donné de faux renseignements (*ou* de fausses indications)

It *stems* from...:

Ça provient (*ou* vient) de...

The *stem* of the apple:

La queue de la pomme

The first *step* is the hardest:

a) C'est le premier pas qui est le plus difficile
b) Il n'y a que le premier pas qui coûte

***Step* it up! *or* *Step* on it! *or* *Step* lively!:**

Dépêche-toi! [*Voir* ***Faster***]

***Step* on the gas!:**

a) *{Qc}* Pèse sur le gaz! **b)** *{Qc}* Pèse dessus!
c) Appuie sur le champignon! **d)** Accélère!
e) *{Fr}* À fond la caisse!

Don't let anyone *step* on your toes:

Ne te laisse pas marcher sur les pieds *[figuré]*

She's *stepping* out tonight *or* She's going out tonight:

a) Elle sort ce soir **b)** Elle a un rendez-vous ce soir **c)** *{Fr}* Elle a un rencart ce soir

He's *stewed* to the eyeballs *or* He's stewed to the gills:

Il est complètement soûl [*Voir* **He's dead *drunk***]

She tried to <u>make it *stick*</u>:

Elle a essayé <u>de le convaincre</u>

He's a *stick* in the mud!:

C'est un rabat-joie! [*Voir* **He's a *kill-joy*!**]

I won't *stick* my neck out for you!:

Je ne me mettrai pas la tête {*Qc*} sur la bûche (*ou* sur le billot) pour toi!

She's *stuck* on John! *or* She's hung up on John!:

a) Elle a Jean dans la peau! **b)** Elle est mordue de Jean!

You have to *stick* to your guns *or* You have to hold your own:

a) Tu ne dois pas en démordre **b)** {*Qc*} Tu dois tenir ton bout **c)** Tu dois camper (*ou* rester) sur tes positions

We must *stick* together!:

a) Nous devons nous serrer les coudes! **b)** Nous devons être solidaires!

To *stick* up for...:

Appuyer (*ou* Défendre) une cause (*ou* une personne)

He has *sticky* fingers:

C'est un voleur

It's a *sticky* (*or* tricky) question!:

C'est une question épineuse!

It *stinks*!:

a) Ça pue! *[sens propre et figuré]* **b)** Ça sent mauvais! *[sens propre et figuré]* **c)** {*Fr*} Ça schlingue! *[sens propre]* **d)** Ça empeste! *[sens propre]*

She made <u>a big *stink*</u> (*or* <u>a big fuss</u>) about the bill:

a) Elle a fait <u>du grabuge</u> à cause de la facture **b)** Elle a fait <u>une scène</u> (*ou* <u>un scandale</u>) à cause de la facture

<u>You're a *stinker*</u> not to lend me that:

<u>Tu es vache</u> de ne pas me prêter ça

The little *stinker*:

{*Qc*} Le petit tannant [*Voir* **The little *rascal***]

To keep one in *stitches*:

Faire rire quelqu'un aux éclats

A *stitch* in time saves nine! *or* An ounce of prevention is worth a pound of cure!:

Mieux vaut prévenir que guérir!

She didn't do a *stitch* of work:

a) Elle n'a pas fait la moindre chose **b)** Elle n'a pas levé le petit doigt

He came out without a *stitch* on *or* He came out stark naked:

a) Il était nu comme un ver **b)** {*Qc*} Il était flambant nu

She was in *stitches*!:

Elle riait aux éclats! [*Voir* **She *cracked* up!**]

He left with <u>the whole *stock* and barrel</u>:

Il est parti <u>avec tout son bataclan</u> [*Voir* **He left with <u>the whole *kit* and caboodle</u>**]

Don't put any *stock* in what he says:

a) Ne te fie pas à ce qu'il dit **b)** Ne prête pas foi à ce qu'il dit

My *stomach* is roaring:

Mon ventre gargouille

It's my old *stomping* ground:

C'est mon ancien quartier

To hit two birds with one *stone*:

Faire d'une pierre deux coups

A rolling *stone* gathers no moss:

Pierre qui roule n'amasse pas mousse

Don't throw *stones* if you live in a glass house! *or* What goes up must come down!:

a) Ça va lui retomber sur le nez! **b)** Ça va lui retomber dessus!

It's only a *stone*'s throw away:

a) Ce n'est qu'à deux pas d'ici **b)** C'est seulement à un {*Fr*} jet de salive (*ou* {*Fr*} jet de pierre) d'ici

He left no *stone* unturned to find it:

Il a remué ciel et terre pour le trouver

You're a *stool* pigeon:

a) Tu es un indic (*ou* un informateur, un mouchard) **b)** {*Qc*} Tu rapportes contre les autres

***Stoop* down!:**

a) Penche-toi! **b)** Baisse-toi!

I wouldn't *stoop* to that!:

Je ne m'abaisserais pas à cela!

He went on and on as if he was never going to *stop*:

Il m'a tenu un discours à n'en plus finir

***Stop* fooling around or you will end up in tears!:**

Jeux de mains, jeux de vilains!

There's no *stopping* her!:

Il n'y a rien pour l'arrêter!

***Stop* stalling!:**

a) Tu essayes de gagner du temps! **b)** Arrête de te dérober!

***Stop* trying:**

a) Abandonne **b)** Renonce [*mais* **I *give* up!** *[in guessing]* = Je donne ma langue au chat!]

Stay alert, it's the lull before the *storm*:

Restez vigilant, c'est le calme avant la tempête

That's another *story*! *or* **It's a different story!:**

a) C'est une autre paire de manches! **b)** C'est une autre histoire!

It's a cock-and-bull *story*!:

C'est une histoire à dormir debout! [*Voir* **Your story doesn't *hold* water!**]

It's the same old *story*:

C'est toujours la même histoire (*ou* chanson, refrain, rengaine, ritournelle)

It's a hair-raising *story*:

C'est une histoire à faire dresser les cheveux sur la tête

To make a long *story* short,...:

En bref,...

Give it to me *straight*:

Dis-le sans détour [*Voir* **Don't *beat* around the bush**]

Let's get this *straight*:

Mettons les choses au clair

Give me a *straight* answer:

Donne-moi une réponse franche

To keep a *straight* face:

Garder son sérieux

She *straightened* me right out:

a) Elle m'a corrigé (*ou* repris) tout de suite **b)** Elle m'a remis dans le droit chemin tout de suite

***Straighten* out your closet:**

Mets de l'ordre dans {*Qc*} ton garde-robe (*ou* {*Fr*} ta penderie)

He's *straightforward*:

Il est direct (*ou* sans détour)

That was the last *straw*!:

C'est la goutte qui a fait déborder le vase!

He's a *straw* boss:

a) C'est un des adjoints du patron **b)** {*Qc*} C'est un p'tit boss

She's a *strawberry* blonde:

Ses cheveux sont blond roux

I'm having a winning *streak* *or* **I'm having a streak of good luck:**

a) Je suis dans une période de chance **b)** Je suis en veine

He lives on easy *street*:

Il vit dans l'aisance [*Voir* **He leads the life of *Riley***]

By no *stretch* of the imagination can I pay...:

Même avec la meilleure volonté du monde, je ne peux pas payer...

He *stretched* the truth a little:

Il a un peu déformé la vérité

To *strike* a bargain *or* **To find a good deal:**

Tomber sur une bonne affaire

You have two *strikes* against you:

a) Tu es mal parti b) Ça se présente mal pour toi

It just *struck* me that she's not happy *or* **It just dawned on me that...:**

Je viens juste de réaliser (*ou* Je viens juste de me rendre compte) qu'elle n'est pas heureuse

How does it *strike* you? *or* **How about that?:**

Qu'est-ce que tu en penses?

He was *stringing* me along:

a) {*Qc*} Il me faisait des à-croire **b)** Il me faisait marcher

I'll do it with no *strings* attached:

Je vais le faire sans conditions (*ou* sans rien demander en retour)

He's *strong* as a horse!:

Il est fort comme un bœuf (*ou* {*Fr*} comme un Turc)!

He was *struggling* like a bastard (*vulg.*) *or* **He was like a cat on a hot tin roof:**

a) {*Qc*} Il se débattait comme un diable dans l'eau bénite **b)** {*Qc*} Il se débattait comme un chat dans l'eau bouillante **c)** Il se débattait comme un beau diable

He's *stubborn* as a mule:

Il est têtu comme une mule

Do your *stuff*! *or* **Do your thing!:**

a) Montre ce que tu sais faire! **b)** Fais ce que tu dois faire! **c)** Montre de quoi tu es capable!

He knows his *stuff* *or* **He knows what he's talking about:**

Il connaît son affaire

He's a *stuffed* shirt!:

Il est hautain! [*Voir* **He's *high* and mighty!**]

He's very *stuffy*:

Il est vieux jeu

I was *stunned*!:

J'étais sidéré! [*Voir* **You *floored* me!**]

***Stupidity*!:**

Conneries (*grossier*)! [*Voir* **Bullshit**! (*rude*)]

As for this *subject*,...:

a) À ce sujet,... **b)** Quant à ça,...

I got *sucked* into it!:

Je me suis fait prendre! [*Voir* **I got *taken*!**]

He's a *sucker*!:

Il se fait avoir tout le temps!

She played me for a *sucker*! *or* **She gave me the run-around!:**

Elle m'a fait marcher!

There's a *sucker* born every day:

Il y aura toujours des naïfs (*ou* {*Fr*} des gogos) sur terre

It doesn't *suit* me!:

Ça ne me convient pas!

It *suits* me to a tee (*or* **T**)! *or* **It suits me fine!:**

a) Ça me va tout à fait! **b)** Ça fait mon affaire! **c)** Ça me va comme un gant!

***Suit* yourself!:**

a) {*Qc*} Fais à ton goût! **b)** Fais comme tu l'entends!

Nothing new under the *sun*!:

Rien de nouveau sous le soleil!

She has everything under the *sun*!:

Elle a tout ce qu'on peut imaginer!

There's nothing under the *sun* I would like better!:

Il n'y a rien au monde que j'aimerais davantage!

The *sun* shines for everyone!:

Le soleil brille pour tout le monde!

That's *super*! *or* **That's wild, man!:**

C'est extraordinaire!

I don't *suppose* (*or* **don't think**) **he'll go:**

Je ne crois pas qu'il ira

I *suppose* so!:

Je suppose!

***Sure* as shooting!:**

Aussi sûr que deux et deux font quatre!

***Sure* enough!:**

a) Effectivement! **b)** En effet! **c)** De fait!

A lazy *Susan*:

{Qc} Une suzanne *[plateau tournant]*

I am *swamped* with work (*or* debts):

Je suis débordé de travail (*ou* Je croûle sous les dettes) [*Voir* **I am *snowed* under with work**]

No *sweat*! *or* It's no trouble! *or* That's nothing!:

a) Ce n'est rien du tout! **b)** Sans la moindre difficulté! **c)** Pas de problème!

I was *sweating* bullets!:

Je suais à grosses gouttes!

I had to *sweat* it out:

J'ai dû traverser une période difficile

To make a clean *sweep*:

a) Faire table rase **b)** Faire le grand ménage *[dans une entreprise]*

***Sweep* it under the carpet (*or* the hat)!:**

a) Camoufle ça! **b)** {Fr} Planque ça!

We *sweetened* the deal in making him believe that...:

Nous lui avons doré la pilule en lui faisant croire (*ou* accroire) que...

He *sweet-talked* his secretary...:

Il a embobiné sa secrétaire... [*Voir* **He *buttered* up his secretary...**]

What a *swell* (*or* nifty) guy!:

Quel gars épatant (*ou* gars super)!

We got into the *swing* of things:

a) On s'est lancé dans l'action **b)** {Qc} On a pris le tour de le faire *[comme les autres]*

He *switched* over to...:

Il a changé pour...

We *switched* them!:

On les a échangés!

My *sympathies*!:

Mes condoléances!

I do *sympathize* with you:

Je suis de tout cœur avec toi (*ou* avec vous)

I'll get it out of my *system*:

Je vais le faire pour me libérer

When we're caught up in the *system*, it's hard to get out of it:

a) Quand on est pris dans l'engrenage, il est difficile d'en sortir **b)** Quand on a mis le doigt dans l'engrenage,...

To keep *tabs* on things *or* **To keep an eye on things:**

a) Tout surveiller **b)** Avoir un œil sur tout

He keeps *tabs* (*or* keeps an eye) on his wife:

Il surveille sa femme

He turned the *tables* on me:

Il a renversé (*ou* inversé) les rôles *[en ce qui me concerne]*

To get down to brass *tacks*:

Discuter le fond d'une affaire

It's pretty *tacky*!:

Ce n'est pas de mise!

She *tags* along everywhere I go! *or* **She follows me like a shadow!:**

a) Elle me suit partout! **b)** Elle ne me lâche pas d'une semelle!

Take – took – taken

I got *taken*! *or* **I got roped in!** *or* **I got sucked into it!:**

a) Je me suis fait embarquer dans une galère! **b)** Je me suis fait prendre! **c)** {*Fr*} Je me suis laissé embringuer! **d)** Je me suis fait avoir (*ou* embobiner)!

***Take* a crack at it!:**

a) Tente (*ou* Tentez) le coup! **b)** Essaie-le! (*ou* Essayez-le!]

It *takes* a lot of guts:

{*Qc*} Ça prend du front (*ou* de l'audace, du cran)

Maybe we can finish today; let's *take* a shot at it (*or* let's take a crack at it *or* let's give it a try)!:

Peut-être pouvons-nous finir aujourd'hui, essayons! (*ou* tentons-le!)

It *takes* all kinds to make a world:

a) Il faut de tout pour faire un monde **b)** Tous les goûts sont dans la nature

She *took* it for granted:

Elle l'a pris pour acquis

He *takes* her for granted:

Il la considère comme faisant partie des meubles (*ou* faisant partie du décor)

He's *taken* in (*or* misled) by her fine words:

Il se laisse abuser par ses belles paroles

To *take* it and like it:

Accepter à contrecœur

I can't *take* it any longer!:

J'en ai par-dessus la tête de ça! [*Voir* **I'm *fed* up!**]

He *takes* it easy! *or* **He takes life easy!** *or* **He has a good thing going!:**

Il se la coule douce!

Now, *take* it from there!:

Maintenant, faites (*ou* fais) le reste!

He won't *take* it lying down:

Il n'encaissera pas ça sans rien dire

To *take* it on the chin:

a) Encaisser sans rien dire **b)** Accuser le coup

Take it or leave it:

a) C'est à prendre ou à laisser **b)** C'est ça ou rien

Don't *take it out on her!*:

Ne passe pas ta colère sur elle!

***Take* it slow!:**

Sois prudent!

I *took* it the wrong way!:

Je l'ai mal pris!

He *takes* it to heart:

Il prend cela à cœur

Don't *take* it upon yourself to do it alone:

Ne prends pas la responsabilité de le faire tout seul

Don't *take* me for a fool!:

Ne me prends pas pour un imbécile!

He *took* me for a ride!:

Il m'a embobiné!

I *took* my pick:

a) J'ai choisi **b)** J'ai fait mon choix

The thief *took* off:

a) Le voleur a pris la clé des champs **b)** Le voleur a pris la fuite

***Take* one day at a time!:**

a) {Qc} Prends un jour à la fois! **b)** À chaque jour suffit sa peine!

***Take* one thing at a time!:**

Ne brûle pas les étapes!

– You're so devoted!/You're a lazy bum!
– "It *takes* one to know one!":

– Tu es tellement dévoué!/Tu es tellement paresseux!
– {Qc} «Ça en prend un pour en reconnaître un autre»!

The young adult must *take* responsibility for himself:

Le jeune adulte doit se prendre en charge

To *take* seriously:

Prendre au sérieux

You have to *take* some and leave some! *or* **You can believe half of what you see and none of what you hear!:**

a) Il faut en prendre et en laisser! **b)** {Fr} Il y a à boire et à manger *[dans ce qu'il dit]*

***Take* the bad along with the good!:**

Accepte les bons comme les mauvais côtés! *[de la vie ou d'autre chose]*

He *took* the rap for his brother:

Il a écopé pour son frère

I *took* the rap for it!:

J'ai été blâmé pour ça!

He's got what it *takes* to...:

Il a tout le talent voulu pour...

It *takes* two to tango:

C'est un jeu qui se joue à deux

I'll *take* upon myself to make these changes:

Je vais assumer (*ou* prendre) la responsabilité de faire ces changements

I'll *take* you up on it!:

Je vais te prendre au mot! [*mais* **I'll take your *word* for it!** = Je vais te croire sur parole!]

***Take* your own sweet time!:**

Prends tout ton temps!

It's an old wives' *tale*:

C'est une histoire de (ma) grand-mère

It's just *talk*!:

a) Ce n'est que du blabla! **b)** Ce ne sont que des mots (*ou* des paroles)!

Now you're *talking*! *or* **That's more like it!:**

a) Ça, c'est parler! **b)** Super!

You're a good one to *talk*! *or* **Look who's talking!** *or* **You're a great one to talk!** *or* **You're a fine one to talk!:**

Tu es bien mal placé pour en parler!

He *talks* a blue streak! *or* **He talks his head off!** *or* **He yaps all the time!:**

Il parle pour ne rien dire!

He *talks* for the sake of talking!:

a) Il n'arrête pas de parler! **b)** Il parle sans arrêt!

You don't know what you're *talking* about *or* **You're talking through your hat!:**

a) {Qc} Tu parles à travers ton chapeau! **b)** Tu parles à tort et à travers

***Talk* about luck!:**

Tu parles d'une chance! *[positif ou négatif]*

We *talked* about this and that:

Nous avons parlé à bâtons rompus

***Talk* is cheap!:**

C'est si facile de parler! *[dans le sens qu'agir serait beaucoup plus difficile]*

Come, we'll *talk* it over! *or* **Come, we'll have a heart-to-heart talk!:**

a) Viens, on va se parler entre quatre-z-yeux! **b)**... se parler en tête à tête! **c)**... se parler à cœur ouvert!

They're the *talk* of the town:

a) Ils font couler beaucoup d'encre **b)** Tout le monde parle d'eux

It's like *talking* to a brick wall:

C'est comme parler à un mur

It's no use *talking* to her!:

a) {Qc} Elle n'est pas parlable! **b)** On ne peut pas discuter avec elle! **c)** On ne peut rien lui dire!

Let's *talk* turkey!:

a) Parlons de choses sérieuses! **b)** Parlons affaires!

He's a smooth *talker*:

C'est un beau parleur [*Voir* **He has a gift for *gab***]

I gave him a good *talking-to*:

a) Je l'ai sermonné **b)** Je lui ai fait la leçon

He went through a lot of red *tape*:

Il a dû se plier à beaucoup de tracasseries administratives

It *tastes* like seconds!:

Ça a un goût de revenez-y!

He's a real *tattletale*:

a) {Qc} C'est un vrai porte-panier **b)** C'est une vraie commère

Not for all the *tea* in China:

Pas pour tout l'or du monde

You can't *teach* an old dog new tricks:

Ce n'est pas à un vieux singe qu'on apprend à faire des grimaces

<u>I'll *teach* him a thing or two</u>:

Je vais lui apprendre à vivre

I'm *teed* off!:

Je suis fâché(e) [*Voir* **I'm *mad***]

Give me just <u>a *teeny-weeny* bit</u>:

Donne-moi juste <u>un tout petit morceau</u> [*Voir* **Give me just <u>a *tiny* piece</u>**]

His false *teeth* *or* **His choppers** *(rude)* *or* **His denture:**

a) Son dentier **b)** Son ratelier

When chickens have *teeth*:

Quand les poules auront des dents

You never can *tell*! *or* **You never know!:**

a) On ne sait jamais! **b)** Il ne faut jurer de rien!

I *told* all the ins and outs:

J'ai tout expliqué de A à Z

***Tell* her (*or* it) sweet nothings!:**

a) {Qc} Chante-lui la pomme! *[pour une personne]* **b)** Parle-lui doucement! *[à une personne ou à une chose]*

<u>I *told* him a thing or two!</u> *or* **I told him off!** *or* **I gave him a piece of my mind!:**

Je lui ai dit ma façon de penser!

I *told* him right out!:

a) Je le lui ai dit directement! **b)** Je le lui ai dit en face!

I *told* him where to go! *or* **I sent him to kingdom come!:**

a) Je l'ai envoyé promener! **b)** Je l'ai envoyé au diable!

She *tells* it as it is!:

a) Elle dit les choses comme elles sont! **b)** Elle n'a pas la langue dans sa poche! **c)** Elle ne mâche pas ses mots!

All *told*, it costs $10.:

a) En tout, ça coûte 10$ **b)** Au total, c'est 10$.

You're *telling* me! *or* You don't say!:

a) {*Qc*} Tu me dis pas! **b)** Tu m'en diras tant!

A little birdie *told* me so!:

Mon petit doigt me l'a dit!

He was *told* off:

a) Il s'est fait taper sur les doigts **b)** Il s'est fait remettre à sa place

I *told* him off!:

Je lui ai dit ses quatre vérités!

There's no *telling* what will happen:

On ne peut pas prédire ce qui va arriver

Let me *tell* you something!:

Laisse-moi te dire une chose!

I'll *tell* you what, let's go for a walk!:

Qu'est-ce que tu dirais d'aller faire un tour?

My boss is even *tempered* *or* My boss is soft-spoken:

a) Mon patron n'a jamais une parole plus haute que l'autre **b)** Mon patron est d'humeur égale

You're bad-*tempered*!:

a) Tu as un caractère de cochon (*ou* de chien)! **b)** Tu as un sale caractère!

The *tenant*:

Le locataire [*mais* **the *landlord*** = le propriétaire *et the apartment* = le logement]

We're not on speaking *terms*:

a) On ne s'adresse plus la parole **b)** On ne se parle plus

I'll do it on my own *terms*:

Je le ferai à mes propres conditions (*ou* à ma façon)

She told him in no uncertain *terms*:

Elle le lui a dit en termes on ne peut plus clairs

You have to come to *terms* with it:

a) Il faut en venir à l'accepter **b)** Il faut en venir à un accord

I feel *terrible* (*or* miserable) about it!:

a) J'en suis navré! **b)** Je le regrette profondément!

***Thanks* a million! *or* Thanks a bunch! *or* Much obliged!:**

Merci mille fois!

They *thanked* him halfheartedly:

Ils l'ont remercié du bout des lèvres

***That*'s her for you! / That's him for you!:**

Ça, c'est bien elle! / Ça, c'est bien lui!

I'm going and *that*'s all there is to it!:

J'y vais, un point c'est tout (*ou* point final)!

Through *thick* and thin! *or* Come what may! *or* No matter what!:

Advienne que pourra!

Don't worry, just do your *thing* (*or* just do your stuff)!:

a) Ne t'inquiète pas et fais ce que tu as à faire! **b)** Ne t'inquiète pas et montre ce que tu sais faire!

It's just one of those *things*! *or* These things happen!:

a) C'est juste une histoire comme tant d'autres! **b)** Ce sont des choses qui arrivent!

It's just one of those *things*! *or* That's the way things are!:

Ainsi va la vie! [*Voir* **Those are the *breaks*!**]

She wants me to do this and that, of all *things*!:

a) Elle me demande de faire ça, puis ça, puis ça, {*Qc*} voir si ça a du bon sens! **b)** ... {*Qc*} voir si ça a de l'allure! **c)** ... {*Qc*} ça n'a pas d'allure! **d)** ... {*Fr*} c'est n'importe quoi! **e)** ... c'est complètement fou (*ou* dingue)!

She has a *thing* about spiders:

Elle a la phobie des araignées

Things **are rough all over!:**
C'est difficile (*ou* dur) pour tout le monde!

There's no such a *thing* as...:
Ça ne se peut pas que...

Take *things* as they come!:
Prends la vie comme elle vient!

He has another *thing* coming! *or* I have news for him!:
{Qc} J'ai des petites nouvelles pour lui! *[négatif]*

All good *things* come to an end!:
Les meilleures choses ont une fin! [*Voir* **It was *nice* while it lasted!**]

All *things* considered, I don't think that I'm going to go:
a) Tout compte fait, je ne crois pas que j'irai **b)** Tout bien considéré (*ou* réfléchi),...

He has a good *thing* going! *or* He takes life easy! *or* He takes it easy!:
Il se la coule douce!

I have a good *thing* going:
a) J'ai une affaire en or entre les mains **b)** Les affaires roulent (*ou* marchent, vont) bien

These *things* happen! *or* It's just one of those things!:
Ce sont des choses qui arrivent!

You have *things* in common with him:
Vous avez tous deux des atomes crochus

It's a *thing* of the past:
C'est une vieille histoire

Every other *thing*, she wants to go home:
a) À la moindre petite chose, elle veut retourner chez elle **b)** Pour un oui ou pour un non, elle...

Give me the *thingamagig*!:
Donne-moi le machin-chouette [*Voir* **Give me the *do-hickey*!**]

I don't *think* (*or* don't suppose) he'll go!:
Je ne crois pas qu'il ira!

He *thinks* he's something!:
{Qc} Il fait son grand jars! [*Voir* **He goes big *time*!**]

He *thinks* nothing of spending her money:
Il trouve tout naturel de dépenser son argent *[à elle]*

I can't *think* straight:
Je n'arrive pas à mettre de l'ordre dans mes idées

Who do you *think* you are?:
Pour qui te prends-tu?

He gave me the *third* degree:
a) Il m'a questionné sans répit **b)** Il m'a passé à tabac

He had second *thoughts*:
a) Il s'est posé des questions **b)** Il a émis des réserves

He's holding on by a *thread*:
Sa vie ne tient qu'à un fil

Everything comes in *threes*:
Jamais deux sans trois

What a *thrill*!:
a) {Qc} C'est capotant! **b)** C'est excitant!

I'm *thrilled* to death!:
Je suis fou de joie!

Something has been rammed down his *throat*:
a) Il a dû accepter contre son gré **b)** Il a été forcé d'accepter *[un désagrément]*

I have a frog in my *throat*!:
J'ai un chat dans la gorge!

I had a lump in my *throat*:
a) J'avais la gorge serrée (*ou* nouée) **b)** {Qc} J'avais un "motton" dans la gorge

They're always at each other's *throat*:
a) Ils se prennent toujours à la gorge **b)** Ils sont toujours à couteaux tirés **c)** Ils sont toujours comme chien et chat

He jumped down my *throat*!:
Il m'a engueulé comme du poisson pourri! [*Voir* **He gave me a *bawling* out!**]

Throbbing **pain** *or* **Jolts of pain** *or* **Shooting pain:**

Des élancements ***[de douleur]***

He *throws* his weight around!:

Il apporte tout son soutien!

Throw **in a few extras!:**

Mets-en quelques-uns de plus!

I'll *throw* in the towel:

Je vais tout abandonner (*ou* lâcher)

I'll *throw* on a coat and go with you:

Je vais enfiler (*ou* mettre) un manteau et aller avec toi (*ou* avec vous)

He got her (*or* him) under his *thumb* *or* **He can twist her (*or* him) around his little finger** *or* **He leads her (*or* him) by the nose:**

a) Il lui fait faire ce qu'il veut **b)** Il la (*ou* le) mène par le bout du nez

To be all *thumbs*:

Être maladroit [*Voir* **To have *butterfingers***]

Don't twiddle your *thumbs*, get to work:

Arrête de te tourner les pouces, mets-toi au travail (*ou* Arrêtez de vous tourner les pouces, mettez-vous au travail)

I'm *ticked* off:

Je suis furieux (*ou* furieuse) [*Voir* **I'm *mad***]

What a hot *ticket*!:

Quel drôle de pistolet (*ou* de zigoto)!

I'll give you a one-way *ticket*:

Je vais t'offrir un aller simple pour le cimetière (*ou* {*Fr*} pour l'enfer)

Tickets **in the orchestra:**

Des billets dans la section parterre (*ou* à l'orchestre)

I'm *tickled* pink!:

Je suis tout excité!

It's a <u>*ticklish*</u> business (*or* proposition):

C'est une affaire (*ou* une offre) <u>délicate</u>

You're going against the *tide*:

Tu vas à contre-courant

The *tide* will turn:

Le vent va tourner

My hands are *tied*!:

a) J'ai les mains liées! **b)** Je ne peux rien y faire!

With this house, she's completely *tied* down:

Avec cette maison, elle est vraiment occupée

It's *tied* in with my work:

C'est lié à mon travail

I'm all *tied* up:

Mon temps est entièrement pris

We *tighten* our belt:

On se serre la ceinture

He's a *tightwad*:

C'est un grippe-sous [*Voir* **He's a *cheapskate***]

Once upon a *time*...:

Il était une fois...

He's giving me a hard *time*:

a) Il me fait des misères **b)** Il me mène la vie dure

You come just at the right *time*:

a) Vous tombez (*ou* arrivez) à pic! **b)** Vous tombez bien!

You gave him <u>a bad *time*</u>:

Tu lui as fait passer <u>un mauvais quart d'heure</u>

It happened just in the nick of *time*:

C'est arrivé juste à temps

He goes big *time*! *or* **He's a big deal!** *or* **He's a stuffed shirt!** *or* **He thinks he's something!** *or* **He thinks he's a big wheel!** *or* **He's a highbrow!:**

a) Il joue à "l'important"! **b)** {*Qc*} Il fait son grand jars! **c)** Il se prend pour qui celui-là! **d)** Il est snob (*ou* prétentieux)! **e)** {*Qc*} C'est une tête enflée! **f)** {*Fr*} Il a les chevilles qui enflent!

I'm always ahead of *time*!:

Je suis toujours en avance! ***[temps]***

It's in tune with her own *time*:

C'est de son temps (*ou* de son époque)

He's in for a rough *time*:

Il s'en va vers des moments difficiles

I'm running short of *time*:

Je commence à manquer de temps

It has been going on since the beginning of *time*:

Ça se produit depuis que le monde est monde

It will be for another *time*:

Ce n'est que partie remise [*Voir* **We'll take a *rain* check on it**]

We had a wild *time*!:

a) Nous avons fait la noce! **b)** {*Fr*} Nous avons bamboché!

In ancient *times*,...:

a) Dans les siècles passés,... **b)** Au cours des siècles passés,...

I saw it umpteen *times*:

a) Je l'ai vu tant et plus **b)** Je l'ai vu des centaines de fois *[dans le sens de "vraiment beaucoup de fois"]* **c)** Je l'ai vu pour la énième fois

We have to keep up with the *times*:

a) Il faut vivre avec son temps **b)** Il faut être de son époque

There's a *time* and place for everything:

a) Chaque chose en son temps **b)** Il y a un temps pour chaque chose (*ou* pour tout)

The *time* difference:

Le décalage horaire *[au sens des fuseaux horaires]* [*mais* **The *jet* lag** = le décalage horaire *[au sens de son effet sur nous]*]

It's a good (*or* prosperous) / lean (*or* hard) *time* for the economy:

C'est une période de vaches grasses / de vaches maigres pour l'économie

In *times* gone by,...:

Dans l'ancien temps,... [*Voir* **In olden *days*,...**]

Long *time* no see!:

Ça fait longtemps que je ne t'ai pas vu!

I wouldn't give him the right *time* of day!:

Il peut toujours courir! *[dans le sens de "pas question que je l'aide"]*

We had the *time* of our life! *or* We had a whale of a time!:

a) Quel bon temps nous avons eu! **b)** On s'est amusé comme des fous! **c)** On s'en est donné à cœur joie!

I have all the *time* in the world:

J'ai tout mon temps

We have to take *time* out to relax:

Il faut se garder du temps pour {*Qc*} relaxer (*ou* se reposer)

***Time* takes its toll:**

Le temps fait son œuvre

Every single *time* that...:

Chaque fois *[sans exception]* que...

I'm biding my *time* to...:

a) J'attends mon heure pour... **b)** J'attends le bon moment pour...

***Time* waits for no man!:**

On n'arrête pas le temps!

In next to no *time*, we'll be there! *or* In no time, we'll be there!:

a) En moins de temps qu'il n'en faut pour le dire, nous serons là! **b)** Nous serons là en un rien de temps!

***Time* will tell!:**

a) Qui vivra verra! **b)** L'avenir le dira!

It's about *time* you tell me the truth *or* It's high time you tell me the truth:

Il est grand temps que tu me dises la vérité

He's an old *timer*!:

a) C'est un vieux de la vieille! **b)** C'est un vieux routier!

You're a two-*timer*!:

Tu joues double jeu!

Give me just a *tiny* piece (*or* an itsy-bitsy piece, a teeny-weeny bit):

a) Donne-moi juste un tout petit morceau
b) Donne-moi juste une lichette

I got a hot *tip* or I got some inside dope:

J'ai eu un tuyau

He *tipped* me off about it or He whispered it to me:

Il me l'a dit dans le creux (ou {Qc} le tuyau) de l'oreille

They *tipped off the cops* or They squealed to the cops:

Ils ont informé la police

***Tit* for tat:**

a) Donnant, donnant b) Un prêté pour un rendu c) Coup pour coup

You have to be on your *toes*!:

a) Tu dois être en alerte (ou vigilant)! b) Tu dois rester sur tes gardes (ou sur le qui-vive)!

Every *Tom*, Dick and Harry:

a) {Qc} Tous les Pierre, Jean, Jacques b) {Fr} Tous les Pierre, Paul, Jacques et Jean

***Tomorrow* is another day!:**

a) Ça ira peut-être mieux demain! b) À chaque jour suffit sa peine!

Who knows what *tomorrow* may bring!:

Qui sait ce que l'avenir nous réserve! [*Voir* **Who knows what the *future* will bring!**]

Never put off till *tomorrow* what you can do today:

Il ne faut jamais remettre au lendemain ce qu'on peut faire le jour même

Bite your *tongue*:

Garde ça pour toi *[se taire]*

Have you lost your *tongue*?:

a) As-tu avalé ta langue? b) As-tu perdu ta langue?

I've got it on the end of my *tongue*!:

Je l'ai sur le bout de la langue!

It's a *tongue* twister:

C'est très difficile à prononcer

That will set *tongues* wagging!:

Ça va faire jaser!

I was so surprised I was *tongue-tied*:

J'étais si surpris que j'en suis resté bouche bée (ou j'en suis resté sans voix)

They fought *tooth* and nail to go there:

Ils ont fait des pieds et des mains pour y aller [*Voir* **They went the whole nine *yards* to get there**]

It was like pulling *teeth*!:

C'était vraiment difficile! [*à l'opposé de* **It was *easy* as pie!** = C'était facile (ou simple) comme bonjour!]

His *teeth* were chattering!:

Il claquait des dents!

By the same *token*,...:

Par la même occasion,...

He blew his *top*!:

Il s'est mis dans une colère noire!

Don't blow your *top*:

Ne perds pas patience [*Voir* **Don't blow a *gasket***]

That *tops* it all! or That takes the cake! or That's all I need! or That does it! or That's going too far!:

a) C'est le bouquet! b) Il ne manquait plus que ça! c) {Fr} C'est la totale! d) Ça remporte la palme! e) C'est un comble! f) Ça dépasse les bornes!

To *top* it off,...:

a) Pour couronner le tout,... b) {Qc} Pour achever le plat,...

She shouted at the *top* of her lungs!:

Elle s'est époumonée! *[à crier]*

I can't tell you off the *top* of my head:

Je ne peux pas te le dire à brûle-pourpoint [*Voir* **I can't tell you *offhand***]

Off the *top* of my head, I'd say that...:

Selon moi, je dirais que...

It's the *top* of the line:

C'est de la meilleure qualité

She feels on *top* of the world!:

Elle nage dans le bonheur! [*Voir* **She's *walking* on air!**]

It's *topnotch*! *or* It's in shipshape!:

C'est impeccable!

Let's *toss-up*!:

Pile ou face!

We should keep in *touch*!:

On devrait garder le contact (*ou* rester en contact)!

She lost her *touch*:

Elle a perdu la main

I *touched* it up a bit:

Je l'ai un peu retouché (*ou* revisé)

I wouldn't *touch* it with a ten foot pole!:

Je ne le ferais pour rien au monde! [*Voir* **I wouldn't do it for *love* nor money!**]

You *touch* my sensitive spot *or* You touch the right chord:

Tu touches (*ou* fais vibrer) ma corde sensible

I put the finishing *touch* on it:

a) J'y ai mis la dernière main **b)** J'y ai fait les dernières retouches

It's *touch-and-go*:

C'est fragile (*ou* risqué, délicat)

If we get the contract, it'll be *touch-and-go*:

Si on obtient le contrat, ce sera de justesse (*ou* {*Fr*} ce sera ric-rac)

It's a *touchy* subject!:

C'est un sujet délicat!

That's *tough*! *or* Tough luck!:

Tant pis!

He's a *tough* cookie! *or* He's a tough customer!:

a) C'est un dur à cuire! **b)** C'est un coriace!

I've been *toying* with the idea of going to Arizona:

J'ai caressé l'idée d'aller en Arizona

You're off the *track*:

Tu n'es pas dans la bonne voie [*mais* **You're off your *rocker*** (*or* **trolly**) = Tu as perdu la boule ***[amical]***]

A *traffic* jam:

a) {*Qc*} Un bouchon de circulation **b)** Un embouteillage

There's heavy *traffic* on highway 40:

La circulation est dense sur l'autoroute 40

We're on a hot *trail*!:

On est sur une bonne piste!

They give him an on-the-job *training*:

a) Ils lui donnent une formation sur le tas **b)** Il apprend en travaillant

He's a *tramp*:

C'est un clochard [*Voir* **He's a *hobo***]

Keep your *trap* shut!:

Ferme-la! [*Voir* ***Hold* your tongue!**]

How's the world *treating* you?:

Comment ça va? [*Voir* ***How* are you?**]

He got me up a *tree*!:

Il m'a placé dans une situation impossible!

I'm up a *tree* in this situation!:

a) Je suis bien embarrassé! **b)** Je ne sais plus sur quel pied danser!

We have to do it by *trial* and error:

On doit procéder par tâtonnements

What *trials* and tribulations!:

Quelle épreuve!

He never misses a *trick*! *or* He doesn't miss a thing!:

a) Rien ne lui échappe! **b)** Il a l'œil!

That'll do the *trick*!:

Ça fera l'affaire!

How's *tricks*?:

Quoi de neuf? [*Voir* **What's *cooking*?**]

You can't teach an old dog new *tricks*:

On n'apprend pas à un vieux singe à faire la grimace

He's up to his old *tricks* again:

Il est retombé dans ses mauvaises habitudes

He knows the *tricks* of the trade:

Il connaît les trucs du métier

He has more than one *trick* up his sleeve:

Il a plus d'un tour dans son sac

He's *trigger-happy*!:

Il a la gâchette facile!

You're off your *trolly* (*or* rocker):

Tu as perdu la boule *[amical]* [*mais* **You're off the *track*** = Tu n'es pas dans la bonne voie]

If you carry on, <u>there's going to be *trouble*</u>:

<u>Ça va aller mal</u> si tu continues

It's no *trouble*! *or* That's nothing! *or* No sweat!:

Ce n'est rien du tout!

You're asking for *trouble*:

a) Tu cherches les ennuis **b)** *{Fr}* Tu cherches des crosses

Your *troubles* aren't over yet! *or* You're not out of the woods yet!:

Tu n'es pas encore sorti *{Qc}* du bois (*ou {Fr}* de l'auberge)!

I have *trouble* doing it:

C'est difficile à faire pour moi

She goes to a lot of *trouble* to help *or* She goes to great lengths to help:

Elle se donne beaucoup de mal pour aider

It's too good to be *true*!:

C'est trop beau pour être vrai!

Nothing hurts like the *truth*!:

Il n'y a que la vérité qui blesse!

Out of the mouth of babes comes the *truth*:

La vérité sort de la bouche des enfants

It's God's honest *truth*!:

C'est la franche (*ou* pure) vérité!

Tell me the *truth*:

a) Donne-moi l'heure juste **b)** Dis-moi la vérité

The *truth* is sometimes better left unsaid! *or* Some things are better left not said!:

Toute vérité n'est pas bonne à dire!

The *truth* of the matter is...:

a) À vrai dire,... **b)** En vérité,...

Give it a *try*! *or* Take a shot at it! *or* Take a crack at it!:

a) Essayez-le! (*ou* Essaie-le!) **b)** Tentez (*ou* Tente) le coup!

***Try* to make ends meet:**

Essaie de joindre les deux bouts

I *tucked* it away:

Je l'ai rangé dans un coin *[temporairement]*

He can't carry a *tune*:

Il n'arrive pas à chanter juste

He changed his *tune* when he saw me:

a) Il a changé de refrain quand il m'a vu **b)** Il a dû arrêter de raconter des salades quand il m'a vu

Let's talk *turkey*:

a) Parlons sérieusement **b)** Parlons affaires

The tide will *turn*:

Le vent va tourner *[figuré]*

I did her a good *turn*:

Je lui ai fait une faveur (*ou {Fr}* une fleur)

To *turn* a new leaf:

a) Tourner la page **b)** Tourner une nouvelle page

Give him time to *turn* around:

Laisse-lui le temps de souffler [*Voir* **Give him time to *land* on his feet**]

One good *turn* deserves another!:

C'est un échange de bons procédés! [*Voir* **One *hand* washes the other!**]

Don't *turn* the knife in the wound!:

Ne retourne pas le fer dans la plaie! [*Voir* **Don't *rub* it in!**]

To *turn* the tables on someone:

Inverser les rôles

Everything you touch *turns* to gold:

Tu réussis tout ce que tu entreprends

Something will *turn* up:

a) Une solution finira bien par se présenter
b) Il y aura bien une solution

My wallet will eventually *turn* up:

Mon portefeuille finira bien par réapparaître

The little *twerp*:

{*Qc*} Le petit vlimeux [*Voir* **The little *rascal***]

You'd better think *twice*:

Tu ferais mieux d'y repenser (*ou* d'y réfléchir à deux fois)

He can *twist* her (*or* him) around his little finger:

Il lui fait faire ce qu'il veut [*Voir* **He got her (*or* him) under his *thumb***]

Don't *twist* my arm!:

a) {*Qc*} Tords-moi (*ou* Ne me tords) pas le bras! **b)** Ne me force pas la main!

He put *two* and two together and found out I was there:

Il a fait le rapprochement et découvert que j'étais là

***Two*'s company, three's a crowd!:**

{*Qc*} Deux, c'est bien; trois, c'est trop!

It takes *two* to tango:

a) Nous sommes tous les deux responsables
b) C'est un jeu qui se joue à deux

***Two* wrongs don't make a right:**

On ne répare pas une injustice par une autre injustice

He's *two-faced*:

a) {*Qc*} C'est un visage à deux faces **b)** Il est hypocrite

He's a *two-timer*:

Il est infidèle

He's not my *type*:

Il n'est pas mon genre

He's *ugly* as sin!:

Il est laid comme {*Qc*} un pichou (*ou* un pou, un singe)!

I made a *U-ie* *or* I made a U-turn:

J'ai fait demi-tour

He has *ulterior* motives:

a) Il a des arrière-pensées **b)** Il a des idées (*ou* une idée) derrière la tête

I saw it *umpteen* times:

a) Je l'ai vu tant et plus **b)** Je l'ai vu des centaines de fois *[dans le sens de vraiment beaucoup de fois]* **c)** Je l'ai vu pour la ènième fois **d)** Je l'ai vu maintes et maintes fois

He doesn't *understand* a thing! *or* He doesn't know from a hole in the ground! *or* He just doesn't get it! *or* He doesn't know his ass from his elbow! *(rude)*:

a) Il ne comprend rien à rien! **b)** {*Qc*} Il ne comprend rien, ni du cul ni de la tête! *(vulg.)*

It's *unheard* of to go there:

C'est impensable d'aller là-bas

***United* we stand, divided we fall! *or* Unity is strength!:**

L'union fait la force!

It's not on the *up* and up:

Ce n'est pas honnête

We're *up* against a big problem:

Nous sommes confrontés à un gros problème

To be *up* to date:

a) Être à la page **b)** Être au goût du jour **c) Être à jour** *[document]*

If it's *up* to me,...:

Si ça dépend de moi,...

I feel *up* to meeting them!:

a) Je me sens d'attaque pour les rencontrer! **b)** Je me sens à la hauteur pour... **c)** Je me sens prêt à...

It's *up* to you!:

a) C'est toi qui décides! **b)** Ça dépend de toi! **c)** C'est à toi de voir! *[si ça te convient]*

An *update*:

Une mise à jour

She has the *upper* hand:

C'est elle qui a le dessus

The meeting ended in an *uproar*:

La réunion s'est terminée dans le tumulte

Don't *upset* the applecart!:

Ne viens pas brouiller les cartes!

It's there to be *used*!:

Ce n'est pas fait pour les chiens! *[dans le sens de "utilisez-le donc"]*

It's no *use* asking him:

Ça ne sert à rien de lui demander

It's no *use* crying over spilt milk; what is done is done!:

Ça ne sert à rien de pleurer sur le passé; ce qui est fait est fait!

She has no *use* for him:

Elle ne veut rien savoir de lui!

I have no *use* for that car:

Je n'aime vraiment pas cette voiture

I made a *U-turn* or I made a U-ie:

J'ai fait demi-tour

He is "under the weather".

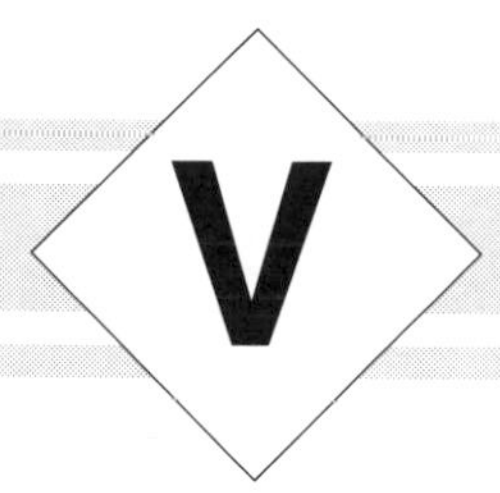

He's a *vagrant*:

C'est un mendiant [*Voir* **He's a *hobo***]

To *vanish* into thin air:

Disparaître comme par enchantement

He's a *vegetable*:

Il est à l'état de légume

On the *verge* of...:

Sur le point de...

He's full of *vim* and vigor:

Il a de l'énergie à revendre [*Voir* **He's full of *get-up-and-go***]

He's *wacko*! *or* He's wacky! *or* He's a weirdo!:

Il est fou! *[sens propre ou gentil]*

That'll fix his *wagon*!:

Ça va le remettre à sa place! *[figuré]*

The paddy *wagon*:

a) Le panier à salade **b)** Le fourgon cellulaire

He's off the *wagon*!:

Il a recommencé à boire! |*mais* **He's on the wagon!** = {*Qc*} Il a lâché la boisson!]

He *waited* for the chance to get me!:

a) Il m'attendait au tournant! **b)** {*Qc*} Il m'attendait dans le détour!

Don't *wake* up the dead:

a) Ne réveille pas le chat qui dort **b)** {*Qc*} (Ne) Réveille pas les morts

Don't *walk* all over me:

Ne me marche pas sur les pieds

People from all *walks* of life:

Des gens de tous les milieux

She's *walking* on air! *or* She's on a cloud! *or* She's on cloud nine! *or* She's sitting on top of the world! *or* She's flying (*or* riding) high! *or* She feels on top of the world!:

a) Elle nage dans le bonheur! **b)** {*Qc*} Elle flotte! **c)** Elle est aux anges! **d)** Elle est au septième ciel! **e)** {*Fr*} Elle est sur son petit nuage! **f)** {*Qc*} Elle ne porte pas à terre! **g)** {*Fr*} Elle boit du petit lait!

She gave him his *walking* papers:

a) Elle l'a mis à la porte **b)** Elle l'a mis dehors

It's enough to drive you up the *wall*!:

C'est à se cogner (*ou* taper) la tête contre les murs! *[figuré]*

***Walls* have ears:**

Les murs ont des oreilles

I know when I'm not *wanted*!:

Je vois bien que je suis de trop!

What do you *want* from me?:

Que veux-tu que j'y fasse?

You don't *want* to get burned twice:

Chat échaudé craint l'eau froide

She's on the *war* path:

Elle est sur le sentier de la guerre

It all comes out in the *wash*:

Tout finit par se savoir

Her story won't *wash*:

Son histoire *[à dormir debout]* ne tiendra pas *[figuré]*

Their marriage is all *washed* up:

Leur mariage est brisé

Her plan is all *washed* up:

Son plan est tombé à l'eau

She's *wasting* away with cancer!:

Elle est minée (*ou* rongée) par le cancer!

That's a *waste* of money!:

C'est de l'argent jeté par les fenêtres!

That's a *waste* of time!:

a) C'est une perte de temps! **b)** C'est du temps perdu!

You must not be *wasteful*:

a) {*Qc*} Tu ne dois pas jeter tes choux gras
b) Tu ne dois pas gaspiller

***Watch* out!:**

Fais attention!

***Watch* your mouth!:**

Fais attention à ce que tu dis!

***Watch* your step!:**

Regarde où tu mets les pieds!

She spends money like *water*:

Elle dépense l'argent comme de l'eau (*ou* sans compter)

I'm in hot *water*!:

Je suis dans l'embarras! [*Voir* **I'm in *dutch*!**]

***Water* currents**: les cours d'eau

stream (*or* **brook**): ruisseau
creek: crique (*ou* anse)
river: rivière (*ou* fleuve)
ocean (*or* sea): mer (*ou* océan)

A lot of *water* has flowed under the bridge since then!:

Beaucoup d'eau a depuis coulé sous les ponts!

Still *water* runs deep!:

a) Il n'est pas pire eau que l'eau qui dort!
b) Il faut se méfier de l'eau qui dort!

Don't make *waves*!:

Ne déplace pas trop d'air! [*Voir* **Don't rock the *boat*!**]

We're on a different *wavelength*:

a) On n'est pas sur la même longueur d'onde
b) On ne se comprend pas

No *way*! *or* No soap!:

a) Pas question! **b)** {*Qc*} Pas d'affaire! [*mais* ***Right*!** = D'accord!]

To find a *way*:

a) Trouver un moyen **b)** Trouver une manière

If there's a will, there's a *way*!:

Vouloir, c'est pouvoir!

She wanted to go in the worst *way*:

Elle voulait désespérément (*ou* à tout prix) y aller

We'll stop along the *way*:

On s'arrêtera en cours de route (*ou* en chemin)

You did it any old *way*:

a) Tu l'as fait n'importe comment **b)** Tu l'as fait à la diable **c)** Tu l'as fait à la va-comme-je-te-pousse

It works both *ways*:

C'est une arme à deux tranchants (*ou* à double tranchant)

You can't have it both *ways* *or* You can't eat your cake and have it:

a) Il faut que tu te branches **b)** Il faut que tu te fasses une idée **c)** {*Fr*} Tu ne peux pas avoir le beurre et l'argent du beurre!

There's no two *ways* about it!:

Il n'y a pas de "mais"! [*Voir* **There's no *ifs* and buts about it!**]

I took the long *way* around and he went direct:

J'ai pris le chemin le plus long et lui le chemin le plus court

I'm not going to pay that bill, no *way* in hell!:

Jamais, au grand jamais, je ne paierai cette facture! [*Voir* **I'll pay that bill when *hell* freezes over!**]

That's the *way* it goes!:

Ainsi va la vie! [*Voir* **Those are the *breaks*!**]

You're *way* off!:

Tu n'y es pas du tout!

His guess is *way* off:

Son estimation est loin du compte

It's a long *way* off! *[distance]* *or* It's way out in the boondocks *or* It's in the sticks:

a) C'est au bout du monde! **b)** C'est au diable vert (*ou* diable Vauvert)! **c)** C'est à Pétaouchnoke! **d)** {*Fr*} C'est à Perpète-les-Oies!

One *way* or another!:

D'une manière ou d'une autre! [*Voir* **By *hook* or by crook!**]

You have no *way* out! *or* **You're cornered!:**

a) Tu es fait! **b)** Y a pas moyen d'en sortir!

It was *way* out in God's country:

C'était dans un coin perdu [*Voir* **It was *next* to nowhere**]

That's the *way* the ball bounces!:

C'est comme ça que ça se passe! [*Voir* **Those are the *breaks*!**]

You've still got a long *way* to go:

Vous avez encore du chemin à faire

There's more than one *way* to skin a cat!:

Il y a plus d'une façon de s'y prendre!

I didn't know which *way* to turn! *or* **I didn't know if I was coming or going!:**

Je ne savais plus où donner de la tête!

He worked his *way* up in the company:

Il a gravi les échelons au sein de la société

If you don't have your own *way*, you get mad!:

Si les choses ne se font pas à ta manière (*ou* comme tu le veux), tu le prends mal!

It has had a lot of *wear* and tear:

a) C'est usé (*ou* usagé) **b)** Ça a été beaucoup utilisé

She can *wear* anything!:

Un rien l'habille!

If the shoe (*or* the hat) fits, *wear* it!:

{*Qc*} Si le chapeau te fait, mets-le donc!

Don't *wear* out your welcome:

N'abuse pas de son (*ou* de leur) hospitalité

Let's talk about the *weather*:

a) Parlons de la pluie et du beau temps **b)** Parlons de tout et de rien

I am under the *weather*:

Je file un mauvais coton [*Voir* **I *feel* out of sorts**]

It's *weather* for staying indoors:

Il fait un temps à ne pas mettre le nez (*ou* un chat) dehors

They have to *weed* out the bad players:

Ils doivent (*ou* Il faut) éliminer les mauvais joueurs

We can *weed* them out easily:

On peut les éliminer facilement

Every other *week*:

a) Toutes les deux semaines **b)** Tous les quinze jours **c)** {*Qc*} Chaque quinze jours

In a *week* of three Sundays:

La semaine des quatre jeudis

She doesn't pull her own *weight* at the office:

Elle ne fait pas sa part de travail au bureau

She's worth her *weight* in gold:

Elle vaut son pesant (*ou* {*Fr*} besant) d'or

He doesn't carry much *weight* in the company:

Il ne pèse pas lourd dans la société (*ou* la compagnie)

The events turned out *weird*:

Les événements ont pris une drôle d'allure (*ou* une drôle de tournure)

Leave *well* enough alone:

Le mieux est l'ennemi du bien

All is *well* that ends well:

Tout est bien qui finit bien

He's *well-off*:

Il est vraiment à l'aise

You don't know when you're *well-off*:

a) Tu ne connais pas ta chance **b)** Tu te plains le ventre plein

***Went*:**

[*Voir* ***Go***]

You're all *wet*!:

Tu n'y es pas du tout! [*Voir* **You're off *base*!**]

He's still *wet* behind the ears *or* **He's not dry behind the ears:**

a) {*Qc*} Il n'a pas encore le nombril sec **b)** {*Fr*} Si on lui pressait le nez, il en sortirait du lait [*mais* **It *whets* my appetite!** = Ça m'ouvre l'appétit!]

My car is out of *whack*!:

Ma voiture est en panne! [*Voir* **My car *broke* down!**]

I have a *whale* of a time *or* **I have the time of my life:**

a) Je m'en donne à cœur joie **b)** Je m'amuse comme un fou (*ou* comme une folle)

... and then *what*? *or*... **so what?:**

... et puis après?

When you find out *what*'s been going on...:

Quand vous découvrirez le pot aux roses,...

***What*'s it to you?:**

Qu'est-ce que ça peut te faire?

***What*'s up?:**

{*Qc*} Qu'est-ce qui se brasse? [*Voir* **What's *cooking*?**]

***Whatsa* matter?:**

a) Qu'est-ce qui ne va pas? **b)** Qu'est-ce que tu as?

Give me the *whatchamacallit*!:

Donne-moi le machin-chose! [*Voir* **Give me the *do-hickey*!**]

He's the big *wheel*:

C'est le grand patron (*ou* {*Qc*} le grand boss)

He thinks he's a big *wheel*!:

{*Qc*} Il fait son grand jars! [*Voir* **He goes big *time*!**]

That's *where* it's at! *or* **That's about the size of it!:**

Voilà où en sont les choses!

Do you know the *whereabouts* of my hat?:

Sais-tu où se trouve mon chapeau?

It *whets* my appetite!:

Ça m'ouvre l'appétit!

I don't know *which* is which:

Je ne sais pas lequel est lequel (*ou* qui est qui)

Get me one *while* you're at it:

a) Donne-m'en un pendant que tu y es **b)** Donne-m'en un pendant que tu es debout

He *whispered* it to me *or* **He tipped me off about it:**

Il me l'a dit dans le creux (*ou* {*Qc*} le tuyau) de l'oreille

I had to wet my *whistle*:

a) Il fallait que je me rince la dalle **b)** Il fallait que je me désaltère

They blew the *whistle* on him *or* **They ratted on him:**

Ils l'ont dénoncé (*ou* mouchardé)

She turned as *white* as a sheet (*or* as a ghost):

Elle est devenue blanche comme un drap (*ou* {*Fr*} comme un linge)

He's a *whiz* in math!:

a) C'est un as en mathématiques! **b)** C'est {*Qc*} un "bolé" en maths! **c)** Il est {*Qc*} "bolé" en maths! **d)** Il est brillant en maths!

To make *whoopie*:

Faire l'amour [*Voir* **To have a *quickie***]

What a *whopper*!:

C'est énorme!

She's a *whore*!:

C'est une putain! [*Voir* **She's a *bimbo*!**]

That's *wild*, man! *or* **That's super!:**

C'est extraordinaire!

He sent me off on a *wild-goose* chase:

Il m'a fait courir partout pour rien

Where there's a *will*, there's a way!:

Vouloir, c'est pouvoir!

You're a *wimp*!:

Tu es une mauviette! [*Voir* **You're a *sleaze*!**]

***Win* a few, lose a few!:**

C'est la vie! [*Voir* **Those are the *breaks*!**]

You can't *win* them all:

On ne peut pas gagner à tous les coups (*ou* gagner chaque fois)

See how the *wind* blows:

a) Vois d'où vient le vent **b)** Regarde la tendance

They're <u>*winding* down</u> production in the plant:

Ils <u>diminuent graduellement</u> la production dans l'usine

I got *wind* of it!:

Je l'ai appris par la bande! [*Voir* **I heard it on the *grapevine*!**]

It took the *wind* out of his sails:

a) Ça lui a coupé son ardeur **b)** Ça lui a coupé son enthousiasme (*ou* {*Fr*} la chique)

You might *wind* up in jail:

Tu peux te retrouver en prison

With this law, I got a *windfall*:

Grâce à cette loi, j'ai récolté un bénéfice inattendu

Let's do some *window-shopping*:

Faisons du lèche-vitrines [*mais* **Let's *shop* around** = Comparons les prix *[d'un magasin à l'autre]*]

She took him under her *wing*:

Elle l'a pris sous sa protection (*ou* sous son aile)

We'll get there <u>on a *wing* and a prayer</u>:

On va arriver à destination <u>si le Ciel est avec nous</u> (*ou* <u>si les dieux sont avec nous</u>)

We were flying <u>on a *wing* and a prayer</u>:

On volait à l'aveuglette

It's easy as a *wink*!:

C'est simple comme bonjour! [*Voir* **It's a piece of *cake*!**]

It was quick as a *wink*!:

Ça s'est fait en un clin d'œil!

I didn't sleep a *wink* last night:

Je n'ai pas fermé l'œil de la nuit

I'm completely *wiped* out:

Je suis épuisé! [*Voir* **I'm *all* in!**]

On my computer, a complete file got *wiped* out:

Dans mon ordinateur, un fichier complet a été effacé

He got *wiped* out in that deal! *or* **He lost his shirt in that deal!:**

Il y a laissé (*ou* {*Qc*} perdu) sa chemise

Don't be such a *wise* guy!:

{*Qc*} Fais pas ton jars! [*Voir* **Don't be *fresh*!**]

I put him *wise* to her!:

Je lui ai mis la puce à l'oreille à son propos!

I'm *wise* to your little game *or* **I've got your number:**

Je vois clair dans ton petit jeu

He's always making *wisecracks*!:

a) Il fait toujours des remarques désobligeantes! **b)** {*Qc*} Il fait toujours de l'esprit de bottine! **c)** {*Qc*} Il fait toujours des farces plates!

Your *wish* is my command!:

Vos désirs sont des ordres!

She was scared out of her *wits*!:

Elle a eu une peur bleue! [*Voir* **She was *scared* stiff!**]

She's at her *wit*'s end *or* **She's worried sick:**

Elle est folle d'inquiétude

It's colder than a *witch*'s tit *(rude)***!:**

Il fait un froid de canard [*Voir* **It's freezing *cold*!**]

You don't have to be a *wizzard* to do...:

a) {*Qc*} Ça prend pas la tête à Papineau pour faire... **b)** Pas besoin d'être sorcier pour...

His little *woman*:

a) Sa femme **b)** Son épouse

He's a *womanizer*:

C'est un coureur de jupons [*Voir* **He's got hot *pants***]

You're not out of the *woods* yet! *or* **Your troubles aren't over yet!:**

Tu n'es pas encore sorti {*Qc*} du bois (*ou* {*Fr*} de l'auberge)!

Don't take *wooden* nickels!:

a) {Qc} Fais-toi pas rouler! **b)** {Qc} Fais-toi pas avoir!

I feel pretty *woozy*!:

Je suis dans les vapes!

He didn't breathe a single *word*!:

Il n'a pas dit un traître mot!

Mum's the *word*!:

a) On ne parle pas de ça! **b)** N'en parle pas! **c)** Motus et bouche cousue!

Just say the *word*!:

Vous n'avez qu'un mot à dire!

I took him at his *word*:

Je l'ai pris au mot

Don't take him at his *word*!:

a) Ne prends pas ce qu'il dit au pied de la lettre! **b)** Ne le prends pas au mot!

I'll keep my *word*!:

Je tiendrai parole!

Mark my *words*!:

a) Je vous aurai prévenu! **b)** Je vous aurai mis en garde!

I try to never say cutting *words*:

J'essaie de ne jamais dire de paroles blessantes

She didn't say it in so many *words*:

Elle ne l'a pas dit aussi clairement (*ou* aussi explicitement)

You're punning with *words*!:

Tu joues sur les mots!

Put in a good *word* for me:

Dis un mot en ma faveur

I'll take your *word* for it!:

Je te crois sur parole! [*mais* **I'll *take* you up on it!** = Je te prends au mot!]

He talks so much, you can't get a *word* in edgewise:

Il parle tellement que tu ne peux pas placer un mot

Stop putting *words* into my mouth:

Ne me fais pas dire ce que je n'ai pas dit

She doesn't know a single *word* of English:

Elle ne connaît pas un traître mot d'anglais

You took the *words* right out of my mouth:

a) J'allais justement le dire **b)** Tu m'as enlevé les mots de la bouche

A *word* to the wise is sufficient!:

À bon entendeur, salut!

Buckle down and get to *work*!:

a) Mets-toi une bonne fois au boulot! **b)** Attelle-toi à la tâche!

It's sloppy *work*! *or* It's botchy work!:

C'est du travail bâclé!

I'll let you do this dirty *work*:

Je vais te laisser faire cette tâche difficile (*ou* ce travail ingrat)

They want the *works*!:

Ils veulent tout!

It's in the *works*!:

a) C'est en route! **b)** C'est en train de se faire!

All *work* and no play makes Jack a dull boy *or* He's a workaholic:

C'est un bourreau de travail

She has her *work* cut out for her!:

Elle a beaucoup de pain sur la planche! [*Voir* **She has quite a *bite* to chew!**]

He *works* like a dog (*or* a bastard, a slave) to...:

Il travaille {Qc} comme un chien (*ou* comme une brute, un fou, un malade, un esclave) pour...

He *works* on a swing shift:

a) {Qc} Il travaille sur les "shifts" **b)** {Qc} Il travaille sur des horaires rotatifs **c)** {Fr} Il travaille en horaire décalé **d)** {Fr} Il fait les trois-huit

It'll *work* out! *or* It'll blow over!:

a) Ça va se calmer! **b)** Ça va s'apaiser!

He's all *worked* up!:

Il est très énervé

It's out of this *world*!:

C'est de toute beauté! [*Voir* **It's *smashing*!**]

What's this *world* coming to?:

Où va le monde? *[monde = univers]*

That's what makes the *world* go round:

C'est ce qui fait tourner le monde

It makes a *world* of difference!:

Ça fait toute la (*ou* une) différence!

It will do you a *world* of good:

Ça vous (*ou* te) fera le plus grand bien

She thinks the *world* of him:

Elle pense le plus grand bien de lui

He'll never set the *world* on fire!:

a) Il ne sortira jamais du rang! **b)** Il n'a pas inventé les boutons à quatre trous (*ou* *{Fr}* le fil à couper le beurre, *{Fr}* l'eau chaude, la poudre à canon)

He thinks the *world* revolves around him!:

Il se prend pour le nombril du monde! [*Voir* **He's too big for his *breeches*!**]

Who in the *world* told you you could go?:

Veux-tu bien me dire qui t'a dit que tu pouvais y aller?

Don't open this can of *worms*! *or* Don't go there!:

a) N'aborde pas ce sujet épineux! **b)** Ne t'aventure pas sur ce terrain! **c)** C'est une boîte de Pandore!

I'll try to *worm* information out of him.

a) Je vais essayer de lui tirer les vers du nez **b)** Je vais essayer de le faire parler

Don't try to *worm* your way out of it:

N'essaie pas de te défiler

Don't *worry*! *or* Never mind!:

a) Ne t'en fais pas! **b)** Laisse faire!

I'm *worried* about your health:

Je m'inquiète pour ta santé

I'm *worried* sick about your health *or* I'm worried to death about your health:

Je suis malade d'inquiétude au sujet de ta santé

He's a *worrywart*!:

Il s'en fait pour un rien!

To make matters *worse*...:

Pour comble de malheur...

If *worse* comes to worst,...:

Si les choses empirent,...

He *worships* the ground she walks on *or* He falls all over her:

Il est à genoux devant elle

He took me for all I was *worth*!:

Il m'a mis sur la paille! [*Voir* **He sent me to the *cleaners*!**]

Take it for what it's *worth*!:

Ça vaut ce que ça vaut!

Let me put my two cents *worth*:

Laisse-moi y mettre mon grain de sel [*Voir* **Let me put in my *nickel*'s worth**]

The report you gave me is not *worth* a darn!:

a) Le rapport que tu m'as donné, c'est de la bouillie pour les chats! **b)** Le rapport que tu m'as donné ne vaut rien!

What is *worth* doing is worth doing well!:

Ce qui vaut la peine d'être fait mérite d'être bien fait!

It was *worth* every penny! *or* We got our money's worth!:

On en a eu pour notre argent!

He's not *worth* his salt!:

a) Il ne vaut pas cher! **b)** Il ne vaut pas *{Qc}* une claque (*ou* un clou, *{Fr}* un liard)!

It isn't *worth* it!:

a) Ça n'en vaut pas la peine! **b)** *{Fr}* Ça ne vaut pas tripette!

It will be *worth* your while:

Tu y trouveras ton profit (*ou* ton compte)

It will be *worthwhile*:

Tu ne perds rien pour attendre *[positif]*

***Wrap* it up!:**

a) Termine ça! **b)** Règle ça! **c)** Finis-le!

Let's *wrap* it up! *or* **Let's get it over with!:**

a) Terminons! **b)** Finissons-en!

She's all *wrapped* up in her job!:

Elle est complètement absorbée par son travail!

He's all *wrapped* up in himself!:

Il se prend pour le nombril du monde! [*Voir* **He's too big for his *breeches*!**]

They put me through the *wringer*:

J'ai été soumis à un interrogatoire serré

Don't tell me a lie, it's *written* all over you:

Ne me mens pas, c'est écrit sur ton visage

That's nothing to *write* home about!:

Il n'y a pas de quoi fouetter un chat! [*Voir* **There's *nothing* to it!**]

***Write* it off!:**

Considère-le comme perdu!

She's *wrong*:

a) Elle n'a pas l'heure exacte **b)** Elle est dans l'erreur **c)** Elle a tort **d)** Elle se trompe

That's where you're *wrong* (*or* right):

C'est là que vous avez (*ou* que tu as) tort (*ou* raison)

She's all *wrong*! *or* **She's full of baloney!:**

a) {*Qc*} Elle est complètement dans les patates! **b)** Elle n'y est pas du tout! **c)** Elle fait tout de travers!

You can't go *wrong*!:

a) Vous ne pouvez pas vous tromper! **b)** Tu ne peux pas te tromper!

Don't get me *wrong*!:

Comprenez-moi (*ou* Comprends-moi) bien!

Two *wrongs* don't make a right:

On ne répare pas une injustice par une autre injustice

X-mas *or* **Christmas:**

Noël

An *X-rated* movie:

a) Un film mis à l'index **b)** Un film porno (*ou* film de cul *(vulg.)*) **c)** Un film pour adultes

***X-rays*:**

Des rayons X

To be *X-rayed*:

Passer une radio (*ou* une radiographie)

He *yacks* all the time:

C'est un vrai moulin à paroles [*Voir* **She *blabs* all the time**]

I *yam* what I yam! *or* **I am what I am:**

Je suis comme je suis!

He *yaps* all the time! *or* **He talks a blue streak!** *or* **He talks his head off!:**

a) Il parle sans arrêt! **b)** Il n'arrête pas de parler!

We went the whole nine *yards* to get there *or* **We moved heaven and earth to go there** *or* **He fought tooth and nail to go there:**

a) On a fait des pieds et des mains pour y aller **b)** On a remué ciel et terre pour... **c)** On a tout essayé pour...

***Yeah*!:**

Ouais! [*déformation de* **Yes** = Oui]

The <u>even and odd</u> *years*:

Les années <u>paires et impaires</u>

I'll ask for <u>a *year* off</u>:

Je vais demander une année sabbatique

She *yelled* bloody murder! *or* **She screamed blue murder!** *or* **She screamed bloody-blue murder!:**

a) {*Qc*} Elle a crié au meurtre! **b)** Elle a crié à tue-tête!

He has a *yellow* streak:

Il est un peu lâche

He's a *yes* man:

a) C'est un mouton **b)** Il dit amen à tout **c)** {*Qc*} C'est un suiveux **d)** {*Qc*} C'est une "mitaine"

***You* and who else?:**

{*Qc*} Ça va prendre bien plus que toi! *[pour m'empêcher de faire quelque chose]*

He's not as *young* as he used to be:

Il n'a plus vingt ans

You're only *young* once!:

Il faut que jeunesse se passe!

What a *yoyo* (*or* **bone-head, dope, dopey**)**!:**

Quel idiot! *[sens propre]*

***Yuck*!** *or* **Oh my aching back!:**

a) {*Qc*} Ouach! **b)** Beurk! **c)** Pouah! **d)** {*Qc*} Ça n'a pas d'allure! **e)** {*Qc*} Ça n'a pas de bon sens! *[Exclamations de déplaisir, dégoût ou dédain]*

It's *yummy*!:

C'est délicieux!

They're trying to *zero* in on a treatment:

Ils essaient de mettre au point un traitement

It's ten below *zero* this morning:

Il fait moins dix (degrés) ce matin

He has a lot of *zip*:

Il a de l'énergie à revendre [*Voir* **He's full of *get-up-and-go***]

What is your *zip* code?:

Quel est ton code postal? *[aux États-Unis]*

He walked around like a *zombie*:

a) Il déambulait comme un automate (*ou* un mort-vivant, un zombie) **b)** Il avait l'air d'un zombie

It *zonked* him when he found out he had lost all his shares:

Il s'est effondré (*ou* écroulé) en apprenant qu'il avait perdu toutes ses actions

BIBLIOGRAPHIE / BIBLIOGRAPHY

Dictionnaire de l'américain parlé, Adrienne, Éditions La Découverte, Paris, 1990, 735 pages.

Grand dictionnaire d'américanismes, Etienne et/and Simone Deak, Éditions de Mortagne, Ottawa, 1985, 823 pages.

A Concise Dictionary of Slang and Unconventional English, Eric Partridge, Macmillan Publishing Company, New York, 1989, 534 pages.

Dictionnaire français-anglais / anglais-français, nouvelle édition / New Edition, Le Robert & Collins, Dictionnaires Le Robert, Paris, 1990, 1730 pages.

The Random House Dictionary, Classic Edition, Random House, New York, 1983, 1082 pages.

Multi dictionnaire des difficultés de la langue française, Marie-Eva de Villers, Éditions Québec/Amérique, Montréal, 1988, 1143 pages.

Cassell's Concise French-English / English-French Dictionary, Macmillan Publishing Company, New York, 1979, 672 pages.

Le nouveau Petit Robert 1, Paul Robert, Dictionnaires Le Robert, Paris, 1993, 2530 pages.

Cassell's French Dictionary French-English / English-French, Macmillan Publishing Company, New York, 1981, 1436 pages.

Dictionnaire du français Plus, Centre éducatif et culturel Inc., Montréal, 1988, 1880 pages.

transcontinental
IMPRESSION
IMPRIMERIE GAGNÉ